中国学术期刊（光盘版）全文收录

CSSCI来源集刊

復旦

外国语言文学论丛

（2019秋季号）

复旦大学外文学院 /主编

復旦大學出版社

目　录

语言学

文　学

翻　译

语言学

配式分析在句法-语义界面研究中的贡献与挑战[①]

张　艳　郭　印
（青岛理工大学）

摘　要：近15年来，围绕句法-语义界面的定量研究，欧美语言学界出现了一系列论争。影响较大的配式分析、吸引-依存法、△P、比值比等研究方法在研究思路和操作方法上各有利弊，需要根据不同的研究目的择需选用。其中，配式分析对词项与构式的关联度研究贡献较大，已形成由配词分析、区别性配词分析、共变配词分析组成的系统分析方法。该方法虽然在近年备受争议，但是却为研究者深入探讨跨语言中的句法-语义的规律性现象提供了理论启示和方法借鉴。

Abstract: In the past 15 years, a series of controversies have emerged in the European and American linguistic circles centering on quantitative research in syntactic-semantic interface. Collostructional Analysis (CA), Attraction and Reliance, Delta P and Odds Ratio are among the most influential measurements. Researchers may employ them selectively in accordance with different research purposes. As a major contributor to measuring the correlation between lexicons and constructions, CA has developed into a systematic analysis umbrella consisting of collexeme analysis, distinctive collexeme analysis and co-varying collexeme analysis. Controversial as it remains, CA has provided both theoretical enlightenment and methodological reference for cross-lingual studies on syntactic-semantic regularities.

关键词：句法-语义界面；配式分析；吸引-依存法；△P；比值比

Key Words: syntactic-semantic interface; Collostructional Analysis; Attraction and Reliance; Delta P; Odds Ratio

一、引言

句法-语义界面研究主要围绕自然语言中语义信息与句法信息的两类关系展开：一类是词汇语义与句法结构之间的关系，另一类是句子语义和句法结构之间的关系。本文主要就前者展开讨论。20世纪70年代起，研究者（如Fillmore，1970；Carter，1976）逐渐认识到语义（特别是动词语义）与句法之间关系的规律性，揭示了许多有趣的跨语言现象。近15年来，句法-语义研究呈现出更加多样化的特征。该领域研究由早期的不重视实证方法，转变为越来越多的实证主义倾向，很多研究都不同程度地使用了心理语言学常用的实验数据或者语料库语言学常用的观察数据。尽管如此，对于句法-语义界面的定量研究方法的必要性和可操作性，争论一直不休。本文拟就配式分析法、吸引-依存法、△P和比值比等为代表的定量分析方法的理论发展及其在句法-语义界面的应用展开分析。

二、代表性定量分析法

1. 配式分析法

受到构式主义（Goldberg，1995，2006）的影响，

① 基金项目：本文系国家社会科学基金项目“类型学参照下的作格语义句法互动研究”（项目编号15BYY007）、2019年度青岛市社会科学规划研究项目（项目编号QDSKL1901183）阶段性成果。

Stefanowitsch 和 Gries 对认知语言学的语料库研究法作了改良,即不再只是利用统计相联测量(association measures)来研究词与词的搭配,而是用来研究词和构式的共现关系。为此,Stefanowitsch 和 Gries(2003)提出了配式分析(collostructional analysis)①的方法。配式分析能够较客观地确定构式空槽(slot)对某词项的优选或限制的程度,对于研究词项和句法结构的互动关系尤其适用。

(1) 配式分析的基本思路:设 L 为配词,C 为构式,为求 L 和 C 的构式搭配强度,需要得知 4 个频率:

① L 出现在 C 的频率;

② L 出现在除 C 外的其他构式的频率;

③ 不含 L 配词的 C 的频率;

④ 不含 L 配词的除 C 外其他构式的频率。

根据以上数据,研究者即可考察词项在构式中的表现。Stefanowitsch 和 Gries(2003)对配词 accident 与构式[N waiting to happen]的紧密度作了调查。(见表 1)

表 1 Accident 与构式[N waiting to happen]的紧密度调查

项 目	accident	¬accident	行 计
[N *waiting to happen*]	***14***	21	***35***
¬[N waiting to happen]	8 606	10 197 659	10 206 265
列 计	***8 620***	10 197 680	***10 206 300***

Stefanowitsch 和 Gries 认为,斜体数据从语料库可直接得到,其他数据通过减法运算得出。因为处理的是具体动词(wait)在小句层面的构式,所以总构式数可通过语料库标注的动词总数得出。基于以上信息,费舍尔精确检验(以下称 FYE)得出 P 值为 2.1216E-34,意味着 accident 与该构式相关度较高。

在随后的一系列研究(Stefanowitsch & Gries, 2003; Gries & Stefanowitsch, 2004a, 2004b; Gries, 2010; Gries, 2015; Yoon & Gries, 2016 等)中,他们运用并发展了配式分析方法,针对多种语言做了示范研究。当前,配式分析已成为由配词分析(collexeme analysis)、区别性配词分析(distinctive collexeme analysis)、共变配词分析(co-varying collexeme analysis)构成的系统分析方法(见图 1),其中区别性配词分析又分为简单区别性配词分析(simple DCA)和多重区别性配词分析(multiple DCA),共变配词分析又分为基于词项(item-based)和基于系统(system-based)的共变配词分析。

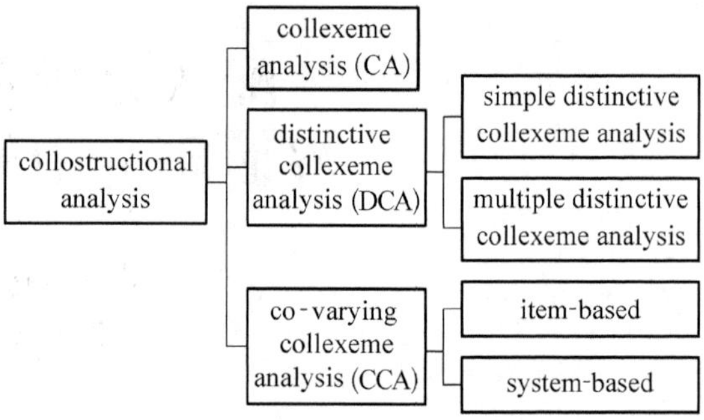

图 1 配式分析方法体系

配式分析为研究词与构式的联系紧密度提供了测量工具,在句法-语义界面研究方面有着划时代意义。其优势之一是能够计算出动词和句式之间的相吸度,而先前对于相吸度的处理(特别是致使交替强度)多出于研究者的母语语感判断,这样的处理往往带有认知偏见,会影响研究的客观性。其优势之二是对于语料的正态化处理。在此之前的传统搭配分析法对包含搭配词和检索词的构式整体性重视不够,没有考虑检索词所在语料库的总频率,所以很多高频搭配词都是功能词,意义不大。其优势之三是有助于在语料中确认和区分某些用传统搭配法难以操作的构式。比如,有些难以用具体句法或词汇形态表示的抽象构式(如时、体、气等),以及有些代表多个构式的构型(如[V-ing]既可表示动名词构式,也可表示现在分词构式)等。

但是,该系列方法也存在一些弊端,最严重的应该是 4 号单元格(即 d 单元格)所需要的数据,即"不含 L 配词的除 C 外其他构式的频率"。由于构式已经发展为一个相对开放的概念,按照 Goldberg(2006)的观点,构式是"学得的形式与语义或话语功能的配对,包括了语素、词、熟语、部分有词汇填充的短语格式和完全没有词汇填充的短语格式"。这使得要在语料库中得出除了既定构式以外的所有构式的数量几乎成为不可能完成的任务。

2. 吸引-依存法

吸引-依存法(Attraction and Reliance)由 Schmid 提出(2000: 54—55),该方法区分了构式对词项的吸引度和词项对构式的依存度,试图从两个方向解决

① 配式分析是缩合译法,又译为"构式搭配分析法"(胡健、张佳易,2012;田臻、吴凤明、曹娟,2015),和"组配-构式分析"(吕文茜,2015)等。

问题。吸引度和依存度的计算方法如下：

（2）① 吸引度计算：词项在构式中的出现频次除以该构式在语料库中的出现频次；

② 依存度计算：词项在构式中的出现频次除以词项在语料库中的出现频次；

③ 为了将结果转成百分制，被除数在两除式中均乘以 100。

该方法的优势有三：其一是不必借用问题较多的 4 号单元格内容来计算吸引度和依存度；其二是吸引度和依存度是直接的描述性测量，信息解读得较为清楚；其三是不需要以语料库数据的随机结构（stochastic structure）和随机分布（random distribution）为前提假设。

该方法也应用于汉语研究。我们以现代汉语中典型作格动词“改善”[①]为例。经过对该词用法的初步观察，发现无论在及物致使句还是不及物句（即反致使句）中，名词“关系”和“环境”都是能够与“改善”构成搭配的高频词。

（3）① 关系改善了。

② 他们改善了关系。

③ 环境改善了。

④ 他们改善了环境。

但是，对于两者与动词的搭配紧密度，似乎无法做具体比较。为进一步探求“关系”和“环境”在致使句和反致使句中的依存度，通过查找“改善”在北京大学现代汉语语料库（CCL）中的运用，发现该词在语料库中共出现 44 285 条。经过对所有句式逐条分析，排除不相关句式，不难得出“改善”在致使句和反致使句中的出现频次，也就是说，可以算出依存度。但是，要统计吸引度所要求的构式频次，即算出及物致使句和反致使句在 CCL 中的出现频次，难度较大，所得结果也难以做到精确。

因此，为方便操作，有必要进一步限定范围。此处为说明问题，我们取含动词关键词“改善”的前 500 条句例来探讨“改善”致使交替句式中的共有客体（shared theme）——“关系”和“环境”——在两句式中的吸引度和依存度。经过对例句逐条分析，再排除歧义句和不相关句式，得出 268 条致使句和 169 条反致使句，其中“关系”共出现 85 次，作为客体出现在致使句 33 次，出现在反致使句 11 次；“环境”共出现 225 次，作为客体出现在致使句 53 次，出现在反致使句 25 次。设致使句为 C1，反致使句为 C2，500 例语料库为 Cp，吸引度为 At，依存度为 Rl，得出如下数据（详见表 2）。

表 2 “改善”的客体与构式吸引度及依存度

	C1	C2	Cp	At.C1	At.C2	Rl.C1	Rl.C2
关系	33	11	85	12.31%	6.51%	38.82%	12.94%
环境	53	25	225	19.78%	14.79%	23.56%	11.11%

统计显示，“关系”对“改善”致使句的吸引度（12.31%）比对反致使句高（6.51%），低于“环境”对致使句的吸引度，但是对于“改善”致使句的依存度（38.82%）远高于反致使句（12.94%），也高于“环境”对致使句的吸引度。

3. △P

凡事有利有弊，吸引-依存法避开了 4 号单元格的问题，但也无法观察 4 号单元格要求的其他构式中的无关词项数。这一缺陷可以通过△P 得到弥补（Ellis & Ferreira-Junior, 2009）。毕竟，在测量构式与词项的双向联系度时，两种测量方法可以起到相辅相成的效果。从技术的角度说，△P 测量某构式吸引某词项的列联概率（contingent probability）（$\triangle P_{构式\rightarrow词}$，即 $\triangle P_{吸引度}$），以及某词项依赖某构式的列联概率（$\triangle P_{词\rightarrow构式}$，即 $\triangle P_{依存度}$）。想要做到这一点，需要超越依存和吸引的范畴，考虑一下与其他概率相关的附加信息。$\triangle P_{吸引度}$ 的计算需 3 步：

（4）① 1 号单元格除以 1 号和 3 号之和；② 2 号单元格除以 2 号和 4 号之和；③ 第 1 步减去第 2 步。

由此类推，△P 依存度的计算也需 3 步：

（5）① 1 号单元格除以 1 号与 2 号单元格之和；② 3 号单元格除以 3 号和 4 号之和；③ 第 1 步减去第 2 步。

当然，△P 测量法的问题与配式分析一样，都是需要 4 号单元格数据。

4. 比值比

比值比（Odds Ratio，简称 OR）是比较某事件对两个群组的概率的方式。比值比为 1，意味着事件对两群组的概率相等；大于 1，意味着在第一组的概率大于第二组；小于 1，意味着出现在第一组的概率小于第二组（详见表 3）。

表 3 比值比相关数据列表

	X^-	X^+	
Y^-	a	b	a+b
Y^+	c	d	c+d
	a+c	**b+d**	**n=a+b+c+d**

① 至于对该单词为作格动词的论证，可参阅曾立英（2009：116）。

要理解比值比,首先看每行比值,Y^-比值是 a/b,Y^+比值是 c/d,比值比(OR)是两个比值的比,即:

(6) $OR=\frac{a/b}{c/d}$,亦可简为$\frac{ad}{bc}$

比值比用在词项与构式的研究中,将其他词项和其他构式也纳入考虑范围。比如,我们要寻求"改善"及物致使句的客体"关系"的分布规律,需要 4 组数据:1)"关系"在"改善"及物致使句中的出现频次;2)"关系"在其他句式中的出现频次;3)其他客体词在及物致使句的出现频次;4)其他客体词在其他句式中的出现频次。

不难看出,数据 4)是最难得出的。变通的办法是缩小数据,比如,我们可以考察不同论元在作格交替句中的表现。假如我们要考察经典作格动词"展开"与不同论元的黏合度,语感告诉我们,"展开工作""展开合作"与"工作展开""合作展开"都是可以接受的。那么两者在作格交替句对中有何偏好呢?我们可以考察"展开"在 CCL 中的表现。为说明问题,取前 500 句为例,我们发现:"工作"在致使句出现 14 次,在反致使句出现 16 次;"合作"在致使句出现 11 次,在反致使句出现 5 次(详见表 4)。

表 4 "展开"的客体与构式相关度比值比

	致使句	反致使句	小 计
工 作	14	16	30
合 作	11	5	16
	25	**21**	**46**

根据公式,能够算出 OR 约等于 0.40,这说明就作格动词"展开"的论元来说,"合作"一词出现在反致使句的概率约为"工作"一词的 40%,出现在致使句的概率约为"工作"的 2.5 倍。"工作"出现在反致使句的概率约为 53%(16/30),高于"合作"出现在反致使句中 31%的概率(5/16)。

Küchenhoff 和 Schmid (2015)认为,比值比既可以随频次调整,也是双向的,在这方面优于引存法。和△P 一样,比值比可以得出效应量(effect size)而不是测量吸引度的 P 值,而且不依赖于数据的随机性特征和随机性假设,这一点也优于费希尔精确检验(Fisher's exact test)。但是,正如前文所说,与△P 和费希尔精确检验一样,比值比也存在 4 号单元格的问题。

三、挑战与走向

句法-语义界面的诸多定量分析研究方法,引起了研究者的极大关注,特别是 2003 年以来,围绕该问题出现了一系列论争。比如,Bybee(2010)等人首先对配式分析法提出疑问,Gries 在 2010 年布拉格第六届国际构式语法大会上作了反驳,Schmid 和 Küchenhoff(2013)提出进一步的质疑。Gries(2015)一一做出答复,而 Küchenhoff 和 Schmid(2015)再次从多方面发起挑战。这场持续数年的学术争鸣,主要围绕以下 4 点展开。

1. 关于理论基础

批评者认为,难以对配式分析的理论背景假设和认知基础做出评价,因此也很难将其与其他的词汇语法关联度研究方法作比较(Schmid & Küchenhoff, 2013; Küchenhoff & Schmid, 2015)。Gries(2012)针对所谓的认知机制讨论缺失的问题,重申配式分析所涉及的条件概率、线索效度(cue validity)和信度(reliability)、联想学习措施(associative learning measures)以及固化(entrenchment)等均具有认知语言学的理论基础。

2. 关于标准化处理

配式分析旗帜鲜明地指出,不应该像传统的搭配分析法那样把语法和词汇视为性质迥异的语言现象,语法包含抽象规则,词汇包含具体词项,而介于其间的语言表达形式往往遭到忽视。语料库研究者不应只重视词项的线性共现倾向,这种只关注形式的语料库语言研究不符合构式语法强调的语言形义配对体的概念,因此配式分析提出将语料库中的整体频率作标准化处理(normalization)。

Bybee(2010)认为,配式分析将词项/构式共现在语料库中的整体频率作标准化处理的方法有问题。词项能够在语料库中高频出现,一定不是纯偶然的现象,而是说明词项应该成为构式空槽所要求的词项范畴的核心成员。如果某词项在构式中的出现频率很高,那么我们的认知机制就不会降低其价值,所以对数据进行标准化处理是缺少认知机制的。

对此,Gries 认为,语境信息和语义信息与语言成分用法是相联系的,意味着我们能够从用法的角度推知语义信息。将所观察的词项/构式共现频率作标准化处理不仅是语料库语言学的标准方法,而且能将有价值的频繁共现与无价值的频繁共现分开。如:

(7) ① V NP do as complement

② I never saw myself as a costume designer.

③ Politicians regard themselves as being close to actors.

(转引自 Gries,2010)

在 ICE-GB 中频率最高的是 see,但配词强度最高的是 regard。对这一现象,要考虑 3 个因素：1) see 的一般频率比 regard 高；2) see 与 regard 能够参与多种构式的构式混杂度(promiscuity)不同；3) regard 动词语义与 as-结构使用目的之间的高匹配度。这样看来,似乎将 regard 视为 as-结构的原型动词更为合适,这一点是简单频率分析所不能揭示的(但是用区别性和共变配词分析可以)。

3. 关于测量工具的争论

Stefanowitsch 和 Gries 对能够用以确定联系紧密度的统计方法——如 t 检验、z 值、MI 值(Mutual Information Score,互信息值)、对数似然系数(log-likelihood coefficient)、FYE 等——做了对比。他们认为这些统计方法各有问题：其中 z 值和 t 值往往涉及方差齐性检验和正态分布,这种假设在自然语言中很难证实;MI 值常被用来衡量一词的出现频率所预示的另一词的共现概率,在调查罕见搭配时,往往高估联系紧密度和/或低估误差概率;对数似然系数在显著性检验方面依赖卡方分布,这在处理系数数据时往往不可靠。而 FYE 由于既没有样本量要求,也不需做分布假设,因此受到配式分析使用者的青睐。

对此,批评者认为,FYE 存在单向性问题,它测量的是单词与构式的相吸度有多高,但无法区分词对构式的偏好度和构式与词的偏好度。Gries(2015)承认这种批评有一定道理,但同时认为这只是针对 FYE 的批评意见,并不能动摇配式分析的理论根基。配式分析提供了 5 种不同的配词强度测量手段<coll.analysis.r>。虽然 FYE 属于默认推荐,但 G^2、MI、Logged odds ratio 也是可以用的。如果有必要,研究者完全可以不采用设计显著性测试的测量手段。

4. 共现表格中 4 号单元格问题

按照配式分析的设计,此单元格是不含 L 的其他构式数。Bybee 认为,根据认知构式语法的新界定(Goldberg,2006),小句可能会例示多重构式,因此目前尚没有办法可以算清语料库中的构式数。如此一来,4 号单元格的数据就是无效的。

结合我们的研究,发现 4 号单元格所要求的语料库中所有构式数确实成了句法-语义的量化分析工具必须面对的焦点问题。对此,Gries(2012：488)提出了一个解决方案,即先选择一具体层面,在该层面计算出与研究对象相对应的构式数。比如,针对论元结构构式作配式分析,只需统计动词数目,而没有必要计算语料库中的其他构式。

四、余论

定量分析方法是句法-语义界面研究必须解决的问题。由于构式是形式和语义的配对,构式语法形义兼顾,这一理论基础对针对构式语法的定量分析构成了挑战。论争仍在继续,但是学界思路越来越清晰,越来越多研究者认为(包括 Küchenhoff & Schmid,2015)配式分析和 R 等统计软件对于语言学实证研究具有积极有效的作用。在后续研究中,我们期待以下 3 方面问题能得到满意解答：1) 如何处理符合语感但在语料库中并未出现或出现频率过低的句法现象？如 bake 的双及物用法是英语本族语使用者都能接受的现象,但是我们在 BYU-BNC 中却查不到 bake 一词的双及物用法。2) 既然没有必要确定语料库中的构式数,那么,如何确定构式的具体层面呢？有哪些具体原则？3) 如何评价基于不同方面得出的词项与构式的关联指数？对每种方法得出的数据设定临界值是否更有利于词典编纂、语言教学等实际应用？

参考文献

[1] Bybee, J. L. *Language, Usage, and Cognition* [M]. Cambridge: Cambridge University Press, 2010.

[2] Carter, R. *Some Linking Regularities in English* [M]. Paris: Universite de Vincennes, 1976.

[3] Ellis, N. & F. Ferreira-Junior. "Construction learning as a function of frequency, frequency distribution, and function" [J]. *The Modern Language Journal*, 93(3) (2009): 370-385.

[4] Fillmore, C. J. "The grammar of hitting and breaking" [A]. In Jacobs, R. and Rosenbaum, P. (Eds.), *Readings in English Transformational Grammar* [C]. Washington, DC: Georgetown University Press, 1970. 120-133.

[5] Goldberg, A. E. *Constructions. A Construction Grammar Approach to Argument Structure* [M]. Chicago: University of Chicago Press, 1995.

[6] Goldberg, A. E. *Constructions at Work: The Nature of Generalization in Language* [M]. Oxford: Oxford University Press, 2006.

[7] Gries, S. & A. "Stefanowitsch. Extending collostructional analysis: A corpus-based perspective on 'alternations'" [J]. *International*

Journal of Corpus Linguistics, 9(1) (2004a): 97–129.

[8] Gries, S. & A. " Stefanowitsch. Co-varying collexemes in the into-causative" [A]. In Michel Achard & Suzanne Kemmer (Eds.). *Language, Culture, and Mind* [C]. Stanford, CA: CSLI, 2004b. 225–236

[9] Gries, S., B. Hampe & D. Schönefeld. "Converging evidence II: More on the association of verbs and constructions" [A]. In John Newman & Sally Rice (Eds.), *Empirical and Experimental Methods in Cognitive/Functional Research* [C]. Stanford, CA: CSLI, 2010. 59–72.

[10] Gries, S. "Frequencies, probabilities, and association measures in usage-/exemplar-based linguistics: Some necessary clarifications" [J]. *Studies in Language*. 36(3) (2012): 477–510.

[11] Gries, S. "More (old and new) misunderstandings of collostructional analysis: On Schmid and Küchenhoff 2013" [J]. *Cognitive Linguistics*, 26 (3) (2015): 505–536.

[12] Küchenhoff, H. & H. Schmid. "Reply to 'More misunderstandings of collostructional analysis: On Schmid & Küchenhoff' by Stefan Th. Gries" [J]. *Cognitive Linguistics*, 26 (3) (2015): 537–547.

[13] Schmid, H. "*English Abstract Nouns as Conceptual Shells: From Corpus to Cognition*" [M]. Berlin/New York: Mouton de Gruyter, 2000.

[14] Schmid, H. & H. Küchenhoff. "Collostructional analysis and other ways of measuring lexicogrammatical attraction: Theoretical premises, practical problems and cognitive underpinnings" [J]. *Cognitive Linguistics 24*, (3) (2013): 531–577.

[15] Stefanowitsch, A., & S. T. Gries. "Collostructions: Investigating the interaction between words and constructions" [J]. *International Journal of Corpus Linguistics*, 8 (2003): 209–243.

[16] Yoon, J. & S. Gries (eds.). *Corpus-based Approaches to Construction Grammar* [M]. Amsterdam & Philadelphia: John Benjamins, 2016.

[17] 胡健,张佳易.认知语言学与语料库语言学的结合:构式搭配分析法.《外国语》,2012(4):61—69.

[18] 吕文茜.基于组配–构式分析法的"把"字句典型构式义研究.《外语研究》,2015(5):22—25.

[19] 田臻,吴凤明,曹娟.英汉存在构式与动词语义关联的实证对比研究.《外语教学与研究》,2015(6):826—837.

[20] 曾立英.《现代汉语作格现象研究》.北京:中央民族大学出版社,2009.

英语不真诚道歉行为的语料库语用学研究
——以“sorry if”句式为例

竹旭锋
（华东师范大学）

摘　要：言语的(不)真诚性是语言哲学界的传统议题。但是，以往研究主要关注的是言说者的内在心理状态，而对于(不)真诚性的外在话语标记形式却很少涉及。本文以英语中的“sorry if”式话语为具体对象，借助语料库语用学研究方法，通过对BNC语料库中相关话语进行检索与分析来探讨该句式是否为不真诚道歉行为的典型话语标记，并解释其内在原因。研究发现：1）尽管sorry一词是典型的道歉行为的言外之力指示方式，但使用“sorry if”句式的话语并非全都是道歉行为；2）在所有道歉话语中，if从句所陈述的是说话人的冒犯行为事实，作为道歉的原因和前提；而if作为一个认识立场标记词，用来表明说话人对该从句命题内容的不确定性。这种认识立场上的不确定性与不真诚性有关，但并不能就此认定“sorry if”句式为不真诚道歉行为的绝对话语标记形式，应结合具体的道歉类型及交际语境来确定。

Abstract: (In)sincerity of speech has long been a much-discussed topic in philosophy of language. Yet, most researchers attend to the speakers' inner mental states whereas few empirical studies have been carried out to investigate the discourse marker of (in)sincerity. Since it is alleged that “sorry if” serves as a typical marker of insincere apologies, this study adopts a corpus pragmatics approach to examine all the utterances of apologies expressed in the form of “sorry if” construction in BNC. The result shows that 1) although “sorry” is considered as the typical IFIDS of apologies, not all of the utterances with “sorry if” express apologies; 2) in all the apologies, the “if” usually introduces a clause indicating the reasons (the offence) and also functions as an epistemic stance marker, which indicates the speaker's epistemic uncertainty towards this propositional content. This epistemic uncertainty may lead to insincerity. However, we should never take the “sorry if” as the unconditional discourse marker of insincere apologies. The types of apologies and the actual context also need to be taken into account.

关键词：（不）真诚性；道歉行为；话语标记；语料库语用学

Key Words: (in)sincerity; apology; discourse marker; corpus pragmatics

一、引言

言语的(不)真诚性向来是语言哲学界(包括语用学)热衷于讨论的话题，属于语言与伦理的交叉界面(例如：Searle, 1969; Ridge, 2006; Eriksson, 2011; Chan、Kahane, 2011; Stokke, 2014; 于秀成、张绍杰, 2010, 2012)。人们在日常生活中的撒谎行为就是言语不真诚的典型例子。譬如，有人约你明天一起吃饭，但你不想去，于是你可能会说“我明天要加班”，但实际上你并不需要加班。从语言哲学角度来看，撒谎意味着说话人做出了一个不真诚的断言(Saul, 2012)。核心问题在于我们该如何判断某一言语(行为)是否真诚。

就这一问题，美国哲学家塞尔(Searle)曾提出过一个非常知名的论断，一度被学界奉为圭臬。他认为，就某个言语行为而言，当说话人的心理状态与其所表达的命题内容一致时，即为真诚；反之，则为不真诚(Searle, 1969)。用通俗的话来说，就是说话人是否“心口如一、言如心声”(顾曰国, 2018)。这一颇具哲学意涵的阐释将判断言语行为真诚性的标准直接指向了言说者的心理状态。问题是，说话人的内在心理状态往往不具有可观察性,听话人是如何辨识与感知到的?或者说,这种(不)真诚性是否在话语形式(包括韵律、词汇和句法结构等)上有所表征?费舍(Fish)等(2017)发现,说话人的声音等韵律特征确实能够传递他/她对话语的(不)真诚态度。除此之外,类似的研究非常之少。

在英语中,"sorry"是表达道歉的典型形式。但有观点认为,如果在后面再加上一个 if 从句(即"sorry if"句式),则是不真诚的道歉行为,例如 I'm sorry if I offended you by making that joke(如果刚才那个玩笑冒犯到你了,我向你表示道歉)。这一观点是否属实?抑或只是一种错误的直觉判断?目前尚无相关研究对此进行过确证。

因此,本文试图借助近年来新兴起的语料库语用学方法,对英国国家语料库(以下简称 BNC 语料库)中所有使用"sorry if"句式结构的话语进行检索以及定量、定性分析,主要探讨以下 3 个问题:1)这些话语是否都属于道歉行为?2)这些道歉行为的类型与分布如何?3)这些道歉行为的(不)真诚性与 if 的功能以及道歉类型之间是否存在着某种内在关联?

二、文献回顾

道歉是生活中常见的言语行为,语言哲学、语用学与社会语言学等都对此有过相当多的研究,主要涉及道歉行为的界定、社会功能、类型及语言表达形式等几个方面。

首先,道歉行为的界定问题,即什么样的行为可称之为道歉。奥斯汀(Austin)(〈1962〉1975)在阐述言语行为理论初步构想时,把道歉与祝贺、赞扬、诅咒、质疑等一起归入行为类言语行为(behabitives),并定义其为"一种向他者表达自己情感态度的回应性施事行为"。之后,塞尔在对该理论进行完善时,提出了新的言语行为分类体系,并将道歉归入表达类言语行为(expressives),与感谢、祝贺、安慰、谴责等行为并列(Searle,1979)。它们的共同点在于都表达了说话者对命题内容中所阐述的事态持有的某种心理状态。为了更准确地区分,塞尔还提出了 4 条构成性规则(或称适切性条件,felicity conditions),即命题内容、准备条件、真诚条件和必要条件(同上)。据此,我们可以对道歉行为做出如下描述:

命题内容:说话人 S 实施了某个行为 A
准备条件:说话人 S 相信该行为 A 对听话人 H 造成了冒犯
真诚条件:说话人 S 对该行为 A 表示懊悔
必要条件:作为对该行为 A 表达懊悔的方式
(Ogiermann,2009)

其次,道歉行为具有的社会功能。利奇认为,由于说话人对听话人实施了某种冒犯行为,造成两者之间的不平衡关系,而说话人实施道歉的目的就是为了恢复这一平衡,从而维持他们之间的和谐关系。因此,道歉行为本质上是一种试图恢复交际双方平衡关系的礼貌策略(Leech,1983)。同样,赫尔墨斯也认为,道歉行为是为了满足听话人的面子需要,弥补因说话人的行为对听话人造成的冒犯,以此来恢复双方的平衡关系(Holmes,1990)。前提是,该道歉行为必须是真诚的,否则结果适得其反,甚至有可能给对方造成进一步的侵害。

再次,道歉的分类。戈夫曼提出,有些道歉是礼节性的(casual/ritual apology),有些则非常正式(serious apology)。前者只是为了满足相应的社会期待,而后者才是对冒犯行为的真实悔过(Goffman,1971)。艾杰默认为,可以按照"时间性"将道歉分为事先道歉(anticipatory apology)、事后道歉(retrospective apology)和即时道歉(simultaneous apology)。事先道歉的功能往往是提醒和缓和,而事后道歉是补偿性、支持性(面子维护)和自我贬损的,即时道歉则强调冒犯行为与道歉之间具有同时性(Aijmer,1996)。其他还有一些根据道歉对象或场景进行的分类,如公众道歉、政治道歉等。

最后,由于在言语行为理论中,道歉本质上是一种言外之力,需通过相应的语言形式(或称言外之力指示方式,IFIDs)得以表达。以英语为例,可以用来表达道歉行为的常见形式包括动词(apologize,excuse,pardon)、形容词(sorry,afraid)、名词(pardon),以及其他扩展类型或变体。艾杰默曾对伦敦-隆德语料库(London-Lund Corpus)中 215 个道歉表达进行过统计,发现 sorry 这一形式占了 83.7%,其次为 pardon(7.9%)、excuse me(4.7%)和 apologize(3.7%)(同上)。此外,该研究还总结了一些以 sorry 为核心的固定搭配表达或句式结构,如下:

$$\begin{bmatrix}\text{I am}\\ \text{We are}\end{bmatrix}\text{(INTENSIFIER) SORRY}\begin{bmatrix}\text{(that)} & \text{S}\\ \text{to VP} & \\ \begin{matrix}\text{about}\\ \\ \text{if}\end{matrix} & \left\{\begin{matrix}\text{NP}\\ \text{V-ing}\\ \text{S}\end{matrix}\right\}\\ \text{but} & \text{S}\end{bmatrix}$$

综上,一方面,言语行为理论将真诚条件作为所有言语行为的构成性条件之一,用以陈述说话者所意图表达的心理状态。就道歉行为而言,说话人(道歉行为的实施者)必须对其行为表示出懊悔。但是,正如我们在前言中所述,懊悔属于说话人内在的心理状态范畴,听话人无法直接观测得知。因此,这一研究路径实际上仍然延循了语言哲学常用的哲学思辨方法,对于语言形式上是否对此有所表征并未论及。另一方面,对于道歉行为的语言实现形式上的一些研究,虽然罗列出了一些常见的语言形式,但也没有涉及(不)真诚性的问题。以上文提到的艾杰默(1996)为例,尽管注意到了“sorry if”句式的存在,但对其究竟与其他句式(如“sorry that”)有何差别及是否与不真诚性有关等问题并没有继续深入。

三、语料与研究方法

1. 语料来源

本研究所使用的语料均来自英国国家语料库(The British National Corpus,简称 BNC)(https://corpus.byu.edu/bnc/)。该语料库是由牛津大学出版社创建,语料来源广泛,包括了口语、小说、杂志、报纸及学术出版等书面语和口语样本,词容量超过1亿,支持直接在线检索以及多种检索软件。

2. 研究方法

本研究所采用的是语料库语用学方法,即借助于语料库来描写真实语境中的语言使用(Romero-Trillo,2008;2017;Aijmer、Rühleman,2015)。这一新兴的研究方法融合了语料库语言学与语用学各自的分析优势,前者主要依赖具体词汇或结构(形式)进行检索与定量分析,而后者更关注意义与功能,精于细致的语境分析。该研究方法给许多传统研究议题带来了新的视角及发现,尤其是在言语行为研究领域,利用言外之力指示方式的词汇化标记进行语料库搜索与分析逐渐成为趋势。同时,针对本研究的实际情况,为了进一步提高搜索精度和效率,我们采用卢茨基和基欧(Lutzky & Kehoe,2017a,2017b)提出的复合搭配分析法(combined collocational analysis),以“sorry if”为节点词组,在 BNC 语料库中检索,获得原始文本结果,之后再结合语境进行分析。

四、分析与讨论

1. 包含“sorry if”的话语:道歉与非道歉行为

通过在 BNC 语料库中输入“sorry if”复合搭配,一共检索到154条结果。对照上文所述的界定道歉行为的适切性条件,并结合语境分析,我们发现只有149例是真正的道歉行为,而其他5例虽然使用了“sorry if”结构,但实际上并非道歉行为。相关统计结果如下:

	数　量	比　例
道歉行为:	149	96.75%
非道歉行为:	5	3.25%
建议行为	1	0.65%
威胁行为	1	0.65%
表达遗憾	3	1.95%
总　计	154	100%

在5例非道歉行为中,有1例属于建议行为(I'm telling you, sir, you'll be ***sorry if*** you don't take a walk up there.),有1例是属于威胁行为(I'll make you ***sorry if*** you do!)。这两例中的 sorry 直接主语都是第二人称 you,而非说话人本身,并非真正的道歉行为。其余3例虽然也同属表达类行为,但都只是单纯地表达说话人的一种“遗憾”心理状态(a sorry state)(Lutzky & Koheo,2017a),而没有以冒犯对方的行为作为前提,因此也不属于道歉行为。

通过对检索结果的初步分析可知,尽管“sorry”是典型的道歉行为的言外之力指示方式,但形式与功能不完全匹配的问题仍然存在。包含“sorry if”结构的话语可以是道歉行为,也可以是其他非道歉行为(如建议、威胁等)。相对而言,道歉行为的比例更高。在筛除这5例非道歉行为后,下面将针对余下的149例道歉行为的(不)真诚性问题进行分析。

2. 包含“sorry if”的道歉行为:类型与分布

从句法构成上来看,这些使用“sorry if”结构的道歉话语主要包含两个部分。主句大都采用 I'm sorry 或 We're sorry 及其省略形式,而 if 所引出的从句内容往往是说话人所实施的冒犯行为或结果。在逻辑关系上,后者是作为道歉的前提。例如,下面例(1)中,说话人因为打扰了对方而进行道歉。

(1) You move on, and thank you, and I'm ***sorry if*** you've been disturbed.

从句除了用以表述道歉原因(冒犯行为)之外,其时态特征也表征了该冒犯行为与道歉行为在时间上的先后性。换句话说,我们可以按照艾杰默(Aijmer,1996)所提出的分类方法进一步将这149例道歉行为进行分类。

首先,我们对 if 从句中动词所使用的时态进行了统计,结果如下:

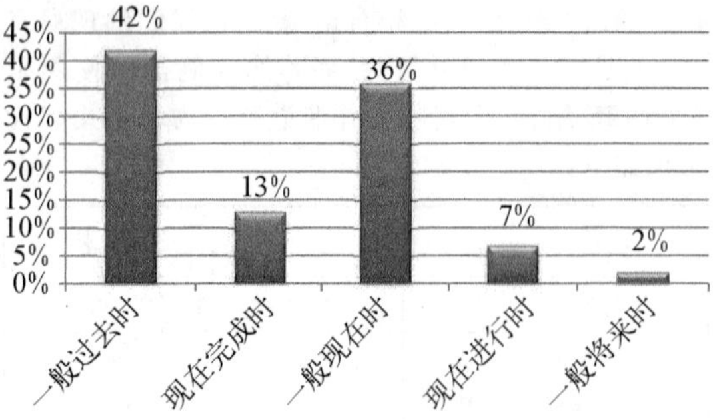

图 1　if 从句动词时态分布①

从图 1 中我们可以看出，占比最高的前两种时态分别是一般过去时（42%）和一般现在时（36%），其次是现在完成时（13%）、现在进行时（7%），最少的为一般将来时（2%）。

其次，从检索结果来看，主句动词基本上都为一般现在时（或者缺省默认形式）。因而，我们可以结合上述结果将这些道歉话语按照事后道歉、即时道歉和事先道歉进行分类统计，相关结果如图 2 所示：

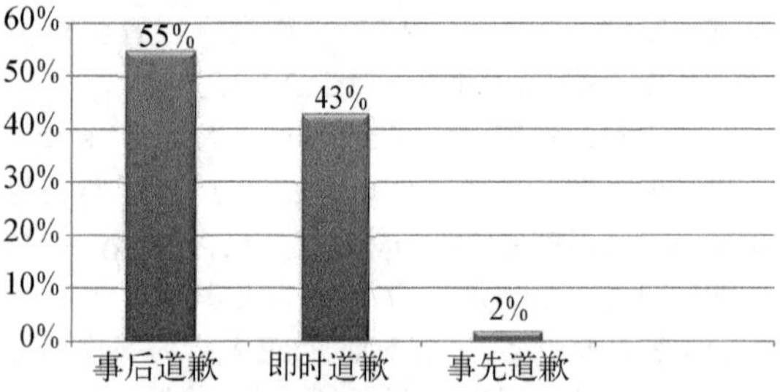

图 2　3 种道歉类型频次分布

具体而言，若从句动词使用了现在完成时和一般过去时，则表明该冒犯行为发生在说话人道歉之前，因此属于**事后道歉**，占总量的 55%。也就是说，说话人在意识到自己实施了某一行为且给对方造成了冒犯，从而用道歉言语行为来进行补救。部分示例如下：

（2）I'm ***sorry if*** I've made you unhappy, but I'm not for you.

（3）I'm ***sorry if*** you've had a wasted journey, Charlie.

（4）***Sorry if*** I've kept you waiting.

（5）"I'm ***sorry if*** I've been a bit below par this evening," she apologized.

（6）I'm ***sorry if*** I offended you.

（7）***Sorry if*** I startled you.

（8）I'm ***sorry if*** I was offensive.

（9）I'm very ***sorry if*** people got injured.

当从句动词使用一般现在时和现在进行时，则表明说话人为当前的某一种结果状态或是正在发生的事而道歉，因此可视为**即时道歉**。而且，我们发现，这一类型的道歉行为具有一个明显特征，即使用一般现在时的动词基本上都为系动词（be）或感官类动词（如 sound）。例如：

（10）***Sorry if*** some of you *are* still a bit cold but I thought the heater had been turned on, but it doesn't seem to be doing anything.

（11）I am ***sorry if*** I *sound* harsh.

（12）I'm ***sorry if*** I'*m* rude, Miss Eyre.

（13）"***Sorry if*** I'*m* late," Harry said as he sat down.

（14）We're ***sorry if*** you'*re* upset.

（15）I'm ***sorry if*** you think I'*m* getting at you, Kathleen. I'm not.

而使用现在进行时则是为了强调动作具有一定的持续性和即时性。这意味着说话人的道歉行为与冒犯行为具有并发性。例如：

（16）So com — wi — th — (pause) but we've agreed. I'm ***sorry if*** I'm being repetitive and boring and the rest of it but (pause) comment.

（17）I'm ***sorry if*** I'm disturbing you.

（18）I'm ***sorry if*** I'm doing anything wrong.

（19）I'm ***sorry if*** I'm taking up your valuable time, but look on the bright side.

（20）***Sorry if*** I'm blathering… I'm going by what "games" I know of.

从统计结果来看，只有非常少量的从句动词使用了一般将来时，只占 2%。在此情形下，表明说话人进行道歉时，该冒犯行为实际还未发生，因此可归为**事先道歉**。例如：

（21）I'm ***sorry if*** this is going to ruin Mr (—)'s weekend.

（22）There are several places which I have no intention of visiting, and I am ***sorry if*** this will cause some to respond with incredulous rage.

由此可见，使用"sorry if"结构的话语用以表示事先道歉的比例相对较少，主要还是事后道歉与即

① 注：由于 BNC 来源为真实、自然语料，其中有 2 例存在动词缺失的情况，因此不计入在内，它们分别是："I'm sorry if you (*unclear*) so I'll come in."和"'Who said drinking dulls the senses? I'm sorry if I —' Jessica smacked his face, quite hard."

时道歉。也就是说,通常说话人实施道歉时,其冒犯行为已经发生或正在发生。

3. *if* 的功能、道歉类型与(不)真诚性的内在关系

要回答"sorry if"是否为道歉行为不真诚性的话语标记形式之前,我们必须对 if 的功能及其从句内容进行深入分析。前文中已提到,if 从句内容主要陈述道歉的原因(说话人的冒犯行为),同时也表明了该道歉行为的类型。但是,作为一个典型的条件句构式,if 的功能不仅仅只是充当条件副词来引出一个具体陈述道歉原因的从句,同时还隐含着说话人对该命题内容的认识立场(Deutschmann,2003)。费尔默(Fillmore,1990)认为,认识立场是分析条件句形式与意义时的一个核心参数。在条件句中,认识立场表达了说话人对前件命题的一种心理/认知联结或疏离关系。而且,我们认为,这种认识立场在不同的道歉类型中所表达的具体涵义与(不)真诚性有直接关系。

在事先道歉中,由于 if 从句中所陈述的冒犯行为还未实际发生,只是说话人对未来情况的一种预见,存在着客观的概率性问题。这种客观上的可能性导致说话人使用 if 来表达对该命题持有的一种不确定态度。例如:

(23) (*Meetings in Strensall Village Hall*)

JH: (*unclear*) the ones that have been asked for. (unclear) the discussion we had.

JJ: The figures that erm the nine thousand seven hundred dwellings, related to the housing need generated within the Greater York study area together with appropriate allowance for migration, and that totals nine thousand seven hundred dwellings. It's on the basis of the the parishes within the area that we have defined erm as the Greater York a — Greater York study area.

JK: I think (*unclear*). <u>And I'm ***sorry if*** this is going to ruin Mr (—)'s weekend.</u>

HVHPSUNK: (laugh)

JK: It is not going to be helpful to have the panel supplied with the information we asked for in relation to the Greater York area devised from the H B F table of commitments, confined to York City and the greenbelt.

HVHPSUNK: (*unclear*)

JK: I think what we need is commitments within the area of search.

JP: Er, which month would you like that information? (pause)

JK: Well, the area of search is defined on the...

这是一个会议讨论场景。在该道歉话语(画线句)之前,说话人(JK)试图陈述自己的观点(I think),但又不确定"这个(观点)"(this)是否会给对方造成损害或冒犯(即破坏 X 先生的周末),因此提前进行了道歉。从后续的话语中也可以看出,说话人(JK)不但否定了对方(JP)的行为,即提供了一些"帮助不大的信息"(it is not going to be helpful to...),而且还进一步实施了请求行为(I think what we need is...),而对方(JP)也做出了直接回应(Er, which month would you like that information?)。由此可知,说话人(JK)所实施的道歉其实是在向对方提出请求前的一种缓和措施。而且,此类道歉多为礼节性的。说话人意识到自己将要实施的行为有可能会给对方造成一定的面子威胁,因此先主动表达道歉。这种预见性的事先道歉,是说话人采取的一种积极礼貌策略(Brown & Levinson,1983),往往都是真诚的。

与事先道歉相比,事后道歉和即时道歉一般都预设了说话人的冒犯行为已经发生或正在发生。此时,如果说话人仍然使用 if 来表达对从句命题不确定的认识立场,则该道歉有可能为真诚,也有可能不真诚,必须结合语境来分析。

一种情况是,说话人主观上并不想承认冒犯事实或认为该事实在客观上无可避免,由此实施的道歉行为是不真诚的。而且,这类道歉还有一个典型特征,即说话人在道歉话语之后会紧接着用 but 转折,引出一个所谓的理由,借以推脱责任。这类不真诚道歉在语料中共有 4 例,请看其中一例(例 24)。

(24) (Excerpts from *Jane Eyre*)

... "I didn't like talking to old ladies and children! Well, young lady, I wanted to be good when I was younger, but life has been a struggle for me, and I've become as hard and tough as a rubber ball. I only have a little goodness left inside."

He was speaking rather excitedly, and I thought perhaps he had been drinking.

"Miss Eyre, you look puzzled. Tonight I want conversation. It's your turn. Speak."

I said nothing, but smiled coldly.

"<u>I'm ***sorry if*** I'm rude, Miss Eyre</u>. But I'm

twenty years older, and more experienced, than you. Don't you think I have the right to command you?"

"No, sir, not just because you're older and more experienced than me. You would have the right only if you'd made good use of your experience of life."

"I don't accept that, as I've made very bad use of my experience! But will you agree to obey..."

在以上话语片段中，交际一方(男性)说出"Tonight I want conversation. It's your turn. Speak."(今晚我想谈谈，你先开始，说吧。)时，实际上是实施了一个命令行为，而命令对方做事是一种冒犯性、粗鲁的行为，直接威胁到对方的面子。在这一事实下，说话人仍然选择使用 if 来表达对"自己粗鲁(行为)"的不确定认识立场，而且之后对自己的冒犯行为也并无悔意，试图通过自己的年龄和经验来给自己的粗鲁寻找合理性(But I'm twenty years older, and more experienced)，并继续反问对方来认同自己的命令是合理的("Don't you think I have the right to command you?")。可见，该道歉明显不真诚。

另一种情况是，说话人在客观上无法确定该冒犯行为是否存在，或者是否给对方造成了负面的影响。此时，说话人使用 if 也合乎情理，也仍然属于真诚道歉。从语料中可以发现，此类道歉的典型特征是从句中往往出现一些涉及对方情感知觉类的词汇，例如 upset(s) (7 例)，rude(6 例)，hurt(4 例)，frightened(3 例)，disturbed(3 例)，uncomfortable(2 例)，startle(d)(3 例)，offended(2 例)，disappointed(2 例)等。这类道歉占了绝大部分，共有 140 例。请看其中一例：

(25) (Excerpts from *Destined to Love*)

"Do you want something... tea or coffee?"

"Whatever you're having will be fine. I suppose I may as well have a drink now that I'm here."

"I'm ***sorry if*** I woke you up. I tried to be as quiet as possible." She flicked him a quick glance, then concentrated on lifting two green-patterned mugs from the cupboard and placing them neatly on the marble counter, all too aware that he was watching her every move.

"You didn't wake me. I've been keeping a watch in case we had visitors."

"Visitors?" That gained her immediate attention and she gave him a shocked look. "Do you think we..."

在以上话语片段中，说话一方(女性)认为可能是自己找杯子时吵醒了对方(男性)，因此进行了道歉(I'm sorry if I woke you up. I tried to be as quiet as possible.)。但是，她又不太确定这两者之间是否存在着必然因果关系，于是通过使用 if 一词来表明自己的认识立场。对方(男性)也随即否定了这一猜测，表明该冒犯事实并不存在(You didn't wake me. I've been keeping a watch in case we had visitors.)。由此看来，前者只是做出了一种不确定的猜测，出于礼貌进行了道歉。因此，该道歉仍然是真诚的。

综上所述，if 作为一个认识立场标记，表达了说话人对从句命题内容的不确定。在事先道歉中，由于冒犯行为并未发生，不确定符合客观事实，并不会产生不真诚会话含义。但是，在事后道歉和即时道歉中，如果冒犯行为事实已然存在或正在发生，而且比较明显，但说话人仍然使用 if 立场标记来表达不确定性，借此推脱责任，这样的道歉则属于不真诚道歉行为。但是，假如说话人由于客观上无法确定该冒犯行为是否存在或给对方造成负面影响，而使用 if 来表达这种不确定性，该道歉仍然可以视为是真诚道歉行为。总之，在该类话语中，if 的认识立场标记功能与道歉的(不)真诚性有一定关系，但并非绝对的判断标准，必须结合具体的道歉类型与交际语境来确定。

五、结语

本文以英语中使用"sorry if"句式的话语是否都为不真诚道歉行为这一问题为切入点，采用语料库语用学方法来对言语(不)真诚性的话语标记问题展开具体研究。通过对 BNC 语料库所有包含"sorry if"的话语进行检索与分析之后发现，尽管绝大部分"sorry if"式话语都是道歉行为，但也有少量的非道歉行为。在所有的道歉话语中，if 从句所表述的是说话人所实施的冒犯行为，也是道歉的前提和原因。而 if 不仅仅只是作为一个条件从句引导词，同时还是一个认识立场标记词，表达了说话人对从句命题内容的不确定。但是，这种不确定性并不能简单等同于不真诚性，必须结合具体的道歉类型以及语境分析才能确定。尤其在事后道歉和即时道歉中，如果在冒犯行为事实对于当事人明确无疑的情况下使用该句式则为不真诚道歉行为；但如果当事人客观上确实无法确定该冒犯行为是否发生，只是用 if 来表达不确定的认识立场，则仍然可视为真诚道歉行为。

本研究不但丰富了对不真诚道歉行为这一特殊言语现象的研究，而且对于利用语料库语用学这样的实证性研究方法探讨类似言语不真诚性这样的哲学类命题也是一次尝试。

参考文献

[1] Aijmer, K. *Conversational Routines in English: Convention and Creativity*. London/NY: Longmanm, 1996.

[2] Aijmer, K. and C. Rühleman. *Corpus Pragmatics: A Handbook*. Cambridge: Cambridge University Press, 2015.

[3] Austin, J. L. *How to Do Things with Words*. Cambridge: Harvard University Press, 1975.

[4] Brown, P. and S. C. Levinson. *Politeness: Universals in Language and Usage*. Cambridge: Cambridge University Press, 1987.

[5] Chan, T. and G. Kahane. "The trouble with being sincere." *Canadian Journal of Philosophy*, 41/2(2011): 215-234.

[6] Deutschmann, M. *Apologizing in British English*. Umea: Umea University Press, 2003.

[7] Eriksson, J. "Straight talk: Conceptions of sincerity in speech." *Philosophical Studies*, 153 (2011): 213-234.

[8] Fillmore, C. "Epistemic stance and grammatical form in English conditional sentences." The 26th Regional Meeting of the Chicago Linguistic Society, 1999.

[9] Goffman, E. *Relations in Public: Microstudies of the Public Order*. Harmondsworth: Penguin, 1971.

[10] Holmes, J. "Apologies in New Zealand English." *Language in Society*, 19(1990): 155-199.

[11] Leech, G. N. *Principles of Pragmatics*. New York: Longman, 1983.

[12] Lutzky, U. and A. Kehoe. "Oops, I didn't meant to be so flippant: A corpus pragmatic analysis of apologies in blog data." *Journal of Pragmatics*, 116 (2017a): 27-36.

[13] Lutzky, U. and A. Kehoe. "I apologise for my poor blogging: Searching for apologies in the Birmingham Blog Corpus." *Corpus Pragmatics*, 1 (2017b): 37-56.

[14] Ogiermann, E. *On Apologizing in Negative and Positive Politeness Cultures*. Amsterdam: Benjamins Publishing Company, 2009.

[15] Ridge, M. "Sincerity and expressivism." *Philosophical Studies*, 131/2(2006): 487-510.

[16] Romero-Rrillo, J. *Pragmatics and Corpus Linguistics: A Mutualistic Entente*. Berlin: Mouton de Gruyter, 2008.

[17] Romero-Trill, J. "Corpus pragmatics." *Corpus Pragmatics*, 1(2017): 1-2.

[18] Searle, J. R. *Speech Acts: An Essay in the Philosophy of Language*. Cambridge: Cambridge University Press, 1969.

[19] Searle, J. R. *Expression and Meaning: Studies in the Theory of Speech Acts*. Cambridge: Cambridge University Press, 1979.

[20] Stokke, A. "Insincerity." *Noûs*, 48/3(2014): 496-520.

[21] 顾日国.断言、知心与修辞立其诚.《当代修辞学》,2018 (4): 1—14.

[22] 于秀成,张绍杰.汉语非真诚性邀请行为的语用特征——非真诚性言语行为研究之一.《外语与外语教学》,2010(4): 46—50.

[23] 于秀成,张绍杰.汉语非真诚邀请语用特征与言语行为适切条件.《东北师大学报(哲社版)》, 2012 (6): 88—91.

汉语 tough 结构及被动 tough 结构的生成研究

左　涛
(广州大学附属中学)

摘　要：本文首先总结当前文献对英语 tough 结构句法生成的研究，英语"容易"类形容词的论元结构研究，以及学者们对类似英语 tough 结构的汉语对应结构（汉语 tough 结构）的研究。在此基础上，论证类似英语 tough 结构的汉语对应结构（汉语 tough 结构）。例如，"这匹马很难驯服"，存在话题化，即"容易"类形容词后动词的补语被移位到句首的话题位置，而主句主语由空主语 pro 充当。本文认为汉语"容易"类形容词是提升谓词，因此 pro 由形容词后提升至主句主语位置。另外，本文提出汉语被动 tough 结构的句首成分是由形容词后提升至主句主语位置。

Abstract: Chinese *tough* constructions have drawn linguists' attention because of their unique syntactic properties. Traditional grammarians and generative linguists study them from different perspectives. They disagree with each other on the grammatical category of words like *rongyi* (easy) and *nan* (difficult) used in the constructions, on the syntactic position the sentence-initial constituent occupies, on the thematic relation between this constituent and the main predicate, etc. Adopting minimalist methods, this paper attempts to derive Chinese *tough* constructions and the passive *tough* constructions on the basis of the lexical argument structure of Chinese *tough*-type adjectives. In this analysis, the sentence-initial constituent of both types of constructions is argued to bear no thematic relation with Chinese *tough*-type adjectives and to have undergone movement. Chinese *tough*-type adjectives are analyzed as raising predicates which take a non-finite TP complement, the subject of which must be raised to the matrix subject position to delete the EPP feature on the matrix T. However, the sentence-initial constituent of Chinese *tough* constructions is argued to have been topicalized so that it occupies a topic position rather than the matrix subject position, which is occupied by a null subject, while the sentence-initial constituent of Chinese passive *tough* constructions is argued to have been raised from the subject of the embedded non-finite TP to the matrix subject position.

关键词：汉语 tough 结构；汉语被动 tough 结构；提升谓词；话题；空主语

Key Words: Chinese *tough* constructions; Chinese passive *tough* constructions; raising predicate; topic; null subject

一、引言

英语 tough 结构（tough construction）因其结构中可出现 tough 等表示难易的形容词而得名。从描述角度讲，tough 结构必须包括类似 tough 一类形容词；从句法角度而言，tough 结构体现主句主语与不定式子句的动词之间的逻辑受事关系。例如：

[1] a. The problem is tough to solve.
这个问题　是 难的　解决。
（这个问题是很难解决的。）
b. John is easy to please.
约翰 是 容易的　讨好。
（讨好约翰是容易的。）
c. The door is difficult to open.
这个门　是 难的　打开。
（这个门是很难打开的。）

不难看出，tough 结构的一个显著的特征是结构内不定式子句的宾语与主句主语共指，且不定式子句的动词没有被动化。可出现在英语 tough 结构的形容词包括 tough，difficult，easy，simple，impossible 和 pleasant 等。笔者将这些形容词称为英语“容易”类形容词。

汉语也有类似的英语 tough 结构的句子，如：

[2] a. 这匹马很难驯服。
　　b. 维生素容易吸收。

笔者称类似[2]的句子为汉语 tough 结构。汉语中可以出现在类似[2]结构的形容词包括“容易”和“难”。笔者将它们称为汉语“容易”类形容词。

汉语中有一些句子和[2]语义相似，但是形容词后的动词是处于被动形式，笔者将它们称为汉语被动 tough 结构，如：

[3] a. 这匹马很难被驯服。
　　b. 维生素容易被吸收。

二、文献综述

1. 英语 tough 结构的句法生成

当前文献对英语 tough 结构的生成大致有 3 种不同的诠释：一种认为英语 tough 结构中存在 WH-移位，持这一观点的学者有 Chomsky（1977，1981）、Lasnik（1989）、Akmajian（1972）等；另一种观点认为英语 tough 结构中存在 NP-移位，持这一观点的学者有 Postal（1971）、Postal 和 Ross（1971）、Berman（1973）、Bayer（1990）、Sportiche（1988，1992）、Rosenbaum（1967）、宋国明（1997）、余小强（2004）等。第三种观点认为英语 tough 结构的生成经历了两次移位，即首先 A 杠标移位（WH-移位），接着 A 移位（NP-移位），持这一观点的学者有 Brody（1993）、Hornstein（2000）、Taylor（2003）等。

Chomsky（1977）对英语 tough 结构的 S-结构（S-structure）分析大致如下：

[4] [$_{TP}$ John$_i$ is [$_{AP}$ easy
　　约翰 是　容易的
[$_{CP}$ Op$_i$ [$_{TP}$ PRO to please t$_i$]]]]
　　讨好
（讨好约翰是容易的。）

Chomsky（1977）认为主句主语 John 是插入（insert）在 S-结构里的，是基础生成的。不定式子句的动词宾语 WH-移位至[Spec，CP]，留下一个语迹 t$_i$，而[Spec，CP]则由空算子 Op$_i$（null-operator）占据。

Rosenbaum（1967）认为英语 tough 结构是 NP-移位而来，例如：

[5] a. [For John to hit Bill] is difficult.
　　约翰 打 比尔 是 难的。
　　（约翰是不会打比尔的。）
　b. It is difficult [for John to hit Bill].
　　是 难的　约翰 打 比尔
　　（约翰是不会打比尔的。）
　c. [$_{TP}$ Bill$_i$ is difficult [for John to hit t$_i$]]。
　　比尔 是 难的　约翰 打
　　（Rosenbaum，1967：194）
　　（约翰是不会打比尔的。）

Rosenbaum（1967）把[5a]看作是[5b]和[5c]的 D-结构（D-structure）。因此，[5b]是经由[5a]把不定式小句 *for John to hit Bill* 移位至形容词谓词之后，并在主句主语位置插入 *it* 生成的。[5c]是经由[5b]通过 NP-移位把 *Bill* 移位至主句主语位置生成的。

与此相对，Taylor（2003）指出英语 tough 结构中的 tough 谓词挑选不定式从句 CP 为内论元，CP 内的动词补语先经由 WH-移位，继而通过 NP-移位成为主句主语，现简单将其观点举例如下：

[6] [$_{TP}$ John is [$_{AP}$ easy [$_{CP}$ [John [$_{TP}$ pro to find [John]]]]]]　（Taylor，2003：70）

Taylor 论证了英语 tough 结构中的不定式子句的动词补语 John 被从词库挑出时本身就带有主格（nominative）特征，因为其主格特征无法被检验（check），不得不移动到[Spec，CP]，最后移位到[Spec，TP]，将其主格特征检验（check）并剔除（erase），而不至于在逻辑式（Logical Form）崩溃（crash）。值得注意的是，Taylor 认为主要子句的主语 John 不是基础生成，而是经历了两步移位而来。

2. 当前文献对汉语 tough 结构的研究

对汉语 tough 结构的研究主要有 3 种观点。第一种观点认为汉语 tough 结构中的“容易”类形容词句法表现类似于助动词，持此观点的有吕叔湘（1980）、朱德熙（1982）、王启龙（2003）等。第二种观点认为汉语 tough 结构和英语 tough 结构对等，即句首成分是主句主语，持此观点的有 Huang（1992）、戴小春（2002）、何文忠（2004）等。第三种观点认为汉语 tough 结构和英语 tough 结构不同，句首成分占据的是话题位置，持此观点的有曹逢甫（1996）、Shi（1990）、王正胜（2004）等。

1）汉语 tough 结构中"容易"类形容词谓词作为助动词的分析

吕叔湘(1980)认为在"容易/难+动词"这种结构中,"容易"的作用类似于助动词,例如:

［7］这个问题暂时还很难解决。(吕叔湘,1980：362)

朱德熙(1982)也认为"难"和"容易"出现在汉语 tough 结构中时是助动词,例如:

［8］日语容易学,阿拉伯语难学。(朱德熙,1982：66)

王启龙(2003)指出汉语"容易"类形容词后面出现动词时,它们实际上相当于助动词。

从表面看,确实只有一小部分词语可以出现在汉语 tough 结构的形容词谓词位置,如下所示:

［9］这匹马 很难/容易/应/必须/能/能够/可/会 驯服。

［9］中"容易"类形容词谓词和情态助动词都可以出现,似乎有力证明了"容易"类形容词的句法表现类似于助动词。但是,考虑到汉语"容易"类形容词谓词可以由一个句子充当主语而情态助动词则没有类似用法,例如:

［10］a. 驯服这匹马很难/容易。

b. *驯服这匹马应/必须/能/能够/可/会。

其他语言中并无此类助动词,所以这一说法很难成立。另外,当前文献中也没有任何关于"容易"类形容词作助动词时其所在句子的句法生成描述。

2）句首成分做主语的分析

Huang(1992)认为汉语"容易"类形容词后面跟动词时有两种情况。他认为第一种情况是"容易"类形容词跟其后动词形成复合谓词,即复合形容词,例如,"好吃""好笑""难得""难说",等等。第二种情况是"容易"类形容词后面跟动词的句子和英语 tough 结构对等,例如,汉语 tough 结构"热带鱼很不容易捉到"中的"热带鱼"是由动词"捉到"的补语位置提升到主句主语位置,如下所示:

［11］［$_{TP}$热带鱼$_i$［$_{AP}$很不容易［$_{CP}$捉到 t_i］］］。

Huang(1992)的分析本质上是把"热带鱼"NP-移位至主句主语位置,这面临着一个问题：NP-移位不能越过施事(agent)主语。在(11)中这个施事(agent)主语是个空主语(PRO),如下：

［12］［$_{TP}$热带鱼$_i$［$_{AP}$很不容易［$_{CP}$ PRO 捉到 t_i］］］。

戴小春(2002)认为汉语 tough 结构和英语 tough 结构的生成机制是一致的。基于 Chomsky(1977,1982)对英语 tough 结构的分析,他提出了以下生成过程分析汉语 tough 结构：

［13］［$_{TP}$他$_i$［$_{AP}$不容易［$_{CP}$ Op_i［$_{TP}$ PRO 忘记 t_i］］］］(戴小春,2002：63)

［13］中空算子 *Op* 基础生成于"忘记"的补语位置,经由 WH-移位至［Spec,CP］。"他"占据主句主语位置,是基础生成在此位置,题元角色是 causer,由形容词谓词"容易"赋予。"他"和空算子 *Op* 共指。

戴小春(2002)的分析存在这样的问题：［13］中"容易"能否赋予"他"一个题元角色。另外,把汉语中类似"这匹马容易驯服"的句子和英语 tough 结构对等起来也面临一些问题。英语 tough 结构不允许不定式中动词的施事(agent)出现在主句主语位置,如［14a,b］,而汉语却允许"容易"类形容词后动词的施事(agent)出现在主句主语位置,如［14c,d］。

［14］a. *The horse, people are easy to tame.

这匹马　人们　是　容易的　驯服。

b. *People are easy to tame a horse.

人们　是　容易的　驯服　一匹马。

c. 这匹马人们容易驯服。

d. 人们容易驯服马。

如果一定要把汉语中类似"这匹马容易驯服"的句子和英语 tough 结构对等起来,那么就很难解释英汉在［14］中展现出的不同。

3）句首成分占据话(主)题位置的分析

曹逢甫(1996)区别了汉语的主题化(topicalization)和主题提升(topic raising)。他认为主题化指一个成分在同一子句(clause)内前移成为主题,此时的主题为子句主题(clausal topic),且子句主题移位加接(adjoin)于 TP,如［15a］。而子句主题经由主题提升被加接到较高层句子的 CP,此时主题为句子主题(sentential topic),如［15b］。曹认为汉语"容易"类形容词结构允许主题提升(topic raising),即子句内部的名词提升到主句的主题位。

［15］a.［$_{TP}$［$_{DP}$这个计划］［$_{TP}$他们完成~~这个计划~~］］

b.［$_{CP}$［$_{DP}$这个计划］［$_{CP}$［$_{DP}$他们］［$_{CP}$［$_{TP}$［$_{AP}$容易［$_{CP}$［$_{TP}$~~这个计划~~［$_{TP}$~~他们~~［$_{TP}$~~他们~~［$_{VP}$~~他们~~ 完成 ~~这个计划~~］］］］］］］］］］］］。

曹逢甫(1996)的分析存在一个问题,那就是句子[15b]"这个计划"和"他们"都被提升至主题,导致句子没有主语,即位置最靠前的[Spec,TP]自始至终都是空的。另外,汉语本族语者会觉得[15b]中的"他们"是句子的主语,而不是主题。

虽然曹逢甫(1996)的分析并没有具体指出汉语 tough 结构的生成过程,但是他指出汉语"容易"类形容词后所接动词的施事(agent)主语必须被提升至形容词谓词之前,否则任何其他和这个动词相关的成分就不可能移位至形容词谓词之前,例如:

[16] a. *那扇门很容易我用那把钥匙开。
b. *用那把钥匙那扇门很容易我开。
c. 那扇门我很容易用那把钥匙开。
d. 用那把钥匙那扇门我很容易开。
(曹逢甫,1996: 179)

石定栩(1990)认为类似[17]的汉语 tough 结构是主题化(topicalization)的特例,因为在[17]中,主题位看起来是占据主句主语位置,但实际上主语由空主语充当,而"这个计划"占据了主语前的主题位。

[17] 这个故事 [$_{\text{TP}}$很难重复 ~~这个故事~~](石定栩,1990: 306)

在其他情况下,底层的补语可能移出主语辖域,例如:

[18] [$_{\text{DP}}$这个故事] [$_{\text{TP}}$[$_{\text{DP}}$我] [$_{\text{AP}}$很难 [重复 ~~这个故事~~]]]]。(石定栩,1990: 309)

在[18]中,"这个故事"移到主句主语前面的主题位,主语位由"我"所占。

石定栩(1990)把"容易"等词分析为助动词或副词,这一点值得商榷。本文前面已经提到了把"容易"等词分析为助动词是行不通的。另外,如果"容易"等词是副词,那么它们当然要修饰其后的动词。但是,吕叔湘(1984)明确指出,[19]中"好"和"难"是否修饰后面的动词"是个问题":

[19] 火车好开,彰武难过。

再者,"容易"等词的句法表现也和副词差别极大。汉语"容易"类形容词谓词后的动词不能跟体标记"过""了",而它们的对应副词则可以,如:

[20] a. 我很容易地打败过/了他。
b. *我很容易打败过/了他。

三、汉语 tough 结构及被动 tough 结构的生成过程分析

基于当前文献对英语 tough 结构及汉语 tough 结构的研究,我们提出以下分析:第一,汉语 tough 结构中位于句首的名词或代词占据话题位置,而主句主语由空主语 *pro* 充当;第二,这个空主语 *pro* 是从形容词谓词后提升至主句主语位置的,因为汉语"容易"类形容词是提升谓词(raising predicate);第三,汉语被动 tough 结构中位于句首的名词或代词占据主句主语位置。

1. 汉语 tough 结构的句首成分占据话题位置

汉语 tough 结构的句首成分并不能由其中的形容词谓词赋予题元角色,这可以从[21b]的不合法看出。这也表明这个句首成分不是基础生成在句首位置的,而是由其他位置移位到句首的。

[21] a. 这匹马容易/很难驯服。
b. *这匹马容易/很难。

我们认为汉语 tough 结构的句首成分是由形容词谓词后动词的补语位置移位至句首的话题位置,而主句主语由空主语 *pro* 充当,如下所示:

[22] 这匹马 [$_{\text{TP}}$ *pro* 很难 驯服 ~~这匹马~~]

本文提出以下 4 个方面证据支持上述分析。

第一,汉语是允许出现空主语的语言,这意味着句子的主语不一定是显性的。与此同时,位于句首的不一定就是句子的主语。对比[23a]和[23b]之后不难发现这两个句子语义上非常相似。[23a]中很明显存在空主语,那么与其对应的[23b]也应当有一个空主语。这样的话,[23b]中的"陨石"应当是占据主句主语前的话题位置。

[23] a. (在)地球上 *pro* 很难找到陨石。
b. 在地球上陨石 *pro* 很难找到。

另外,正如 Shi(1990)注意到的,汉语 tough 结构的句首成分和形容词谓词之间可以加入一个名词或代词短语,例如:

[24] 这个故事我很难重复。(Shi,1990: 309)

很明显,[24]中"我"占据主句主语位置。因为汉语是话题突出型语言(cf. Li & Thompson,1976),所以位于主语之前的名词"这个故事"应当是占据话题位置。

第二,话题化是一种 A 杠标移位,其特点是话题

可以移出自己所在的子句，例如英语中的话题化：

[25] a. This girl, I told John that Tom
这个女孩 我 告诉 约翰 汤姆
should meet.
应当 见。

b. This girl, [$_{TP}$ I told John [$_{CP}$ that ~~this girl~~
[$_{TP}$ Tom should meet ~~this girl~~]]].

从[25b]可以看出，*this girl* 由 *meet* 的补语位置移到两个TP外。

下面看看汉语包含汉语tough结构的例句：

[26] a. 这本书，[$_{TP}$ 我告诉过李四[$_{TP}$ 很难读懂]]。

b. 这个问题，[$_{TP}$ 他说[$_{TP}$ 他知道[$_{TP}$ 很难解决]]]。

[26a]中“这本书”移出了两个TP。[26b]中“这个问题”移出了3个TP。这些例句表明“这本书”和“这个问题”是作为话题得以连续移位(successive-cyclic movement)。

第三，位于句首的名词或代词短语如果是由话题位置移位到句首的话，那么应当是移动到了另一个话题位置。请对照下面两个例句：

[27] a. *pro* 很难说[$_{CP}$这个建议[$_{TP}$他是否会接受]]。

b. 这个建议很难说[$_{TP}$他是否会接受]。

[27a]中“这个建议”是处于话题位置。既然[27a]和[27b]在语义上是一致的，可以断定，“这个建议”经由连续移位，最后处于句首的话题位置。另外，[27b]中的“这个建议”不可能跳过一个带时态的TP最终移位到主句主语位置。所以，“这个建议”应当是占据着话题位置。

另外，看看下面的例句：

[28] a. 这份合同很难[$_{TP}$强迫他签]。

b. 这类文章很难[$_{TP}$说服他不再去尝试写]。

[28a]中“这份合同”由“签”的补语位置跨越3个谓词，即“签”“强迫”和“难”。而[28b]中的“这类文章”由“写”的补语位置跨越4个谓词，即“写”“尝试”“说服”和“难”。这都表明[28a]中“这份合同”和[28b]中的“这类文章”应当是经历了A杠标移位。

再者，汉语tough结构的句首成分可以和形容词谓词后动词的补语以及一个parasitic gap共指，例如：

[29] 这种传单很容易不看e就扔掉e。

[29]中“这种传单”和“看”以及“扔掉”的补语(此时是parasitic gap)共指。

parasitic gap结构通常出现在英语的wh-问句或定语从句中，是典型的A杠标移位，例如：

[30] a. Which book did she review __ without
哪本 书 她 评论 没有
reading __?
阅读？

b. John is a man whom you distrust __
约翰 是一个男人 你 不信任
when you meet__.
当 你 见。

既然[29]中允许parasitic gap结构，那么“这种传单”应当是经历了A杠标移位，处于话题位置。

第四，在汉语中，当两个句子的主语一致时，第二个句子往往可以省略主语。请看下例：

[31] 这本书，孩子们很难读懂，那本却容易理解。

既然[31]中前半句的“这本书”是话题，“孩子们”是主语，那么可以推断后半句中“那本”也是话题，此时应有一个空主语 *pro* 代替“孩子们”充当主语。

上面我们论证了汉语tough结构的句首成分和形容词谓词之间存在一个空主语 *pro*，那么这个 *pro* 是基础生成在主句主语位置吗？我们不这样认为。因为，很明显，*pro* 和形容词谓词之间没有论元关系，它应当是从其他位置移位至主句主语位置的。事实上，本文认为这个 *pro* 是从形容词谓词后提升至主句主语位置的，这主要是因为汉语“容易”类形容词谓词是提升谓词。

2. 汉语“容易”类形容词为提升谓词

本文认为汉语“容易”类形容词是提升谓词，这主要是因为类似“人们很难驯服这匹马”这样的句子中“人们”不可能由形容词谓词“很难”赋予题元角色。本文认为“人们”是作为“驯服”的施事(agent)生成的，经过提升被移位至主句主语位置，如下例所示：

[32] 人们 很难 [~~人们~~ 驯服这匹马]。

本文提出以下3个方面证据支持汉语“容易”类形容词是提升谓词。

第一，观察[33]中的句子可以看出，句首成分“张三”与“这种树”和汉语“容易”类形容词谓词无法在语义上关联起来，而是和其后的动词短语“犯错误”与“结果子”密切相关。这说明汉语“容易”类形容词谓词并不能给其前面的成分赋予题元角色。这是提升结构的典型特点。所以,我们有理由推论句首成分是提升上去的。

[33] a. 张三容易犯错误。
b. 这种树容易结果子。
c. *这种树容易犯错误。
d. *张三容易结果子。

第二,提升谓词的补语在经历长距离(long-distance)被动化时,与主动语态意义一致,如英语中的提升动词 *seem*:

[34] a. John seems to have helped Mary.
约翰 似乎 帮助 玛丽
b. Mary seems to have been helped by John.
玛丽 似乎 被 帮助 约翰

“容易”类形容词也具有同样的特征。例如:

[35] a. 人们容易忽略细节。
b. 细节容易被人们忽略。

第三,英语中的提升谓词可以由语助词(expletive) *there* 或 *it* 充当,如英语中的提升动词 *seem*:

[36] a. There seems to have arisen a problem.
那儿 似乎 出现 一个 问题。
b. It seems to be thought that he is
它 似乎 被 认为 他 是
a liar.
一个骗子。

[36]中两个句子中都出现了非宾格动词,即 *arisen* 和被动的 *thought*,它们没有外论元。另外,因为提升谓词没有外论元,所以必须使用语助词来充当主语,以满足扩充投射原则(Extended Projection Principle)。尽管汉语中没有语助词(比较:曹逢甫,1996),但是非宾格动词也可和汉语“容易”类形容词出现在同一句子,例如:

[37] a. 容易出现两种情况。
b. 这种情况容易出现。

对比[37a]和[37b]就可以看出,[37b]中的“这种情况”是从“出现”的补语位置提升到主句主语位置的。

英语中提升谓词通常挑选一个非限定 TP 充当论元。由于非限定 TP 的主语无法被有缺陷的(defective)非限定 T 赋格,所以最终被一个限定 T 赋格,并被移位至主句主语位置以删除这个限定 T 上的 EPP 特征。本文认为汉语“容易”类形容词作为提升谓词所挑选的论元也是一个非限定 TP。

3. 汉语“容易”类形容词谓词后的动词是非限定的

我们认为汉语“容易”类形容词的论元是由一个非限定 TP 充当。下面我们会从 2 个方面论证出现在汉语“容易”类形容词后的动词是非限定的。

第一,和汉语“容易”类形容词共现的动词不可以带上体标记词,也不允许谓词重叠。石毓智(2001)认为,从狭义上讲,汉语没有限定动词和非限定动词之分,因为汉语没有时态、人称、数的语法标记;但是,从广义上讲,汉语动词也存在限定和非限定之分,因为汉语的动词也有一系列自己的语法变化形式,在能否具有这些形式上,谓语中心动词和担任句子其他成分的动词有明显的差异。限定动词可以带上标明时间信息的语法标记词,例如体标记词、谓词重叠等。他指出虽然部分汉语句子的限定动词并非必须带有语法标记,但是只有被选定为谓语中心的那个动词才有潜在的可能性来带上体标记或者重叠。他认为[38a]中的“看”是非限定的。

[38] a. 看电视很费眼睛。
b. *看*了*电视很费眼睛。
c. *看*过*电视很费眼睛。
d. *看*看*电视很费眼睛。

[38b]和[38c]中“看”不能和体标记“了”“过”同现,[38d]中“看”不能重叠。这都表明[38a]中“看”是非限定的。

他还认为[39a]中的“学”也是非限定形式。

[39] a. 我学日语已经一年了。
b. *我学*过*/*了*日语已经一年了。
c. *我学*学*日语已经一年了。

[39a]中的时间词“一年”为谓语中心,这可以从它出现在“已经”和“了”之间看出。此时“学”是非限定的,所以不能加体标记词“了”“过”,也不能重叠“学”,如[39b]和[39c]所示。

根据石毓智的判别标准,让我们来看看汉语“容易”类形容词后的动词是不是非限定的。

[40] a. 他容易上当。
b. *他容易上*过*/*了*当。
c. *他容易上*上*当。

[40b]中“上”加了体标记词“了”“过”,导致其不合法。[40c]中动词“上”不能重叠。这表明[40a]中“上当”是非限定形式的。

第二,和汉语“容易”类形容词同现的动词不能跟上时间状语“已经(已)”“正在(正,在)”或“将要(将,要)”。李京廉和刘娟(2005)提出的区分限定从句和非限定从句的标准是,能跟时间状语“已经(已)”“正在(正,在)”和“将要(将,要)”的从句是限定从句,不能跟这些时间状语的是非限定从句。

根据李京廉和刘娟(2005)的标准,来看看和“容易”类形容词同现的动词是不是非限定形式呢?

[41] a. *学者们已经/将很容易[出国]。*

b. **学者们很容易[已经/将出国]。*

[41a]中时间状语“已经”“将”指的是限定谓词“很容易”,所以合法。[41b]中“已经”“将”指的是“出国”。[41b]不合法表明[41a]中“出国”是非限定的。

综合上面的论述,我们明确了汉语“容易”类形容词谓词的论元是一个非限定 TP,下面我们会展示这个非限定 TP 的主语是如何提升至主句主语位置的。

我们以“人们很难驯服这匹马”为例。首先,“这匹马”和“驯服”合并为 VP,“这匹马”同时被“驯服”赋格。这个 VP 和轻动词 *v* 合并,*v* 吸引“驯服”嫁接于它。“人们”合并到[Spec,*v*P]位置。接下来,*v*P 和一个非限定 T 合并,并且由于非限定 T 的不可解 EPP 特征要删除,所以“人们”被移位至[Spec,TP]。此时的非限定 T 是有缺陷的(defective),所以不能为“人们”赋格。这个 TP 和形容词“很难”合并为 AP,AP 和一个带有时态特征的限定 T 合并。这个限定 T 为“人们”赋格。T 上的 EPP 特征通过移动“人们”到主句主语位置得以删除。这个 TP 再和一个表示陈述(declarative force)的空 complementizer 合并形成一个 CP。因为所有的不可解特征都得以删除掉,所以这个生成过程得以收敛(converge),如下所示:

[42]
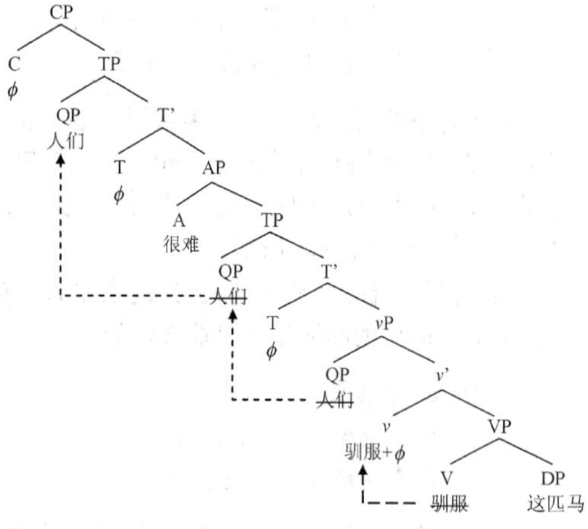

4. 汉语 tough 结构的生成

上面我们论证了汉语 tough 结构的句首成分由其基础生成位置被移位至句首话题位置,汉语 tough 结构的句首成分及形容词谓词之间的空主语 *pro* 是经由非限定 TP 的主语位置提升至主句主语位置的。下面我们来看看汉语 tough 结构“这匹马很难驯服”是如何生成的。

首先,“这匹马”和“驯服”合并,形成 VP。“这匹马”同时被“驯服”赋格。VP 和轻动词 *v* 合并,形成 *v* 杠标。接着,和表示施事的 *pro* 合并形成 *v*P。此时的 *v*P 为语段。*v* 吸引“驯服”嫁接到它上面。*v* 的 edge feature 吸引“这匹马”至[Spec,*v*P],如下:

[43]
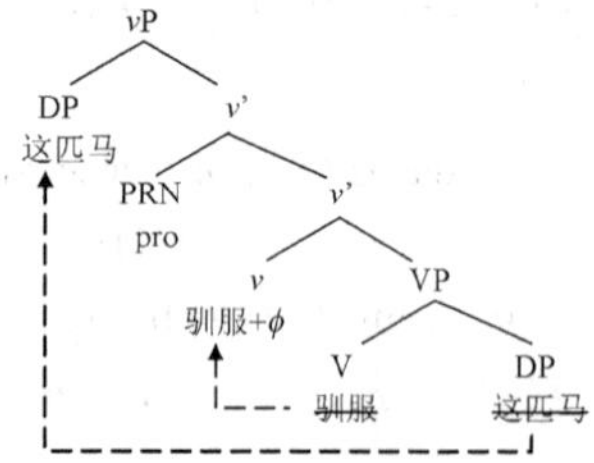

*v*P 然后和一个非限定的 T 合并,T 的 EPP 特征通过移位 *pro* 至[Spec,TP]得以删除。这个有缺陷的非限定 T 不能为“人们”赋格。TP 和形容词“很难”合并,形成 AP。AP 和一个带有时态特征的 T 合并。这个限定 T 为 *pro* 赋格。T 的 EPP 特征通过移位 *pro* 至[Spec,TP]得以删除。“这匹马”最终被移位至句首的话题位置。我们采取 Rizzi(2001,2004)对 CP 进行分裂分析,即把 CP 细分为 ForceP, TopP, FocP, FinP。我们当前的分析只关注 ForceP 和 TopP。当 TP 形成后,TP 和一个带有 edge feature 的 Top 合并。Top 上的 edge feature 通过移位“这匹马”至[Spec,TopP]得以删除。TopP 和一个带有 declarative force 特征的 Force 合并,形成 ForceP,因为所有的不可解特征都得以删除掉,所以这个生成过程得以收敛,如下:

[44]
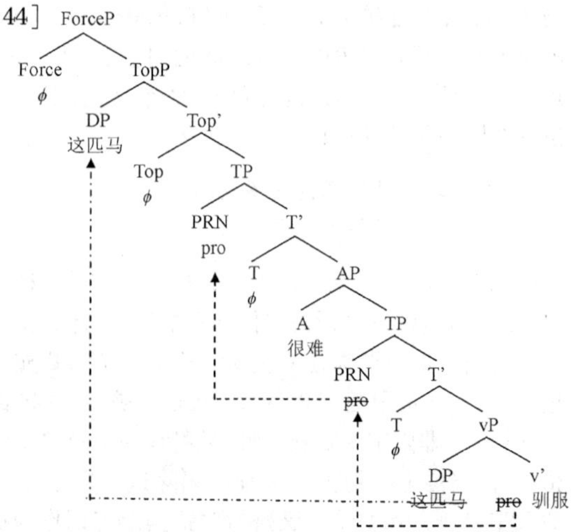

5. 汉语被动 tough 结构的生成

本文认为汉语被动 tough 结构和汉语 tough 结构的区别在于前者的句首成分占据的是主句主语位置，而后者的句首成分则处在主语前的话题位置。我们提出的证据是汉语被动 tough 结构的句首成分和形容词谓词之间不能插入一个表示施事的成分，如［45a］，而汉语 tough 结构则允许，如［45b］。

［45］ a. ＊这匹马人们很难被驯服。
b. 这匹马人们很难驯服。

那么，类似“这匹马很难被驯服”的汉语被动 tough 结构是任何生成的呢？既然汉语被动 tough 结构的句首成分和其后的形容词谓词之间没有论元关系，那么这个成分必然是从形容词谓词后移位至句首的。因为汉语被动 tough 结构和汉语被动结构密切相关，而对于汉语被动结构的生成当前并无统一认识，所以本文就避开讨论“被驯服”的生成而直接从“这匹马被驯服”出发探讨汉语被动 tough 结构的生成。我们上面论证了跟在汉语“容易”类形容词后的动词是非限定的，那么此时我们认为“这匹马被驯服”是一个非限定 TP。“这匹马”处在［Spec，TP］位置。因为此时的非限定 T 是有缺陷的，所以不能为“这匹马”赋格，致使其保持活跃，可进入进一步推导。这个非限定 TP 和形容词“很难”合并形成 AP。AP 和一个限定 T 合并，这个限定 T 为“这匹马”赋格。“这匹马”最终被提升至主句主语位置，这样就删除了 T 上的不可解 EPP 特征。TP 再和一个表示陈述的空 C 合并，因为所有的不可解特征都得以删除掉，所以这个生成过程得以收敛，如下：

［45］

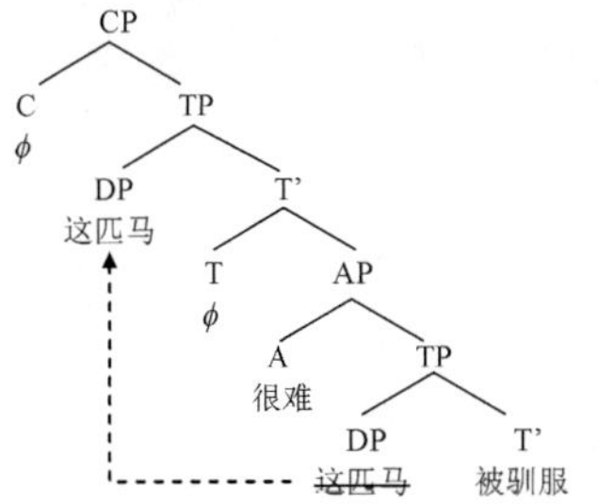

四、结论

本文主要总结了英语及汉语 tough 结构的句法生成，指出两者不同之处，即英语 tough 结构的句首成分是主句主语，而汉语 tough 结构的句首成分是占据主语前面的话题位置。另外，英语 tough 谓词挑选不定式 CP 为论元，因而不允许不定式的主语提升至主句主语位置，而汉语“容易”类形容词挑选非限定的 TP 作为其论元，因而允许 TP 的主语提升为主句主语。再者，类似“这匹马很难驯服”之类的汉语 tough 结构的句首成分“这匹马”经历了话题化，占据句首的话题位置，而这个句子的主语由一个空主语 *pro* 充当，而类似“这匹马很被难驯服”之类的汉语被动 tough 结构的句首成分“这匹马”是经由非限定 TP 的主语位置提升至主句主语位置的。

参考文献

［1］ Akmajian，A. “Getting Tough.” *Linguistic Inquiry*，3（1972）：373-377.

［2］ Bayer，Samuel. “*Tough* Movement as Function Composition.” In Aaron L. Halpern（Ed.），*The Proceedings of the Ninth West Coast Conference on Formal Linguistics*. Standford，CA：Standford Linguistics Association，1990. 29-42.

［3］ Berman，Arlene. “A Constraint on *Tough*-movement.” Papers from the Ninth Regional Meeting of the Chicago Linguistic Society，1973. 34-43.

［4］ Brody，M. “*θ*-Theory and Arguments.” *Linguistic Inquiry*，1（1993）：1-23.

［5］ Chomsky，Norm. *On Wh-movement*. Cambridge：MIT Press，1977.

［6］ Chomsky，Norm. *Lectures on Government and Binding*. Dordrecht：Foris，1981.

［7］ Chomsky，Norm. *Some Concepts and Consequences of the Theory of Government and Binding*. Cambridge. Mass：MIT Press，1982.

［8］ Hornstein，N. *Move!：A Minimalist Theory of Construal*. Oxford：Blackwell，2001.

［9］ Huang，Chu-Ren. “Lexical Tough Constructions in Mandarin Chinese.” Paper Presented at the Fourth North American Conference in Chinese Linguistics. May 8-10，Ann Arbor，Michigan. 1992.

［10］ Lasnik，Howard. *Essays on Anaphora*. Dordrecht：Kluwer Academic Publishers，1989.

［11］ Li，Charles N. and Sandra A. Thompson. “Subject and Topic：A New Typology and Language.” In Charles N. Li（ed.），*Subject and Topic*. New York：Academic Press，1976. 457-489.

［12］ Postal，P. M. *Cross-over Phenomenon*. New

York: Holt, Rinehart and Winston, 1971.

[13] Postal, P. M. & Ross, J. R. "Tough Movement." *Linguistics*, 2 (1971): 54-67.

[14] Rizzi, L. "On the Position Int(errogative) in the Left Periphery of the Clause." In Cinque & Salvi, eds., *Current Issues in Italian Syntax*, Elsevier, Amsterdam, 2001. 287-296.

[15] Rizzi, L. "Locality and Left Periphery." In A. Belletti (ed.), *Structures and Beyond: The Cartograph of Syntactic Structures*, Vol. 3, Oxford University Press, 2004. 223-251.

[16] Rosenbaum, P. S. *The Grammar of English Predicate Complement Constructions*. Cambridge: MIT Press, 1967.

[17] Shi, D. "Is There Object to Subject Raising in Chinese?" In *Proceedings of the Sixteenth Annual Meeting of the Berkeley Linguistics Society 16*. Berkeley: University of Southern California, 1990. 305-314.

[18] Sportiche, D. *Conditions on Silent Categories*. Mass: UCLA, 1988.

[19] Sportiche, D. *Movement, Agreement, and Case*. Mass: UCLA, 1992.

[20] Taylor. H. L. "On Tough-constructions and Construal-as-movement: Be Tough! It's Too Easy to Give Up." MA dissertation, Eastern Michigan University, 2003.

[21] 曹逢甫.汉语的提升动词.《中国语文》,1996(3):172—182.

[22] 戴小春.英文难易结构对比.《湖南第一师范学报》,2002(1):62—65.

[23] 何文忠.中动结构的认知阐述.《上海外国语大学博士论文》,2004.

[24] 李京廉,刘娟.汉语的限定与非限定研究.《汉语学习》,2005(1):19—24.

[25] 吕叔湘.《现代汉语八百词》.北京:商务印书馆,1980.

[26] 吕叔湘.《汉语语法论文集(增订本)》.北京:商务印书馆,1984.

[27] 石毓智.汉语的限定动词和非限定动词之别.《世界汉语教学》,2001(2):23—27.

[28] 宋国明.《句法理论概要》.北京:中国社会科学出版社,1997.

[29] 王启龙.《现代汉语形容词计量研究》.北京:北京语言大学出版社,2003.

[30] 王正胜.中国学生对英语 Tough 结构的习得.《大连海事大学硕士论文》,2004.

[31] 余小强.Tough 结构与宾语提升.《四川外国语学院学报》,2004(4):73—77.

[32] 朱德熙.《语法讲义》.北京:商务印书馆,1982.

文学·叙事学专栏

当代西方叙事学史论纲①

尚必武
(上海交通大学)

摘　要：尽管当下中外叙事学研究盛况空前，但迄今为止，鲜见有对叙事理论历时梳理的成果。虽然学界也曾有过关于叙事学史的热烈讨论，但始终未见关于叙事理论发展史的专著。毋庸置疑，在叙事学蓬勃发展的当下，如果没有叙事学史作为参照，这门学科将失去持续发展的历史基础。可以说，书写相对完整的叙事学史既是为了培养叙事学研究后备力量的需要，也是叙事学自身发展的必然要求。绘制当代西方叙事学的发展谱系、辨析叙事学的基本概念、梳理叙事学的研究方法和核心流派，不仅有助于在深度上和广度上全面提升叙事学研究的现有水平，而且通过史论结合的方式，可以在学理上梳理叙事学的源流与发展，在术语概念上澄清相关理论偏误，为叙事学的持续发展提供有益参照。本文从历时视角，结合主要理论思潮和核心批评概念，简要考察叙事学理论在西方半个世纪以来的发展历程，为叙事学史的撰写提供一种纲要式的思路。

Abstract: Despite the popularity and prevalence of current narrative studies, there have been few works on the history of narratology. Regrettably, the once heated debate and discussion about the history of narratology in the 1990s and 2000s fail to produce a single monograph of its kind. Narratology, as a discipline of literary inquiries, might hardly sustain its momentum of development without referring to its history. This paper claims that a work on the history of narratology meets the increasing demand of both a sustainable development and cultivating new comers to this enterprise. It is certainly valuable to produce a work of history of narratology with such merits as mapping genealogy of narratology, differentiating the core narratological concepts, drawing the distinction of narratological approaches and schools, and correcting the relevant theoretical misconceptions. This paper calls for a diachronic turn in narrative studies and proposes a tentative outline for compiling a history of narratology by making a brief review of major currents and core concepts of narratology.

关键词：叙事学史；分期；前叙事学；经典叙事学；后经典叙事学

Key Words: history of narratology; periodization; pre-narratology; classical narratology; postclassical narratology

半个世纪以来，叙事学(narratology)经历了由发轫、兴盛、衰微、复兴到时至今日的盛况，以及从过去学者们对“什么是叙事学”(what is narratology)的追问(Kindt and Müller, 2003b)到目前“让人感觉作为一名叙事学家真好的时代”(feels like a good time to be narratologist)(Palmer, 2007: 108)的变奏：一方面，“小规模的叙事学复兴”(minor narratological renaissance)(Herman, 1999: 1)重振了以结构主义叙事学为主的经典叙事学；另一方面，后经典叙事学逐渐引领潮流，并开始由“第一发展阶段”向“第二发展

① 本文系国家社科基金重大项目“当代西方叙事学前沿理论的翻译与研究”(项目批准号 17ZDA281)的阶段性研究成果。本文的部分内容发表于《中国社会科学报》2019 年 12 月 23 日第 4 版。

阶段”迈进。① 尽管当下中外叙事学研究盛况空前，但迄今为止，鲜见有对叙事理论历时梳理的成果。里蒙-凯南（Rimmon-Kenan，2002：148）曾说：“叙事学并不是一个‘一劳永逸’的、封闭的理论，而是一种开放的、动态的、永远没有尽头的理论化模式。”从时间上把握这一动态开放的理论，洞察其变化与发展背后的逻辑与动因，考量其激进与缺失，势必要求有学科史的参照。

遗憾的是，尽管学界也曾有过关于叙事学史的热烈讨论，但始终未见关于叙事理论发展史的专著。绘制当代西方叙事学的发展谱系、辨析叙事学的基本概念、梳理叙事学的研究方法和核心流派，不仅有助于在深度上和广度上全面提升叙事学研究的现有水平，而且通过史论结合的方式，可以在学理上梳理叙事学的源流与发展、在术语概念上澄清相关理论偏误，为叙事学的持续发展提供有益参照。立足这一语境，本文着力探讨以下 3 个问题：（1）为何需要一部叙事学史？（2）为何目前没有一部叙事学史？（3）如何撰写叙事学史？文章从历时视角出发，结合叙事学主要思潮、代表人物和核心概念，简要考察叙事学在西方半个世纪以来的发展历程，试图为叙事学史的撰写提供一种纲要式的思路，以求教于方家。

一、问题的引出：未完成的体制化

在叙事学研究盛况空前的当下，为何需要一部叙事学史？在回答这个问题之前，我们不妨首先回到康奈尔大学 1916 级英文和比较文学讲座教授乔纳森·卡勒（Jonathan Culler）在 21 世纪第二个 10 年之于当下理论，尤其是叙事学发展态势的考察与判断。2011 年冬，美国知名期刊《南大西洋季刊》（*The South Atlantic Quarterly*）推出了一组“当代理论”（Theory Now）的专题论文。其中，压轴之作是卡勒为该研究专题所撰写的精彩评论。在题为《编后记：当下理论再探讨》（“Afterword：Theory Now and Again”）的评论文章中，卡勒开门见山地指出：

> 邀请对“当下理论”做出思考，势必要求做出双重反应。只要理论有“当下”，它就是学科和体制的“当下”，是体制化投射的一个点。若要问理论现在处于何处，则需描述它曾在何方，以及去往哪里。毫无疑问，关于当下的理论，我们有很多需要评说的地方：叙事学在经历过一段时间的“沉闷”后，似乎再度复出。它用认知科学而不是语言学作为自己的模式，尽管现在说这种路径是否具有成效，还为时过早。（Culler，2011：223）

撇开其他理论不说，单就叙事学而言，卡勒的观察和判断十分中肯。20 世纪 90 年代以降，随着以语境主义为主要范式的后经典叙事学的崛起，以形式主义为主要范式的经典叙事学逐渐得以复兴。作为一门学科，叙事学也由此走出了危机与低谷，迎来了更加旺盛的发展势头。在《叙事学导论》（*An Introduction to Narratology*，2009）一书中，莫妮卡·弗鲁德尼克（Monika Fludernik）说：“在 21 世纪的开端，叙事学非但没有走向尽头，反而非常健康和繁荣。”（Fludernik，2009：12）有鉴于此，曼弗雷德·雅恩（Manfred Jahn）和安斯加尔·纽宁（Ansgar Nünning）用“叙事学产业”（narratological industry）（Jahn and Nünning，1994：300）、里蒙-凯南（Rimmon-Kenan，2002：140）和尚必武（2012b：51—61）用“叙事学事业”（narratology enterprise）来形容当下叙事学研究的繁荣态势。在第二版《叙事虚构作品：当代诗学》（*Narrative Fiction：Contemporary Poetics*，2002）新增加的一个章节中，里蒙-凯南（Rimmon-Kenan，2002：140）发出这样的感慨：“我已经改变了我的许多观点，我的研究已经朝着多个新的方向发展。但是，我依然发现叙事学是一门有价值的，甚至是一项必不可少的事业（a valuable，even indispensable enterprise）。”

需要指出的是，叙事学作为一项事业的体制化进程并未彻底完成。尽管显见的事实是，叙事学研究的学者队伍逐渐壮大，越来越多的硕士、博士研究生以叙事学为方法撰写学位论文。叙事学理论主张、研究方法及其影响与日俱增，尤其是进入后经典阶段以来涌现出了诸多新的叙事学流派，譬如数字叙事学、法律叙事学、音乐叙事学、电影叙事学、修辞叙事学、认知叙事学、女性主义叙事学、非自然叙事学、语料库叙事学、跨媒介叙事学、戏剧叙事学、诗歌叙事学、绘本叙事学等。有关叙事学的论文、专著呈爆炸式增长。仅以中国知网为例，2018 年以叙事学为主题的论文多达 886 篇。叙事学的教科书、工具书、丛书、期刊等渐成规模。目前关于叙事学的国际期刊有《叙事》（*Narrative*）、《叙事理论杂志》（*Journal of Narrative Theory*）、《叙事探索》（*Narrative Inquiry*）、

---

① 关于后经典叙事学第二阶段的论述，参见尚必武：《后经典叙事学的第二阶段：命题与动向》，载《当代外国文学》2012 年第 3 期，第 33—42 页；尚必武：《理论的争鸣与批评的对话：再论后经典叙事学的第二发展阶段》，载《江西社会科学》2015 年第 6 期，第 160—168 页。

《故事世界：叙事研究杂志》(*Storyworlds: Journal of Narrative Studies*)、《叙事研究前沿》(*Frontiers of Narrative Studies*)。关于叙事学的各种学术会议更是此起彼伏，其中比较有影响的有国际叙事研究协会年会、欧洲叙事学会年会，以及中国叙事学会年会。

但是，叙事学若要成为一项真正的事业，叙事学史或许是一项必备的基础工程。笔者曾指出："在叙事学蓬勃发展的当下，如果没有叙事学史作为参照，这门学科将失去持续发展的历史基础。可以说，书写相对完整的叙事学史既是为了培养叙事学研究的后备力量的需要，也是叙事学自身发展的必然要求。"(尚必武，2012b：60)正是因为叙事学作为一门学科尚未完成"体制化"(institutionalized)，学界有了撰写叙事学史的迫切需要。

二、叙事学史的匮乏与撰写叙事史的困难：从布莱恩·麦克黑尔说起

既然叙事学史是叙事学发展成为一项事业或是其学术体制化的重要一环，那么为何目前学界还没有一部叙事学史？对于这个问题，笔者在《叙事学事业》一文中，曾这样回答："叙事学史没有被书写或难以被书写的原因，可能如麦克黑尔所言的那样是关于写叙事学史的两种对立的路径和困难，即究竟是应该是时间为线，还是应该以批评概念为线的问题。"(尚必武，2012b：60)换言之，叙事学史之所以没有被书写，原因并不在于其重不重要，而在于撰写的困难。海登·怀特在《形式的内容：叙事话语与历史表现》(*The Content of the Form: Narrative Discourse and Historical Representation*，1987)一书中，曾指出："叙事或许可以给人类普遍关系的问题提供一个解决办法，这个问题就是如何把我们所知道的讲出来，问题在于我们如何把人类经验变成人类共有的而不是特定文化的意义结构。"(White，1987：1)实际上，叙事学史的撰写也存在这样的困难，即叙事学家们所面临的任务是如何把他们所知道的关于叙事学理论的过去给讲述出来。

尽管目前还没有一部真正意义上的叙事学史，但是部分西方学者还是以叙事学史的名义做出了诸多积极有益的探索，譬如露丝·罗内(Ruth Ronen)、戴维·达比(David Darby)、汤姆·奇恩特(Tom Kindt)、汉斯-哈罗德·穆勒(Hans-Harold Müller)、戴维·赫尔曼(David Herman)、莫妮卡·弗鲁德尼克、布莱恩·麦克黑尔(Brian McHale)等。

1990年，露丝·罗内在《今日诗学》(*Poetics Today*)第4期发表了题为《情节模式的范式转换：叙事学史的大纲》("Paradigm Shift in Plot Models：An Outline of the History of Narratology"，1990)的论文。在该文中，罗内开门见山地指出："叙事学(即受到结构主义激发的叙事理论)短暂的历史已经被证明长得足以让一个学科经历某些重要的范式变化。"(Ronen，1990：817)不过，罗内并没有讨论真正意义的叙事学史而只是在形式主义、结构主义的范畴下，考察了叙事学在情节模式上所表现出的范式变化。

进入21世纪之后，《今日诗学》杂志接连刊发了4篇论文来讨论叙事学史。首先，戴维·达比在该刊的2001年第一期发表了题为《形式与语境：关于叙事学史的论文》("Form and Context：An Essay in the History of Narratology"，2001)的文章。在该文中，达比比较了叙事理论界限明晰的两个传统：一个是发端于20世纪60年代的结构主义叙事学，另一个则是发端于20世纪50年代德国古典主义的叙事学。达比的讨论重点是后者，并以隐含作者这一概念为例做了阐释(Darby，2001：829—852)。两年后，《今日诗学》在2003年第3期，发表了汤姆·奇恩特、汉斯-哈罗德·穆勒、莫妮卡·弗鲁德尼克的商榷论文，以及达比本人的回应文章。汤姆·奇恩特、汉斯-哈罗德·穆勒认为语境主义叙事学并不是一个新的范式，而只是一种整合传统叙事学的优势和语境主义阐释目标的努力(Kindt and Müller，2003a：413—421)。弗鲁德尼克则认为达比对德语叙事理论的讨论不够全面，尤其是忽略当代德国叙事理论家对叙事学研究所作出的贡献(Fludernik，2003：405—411)。在回应文章中，达比则重点强调了经典叙事学重新概念化的问题，以及当下叙事研究的潜势与局限(Darby，2003：423—437)。

到目前为止，学界对叙事学史的探讨最为详尽的应该是《叙事理论指南》(*A Companion to Narrative Theory*，2005)所刊发的3篇论文，即戴维·赫尔曼的《叙事理论的历史[上]：早期发展的谱系》("Histories of Narrative Theory (I)：A Genealogy of Early Developments"，2005)、弗鲁德尼克的《叙事理论的历史[下]：从结构主义到现在》("Histories of Narrative Theory (II)：From Structuralism to the Present"，2005)、麦克黑尔的《鬼魂和妖怪：讲述叙事理论史的可能性与不可能性》("Ghosts and Monsters：On the (Im)Possibility of Narrating the History of Narrative Theory"，2005)。赫尔曼重点以勒内·韦勒克和奥斯汀·沃伦主编的《文学理论》中关于叙事的章节为个案分析，由此引出俄国形式主义者、德国形

态学者、英美小说理论家之于叙事学的贡献(Herman, 2005: 19—35)。弗鲁德尼克在文章中,一方面梳理考察了以研究叙事形式为主的结构主义叙事学,另一方面建构了以语用、性别、意识形态和媒介为主要特征的近期新兴的叙事理论(Fludernik, 2005: 36—59)。

作为对赫尔曼和弗鲁德尼克的评论,麦克黑尔则指出了叙事理论史撰写的两个维度。一是从构成叙事理论的思想体系入手,确定其基本概念和术语的出处,追踪它们在后来理论家手里的完善和复杂化过程,将该体系的不同状态并置比较。二是从体制化存在的角度来研究叙事理论的历史。“体制史不仅关注思想单位及其血统关系,它关注的问题还包括: 谁了解谁,谁教育了谁,谁出版了什么和何时出版(以及不让谁出版),谁阅读什么,何时阅读,在什么环境下阅读,谁把那些文字从莫斯科带到布拉格,带到布拉格后发生了什么变化,等等。”(McHale, 2005: 61;此处参考了马海良的译文,下同)前者是弗鲁德尼克的做法,后者是赫尔曼的做法。不过,游离于两者之外的则是巴赫金。麦克黑尔以被忽略的巴赫金为例试图说明撰写叙事学史的困难与不可能性,因为“叙事理论史家一方面要重构叙事学概念系统的传承状况,另一方面又要把那个系统和那些概念置于体制史的语境之中,将它们历史化”(McHale, 2005: 63—64)。由此出发,麦克黑尔调侃式地提出“叙事学家弗兰肯斯坦”(Frankenstein as narratologist),并把叙事理论比喻为一头“妖怪”(monster),认为“每一种叙事理论都是一头妖怪,那么像赫尔曼或弗鲁德尼克讲述的叙事理论史只能是对这头妖怪如何此一点儿、彼一点儿,这里一点儿结构、那里一点儿历史的缀合过程的说明”(McHale, 2005: 68)。实际上,无论是叙事学思想体系还是其体制化都是对叙事学的历时考察过程中无可回避的两个点。

论及20世纪西方文学史的写作原则,聂珍钊先生指出:“20世纪西方文学史作为教材的写作,应该遵循丰富、客观、系统和适用4个原则。”(聂珍钊, 2009: 188)受到聂珍钊先生观点的启发,笔者认为叙事学史的撰写,也同样需要遵循丰富、客观、系统、适用4个原则。顾名思义,叙事学史是关于叙事学的历史。与叙事学史相关的是叙事研究,即有关叙事的理论、特征、现象总结、规律探索等。当代西方叙事学流派纷呈、人物众多。叙事学史应该对西方叙事学理论思潮、代表人物、核心概念准确地加以梳理,如实地加以评说;对叙事学思潮和流派的起源、发展、特点与影响清楚地加以介绍、归纳、总结。当代西方叙事学虽然涉及众多国家和地区,各种思潮流派和术语概念异常复杂,但叙事学仍然是一个整体,有其内在的相互联系和发展逻辑。因此,对于那些不同流派、不同思潮的叙事理论,叙事学史既要单独介绍清楚,又要注意到它们之间的联系。叙事学史不能割裂它们的内在联系,不能把西方不同国家和地区的叙事理论看成孤立现象,而应该看成整个西方叙事学系统中的一部分。撰写叙事学史的妥当做法是既在历时视角下梳理考察叙事学及其相关概念的形成、变化、接受与影响,又在共时视角下比较分析不同叙事学派及其内涵的关联与差异,进而在宏观与微观的双重层面上把握和呈现叙事学在历史上的演进与变化。

三、叙事学的分期与叙事学史的钩沉

如果说书写叙事学史是时代和语境的必然,那么问题在于究竟该如何撰写叙事学史。另一个相关的问题则是,如何由中国学者来撰写西方的叙事学史。笔者认为,中国学者来撰写西方叙事学史至少有如下3个方面的意义: 一、绘制当代西方叙事学的发展谱系、辨析叙事学的基本概念、梳理叙事学的研究方法和核心流派,有助于在深度上和广度上提升叙事学研究的现有水平; 二、史论结合,填补当下国内外关于叙事学史的阙如,既在学理上梳理叙事学的源流与发展,又在术语概念上澄清相关理论偏误,为叙事学的持续发展提供有益参照; 三、丰厚国内叙事学研究的史料性、前沿性和学科性,有助于深化叙事学研究在国内的发展,为中国叙事学的建构和发展提供借鉴,体现出我们的主体性,将西方的理论融入为中国理论或话语的一部分,具有学科建设的重要意义。

若要撰写叙事学史,我们首先要面临的任务就是叙事学的分期,即需要明确的问题是: 当代叙事学史该从何时、何人那里开始写起? 对于这个问题的回答势必涉及叙事学的分期。实际上,“叙事学的分期或发展阶段的划分,一直是学者们特别关注的话题”(尚必武, 2012: 34)。与对叙事的划分有三分法(譬如热奈特提出的“故事”“叙述话语”“叙述行为”,里蒙-凯南提出的“故事”“文本”“叙述行为”)和二分法(西摩·查特曼的“故事”与“话语”)的情况类似,叙事学的分期也大致存有二分法与三分法。就三分法而言,美国学者英格伯格·豪斯特利(Ingeborg Hoesterey)、德国学者汤姆·奇恩特和汉斯-哈罗德·穆勒、比利时学者吕克·赫尔曼(Luc Herman)和巴特·凡瓦克(Bart Vervaeck)、英国学者保罗·韦克(Paul Wake)等人是其中的代表。豪斯特利在《永不终结的故事——走向批判叙事学》(*Neverending Stories: Toward a Critical Narratology*, 1992)一书的"导言"中,把叙事学发展史分为3个阶段:叙事学研究的古代阶段("archaic" phase of narratological scholarship)、以结构主义范式为基础的经典叙事学阶段(second phase of "classical" narratology based on the structuralist paradigm)、批判叙事学(critical narratology)或新希腊化时期(new Hellenism)(Hoesterey,1992:3)。在《什么是叙事学?关于一个理论地位的问题与解答》(*What Is Narratology? Questions and Answers Regarding the Status of a Theory*,2003)一书的序言中,奇恩特和穆勒根据叙事学的发展历程,将其划分为3个阶段。第一阶段为19世纪中叶至20世纪中叶,这一时期关于叙事的研究主要由修辞与诗学范式研究、小说家的实践知识以及文学批评家的个人观察等3个方面构成;第二阶段为20世纪中叶至20世纪80年代,在这一时期叙事学成为文本研究的一个独特领域,特别是法国结构主义者的研究尤为值得称道;第三阶段是20世纪80年代后的叙事学研究,这一时期的叙事学以多元化和急速扩张为主要特征(Kindt and Müller, 2003b:v—vi)。与此划分相似,在《叙事分析手册》(*Handbook of Narrative Analysis*,2005)中,吕克·赫尔曼与凡瓦克也从叙事学生成与发展的历时角度,将其大致划分为3个阶段——结构主义叙事学、结构主义之前以及与结构主义同期的叙事学、后经典叙事学(Herman and Vervaeck,2005)。与上述学者略有不同的是,保罗·韦克在为《文学和文化理论百科全书》(*The Encyclopedia of Literary and Cultural Theory*,2011)所撰写的词条中,一方面在标题上将"叙事学"和"结构主义"并置,另一方面认为叙事学有"3个界限分明但事实上又总是融合在一起"(three apparently distinct, but in fact always already merged)的阶段(Wake,2011:727)——结构主义、经典叙事学、后经典叙事学。

但是,目前国际学界普遍接受的关于叙事学发展阶段的划分乃是戴维·赫尔曼所提出的二分法模式,即经典叙事学与后经典叙事学(Herman,1997:1046—1059;1999:1—30)。据赫尔曼解释,他采用这种划分方法的原因是为了对比结构主义叙事学与那些结构主义者无法采用或被他们所忽视的叙事研究框架(尚必武,2009:98)。德国学者安斯加尔·纽宁(Nünning,1999:358;2003:243—244)不仅采用经典叙事学、后经典叙事学的二分法模式,而且还就两者之间的主要区别绘制了十分详尽的图表,受到学界的普遍认可。后经典叙事学的两个典型特征表现在方法与媒介两个方面,即在方法上超越了经典的结构主义语言学方法,引入了一批新的研究方法,如认知方法、修辞方法、语料库方法、女性主义批评理论等;在媒介上,走出了传统的文学叙事,尤其是小说叙事的范畴,进入其他新兴的故事讲述媒介领域,如数字叙事、电影叙事等。方法与媒介层面上的超越使得后经典叙事学具有复数性质,分裂出很多分支。

若将目光转向国内,部分学者也试图对叙事学在国内的引进与发展加以分期考察。在回顾中国外国文学研究的学术历程时,陈建华认为,学界的叙事学研究可以分为3个阶段:第一阶段是1980年代的初学期;第二阶段是1990年代的精确阐释期,深入理解和运用经典叙事学的封闭文本分析模式;第三阶段是21世纪的后经典叙事学时期,从形式至上转向注重历史(陈建华,2016:374)。与之类似,笔者在回望叙事学在国内的旅行时,也将之分为接受、发展、变异与创新这3个阶段:20世纪80年代的引入与起步阶段;20世纪90年代的兴起与发展阶段;21世纪的成熟与繁荣阶段(尚必武,2016:1—22)。

本着撰写叙事学史之目的,笔者试图在赫尔曼提出的关于经典叙事学与后经典叙事学之分的基础上,以时间为纲、流派为目,把当代西方叙事学划分为3个阶段——前叙事学(20世纪初至20世纪50年代)、经典叙事学(20世纪60年代至20世纪80年代)、后经典叙事学(20世纪90年代至今),试图由此改变当下学界关于西方叙事学发展的认识偏误,刷新我们对西方叙事学的认知与了解。

四、西方叙事学史纲要:从前叙事学到后经典叙事学

从基本层面上来说,叙事学分期只是一种历时的做法。在具体撰写过程中,还需要兼顾共时视角,即在每一时期需要考察和比较不同叙事学派之间的内在联系与根本差异。按照这样的思路,书写叙事学史的正确方式是既需要从"历时"的角度对比前叙事学、经典叙事学与后经典叙事学,又需要从"共时"的角度比较同一时期叙事学的不同流派,进而达到较为全面地审视当代西方叙事学理论之目的。具体说来,对当代西方叙事学史的书写需要包括如下3大核心板块的内容。

第一,前叙事学(20世纪初至20世纪50年代)。这一部分重点探究俄国形式主义者如维克多·什可洛夫斯基、鲍里斯·托马舍夫斯基、弗拉迪米尔·普洛普等人关于陌生化、故事形态学等的理论,德国形

态学家如奥拓玛·席瑟尔·冯·弗莱申堡(Otmar Schissel von Fleschenberg)、贝拉德·索伊福特(Berard Seuffert)、维莱姆·迪勃琉斯(Wilhelm Dibelius)、安德列·尧勒斯(André Jolles)、贡特尔·穆勒(Günther Müller)、艾伯拉德·拉默特(Eberhard Lämmert)等人关于叙事结构、叙事合成等的研究,英美新批评家兰瑟姆、燕卜逊、韦勒克、维姆萨特等人关于感受谬误、意图谬误、张力、结构-肌理等的论述、英美小说理论家亨利·詹姆斯、R. S. 克莱恩、珀斯·卢伯克等人关于情节、人物、视点等的理论。这些早期的叙事学思想无疑为经典(结构主义)叙事学的崛起奠定了理论基础。有鉴于此,它们自然构成了本部分的主要内容之一。

第二,经典叙事学的崛起、繁荣与衰微(20 世纪 60 年代至 20 世纪 80 年代)。这一部分重点探究经典叙事学的诞生语境、核心概念和主要代表人物。简要说来,这一部分将阐述经典叙事学诞生的结构主义语言学背景,尤其是索绪尔的语言学理论。在此基础上,重点探讨:法国结构主义者罗兰·巴特的叙事学思想,A. J. 格雷马斯的符号学方阵理论,列维-斯特劳斯的人类学理论,茨维坦·托多罗夫的叙事科学阐述,热拉尔·热奈特的聚焦、频率等叙事理论;荷兰学者米克·巴尔(Mieke Bal)的叙事学理论;以色列学者施劳米什·里蒙-凯南、梅尔·斯腾伯格(Meir Sternberg)、塔玛·雅克比(Tamar Yacobi)的叙事学理论;德国学者 F. K.斯坦泽尔的叙事情境理论;以及美国学者韦恩·布思、乔纳森·卡勒、杰拉德·普林斯(Gerald Prince)、西摩·查特曼(Seymour Chatman)等关于叙事理论的评介、阐述和发展。上述经典叙事学家的主要观点和学术主张是本部分的重要内容之一。

第三,后经典时代的叙事学(20 世纪 90 年代至今)。这一部分将重点梳理阐述叙事学研究的后经典转向、后经典叙事学的主要流派、代表人物和理论主张,以及对后经典叙事学的激进和缺失进行反思。本部分主要写入的叙事学流派有如下 6 类:1. 认知叙事学,尤其是戴维·赫尔曼、丽萨·尊希恩(Lisa Zunshine)、弗雷德里克·奥尔德玛(Frederick Luis Aldama)、H. 波特·阿博特(H. Porter Abbott)、曼弗雷德·雅恩、玛里萨·博尔托卢西(Marisa Bortolussi)、彼得·迪克逊(Peter Dixon)、莫妮卡·弗鲁德尼克、帕特里克·科姆·霍根(Patrick Colm Hogan)、艾伦·帕姆尔(Alan Palmer)、苏珊妮·基恩(Suzanne Keen)、艾伦·纳德尔(Alan Nadel)等人关于认知叙事学的阐述;2. 女性主义叙事学,尤其是苏珊·兰瑟(Susan Lanser)、罗宾·沃霍尔(Robyn Warhol)、凯西·梅兹(Kathy Meizi)、艾利森·蔡斯(Alison Case)、露丝·佩奇(Ruth Page)、凯莉·玛什(Kelly A. Marsh)等人关于女性主义叙事学的论述;3. 修辞叙事学,如詹姆斯·费伦(James Phelan)、戴维·里克特(David Richter)、彼得·拉宾诺维茨(Peter J. Rabinowitz)、理查德·沃尔什(Richard Walsh)、尤里·玛戈林(Uri Margolin)、梅尔·斯腾伯格、塔玛·雅克比、阿亚·西格尔(Eya Segal)等人关于修辞叙事学的论述;4. 非自然叙事学,尤其是布莱恩·理查森(Brian Richardson)、扬·阿尔贝(Jan Alber)、斯特凡·伊韦尔森(Stefan Iversen)、亨里克·斯科夫·尼尔森(Henrik Skov Nielsen)、玛利亚·梅凯莱(Maria Mäkelä)等人关于非自然叙事学的论述;5. 诗歌叙事学,尤其是彼得·许恩(Peter Hühn)、延斯·凯弗(Jens Kiefer)、依娃·穆勒-策特尔曼(Eva Müller-Zettelmann)、莫尼克·R. 摩根(Monique R. Morgan)等人关于诗歌叙事学的论述;6. 跨媒介叙事学,尤其是玛丽·劳勒-瑞安(Marie Laure-Ryan)、玛丽娜·格里什卡娃(Marina Grishakova)、扬-诺埃尔·托恩(Jan-Noël Thon)、蒂埃里·格罗恩斯坦(Thierry Groensteen)、阿基米·黑什尔(Achim Hescher)、卡伊·米科宁(Kai Mikkonen)、爱德华·布兰尼根(Edward Branigan)、彼得·福斯塔腾(Peter Verstraten)等人关于跨媒介叙事学的论述。该部分既从"历时"的角度对比后经典叙事学与经典叙事学和前叙事学,又从"共时"的角度比较后经典叙事学的不同流派,力图客观公正地审视当代西方后经典叙事学,使我国的后经典叙事学研究上升到一个新的学术层次。

在具体撰写过程中,笔者试图采用的是从宏观到微观、从一般到个别的研究路径:既在宏观层面上对当代西方叙事学加以"博观",又在微观层面上对其具体流派、论题、特征、态势、走向、盲点与洞见加以"辨析"。换言之,叙事学史的重点在于梳理当代西方叙事学的不同分支与脉络,阐释它们的不同旨趣与特点,发掘它们各自的理论源头与表征,分析它们之间的矛盾与互补关系,考察它们的盲点与洞见,反思它们的激进与缺失。

五、结语

回望叙事学在 21 世纪第一个 10 年的发展,德国叙事学家汤姆·奇恩特感慨地说:"在过去 10 年中,叙事学在人文科学领域受到了前所未有的欢迎,即便是结构主义的鼎盛时期,叙事学也没有如此受欢迎过。"(Kindt,2009: 35)站在 21 世纪第二个 10 年的起点，我们可以说奇恩特的观点依然有效。叙事学甚至比其在新世纪的第一个10年更为繁荣，更受欢迎。问题在于面对当下繁荣的西方叙事学理论，作为本土的外国文学研究者，我们又该何为呢？笔者不禁想到了吴元迈、盛宁两位先生对主体意识与批判意识的强调。吴元迈先生说：“外国文学研究要有中国意识和主体意识，学习外国永远是重要的，但不能被外国人牵着鼻子走。”（王东亮等，2015：266）盛宁先生指出，外国文学研究“应该既是一种思想批判，又是一种思想建树”（王东亮等，2015：382）。吴、盛两位先生对于外国文学研究主体意识和批评意识的强调，激发了笔者试图撰写一部西方叙事史的想法和兴趣。笔者认为，对于外国文学研究者而言，书写叙事学史不仅是系统学习这一重要批评方法的一个过程与契机，同时更是包含对西方叙事学的总结、判断与评价的一项重要研究，可以从中体现我们作为中国学者的主体意识与批判意识，进而取得思维方式和价值体系的突破。

在编辑《叙事理论指南》（2005）一书时，费伦和拉宾诺维茨有意将3篇关于叙事理论史的文章放在作品的开端，冠名为“序幕”（prologue）。两位编者这样评述赫尔曼、弗鲁德尼克和麦克黑尔关于撰写叙事学史的做法和立场：“我们认为，序幕激起争论，引发思考，它提出的问题比解决的问题还要多。”（Our own position is that the prologue is a provocation that opens up more questions than it settles.）（Phelan and Rabinowitz，2005：3）其实，把费伦和拉宾诺维茨的上述观点用来评价本文也同样适用。本文所提出的关于撰写叙事学史的思路与想法，仅仅是抛砖引玉，用费伦和拉宾诺维茨的话来说，就是“提出的问题比解决的问题还要多”。让我们期待未来有更多的学界同行参与讨论叙事学史这一话题。

参考文献

[1] Culler, Jonathan. “Afterword: Theory Now and Again.” *The South Atlantic Quarterly*, 110. 1 (2011): 223-230.

[2] Darby, David. “Form and Context: An Essay in the History of Narratology.” *Poetics Today*, 22.4 (2001): 829-852.

[3] Darby, David. “Form and Context Revisited.” *Poetics Today*, 24.3 (2003): 423-437.

[4] Fludernik, Monika. “History of Narratology: A Rejoinder.” *Poetics Today*, 24.3 (2003): 405-411.

[5] Fludernik, Monika. “Histories of Narrative Theory (II): From Structuralism to the Present.” *A Companion to Narrative Theory*. Eds. James Phelan and Peter J. Rabinowitz. Malden: Blackwell, 2005. 36-59.

[6] Fludernik, Monika. *An Introduction to Narratology*. London: Routledge, 2009.

[7] Herman, David. “Scripts, Sequences, and Stories: Elements of a Postclassical Narratology.” *PMLA*, 112. 5 (1997): 1046-1059.

[8] Herman, David. “Introduction: Narratologies.” *Narratologies: New Perspectives on Narrative Analysis*. Ed. David Herman. Columbus: Ohio State University Press, 1999.1-30.

[9] Herman, David. “Histories of Narrative Theory (I): A Genealogy of Early Developments.” *A Companion to Narrative Theory*. Eds. James Phelan and Peter J. Rabinowitz. Malden: Blackwell, 2005. 19-35.

[10] Herman, Luc, and Bart Vervaeck. *Handbook of Narrative Analysis*. Lincoln: University of Nebraska Press, 2005.

[11] Hoesterey, Ingeborg. “Introduction.” *Neverending Stories: Toward a Critical Narratology*. Eds. Ann Fehn, Ingeborg Hoesterey, and Maria Tatar. Princeton. New Jersey: Princeton University Press, 1992. 3-14.

[12] Jahn, Manfred, and Nünning, Ansgar. “A Survey of Narratological Models.” *Literatur in Wissenschaft und Unterricht*, 27.4 (1994): 283-303.

[13] Kindt, Tom. “Narratological Expansionism and Its Discontents.” *Narratology in the Age of Cross-Disciplinary Narrative Research*. Eds. Sandra Heinen and Roy Sommer. Berlin: de Gruyter, 2009. 35-47.

[14] Kindt, Tom and Müller, Hans-Harald. “Narratology and Interpretation: A Rejoinder to David Darby.” *Poetics Today*, 24.3 (2003a): 413-421

[15] Kindt, Tom and Müller, Hans-Harald. eds. *What Is Narratology? Questions and Answers Regarding the Status of a Theory*. Berlin: De Gruyter, 2003b.

[16] McHale, Brian. “Ghosts and Monsters: On the (Im) Possibility of Narrating the History of Narrative Theory.” *A Companion to Narrative Theory*. Eds. James Phelan and Peter J. Rabinowitz. Malden: Blackwell, 2005. 60-71.

[17] Nünning, Ansgar. "Toward a Cultural and Historical Narratology: A Survey of Diachronic Approaches, Concepts and Research Projects." *Anglistentag 1999 Mainz Proceedings*. Eds. Bernhard Reitz and Sigrid Rieuwerts. Trier: Wissenschaftlicher Verlag, 1999: 345-373.

[18] Nünning, Ansgar. "Narratology or Narratologies? Taking Stock of Recent Developments, Critique and Modest Proposals for Future Usages of the Term." *What Is Narratology? Questions and Answers Regarding the Status of a Theory*. Eds. Tom Kindt and Hans-Harold Müller. Berlin: de Gryuter, 2003: 239-275.

[19] Palmer, Alan. "Book Review: *Unnatural Voices: Extreme Narration in Modem and Contemporary Fiction*." *Style*, 47.1 (2007): 104-109.

[20] Phelan, James, and Rabinowitz, Peter J. "Introduction: Tradition and Innovation in Contemporary Narrative Theory." *A Companion to Narrative Theory*. Eds. James Phelan and Peter J. Rabinowitz. Malden: Blackwell, 2005. 1-16.

[21] Rimmon-Kenan, Shlomith. *Narrative Fiction: Contemporary Poetics*. London and New York: Routledge, 2002.

[22] Ronen, Ruth. "Paradigm Shift in Plot Models: An Outline of the History of Narratology." *Poetics Today*, 11.4 (1990): 817-842.

[23] White, Hayden. *The Content of the Form: Narrative Discourse and Historical Representation*. Baltimore: Johns Hopkins University Press, 1987.

[24] Wake, Paul. "Narratology and Structuralism." *The Encyclopedia of Literary and Cultural Theory*. Ed. Michael Ryan. Malden: Wiley-Blackwell, 2011: 727-733.

[25] 陈建华编.《中国外国文学研究的学术历程(第一卷):外国文学研究的方法论问题》.重庆:重庆出版集团,2016.

[26] 聂珍钊.关于建设20世纪西方文学史教材的研究.《浙江大学学报(人文社会科学版)》,2007(4):182—191.

[27] 尚必武.后经典叙事学的第二阶段:命题与动向.《当代外国文学》,2012a (3):33—42.

[28] 尚必武.理论的争鸣与批评的对话:再论后经典叙事学的第二发展阶段.《江西社会科学》,2015(6):160—168.

[29] 尚必武.投射"理论旅行"的轨迹——叙事学在中国语境的引入、兴起与繁荣.《英语研究》,2016(2):1—22.

[30] 尚必武.叙事学事业.《外语与翻译》,2012b(3):51—61.

[31] 尚必武.叙事学研究的新发展.《外国文学》,2009(5):97—105.

[32] 王东亮等.外国文学研究也应是一种思想建树——盛宁先生访谈录.《新中国60年外国文学研究(第六卷):口述史》.王东亮等编.北京:北京大学出版社,2015.366—382.

[33] 王东亮等.外国文学研究要有中国意识和主体意识——吴元迈先生访谈录.《新中国60年外国文学研究(第六卷):口述史》.王东亮等编.北京:北京大学出版社,2015.253—267.

“骄傲”的“火车”

——更兼容的女性主义叙事视角下的无性主义透视[①]

林玉珍

（上海交通大学）

摘　要：《骄傲》与《火车》是艾丽丝·门罗封笔之作《亲爱的生活》中两篇略显怪异的故事，它们将笔触伸向无性主义者，关注了两位男主人公逃避两性亲昵关系的种种表象及其可能原因。运用苏珊·兰瑟所构想的更兼容的女性主义叙事学的观点对叙事声音及其否定情节进行细致分析，将不难发现门罗娴熟运用了异质叙事和同质叙事手法来再现无性主义人物在特定时空中的事件与行为，酷儿化的叙事声音既表现在有显性酷儿性别身份的文本中，也适用于分析性别含糊的异质叙事文本。否定情节分析表明，虽然门罗故事的目的并不在于构架一个可取代通常性别关系的新性别模式，然而这两则故事都将无性性向主要归于男性的设定已经表明了作者对激进女性主义的批评。

Abstract: As two stories of some obvious queerness, “Pride” and “Train” in Alice Munro’s *Dear Life* are about two asexual men who escape intimate relations with the other sex. Applying the perspective of a more feminist narratology constructed by Susan Lanser into analyzing the narrative voice and the plot of these two stories, this paper finds that Munro has tactically utilized heterodiegesis and homodiegesis to represent the acts and deeds of specific characters. Queering narrative voices are on the one hand, uttered by an owner whose identity is explicitly designated in the text, and on the other hand, integrated into a voice of one whose identity is ambiguous. Moreover, negative plotting of these two stories indicates that although Munro has never intended to construct a new sexual mode to replace the conventional binary, her action of attributing asexuality to men in both stories implies certain criticism toward the radical feminism.

关键词：艾丽丝·门罗；无性主义；苏珊·兰瑟；更兼容的女性主义叙事学；酷儿化叙事声音；否定情节

Key Words: Alice Munro; asexuality; Susan Lanser; More Feminist Narratology; queering narrative voice; negative plotting

一、引言

翻开《亲爱的生活》这本包含14个篇短篇故事的艾丽丝·门罗（可能）的封笔之作，人们读到的不仅有关注老年人身体和情感状况的《湖景在望》（Goldman，296—304）和《多莉》；有探究人类认知发展状况的《砂砾》《亲爱的生活》和《湖景在望》（Marrone，85—101）；有关注女性追求自由之结果的《漂流到日本》《亚孟森》《离开马弗里》《科莉》和《庇护所》（Löschnigg，60—78）；还有作者结合自身经历撰写的亲爱的生活终曲——《眼睛》《夜》《声音》与《亲爱的生活》（Munro，255）。但是，《骄傲》与《火车》这两篇故事似乎与其他所有的故事略有不同，因为它们关注的重点是男性角色，且两位男性的共同特点是害怕婚姻，或者说害怕与异性的亲密关系。

《火车》是整部小说集中篇幅最长的故事，而《骄傲》是小说集中唯一确定由男性在发声的作品，而且两部短篇小说都关注了“无性主义”这一颇为独特的性状态，其特色之分明本当引发大量关注与解析。

① 本文系国家社科基金重大项目“当代西方叙事学前沿理论的翻译与研究”（项目批准号：17ZDA281）的阶段性研究成果。

遗憾的是,在众多对门罗作品的解读与分析中,评论家们的关注点大多集中在门罗的早期著作上(Thacker, *Reading*: 261—270; Staines, 1—6),对于《亲爱的生活》这部小说集关注更多的也是《湖景在望》(Goldman, 296—304)、《亚孟森》(Löschnigg, 60—78)和《亲爱的生活》等与女性或门罗自己密切相关的故事(Cox, 177—190),而对于《火车》和《骄傲》的单独关注可谓少之又少。相比之下,《火车》收获的关注略多于《骄傲》。至少罗伯特·麦基尔(Robert McGill)关于门罗笔下人物的个人成长经历的研究专门关注了《火车》一文,认为故事通过展现"一长串关键经历"(McGill, 150)刻画了一个拒绝长大的"成年儿童"("grown-up child", 149)。在这篇因为详析了故事与《圣经》及但丁《神曲》之互文关系而深受评论家(Thacker, "Review": 387)好评的论文里,故事主人公杰克森的异常行为被简单解释为拒绝长大(McGill, 149),这似乎未能对作者精心架构的性别关系故事做出更为全面的阐释。至于《骄傲》一文,正式发表的评论文章更少,网上几处浮光掠影的简短书评有对其套路化写作的批评(Madera, 2011),也有对其《圣经》意义进行解读的尝试(Bomer, 2011),但全都过于简略,不成体系。

其实,就《火车》与《骄傲》这两个故事而言,它们最值得解读的部分应该就是男主人公对于性别关系的异常处理方式:《火车》男主杰克森先后多次从女性身边逃离;《骄傲》的无名男主则为了保持与女主爱达的距离而不惜撒谎卖房,搬离独居的小屋。确切地说,两位男主角都表现出了明显的无性主义倾向:杰克森被称为"某种男人"("a certain kind of man", 188),而《骄傲》的男主说:"对她来说,我就是个中性人,一个不幸的孩子(a neuter to her, or an unfortunate child, 147)。"虽然这两个故事的背景都主要设置在二战之后的几十年里,但已经耄耋之年的女作家门罗在21世纪的今天浓墨重彩地刻画了两位性向独特的人物,其深远含义绝不止于文本本身所展示的内容。

这两篇故事所包含的基本内容是这样的:《骄傲》中,身有残疾(兔唇)的男主人公、叙述者一直将自己的目光投注在镇上银行家的女儿爱达身上。大萧条期间,爱达父亲由于银行投资失败,宣告破产,后来还通过咨询男主人公卖掉了家中的大房子,搬进了房子拆掉后建起的公寓楼顶层。男主人公与爱达保持着若即若离的关系,多年后因病不得已接受了爱达的照顾。病愈后在爱达表示要搬进男主家与他同住时,男主人公脱口而出:"房子要卖了。"在真的卖完房子后,男主最终搬进了爱达所住公寓楼的底层。

《火车》以二战退伍兵杰克森从一列开往家乡的火车上跳车展开故事。跳车后的他碰上了独自经营一家农场的贝拉,两人相扶相持过了好多年。后来贝拉因为身患肿瘤前往多伦多的医院接受手术,术后她向杰克森袒露了多年前自己父亲因误闯浴室而见过自己裸体的秘密。杰克森不告而别,在一家公寓楼里当起了管理员。某日公寓楼里来了位女士寻找自己与男友私奔的女儿。杰克森认出这位女士就是自己多年前的恋人,于是再度玩起失踪,攀上了一列开往北方伐木小镇的火车。

在这两个无性主义者的故事表面之下,读者很难找到明确的因果线索,因为作者没有直接讲述人物行为的动机。读者只能凭借文本本身看到社会背景的变迁、社会阶层的变化、两性主被动关系的颠倒等,也可能注意到在男主人公独特的性身份之外,两篇故事的叙事方法略有差异。最明显不同就在于《骄傲》用了第一人称叙述者,而《火车》运用的是第三人称叙述者。那么,造成人物无性主义表现的原因主要来自社会吗?不同的叙述声音给文本带来了怎样的叙事效果?最关键的是,在可能是自己封笔之作的小说集中,门罗为何给予无性主义如此大篇幅的关注?要想获得对这些问题的答案,离不开对女性主义和叙事学的交叉性解读;而对交叉性女性主义叙事学作过最详细阐释的莫过于苏珊·兰瑟(1986, 2010, 2015)。本文将以兰瑟的女性主义叙事学构想,特别是其最近的更兼容(女性主义)叙事学①为理论基础,以《火车》和《骄傲》这两个具体叙事文本为分析对象,探究艾丽丝·门罗女性主义叙事的具体实践手法、其所取得的修辞效果及所表现的意识形态。

二、更兼容的女性主义叙事手法

更兼容的女性主义叙事学是苏珊·兰瑟在其"走向女性主义"(1986)和"女性主义叙事学的交叉

---

① 本文依从胡全生(2019)的阐释,将兰瑟最新女性主义叙事学理论("more〈feminist〉narratology", Lancer 2015)理解为"更兼容的女性主义叙事学"。胡全生做了国内学界迄今为止最为全面的女性主义叙事学历时分析,他将"more"理解并翻译为"更兼容",并不旨在强调该理论与其他叙事理论的"不兼容性"或"对抗性",反而是强调最新女性主义叙事学的"兼收并蓄性",这一兼收并蓄性极大扩展了女性主义叙事学的研究范畴,也与后文所述之"酷儿化"的深层含义相匹配。笔者在此感谢匿名审稿人就本概念所给予的建议与指点。

性未来"(2010)思想基础上的延展,以更加酷儿和更加兼容为特色,强调交叉性概念在叙事研究中的重要作用,并且指出:"无论我们是研究历史叙事还是研究虚构叙事,交叉性理论要求我们观察特定社会地位的人在特定交式时的结构性和境遇性效果……交叉性思维可能拒绝这种叙事研究方法:即认为身份是可以预言或预测的。"(兰瑟,《建构〈更酷儿〉》:57)①她以巴拉克·奥巴马为例,说明了交叉性特征之于奥巴马当选美国总统的重要性,也以具体的欧美小说内容为依据,批评了"男孩和男人喜欢上路,女孩和女人喜欢坐在房间里感受"的老生常谈。虽然兰瑟"呼吁交叉性实践,但她并不是提议将文学文本降为社会纲领,给复杂人物划分粗糙类型,或是简单地解释叙事事件"(同上,58),但是解释叙事事件绝对是理解交叉性女性主义叙事学的最基本分析策略之一。

兰瑟更兼容的女性主义叙事学思想还对自己的"兰瑟规则"——"把性别与叙述者联系起来"(同上,58)的规则——进行了反思。她用平行结构的反问句激励读者们思考:将叙述者视为酷儿"是否可能更准确,更有用?……异质叙事本质上就是性—性别—酷儿?能向人类声音的宽度和不稳敞开不确定性?……如果我们不坚持认为这个叙述者是女的,反而说'它'是酷儿,难道女性主义叙事学就少了点什么?"(同上,59)既然兰瑟在此使用了反问语气,那么我们很容易判断出兰瑟更兼容的女性主义叙事学的一大建议就是:将文本不曾明确界定的异故事(即"第三人称")叙述者界定为酷儿。这样的建议既可作理论参考,又具备实践操作性,只是在兰瑟的论文里,还未能结合某一个具体的文本验证这一操作的阐释效果。

在最新的理论阐释里,兰瑟强调了叙事声音的"酷儿化"问题。她将"酷儿"一词从形容词推导为动词,赋予其三重意义——"跨越常规性征、拆解固化的性别概念、拆解所有固化概念"(Lanser,"Queering":924),并借此对"叙事声音"进行了三重界定:"(1)叙事声音属于某个文本讲述者,其身份已从性、性别或性征等方面被确认为酷儿;(2)叙事声音具有文本含糊性,或者颠覆了传统的性、性别或性征概念;(3)叙事声音混合了声音本身的规则,因而混淆了例行的对叙述者及叙事作品的假设。"(同上,926)前两重界定兰瑟都在具体的文本实践历史中找到了相关的实证支持,但对第三重意义而言,似乎兰瑟强调的是一种愿景,而非实际现状。她自己也不清楚"这样'酷儿化叙事声音'的特定尝试是令叙事学更加失败,还是更能促进既女性主义又酷儿的文本尝试"(同上,935)。然而,可以确定的是,对叙事声音酷儿化的理解无疑可以运用于分析具体的文本,特别是那些跨越了常规叙事声音的文本,如门罗的《火车》与《骄傲》,而反之对这些文本的解读也必将从实证视角验证酷儿化的第三层意义。

兰瑟认为,"否定情节"(negative plotting)或曰"逆转情节"(reverse plotting)②"或许是一条探索交叉性策略的有效途径,……实际上就是,一个情节遮蔽另一个情节,第二个情节从与前一个情节的关联中获取意义。……这种否定情节在文学中比比皆是,女作家可能使用得尤为频繁"(兰瑟,《建构〈更酷儿〉》:61)。根据兰瑟对否定情节的具体阐释,该概念涵盖的是以下情形:故事中事件的意义由文本语境激发(但不一定由文本刻画)的反面事件("antithesis", Lanser,"Are We There":38)界定;也就是说,否定化情节要么来自文本"内"内容,要么通过文本外资源获得,它属于读者的认知过程,读者依据与某情节相对的文本内或外情形建构另一个情节。比如,在对作品进行女性主义分析的时候,"影子情节"的获得必然借助于作品对男性特权和男性生活常态的刻画及阐释。以凯特·肖邦的《一小时的故事》为例,该短篇故事里,代表即将获得新生的"卧室情节"和代表丧夫之痛的"客厅情节"就形成了非常强烈的对比:期盼新生遭遇"致死之乐"(joy that kills);丧夫之痛最终的结局是夫活己死。兰瑟用实际文本展示了如何运用否定情节全面理解故事中的事件。

无独有偶,申丹③对《一小时的故事》的叙事学解

① 本文此处所引兰瑟理论为其2015年论文的中译本,发表于《学术论坛》2019年第1期。

② 在笔者看来,兰瑟将这一策略冠上两个术语,似乎显示了其在此方面研究仍然不够深入与透彻。其实,就文本阅读体验自身来看,对文本情节的否定与逆转都不可能准确表达出读者在处理文本情节时所经历的"一波三折"或"否定之否定"过程。如果真的要使用一个统一的术语,也许兰瑟自己后来在《酷儿化叙事声音》(2018)一文中专门关注的"酷儿化"动词用法,会更适合这一理解。从接受的广度和时长出发,本文对该术语统一采用"否定情节"的说法。

③ 申丹教授发表关于《一小时的故事》之解读的两篇文章的时间为2004年和2006年,其最初的出发点是为了批判兰瑟对本故事所做的"硬性"(申丹"《一小时的故事》":7)女性主义解读。彼时兰瑟的"交叉性女性主义叙事学"及"更兼容的女性主义叙事学"观点尚未成形,但也许正是在申丹、露丝-佩奇等人的批判之后,兰瑟才逐渐发展了"交叉性""更兼容"的女性主义叙事学思想。

读就可以说是运用否定情节的典型案例。虽然她首先通过《一小时的故事》陈述了叙事文本与意识形态的关系，在遭遇“性别政治还是婚姻约束”的质疑之后，又以“作品主题和阐释框架”进行了进一步反思，但她对该故事的解读过程恰恰说明了逆转情节的重要性：在通常的“性别政治”阐释框架内，读者一般认为“夫权控制婚姻”，而申丹依据文本事实读出了婚姻“互为枷锁”（申丹，《一小时的故事》：3）的内容。另外，申丹对于肖邦其他短篇小说《一个正派的女人》《赛勒斯坦夫人离婚》《贝游圣约翰的女士》，还有肖邦日记等的援引又显示了兰瑟所说的“文本外否定情节”的阐释性作用：这些与《一小时的故事》创作时间接近的故事及记录并非反男性的女性主义作品，因而可以佐证《一小时的故事》真正的性别观点，强调其非反男性化的特色。

不论是兰瑟的理论阐释，还是申丹的具体文本解读实践，都验证了短篇小说在女性主义叙事研究中的可操作性。那么，在“短篇小说女王”艾丽丝·门罗的作品里是否也有这样的否定情节呢？如果有，它们是怎样呈现的，又体现了怎样的文本意义呢？这些问题兰瑟当然没有做出具体的回答，却给每一位读者留下了解读具体作品的方向引领。门罗近作中的《火车》与《骄傲》这两个文本应该能够说明一些问题。

三、《骄傲》与《火车》中“酷儿化的叙事声音”

正如前文所言，《骄傲》与《火车》这两个故事关注的中心都是无性主义，就这一主题意义而言，它们都绝对符合兰瑟在《酷儿化叙事声音》（Lanser，“Queering”）中对“酷儿”一词的解读，而且二者发出的叙事声音也分别符合兰瑟对“酷儿化”一词三重解读中的第一、第二重意义，而其所实现的最终叙事效果是否也可以用“酷儿化”的第三重意义来解读呢？我们要对这两篇文本中的具体叙事声音进行详细的分析。

首先，我们要“定位酷儿”，判断文本的叙事声音发自“‘内’还是‘外’叙述者”（Lanser，“Queering”：927）：在《骄傲》最开头似乎与正文没有任何关系的总括性文字中，无名叙述者说道：

> 有些人总是做错事。我该怎样解释呢？我是说，那些人碰到的每件事都与自身作对——三次打击、二十次打击、没完没了——但他们还是泰然处之。……
>
> 至于其他人，就不太一样了。他们从不动摇，但是你会希望他们动一动。为了他们好，你会说。……
>
> 对于某些人而言，生命更为艰难，我们被如此告知。……
>
> 但是每件事都可以好好利用，只要你愿意。
>
> （Munro，133—134）

短短的4段文字，一个全知全能式的第一人称叙述者跃然眼前。这位内质叙述者对“有些人”“其他人”“他们”“我们”，甚至“你”了如指掌，将自己对整个故事的所知所历娓娓道来，包括自己的性身份，虽然这样的身份揭露是借助了与故事女主角的关系呈现出来的：“……她能够如此自如行事的原因在于我对她而言就是个中性人，一个不幸的孩子。”（同上，147）其实不仅对于女主角而言，对于任何一个将故事读到此处的读者而言，叙述者无性主义的性征已经昭然若揭。根据兰瑟的酷儿化叙事声音理论（Lanser，“Queering”：928），这位酷儿人物兼酷儿叙述者显性揭示了自己的性身份：不论在故事内层面，还是在故事外层面，它都是“外在”—“柜外”—人士。

这位同质叙述者的“柜外”性不是体现在他对同性人士或身体的渴望和潜在欲望上，因为整篇故事除去女主人公的父亲外，并没有对男性人物的过多描述与塑造；而这位父亲除了“骄傲”这一呼应标题的特征之外，似乎也没有对我们的男主人公同质叙述者产生太大的性欲方面的影响。在有限几处对男性的评论和描述中，叙述者谈到了自己“必须照看数据。那个时候还不太接受女人处理这些。就算在战争后期，她们中会有一些人会偶尔负责这些。但对于真正可靠的业务来说，你还是相信需要男人来处理”（Munro，138）。虽然这些话里流露了对男性的赞赏，但其中的言外之意应该更多的还是对叙述者自己的自信。另一处对某个具体男子的描述中，叙述者的话是：“一个我不是太认识的男人跟我交谈起来，一分钟后我才认出来那是一个我这半生以来认识了好几年、也在街上打过不少招呼的男人。如果在街上，我肯定不受年龄侵袭的影响会把他认出来，但在这里我没有，我俩都笑了，他问我是不是搬到坟地去住了。”（Munro，150）叙述者对于男人没有多大印象，也不愿多费口舌去与他们交流，这证明了他并非男同性恋者。

而他对于女性似乎也没有多大尊敬。即便在提及自己母亲时，他的话语也是：“我大概在某些事情上跟母亲说过要保持缄默，而她所说在我这儿通常也没有什么太大的分量。她一成不变总是看到光明的一面。而其他方面我的所学都不是来自她。”

(Munro,139)再联系到全文主情节中他对女主角最终的抗拒之举,读者不难得出结论:这是一个只对自己感兴趣,对于自身之外的其他人都无性别差异地缺乏兴致的男子。在他指出对女主角而言自己就是个中性人的时候,他本身对于女主角的看法也应该只是一个"中性人"。《骄傲》的同质叙述者用了最显性的语言表述自己无性主义者的性身份。

与《骄傲》中明确宣示自己性别身份的叙述者不同,《火车》的叙述者是第三人称。无论故事的开头、结尾还是中间,读者都无从判定这个叙述者的性别,不能按照"兰瑟规则"①直接将作者的性别赋予叙述者。这种"如此常见以致构成了标准"的异质叙述者情形非常符合兰瑟对于"酷儿化叙事声音"的第二重定义(Lanser,"Queering":931)。针对这种情形,兰瑟说:"与其根据作者的身份将性别赋予叙述者,我们更应该探究**正常的**性别不确定性如何令异质叙事声音更广泛、更流畅和更不稳定,乃至到处或无处存在,并相应地通过聚焦而与一个或者多个文本体成组排列。"(同上,933)由此说来,对异质叙述者的研究必须重点关注其所聚焦的内容。

然而,《火车》聚焦的显然就是男主人公杰克森这个"某类男人"(Munro,188)。纵然"某类男人"这一表述饱含酷儿性,但故事的异质叙事性让读者对杰克森无性主义者身份的推测只能完全基于故事文本本身,或者确切推论出这个"某类男人"到底是哪一类。

故事一开始就说杰克森打算从行驶的火车上跳下去,并且也这么做了,然后他一边做着应该回去的心理建设,一边向着火车到站的另一个方向越走越远。这似乎寓意着男主人公偏离常规、在酷儿的道路上一意孤行。在这条陌生的道路上,他还听见了草丛中有蛇嘶行而过。这是否在暗示着,就像伊甸园中性意识觉醒的夏娃与亚当一样,他也受到了伊甸园毒蛇的邪恶诱导呢?总之,叙述者本身虽然性身份不明,但它②所述的人物却处处彰显出酷儿的身份特征。后来,杰克森与农场女主人贝拉相处多年,却没有发展出陌生的异性男女之间最有可能存在的恋人关系,反而被汽车销售人员认作姐弟——"您和您姐姐"(Munro,189)。在他自己看来,两人就是纯粹的"朋友"(Munro,192)关系。男主人公与异性像亲人,是朋友,但绝非恋人或爱人,他的性向明显偏离了异性恋走向。

如果说以上只是文字细节出微微体现出的杰克森的酷儿性,那么更强烈的酷儿感应该体现在他的行为之中。在得知了贝拉少女时尴尬的父女关系往事后,"他很害怕会被要求送上晚安吻。他注意到医院里亲吻情形很多。但欣慰的是,在他站起身时,没人提及此事。'明天见。'"(同上,198)但其实他就这样消失在贝拉后来的世界里,再没有见过她,只从报纸讣告得知她已亡故。这样不告而别的逃之夭夭表明杰克森的无性主义表现可能比《骄傲》叙述者还要极端,他甚至拒绝分享异性朋友的性秘密。当然,这一次杰克森对亲密的男女关系回避可以理解成他只是对这一位女性不感兴趣,毕竟贝拉比他大16岁;而现有常规而传统的社会规则中,女男年龄差距如此之大的爱情设置并不常见。③

但是,故事的持续发展会让读者意识到在逃离亲密的两性关系上,杰克森是惯犯。他不止一次地逃离自己曾经的女友:最先是因为参战,战争结束时又跳火车(即故事最开初的场景)以回避与女友的再度相逢,及至多年后女友重现在自己的生活中时,杰克森的反应是再一次离开,跳上火车,去往更加遥远的北方小镇。一逃再逃,越逃越远,他对女性的无感,甚至避之不及,已经被全方位展现在读者面前。

小说文本中其实隐晦地谈及了男主人公对女性恐惧的深层原因可能来自自己的童年经历:"杰克森不想回家。为什么不想?因为他继母在家,他说。他讨厌继母。为什么?没理由。"(同上,210)这段以自由间接引语方式展示的杰克森的男同学和女同学的对话似乎还没有揭露足够多的真相,然而对照下一页书中提到的细节:

> 他继母展露了一口白亮的假牙,看上去就好像准备好要看笑话了。
>
> 她问他们打算做什么。
>
> "你最好看看那玩意儿,"她说。
>
> 她是著名的大嘴巴,名副其实的臭嘴巴。
>
> "问问他还记不记得我曾经帮他冲洗下身的事啊,"她说。(同上,211)

---

① 有关"兰瑟规则"的批评,请特别参阅 Manfred Jahn, *Narratology: A Guide to the Theory of Narrative* (University of Köln, 2017), http://www.uni-koeln.de/~ame02/pppn.htm,第29页。还有兰瑟自己的反思,尤见于 Lanser (2015; 2018)。

② 根据兰瑟(2018:933)的说法,"通过中性代词'它'来将声音去性别化的操作不仅只是一个粗心大意的符号,……更是一种认识,明白上帝一般的叙述者同时也是一个非实体——中性物、机械人、硬件抽象层(HLA)"。所以此处本文也将《火车》的叙述者用"它"指代。

③ 现任法国总统马纽埃尔·马克龙及年长其24岁的夫人布里吉特·特罗涅之爱情传奇这一实例恐怕是对这种传统理解的最强有力挑战;但这恰恰从社会学视角证实了酷儿发展趋势,因而佐证了兰瑟"酷儿化"所有的未来设想(Lanser,"Queering":935)。

杰克森厌女的原因应该足够清晰了：童年阴影。自由间接引语和直接引语的混合使用让故事篇章本身也带上了酷儿性，也是一种酷儿化的叙事声音。

当然，和《骄傲》的叙述者一样，杰克森的无性主义也还体现在全文对于其他男性人物的刻画和探究都相对略少上。着墨略多的几位男士除了贝拉的父亲及杰克森后一份工作的老板外，还有他少年时的同学，但这几人对杰克森的影响似乎微乎其微。贝拉父亲早在杰克森到达前就已经过世多年；老板“基本上是个没有好奇心的人，尤其不喜欢打探私事。这也是让杰克森看重他的一个方面”（同上，207）。高中同学比利·沃兹除了在杰克森面前展示了一个失败的强吻行为以及提供一段有关杰克森与继母关系的自由间接引语对话外，也并未在他的生活中留下更多的影子。因此，厌恶女性的杰克森并未发展成男同性恋者。

那么杰克森的无性主义性向是否有更确切的指向呢？文本中共有3处细节可以为读者做出更全面的判断提供依据。首先，在了解贝拉的尴尬往事之前，他能够与贝拉和平相处多年，是因为“至少就他目光所及，贝拉停在了生命成长的某个阶段上，一直是个长大了的小孩”（同上，189，着重号为本文作者所加），而非女孩。其次，最开始迎接杰克森战后新生活的，除了贝拉，还有坐在简易马车里的门农奈特家“半打左右的小男人”。马车“踢踢踏踏，伴随着微微铃铛声或者口哨声”，“声音来自他们，他们在歌唱。清晰高亢的小嗓门，要多甜有多甜”（同上，180）。如此静谧美好的生活吸引着杰克森留在了小镇农庄里。最后，当他决定离开这个小镇的前夜，半睡半醒之间，“他看到了门农奈特家的小男孩们坐在马车里经过自己身边。他听见了他们小嗓门的歌唱”（同上，215）。所以，在杰克森的内心深处，他自始至终向往的都是做一个永远长不大的小男孩吧。

从酷儿化叙事声音的角度分析《骄傲》与《火车》会发现作者门罗分别运用同质叙述者及异质叙述者两个策略为读者全面展现了无性主义的具体体现，两个文本分别体现出酷儿化一词的两重意思。然而，就文本所取得的效果而言，即在酷儿化一词的第三重意义上，《骄傲》与《火车》又是怎样表现的呢？这就要借助更兼容的女性叙事学的另一重要分析策略——否定情节。

四、《火车》与《骄傲》的否定情节

兰瑟（Lanser，2010，2015）提出了运用否定情节分析来确定故事文本意义生成的方式，她认为文本“内”内容或者文本外资源是帮助读者获取否定情节的两个渠道。按照她酷儿化叙事声音的理论，这里的“内”内容应该不仅是指故事内容存在于文本之中，而且也是属于“柜内”，即正常理解的性、性别、性征内容。那么，根据《骄傲》和《火车》的“内”内容及外资源，读者可以怎样理解两个故事的否定情节呢？

就文本内容而言，《骄傲》中“骄傲”这个标题词总共出现在两个场景里，第一次是女主角的银行家父亲因为投资失败而不得不调职乡下。想象中曾经贵不可言之人可能无法接受这样屈辱，但女主的父亲“当然可能会拒绝，可是骄傲，就像想象中那样，做了另一个选择。骄傲选择让他每天清晨驱车6英里去一片廉价褪色的木板墙后面干坐着，没啥正事可做”（同上，136）。另一个场合是故事结局时，男女主人公看到了一群臭鼬“一个个站起身，离开水边，向前穿过院子，步伐敏捷，成一条对角直线，仿佛带着一身傲气而又小心翼翼”（同上，153）。表面看来，这两处“骄傲”没有任何直接联系，因此读者只有通过挖掘这两处文本掩映的另一个情节才能猜测出这一名词被选作故事标题的真正原因。既然骄傲能够令女主父亲做出违背常规的忍辱行为，而小小一群本该被大家唾弃的臭鼬却在光天化日下大摇大摆地走出“一身傲气”，那么自小兔唇的男主人公兼叙述者选择拒绝女性的亲近，保持无性主义，这一违背常规性别认知行为的原因应该就是出于“骄傲”了。自尊心作祟的叙述者因为自己的先天残疾而拒绝女主人公。甚至在多年后兔唇可以通过手术得以改善的情况下，也不愿意再接受手术，改变人生。这表明他已经从心底接受了自己的状态，完全接受了自己的无性身份，因而最终即便孤老无依也不愿意让女性走进自己的生活。

这是故事的文本内意义，但是结合文本外资源，读者就可能读出另一层深意。这个文本外资源就是作者门罗为女性作家，当她创作出本文无名叙述者这个无性主义性向的男性时，对文本内所有意义的解读都将蒙上一层酷儿化色彩。在文本中男主人公选择并始终坚持自己的性向，甚至在故事的最终，男女主人公目睹着臭鼬在骄傲地行走时，两人的反应是：“我以为她会说出其他事来破坏这一幕。但她没有，我们两人都没有。我们都尽可能开心地看着。”（同上，153）这意味着，当男主人公的性向最终被揭露之后，男性女性两人都已经接受了现实，欣然看着“骄傲”的最终选择。考虑到女性主义思想在现代社会的接受程度，门罗是在暗示现代社会对无性主义的容忍度与接受度都有极大提升。然而，仅止于此吗？

再来看看《火车》的情节吧。作为标题的“火车”

显然也是极富深意的:故事从主人公杰克森跳下火车开始,又从他登上另一辆火车远赴他乡结束。似乎火车为他提供了改变方向的可能与坚持自己的出路。也就是说,虽然杰克森选择了无性主义的性向,但它并不会遭遇戛然而止,反而会因为火车的存在而持续下去,越行越远,而且故事的终结句子是:"在那儿工作。木材小镇肯定有工作。"(同上,216)"木材"的原生意义不仅让读者领悟到一种"复得返自然"的自在,而且"工作"(work)在英语中的另一个意思"有用"也容易引导读者最终产生出"无性主义也是自然之一部分,也是有用的"的主题意义联想。

从《骄傲》到《火车》,门罗为读者们讲述了无性主义产生的可能原因、具体表象和未来的发展可能。她对无性主义的观点看起来是非常正面的肯定。然而,正如玛丽亚·劳希尼格指出的那样,门罗"努力发展起一种文学表达模式,这种模式不是用一种权力体系交换另一种,而是以不断互问的方法,按照权力本身解构权力"(Löschnigg,75)。所以,在讲述无性主义故事的时候,门罗绝不是在夸赞这种性别取向的正确性,而是在呈现事实的存在,引导读者去反思男女性别二元对立的这种传统性教育思想。与此同时,她也没有强调用女性主义来取代父权意识形态,因为她将无性主义这一现象均归之于男性人物,为他们代言,重点关注他们。身为女性作者而为男性代言并创作,门罗叙事的酷儿性可见一斑。然而,在酷儿的背后,门罗是否在深思:女权主义运动发展至今,女性主义思想越来越广泛地被各个社会接受,但男性在这一过程中可能如何应对并发展自身呢?是像无名叙述者那样坚持"骄傲",还是像杰克森那样一再登上"火车",一走了之呢?是否他们在如火如荼的女权运动中也被迫压抑了男性的真实本性,走向无性主义了呢?

故事本身没有提供对这些问题的确切答案,但是每个运用否定情节对《骄傲》与《火车》进行解读的读者都将会在掩卷之后,得出自己的答案。

五、结语

门罗身为女性作家,虽然创作的作品大部分都以女性为中心,但是也不乏对男性的集中关注,《骄傲》与《火车》就是其中的两部典型作品。运用苏珊·兰瑟最新的女性主义叙事学理论对两部作品加以分析,就会发现门罗也是酷儿化叙事的高手,她将故事的叙事声音酷儿化,用同质叙述者和异质叙述者两种方式为无性主义男性发声,探究了独特的性别故事。

另一方面,门罗的酷儿化叙事作品为兰瑟更兼容的女性主义叙事学理论提供了具体翔实的文本,有助于进一步理解"酷儿化叙事声音"的具体表现,也引导读者理解"酷儿化情节"可能产生的具体阐释效应,尝试为兰瑟"酷儿化所有吗"这一问题提供一个具体的答案:酷儿化"所有"可能太过绝对,然而就性别差异而言,酷儿化确实展示了现有的各种可能状态,是重要的叙事手段。

参考文献

[1] Bomer, Paula. "An Alternate Reading of 'Pride,' by Alice Munro," *Big Other* [2011-04-21]. https://bigother.com/2011/04/21/an-alternate-reading-of-pride-by-alice-munro/, Retrieved 30 April, 2019.

[2] Cox, Ailsa. "'First and Last': The Figure of the Infant in 'Dear Life' and 'My Mother's Dream'," in *Alice Munro's Miraculous Art: Critical Essays*. Eds. Janice Fiamengo & Gerald Lynch. Ottawa: University of Ottawa Press. 2017. 177-190.

[3] Goldman, Marlene, *Forgotten: Narratives of Age-related Dementia and Alzheimer's Disease in Canada*. Montreal & Kingston: McGill-Queen's UP. 2017.

[4] Jahn, Manfred *Narratology: A Guide to the Theory of Narrative* (University of Köln, 2017), http://www.uni-koeln.de/~ame02/pppn.htm, Retrieved 30 April, 2019.

[5] Lanser, Susan S. "Toward a Feminist Narratology." *Style*, 20(1986): 341-363.

[6] Lanser, Susan S. "Are We There Yet? The Intersectional Future of Feminist Narratology." *Foreign Literature Studies*, 32.4 (2010): 32-41.

[7] Lanser, Susan S. "Toward (a Queerer and) More (Feminist) Narratology." In *Narrative Theory Unbound: Queer and Feminist Interventions*, Eds. Robyn Warhol & Susan S. Lanser. Columbus: Ohio State UP, 2015. 23-42.

[8] Lanser, Susan S. "Queering Narrative Voice." *Textual Practice*, 32.6 (2018): 923-937.

[9] Löschnigg, Maria. "'Oranges *and* Apples': Alice Munro's Undogmatic Feminism." In *The Cambridge Companion to Alice Munro*. Ed. David Staines. Toronto: Cambridge UP, 2016. 60-78.

[10] Madera, John. "'Pride *Goeth* Before Destruction': On Alice Munro's 'Pride'," *Big Other* (2011-03-15). https://bigother.com/2011/03/15/"pride-goeth-before-destruction"-on-alice-munro's-"pride"/, Retrieved 30 April, 2019.

[11] Marrone, Claire. "States of Perception and Personal Agency in Alice Munro's *Dear Life*." *The Journal of the Midwest Modern Language Association*, 50.2 (2017), 85-101.

[12] McGill, Robert. "Alice Munro and Personal Development." In *The Cambridge Companion to Alice Munro*. Ed. David Staines. Toronto: Cambridge UP, 2016. 136-153.

[13] Munro, Alice. *Dear Life*. Toronto: McClelland and Stewart, 2012.

[14] Ricciardi, Caterina. "Heterotopy in Alice Munro's 'In Sight of the Lake'." In *Space and Place in Alice Munro's Fiction: A Book with Maps in It*. Christine Lorre-Johnston & Eleonora Rao. Eds. Rochester: Boydell & Brewer. 2018.

[15] Staines, David (ed.). *The Cambridge Companion to Alice Munro*. Toronto: Cambridge UP, 2016.

[16] Thacker, Robert. *Reading Alice Munro, 1970-2013*. Calgary: U of Calgary P, 2016.

[17] Thacker, Robert. "Review: *The Cambridge Companion to Alice Munro*, ed. by David Staines." *University of Toronto Quarterly*, 87.3 (2018): 386-387.

[18] Zehelein, Eva-Sabine (ed.). *For (Dear) Life: Close Readings of Alice Munro's Ultimate Fiction*. Berlin: LIT Verlag, 2014.

[19] 胡全生.苏珊・兰瑟的女性主义叙事学构想述论.《学术论坛》,2019 (1): 65—71.

[20] 申丹.叙事文本与意识形态——对凯特・肖邦《一小时的故事》的重新评价.《外国文学评论》,2004 (1): 102—113.

[21] 申丹.《一小时的故事》与文学阐释的几个方面——兼答《性别政治还是婚姻约束》一文.《天津外国语学院学报》,2006 (5): 1—8.

[22] 苏珊・S.兰瑟.建构(更酷儿)和更加兼容的(女性主义)叙事学.胡全生译.《学术论坛》,2019 (1): 55—64.

唐·德里罗创伤小说《人体艺术家》的非自然叙事[①]

曾燕冰
(江西师范大学)

摘　要：唐·德里罗的小说《人体艺术家》是部典型的非自然叙事文本,值得从叙事学的角度来研究其创伤主题。出于这一原因,本文分析了小说作者在文中所使用的4种非自然叙事特征,即非自然人物、非自然叙事事件与场景、非自然时间和非自然叙事声音。分析展示,正是这4种非自然叙事特征加深了不可言说的创伤和创伤记忆。

Abstract: Don DeLillo's novel *The Body Artist* is a typical text of unnatural narrative, whose trauma theme needs to be examined from the perspective of narratology. With this in mind, the article aims to analyze the four unnatural narrative features employed by the author in the novel: the unnatural characters, the unnatural events and settings, the unnatural time, and the unnatural narrative voices. The analysis shows that it is the four unnatural narrative features that deepen the unspeakable trauma and traumatic memory.

关键词:《人体艺术家》;非自然叙事;创伤

Key Words: *The Body Artist*; unnatural narrative; trauma

唐·德里罗是美国当代最有影响力的作家之一,其作品关注美国当代社会生活,反映当代美国社会的精神状态。《人体艺术家》与德里罗多数以重大历史事件为题材的作品不同,将背景设在与外部世界隔离的孤零零的海边小屋中,讲述了一个家庭创伤的故事。女主人公劳伦与导演丈夫雷在海边度假时,雷突然自杀。劳伦必须独自面对失去亲人的打击,她不愿意离开度假的小屋,出现了孤独自闭、幻听等创伤症状。这段时间,一个"阁楼上的疯男人"出现在度假的房子里,这个谜一般的人陪伴劳伦度过艰难的时期,使劳伦逐步走出创伤,并通过一场人体艺术表演找回了自我。作品通过劳伦的内心探究了现代社会个人精神世界的痛苦和孤独。

《人体艺术家》出版于2001年,国外评论界对这部作品的研究主要集中于挖掘其主题内涵,关注作品中的身体、时间和语言等。安妮·龙穆尔(Anne Longmuir)探讨了故事中身体与政治的关系(Longmuir,528—554)。泰勒·凯塞尔(Tyler Kessel)运用德里达的"好客"理论的"无条件好客"和"有条件好客"概念,分析了劳伦与塔特尔之间的主客关系的变化,揭示了劳伦对这个神秘的塔特尔的接受过程,并得出结论:"劳伦只有在塔特尔消失之后才无条件接受他"(Kessel,185—204)。吉亚莫(Paul Giaimo)认为作品表达了艺术家要维护完整的自我这个主题(Giaimo,163—181)。劳拉·迪普雷特(Laura Di Prete)从人物、语言和时间入手,分析了文本中个人家庭创伤主题(Di Prete,483—510)。在形式方面,亨利·维吉安(Henry Veggian)从第一人称、第二人称和第三人称视角的变化角度,分析作者如何处理读者与人物、人物与人物之间的关系(Veggian,80—87)。国内评论界对于这部小说的研究数量不多,同样也主要关注个人身份、身体、时间和创伤等,分析作品的后现代时间观、当代人的孤独感及塔特尔的形象,并探究其时间性、创伤记忆与个体身份认同的关系等。国内外研究主要关注作品主题或社会意义等方面,目前没有从叙事角度探讨形式策略对主题的表达。

由此,本文另辟蹊径,尝试运用非自然叙事理

① 本文系国家社科基金重大项目"当代西方叙事学前沿理论的翻译与研究"(项目批准号:17ZDA281)的阶段性研究成果。

论,结合创伤理论分析《人体艺术家》创伤主题,探讨其非自然叙事因素对创伤的表达作用和意义,挖掘其丰富的叙述内涵,揭示作者高超的创作能力,以图为阐释创伤文本开拓新视野、新路径。

一、非自然人物:不可言说创伤的形象化

根据叙事学的定义,小说人物通常是指"任何一个被引入叙事虚构作品中的实体——正常情况下是人或类似于人"(Prince,12)。在非自然叙事文本中,人物的摹仿性特征(即"character as person")开始隐退,这种人物开始表现出"非人类"(non-human like)的特征,表现出很强的非自然性。现实世界中他们不可能存在,或只以超自然的形式存在。

如何界定非自然性呢?尚必武认为,"对非自然叙事的界定与判断应至少涉及'程度'与'层面'两个方面"(尚必武,2015:99)。程度指的是自然叙事与非自然叙事之间,或一个非自然叙事与另一个非自然叙事之间存在不同程度的"非自然性",某些非自然叙事比另一些看起来要"更像非自然"(more unnatural)。因此,影响非自然叙事性程度高低的因素称作"非自然因子"(unnatural elements)。而层面则分为局部层面和全局层面(尚必武,2015:99)。

《人体艺术家》中的塔特尔先生虽然貌似是一个有血有肉的人,但是却具有多个非自然因子。评论界对这个人物的描述有:"幽灵""当地的精神病院游荡出来的人""劳伦的精神投射""一个影子""一个媒介物""纯密码"(Di Prete,484),等等。首先,塔特尔先生是"影子"或"幽灵",他来历不明,且不知所终,甚至无法确定其年龄。劳伦在丈夫雷自杀的第二天,在房子的阁楼里发现了这个小个子男人,她称之为塔特尔先生。劳伦不知道他从哪里来,猜想"他应该来自网络空间,在夜晚的空白时间里独自从电脑屏幕里钻了出来"①(39);或"要不就是去找精神病治疗中心,询问他们是否有一个走失的病人"(41);也或许他"来自散落于镇外林边地带那些拖车房里的某个家庭","是一个幽灵般的人物,不知道他是怎么来的,也不知道后来是怎么走的"(130)。其次,塔特尔先生不过是"一个媒介物""纯密码"和"劳伦的精神投射",他不能用正常的语言表达自己,大部分的语言就是像录音机一样复制再现劳伦和雷的话语。再次,塔特尔先生或许具有超自然的穿越时空的能力,除了再现过去的对话,还偶尔预言将来的事,像个"外星人"。在故事的结尾,劳伦来到房间:"她举目四望,房间是空的。这儿没有人。……她看到被单和毯子揉成一团堆在她身旁的床上,只有边上那部分在用。"(124)塔特尔先生消失了,他是否真的存在过?劳伦认为塔特尔"打破了人类的极限(99)""塔特尔似人非人,他超越了人类的领域,但并不能逃离人类的领域,因为他是与之相关的。塔特尔可能会同时占据人类内部和外部的一个空间"(Kessel,197)。由此可见,塔特尔先生是一个非自然的人物。

这个非自然人物的出现绝非空穴来风,其最重大的意义在笔者看来就是表现了不可言说的创伤。这两者的联系如何呢?凯西·凯鲁斯(Caruth,1996:11)将创伤定义为"面对突发的或灾难性的摧毁性事件,个体通常会表现出延迟的、无法控制的、重复出现的暗恐和侵入性现象"(Caruth,1996:11)。也就是说,创伤事件如果在发生时没有被充分地体验和吸收,则只能延迟地表现为持续和侵入式的返回。鲁斯·莱斯(Ruth Leys)认为,创伤是由于某些事件引起的恐惧和惊讶的感觉,大脑被分裂或分离的结果,对于遭受痛苦的人来说,很难记住发生了什么,并且不能"将伤害的经历整合到正常意识中,并且变得被侵入性创伤性精神所困扰或占有"(Leys,2002:2)。由于创伤事件通常会损害创伤主体的语言系统和认知能力,使得创伤主体无法理解创伤事件的意义,也无法清晰、完整地叙述创伤事件和创伤体验,从而导致创伤的延迟性和不可言说性。同时,非自然叙事理论的"高度不合情理、不可能、不真实、非现实世界、反常、极端、古怪、坚定"(尚必武,2018:118)等特征,使其"常常用来描述那些看起来违背了叙述正常方法的恐怖行为,用来有效表现非自然的人类行为"(Richardson,2015:170)。

塔特尔先生的非自然性因素体现了创伤的特征。首先这个人物像创伤事件一样不期而至。丈夫雷意料之外的自杀使劳伦猝不及防。劳伦独自在房子里,感觉自己"丧失了自己内心的世界"(32)。"她想要消失在雷的青烟中,死去,成为他。"(28)她打算练操来缓解悲伤,但是没有用,"可是她丧失了内心世界","现在犹如灵魂出窍"(32)。创伤使劳伦失去自我,并表现出自卑、自闭、伤痛、麻木和疏离等创伤性人格特征。塔特尔先生出现在劳伦丈夫自杀的第二天。她发现他在家中"在三楼过道尽头一个空着的大房间里面的一个小卧室"。"她就觉着他必然会出现在这儿,没错,他恰好就在这一刻,凭着感觉,确

① 文中所有引文均出自《人体艺术家》,文敏译.杭州:浙江文艺出版社,2012.以下标出页码,不再一一说明。

定无疑地来了。”(36)此外,这个人物还有着异于常人的功能,不但见证了劳伦和雷二人在过去几个月的生活,还不断重复叙述着过去,如同创伤不断重返到受创者劳伦的意识中。塔特尔先生以非常规的方式陪伴劳伦度过失去亲人的最痛苦的时期。最后,当劳伦逐渐走出创伤,塔特尔先生也完全消失了,“什么都没有留下,没有一丁点儿存在过的痕迹”(95)。

德里罗通过一个非自然的幽灵一样的人物将不可言说的创伤形象化地展现出来,揭示了人类内心精神创伤的心理反应过程。后来发生在塔特尔先生身上的一系列非自然的事件,展示了创伤记忆的工作过程以及劳伦逐步走出创伤的过程。

二、非自然叙事事件与场景:创伤记忆的展示

阿尔贝认为,非自然叙事是指任何在物理上不可能的场景与事件,即对于控制物理世界的已知法则来说不可能的场景与事件,以及在逻辑上不可能的场景与事件(Alber,2009: 80)。这些非自然的事件或场景凝聚了叙事作品的非自然因子,强化了其新奇的非常规的艺术表征。

在塔特尔先生陪伴劳伦期间,发生了一系列不可思议的非自然事件。德里罗正是通过这种不可能的事件,模仿了创伤记忆的再现,展示了劳伦失去亲人之后的心理创伤。创伤会给受创者留下创伤记忆,而创伤记忆是非常规的。创伤事件会暂时从记忆中抹去,然后又会以闪回、幻觉或梦境等方式不断重复出现在记忆里。《劳特里奇叙事理论百科全书》(2005)中对创伤记忆和叙事记忆做了区分:叙事记忆是普通的记忆,是事件再现的一种移位形式。也就是说,相比之下,叙事记忆将经验整合到现有的心理图式中,伴随有调节的情感,并且可以适应讲述的环境(Herman,2005: 616)。创伤性记忆则不同,它存在于无意识之中,摧毁其固有的认知框架,对事件的感知变成记忆碎片,无法形成完整的认知过程。创伤记忆通常以闪回和重复的形式出现,它“不灵活地以精确重复的方式重放过去”,创伤记忆呈现重复性、非线性、非逻辑性、碎片化等特征,而叙事性记忆则能即兴地回忆过去,从而对事件的描述各不相同(Whitehead,87)。安妮·怀特认为,只有在受创者设法将梦魇或倒叙的碎片按时间顺序把它们放在个人生活的历史中,才能逐步从创伤中得到恢复(Whitehead,140)。因此,《人体艺术家》通过非自然事件和场景向读者呈现出创伤记忆向叙事记忆转化的过程。

小说中多处体现非自然特征,“不可能”的情境事件随处可见,这些非自然特征又是创伤后遗症和创伤记忆特征的具体体现。比如,塔特尔先生虽有语言障碍,却拥有神奇的记忆功能,能够再现劳伦和雷在过去两个月里的对话,这是物理的已知规则和逻辑规则意义上不可能的事件。劳伦第一次试着与塔特尔先生聊天,她惊讶地从塔特尔先生那里听出自己的声音,并且看到塔特尔先生模仿了雷说话时的手势,这使她感到深深的不安。她还开始意识到那些话是她曾经跟雷在这个屋里说过的事。她模模糊糊地回忆起来,“她仍在聆听那个声音,注视着那只手的动作,那是雷的手”(46)。塔特尔的模仿再现唤起了劳伦的记忆,让劳伦心潮起伏无法释怀。她第二次跟塔特尔先生聊天,从塔特尔那里“她听到了雷的声音,非常贴切的再现,她听出了那正是雷的声音”(56)。劳伦感觉这不是与死者的交流,而仿佛是雷活着在和她谈话,谈话内容“反射着记忆的冰崖,雷的语言,正由坐在近处椅子上的那人嘴里道出”(57),从塔特尔的身体里发出了雷的声音。塔特尔的再现正如创伤记忆不断地重返当下时刻,劳伦感觉“一瞬间,就像一个未包扎的创口,刺痛,她被暴露在某些事情面前”(59)。又如,塔特尔的语言也具有非自然特征,不仅是模仿式的,还支离破碎且不断重复:“我说的就是我说的话。”“不管怎样,什么是不管怎样?”劳伦问他在做什么,他回答:“我在做,此即彼,说说话。”这些语言也体现了创伤记忆碎片化和重复的特征。“塔特尔先生这个人物出现的意义不仅是通过他的身体将一种神秘的(创伤记忆)外在化,他的声音也具有独特的意义。模仿,重复,再现,这样声音一直与劳伦努力走出悲伤的挣扎相呼应。”(Di Prete,485)这种对过去的重复再现,使劳伦能够填补和寄托失去亲人的悲伤。

小说中非自然的情节或场景契合了创伤和创伤记忆的非常规特征。突然失去亲人的伤痛超越了劳伦的经验范围,给劳伦留下创伤记忆。塔特尔支离破碎的语言、对雷的过去的模仿和重复性的再现,表现了创伤记忆碎片化、非逻辑和重复性等特征。在一次一次的创伤记忆重返再现中,劳伦逐渐接受事实,并重新找回自我,通过重新梳理记忆,以人体表演的艺术形式走出创伤。

三、非自然时间:创伤后果的表现

创伤性经历最显著的症状之一就是时间混乱,创伤后应激障碍在其最初的临床实例的表现也是时间障碍。“在创伤后的情况下,时间的区别往往会消

失,包括最重要的过去和现在的区别。"(LaCapra,46)同时,创伤事件虽然是真实事件,但由于发生在"正常"现实的参数之外,如因果、顺序、地点和时间等,创伤没有开始,没有结束,没有之前,没有期间,没有之后。因此"在幸存者的叙述中,创伤的一个关键标识是'在经历过程中缺乏时间感'"(Kurtz,74)。创伤反应在时间上主要被表征为记忆的断裂、碎片与闪回,过去的事件与现在混在一起,并以倒叙、幻觉或梦的形式反复回到当下时刻。理查森提到非自然时间与创伤的关系时认为,叙述创伤事件有时需要重建丢失或变形扭曲的过去,才能使这种模糊的、不可言说的、恐怖的、创伤可以在文本中重现,让读者能够体验到这些小说将这种影响表现在它们的非自然的时间性中(Richardson,2015:148)。

扬·阿尔贝从理论的角度整理了现实世界的时间特征与非自然时间的特征。现实世界中的时间特征有:第一是方向性(向前性);第二个是线性;第三是过去和将来的不可达到;第四是不自相矛盾;第五是我们无法干扰时间的流逝(Alber,2016:150)。在非自然叙事中,时间则违反了以上的规则。例如,时间可以在故事层面上向后移动撤销时间的方向性;或者通过类似于永恒的时间循环来对抗时间的线性;或者通过破坏我们过去、现在和未来之间的边界是固定的和不可穿透的观念,来质疑过去、现在、未来之间无可逾越的界限;故事(或情节)也可以是矛盾的,由相互排斥的事件或事件序列组成;最后,叙述可以解构我们关于时间恒定速度的观念,比如,不同年龄段的人物对时间速度感受不同(Alber,2016:151)。

时间因素在《人体艺术家》中的创伤表达起着重要的作用。"《人体艺术家》是一部时间小说,一部关于创伤记忆的时间小说,失去的时间和寻回的时间构成了小说的两大叙述焦点。"(姜小卫,2011:92)小说译者也认为"书中的重复出现的细节,并非一般性重复,而是存心要把读者引入时间的迷宫"(131)。

塔特尔先生没有时间意识,过去,将来和现在没有界限。在他的语言中,动词只有过去和将来时,而且也不会正确使用。例如,他用"It rained very much"(过去时)来表达"It will rain. It is going to rain"(将来时)(44)。塔特尔还能够预见未来。在第七章中,塔特尔摔落了一只盛水的玻璃杯。劳伦伸出一只胳膊,告诉塔特尔"别碰它,过后我会清理的"(92)。发生在第七章的这件事,塔特尔在第五章就有预告(83)。当劳伦告诉塔特尔先生她很喜欢这幢房子,但是六七个星期之后就要搬出去,塔特尔突然补充说她"可是你还没有走"(44)。劳伦当时就向他解释是指一件将来要发生而尚未发生的事,她确实会在租约结束时离开。而塔特尔回答说"可是你没有走"(44)。然而,在小说接近尾声时,劳伦再回到那所房子,正如塔特尔预言过的那样,她在房子的租期结束之后回到这里。塔特尔先生的时间错乱的方式引导劳伦暂时忘记痛苦。

在这期间,时间违背其向前性,可以向后,回到过去。塔特尔先生通过模仿再现雷的语言和手势,使劳伦感觉到雷还活着,从而能够重温与雷曾经一起的生活,而劳伦的时间意识也产生了变化。劳伦与雷的度假生活刚开始时,还带有城市生活习惯,凭借着钟表、收音机、报纸等与时间有关的技术和工具来判断时间。在塔特尔先生的陪伴期间,时间并非按照线性顺序进行,而是过去、现在、将来并存。塔特尔先生"记住并见证"了劳伦和雷的过去,正如创伤记忆的碎片式的闪回,使得劳伦的记忆在过去与现在的时空间穿梭,为劳伦提供了创伤记忆修复的途径,通过一次次重返过去,劳伦的心理创伤得以缓解并逐渐走出创伤。

朱迪·赫尔曼在《创伤与复原》中提出,创伤康复的有效手段之一就是"个体受创者和朋友、爱人、亲人建立联系"(Herman,1997:5)。根据赫尔曼的观点,心理创伤的核心体验是精神错乱和脱离他人。因此,恢复是基于幸存者和他人建立新的联系。从创伤中恢复只能在与他人和外界的联系中,不能孤立地发生。幸存者在与其他人建立的新的关系中,会重新建立被创伤破坏和扭曲的心理机制,包括信任、自主、主动、能力、认同和亲密关系等。小说中劳伦在塔特尔的陪伴下,走出封闭的内心,开始关注和了解身边的人。首先她想到去了解雷的死因。她通过雷的第一任妻子(雷在她的一处住所自杀),得知人到中年的雷遭遇了事业的挫败,他的作品因为极致追求艺术而被资本主义现实的评价体系拒之门外,雷又因不愿意违心地去迎合制片商的口味而导致自己精神抑郁。随着对雷的进一步了解,劳伦也开始重新思考自己的身份,去重新找回自我。她决定借由人体艺术表演建立起与外部世界的联系,这是劳伦走出创伤的又一大步。

劳伦根据自己这几个月的经历创作了名为《人体时间》的表演作品作为自己独特创伤体验和走出创伤的方式。作品突出的特点就是时间维度上节奏缓慢,让观众从内心感受受创者的时间流逝。劳伦在接受采访时说:"我知道会有人觉得这场表演太慢,重复太多。……它本来应该更节制一些,甚至更慢一些。"(104)小说第六章与第七章之间插入一段标题为"走入极端的人体艺术:缓慢、艰涩而痛苦"的专访,用第一人称以劳伦的大学同学玛利亚娜的视角来介绍劳伦的《身体时间》。演出途中虽然有不少观众退场,但是劳伦也收获了知音,因为观众从内心感到"这是关于你和我的痛苦"(108)。劳伦重新找到了自己的身份和位置,再次以身体艺术家的身份建立了与外界的联系,最终从失去雷和与塔特尔的分离的悲伤中摆脱出来。在小说结尾处,劳伦"要让大海的气息吹拂着自己的面孔,让世界在体内流动起来,告诉自己她曾经是谁"(124)。劳伦最终在纷乱的时间中找回了自我。

四、非自然叙事声音:调节叙事距离,引领读者感受创伤

《人体艺术家》运用了多种叙述模式来丰富对创伤的表征。主叙事部分运用的是第三人称,以劳伦为聚焦,其中还插入了雷的讣告和以第一人称讲述的劳伦演出结束后对劳伦的专访等形式。除此之外,小说中多处运用了第二人称叙事。理查森(Richardson)称之为"通常不出现在自然叙事中的非自然模式"(Richardson,2006: 20)。理查森对此的定义是:"除了呼语之外,凡是使用第二人称代词来指代主人公的叙述都是第二人称叙述",并将其分为标准形式、虚拟形式(指南书籍)和自我目的形式(直接称呼读者)。标准形式的特征包括"通常用现在时态指代故事中唯一的主人公,可以同时指叙述者也可以指受述者"。第二人称"你"的身份和地位的模糊,不如传统的"我"或"他/她"等意义确定;在通常情况下,受述者既不同于隐含读者,也不同于真实读者,但是标准形式的第二人称"你"可以指代读者也可以指代主人公;甚至经常要与叙述者、人物、读者,甚至与另一个语法意义上的人重合。

例如,第一章开篇段落:"时间似乎消逝了。世界恰在这一时刻凝固了。你停下来,瞥见一只蜘蛛嵌在蛛网上。在海湾上,一道亮光闪过,一种感觉的感觉和一个流畅的流星。你真正认清了自己,世界又回到你眼前,时光的流逝不可逆转。"(1)小说的开端就用第二人称"你"把读者置于受述者的位置,唤起读者的情绪,将读者带入故事中。接着,小说转换为第三人称,读者旁观了男女主人公漫长的最后的早餐及劳伦与雷貌合神离的对话。当劳伦提到似乎听到楼上有声音时,雷说:"好嘛,我很高兴,你需要有人作伴。"(14)此时,叙述又出现了从第三人称转到第二人称的一大段:"你把这份周日报一张一张抽散了……譬如发现你丈夫手里那个玻璃杯里面的果汁已经下去一半了。"(14)"这个'你'是指涉劳伦,还是读者?还是雷的话语的继续?"(Veggian,82)小说中没有给出答案。维吉安认为视角的轮换模糊了读者与人物劳伦和雷的界限。但是,就在早餐结束后雷开车到前妻的寓所自杀。

第二章的第二人称叙述紧接在雷的讣告之后,"噪声、拥堵和雾障又回来了,你再次滑入了自己的生命感触,感受着胸口痛楚的沉重"(25)。这几句第二人称叙述将读者从雷的讣告带入劳伦的感受中,小说接下来立刻又转入第三人称叙述:"她思忖着这些日子发生的事,想起最初的那几天。"(25)此时,读者又以见证者的身份看到劳伦回到度假屋里,睹物思人,想起过去几个月与雷共度的日子,沉浸在失去雷的痛苦中。

多米尼克·拉开普拉(Dominick LaCapra)认为,情感参与对理解创伤和受创者非常重要,但是又需要控制其程度,以免使读者因过度陷入其中反而拒绝创伤的存在(LaCapra,78),于是,提出了"移情动摇"(empathic unsettlement)这个术语。"移情动摇"指的是人们对于创伤的感受"涉及一种虚拟的体验,一个人(读者)将自己置于另一个人(受创者)的位置去感同身受,同时又认识到自己与受创者的不同"(LaCapra,78),从而不去替代受创者。因此,创伤叙事文本要注意对移情的控制和调节,提醒读者在同情他者时要注意自己与他者的差异。

小说中的第二人称可以是指人物劳伦也又可以指读者,这模糊了人物与读者之间的界限(Veggian,82),给予读者一种对创伤的体验,将读者带入人物的情境中,读者也将自己投射在"你"(劳伦)身上,与小说中的人物劳伦产生共鸣。同时,作者将第二人称与第三人称相互轮换使用,调节了叙事距离,使读者既可以深入劳伦内心,又可以跳出劳伦的心境,从旁观者的角度见证劳伦的创伤。由此,通过叙事策略中第二人称与第三人称的轮换,实现移情又控制和调节了移情的程度,达到"移情动摇"的效果。

五、结论

《人体艺术家》的非自然叙事展现了女主人公的个人创伤和走出创伤的过程。通过塔特尔先生这个非自然人物以及他的种种非自然行为,将神秘的(创伤记忆)外在化,将断裂、碎片化和重复的创伤记忆表现出来。小说中逻辑上不可能的事件和场景,犹如创伤记忆的重复再现,一直与劳伦努力走出悲伤的挣扎相呼应。非自然的第二人称与常规的第三人称相互轮换使用,调节了叙事距离,使读者从不同距离感受人物的创伤心理。总之,小说通过非自然的

人物、非自然的事件场景、非自然时间和非自然叙事声音,将不可言说的创伤和创伤记忆展现给读者。由此可见,运用非自然叙事解读,更有利于发挥读者的想象力,更深入挖掘和理解小说中创伤的主题。正如理查森(Richardson: 2015: 215—216)认为的,非自然叙事敦促我们超越我们的现实世界知识,创立新的心理模型,拓展小说世界的无限可能性,并邀请我们解决我们可能会忽略的问题。非自然叙事通过对不可能性的描述挑战和激发人类的想象力,引导我们进入一个更新奇、陌生和怪诞的世界,也给予我们一种审美的快乐。

参考文献

[1] Alber, Jan. "Impossible Storyworlds and What to Do with Them." *Storyworlds: A Journal of Narrative Studies*, 2009.1 (1): 79-96.

[2] Alber, Jan. *Unnatural Narrative: Impossible Worlds in Fiction and Drama*. Lincoln: University of Nebraska Press, 2016.

[3] Caruth, Cathy. *Unclaimed Experience: Trauma, Narrative and History*. Baltimore, MD: Johns Hopkins University Press, 1996.

[4] DeLillo, Don. *The Body Artist*. New York: Scribner, 2001

[5] Di Prete, Laura. "Don DeLillo's *The Body Artist*: Performing the Body, Narrating Trauma". *Contemporary Literature*, 2005: 483 - 510 .

[6] Giaimo, Paul. *Appreciating Don DeLillo: The Moral Force of a Writer's Work*. Santa Barbara, Calif: Praeger, 2011.

[7] Herman, David, Manfred Jahn, and Marie-Laure Ryan, eds. *Routledge Encyclopedia of Narrative Theory*. New York: Routledge, 2005.

[8] Herman, Judith. *Trauma and Recovery: The Aftermath of Violence — from Domestic Abuse to Political Terror*. New York: Basic Books, 1997.

[9] Kessel, Tyler. "A Question of Hospitality in Don DeLillo's *The Body Artist*". *Critique: Studies in Contemporary Fiction*, 49: 2, 185-204

[10] Kurtz, J. Roger (eds.). *Trauma and Literature*. Cambridge: Cambridge University Press, 2018.

[11] LaCapra, Dominick, *Writing History, Writing Trauma*. Baltimore and London: The Johns Hopkins University Press, 2001.

[12] Leys, Ruth. *Trauma: A Genealogy*. London: The University of Chicago Press, 2002.

[13] Longmuir, Anne. "Performing the Body in Don Delillo's *the Body Artist*". *Modern Fiction Studies*, Vol. 53, No. 3, Fall 2007, 528-554.

[14] Prince, Gerard. *A Dictionary of Narratology*. Lincoln and London: University of Nebraska Press, 2003.

[15] Richardson, Brian. *Unnatural Narrative: Theory, History, and Practice*. Columbus: The Ohio State University Press, 2015.

[16] Richardson, Brian. *Unnatural Voices: Extreme Narration in Modern and Contemporary Fiction*. Columbus: The Ohio State University Press, 2006.

[17] Veggian, Henry. *Understanding Don DeLillo*. Columbia: University of South Carolina Press, 2015.

[18] Whitehead, Anne. *Trauma Fiction*. Edinburgh: Edinburgh University Press, 2004.

[19] 姜小卫.铭写在身体上的时间和记忆:《身体艺术家》.《国外文学》,2011 (2): 92—102

[20] 尚必武.后殖民语境下的非自然叙事学.《天津社会科学》,2018(5): 117—122.

[21] 尚必武.非自然叙事学.《外国文学》,2015(2): 95—111.

[22] 唐·德里罗.《人体艺术家》.文敏译.杭州: 浙江文艺出版社,2012.

平行世界的伦理探索
——菲利普·迪克《流吧！我的眼泪》的非自然叙事及其自然化解读①

郭　雯
（苏州科技大学）

摘　要：《流吧！我的眼泪》讲述了举世瞩目的电视明星杰森一夜之间沦为无人知晓的平凡人，并进入平行世界寻找自我的故事。“平行世界”呈现出非自然叙事的不可能性，杰森在这个虚构空间内与众多陌生的他者建构了伦理关系，并产生了物理上、逻辑上和人类属性上不太可能的非自然情感。本文以阿尔贝梳理的自然化解读策略证明探讨小说主题、类比、隐喻的可行性，希冀借助真实世界认知框架的自然化解读来分析非自然叙事功能与意义。一方面，平行世界成为人物建立伦理关系、体验情绪、诉求身份的伦理环境与场所，具有虚构性和艺术性。另一方面，自然化解读能够帮助理解记忆、身份、情感、主体建构等伦理探索，而真实与虚构的交织也是对后现代人类生存状态的深层寓言。

Abstract: *Flow My Tears, the Policeman Said* depicts a story that a celebrity named Jason becomes a "nobody" overnight, and starts pursuing self-identity in a parallel world. With the impossibility in unnatural narrative, the novel creates a fictional world, in which Jason establishes ethical relationship with many strange others and develops unnatural emotions of physical, logical and humanly impossibility. Using Alber's naturalizing reading strategies, this paper demonstrates the feasibility of analyzing the theme, analogy, and metaphor, etc., hoping to elaborate the functions and meanings of unnatural narrative with cognitive frame in the real world. On the one hand, parallel world with its fictionality and artistic quality provides characters with ethical environment and places to establish ethical relationship, experience emotions and pursue ethical identity. On the other hand, naturalizing reading helps the understanding of the ethical exploration of memory, identity, emotion and subjectivity construction; meanwhile, the interweaving of reality and fiction is a profound allegory of the state of being in the postmodern society.

关键词：平行世界；非自然叙事；自然化解读；伦理探索；身份焦虑

Key Words: parallel world; unnatural narrative; naturalizing reading; ethical exploration; identity anxiety

美国科幻作家菲利普·迪克（Philip K. Dick, 1928—1982）的许多科幻小说都是关于破碎的记忆、分裂的自我、电子梦、界限不明的虚实世界、真假身份等。迪克将现实的碎片融入充满矛盾的复杂迷宫，他的高中同学、著名科幻女作家厄休拉·勒奎恩这样评价道：“他是美国本土的豪尔赫·路易斯·博尔赫斯。”（Le Guin, 33）②《流吧！我的眼泪》（*Flow My Tears, the Policeman Said*, 1974）讲述了警察将军巴克曼的双胞胎妹妹艾丽丝因为爱慕拥有 3 000 万粉丝的大明星杰森·塔夫纳而服用了一种名为 KR-

① 本文系国家社科基金重大项目“当代西方叙事学前沿理论的翻译与研究”（项目批准号：17ZDA281）的阶段性研究成果。

② 豪尔赫·路易斯·博尔赫斯（Jorge Luis Borges, 1899—1986），阿根廷作家，写作风格擅长将时间和空间轮回与停顿、梦境与现实转换、幻想和真实连通、死亡和生命共存。因此，勒奎恩是第一位将迪克比作博尔赫斯的评论家。杰森·维斯特（Jason Vest）也认为迪克与博尔赫斯相似，详见 Vest, Jason P. *The Postmodern Humanism of Philip K. Dick*. Lanham, Maryland: The Scarecrow Press, 2009，第 53—100 页.

3 的生物药品从而产生幻觉，使杰森进入她的感知世界，包括警察哥哥在内的所有人都是艾丽丝的感知对象。沦为无名小辈的杰森努力在另一个平行世界内证明自我身份，却困难重重。该小说创造了不可能的世界，由毒品致幻生成的平行世界并不符合物理规律与逻辑规律，是“物理上、逻辑上、人力上不可能的情境与事件，挑战我们的真实世界”（Alber, 2016：3）的非自然叙事，其本质呈现出违背传统现实主义的“反摹仿”（antimimetic）。正如理查森所言，“非自然叙事包含着重要的反摹仿事件、角色、背景及框架”（Richardson, 2015：3）。关于迪克幻想类作品的评论，海尔斯认为迪克酗酒吸毒，艾丽丝是迪克对夭折的孪生妹妹的幻想，“他相信她是个同性恋者……继续在身体中承载着这个影子一样的她者”（Hayles, 220），小说中的艾丽丝甚至与哥哥乱伦产子。维斯特认为迪克创造了卡夫卡式的世界：“那批判式科幻小说和变形的世界受到卡夫卡创作模式影响，拥有卡夫卡式的科学、现代、后现代及人文思想。”（Vest, 4）然而，大多数读者认为科幻小说理所应当就是非自然的故事，却从未深刻地立足于文本话语找到行之有效的解读范式来理解小说背后的寓意。笔者认为，阿尔贝提出的 9 种自然化解读策略可以为阅读科幻小说提供方法和见解，将自然化解读运用于非自然叙事，能够形成有效的对话。“自然化解读与非自然化解读不是‘非此即彼’（either ... or）的关系，而是一种‘两者皆可’（both ... and）的选择，关键是我们如何在保留非自然叙事的‘非自然性’的同时，又能对其做出合理的阐释。”（尚必武，13）平行世界延展了作家对自我人生及整个后现代社会生活的思考方式，为孤独的灵魂诉求身份、体验欲望、释放情感、与他者建立伦理关系创造了崭新的时空和环境。自然化解读范式在追求故事虚构性所带来的新奇与陌生化之余，以现实世界认知框架对记忆、身份、情感、伦理等现实主义问题进行合理解读，使非自然性与自然性交织互补，在挑战读者认知之余，拓展我们的想象力，加强我们对此类小说的理解力。

一、《流吧！我的眼泪》中的非自然性

“非虚构性文学传统在于时间、顺序或故事（fabula）安排与话语（sjuzhet）通常一致……而没有逻辑规律的作品故事层面与话语层面时空顺序是不一致的”（Richardson, 2019：127）。迪克的小说显然逾越了传统叙事逻辑规律。他的作品与传统经典科幻相比，尤其是与那些建构未来可能性的叙事相比，创造了反现实主义或在逻辑上不可能的情境，常在类似现实主义的框架中书写错列的历史、平行的世界，却始终关注个体的自我存在、伦理情感与命运。迪克曾经解说过自己的小说创作：“让我沉迷的有两个话题，即‘什么是真实’以及‘真实的人类由什么构成’。27 年来我所写的小说和故事都是围绕这两个相互关联的问题。”（引自：Farrell, 175）他时常混淆现实与虚幻、真实与假象，这不仅增加了小说的新奇性和趣味性，也增加了阅读的难度。读者在阅读科幻小说的过程中，往往聚焦于故事层面的虚构性，即非自然性，从而忽略了话语或文本层面上的非自然性。对非自然叙事作品的解读要求读者在故事与话语二元层面上，突破认知经验，解读文本背后的涵义。

《流吧！我的眼泪》属于后现代科幻小说，而迪克是美国科幻黄金时代的先锋派作家，他擅长虚构模仿性和人工性。平行世界既是陌生化的世界，又仿佛是我们熟悉的现实世界。正是这种似是而非、熟悉而陌生的暗恐感（uncanny）①增加了阅读的难度。根据阿尔贝关于非自然叙事的定义，《流吧！我的眼泪》包含了“不可能的故事情境”“反现实的人物”“非自然的时间”“反摹仿的空间”等不可能性。首先，小说主人公杰森是被完美基因染色体植入后的六型机器人。这种基因调控可以制造各种性格、体型和面貌的机器人，但与现实中的机器人是两个概念。杰森属于科幻文学中的“后人类”。尽管世界上已经诞生了基因编辑的双胞胎女孩，但杰森这种由高级科技植入体内作为人的延伸的“后人类”，在当代还未产生。另外，神秘的艾丽丝在现实中迅速被发现是一堆白骨，这在物理上、逻辑上和人力上都不可能。值得注意的是，2017 年 9 月，英国 BBC 播放了由迪克作品改编的科幻电视剧《菲利普 · K. 迪克的电子梦》（*Electric Dreams: The World of Philip K. Dick*），其中一集《疯狂钻石》的背景音乐正是小说中提到的约翰 · 道兰的歌《流吧！我的眼泪》（“Flow My Tears”），而女主人公迅速变为枯骨的镜头，也与小说中艾丽丝在杰森眼前突然成为一堆白骨的情节一致，这正是与整部小说的非自然叙事相呼应的一个亮点。小说中的逻辑与人力上的不可能性还在于众多“他者”的出现。这些平行世界中出现的人物与

---

① “暗恐”理论源于弗洛伊德的一篇论文，详见 Sigmund Freud, “The Uncanny.” *The Uncanny*, trans. by David Mclintock. New York：Penguin Group, 2003，第 123—134 页。笔者借用了童明教授的翻译，但也有将“uncanny”翻译为“恐惑”“怪怖”的，主要表示“本应隐秘的东西却显露出来”，在熟悉的事物中产生陌生感，或者在陌生事物中产生熟悉的感觉。

杰森在现实生活中甚少交流，甚至并无交集，就连现实中曾经的女友露丝也不认识杰森这位“陌生人”。虽然小说并未说明返回现实世界后这些人物何去何从，但是就平行世界而言，他们都是反现实的人物，抑或说是幻象，让读者跟随杰森诉求身份时不禁感叹：这整个故事会不会是杰森的梦？尽管随着叙事的发展，我们发现这一切并非梦境，但也从非自然的伦理关系中得知虚构的伦理关系体现着人的欲望。

其次，小说的故事情境发生在服药致幻后的平行世界，即杰森与艾丽丝共享思维意识，杰森的记忆和回忆是艾丽丝意识世界帮助建立的，这在物理、逻辑和人力上都不可能发生。当然，从当代技术来看，电脑虚拟技术、电视媒介与后工业大规模复制技术确实能产生仿象、类象，它们甚至让人分不清真假，但是小说中类似于“心灵感应”的共享意识与记忆却是当今技术无法呈现的。尽管大家会把威廉·吉布森（William Gibson）①视为“赛博朋克”科幻文类的鼻祖，但关于“肉与身的分离”这一情境早已在迪克作品中出现。杰森进入平行世界虽然带着肉体，但思想并不完全属于他自己。

从时间来看该部小说，必须考虑非自然事件的序列问题。故事时间发生在主人公杰森失去身份的两天之内。这两天之内发生的事情从自然故事角度可能需要个体一周甚至几年时间，包含着记忆和现实的双重建构，而故事一上来就是杰森失去身份的“现在”与名人身份的“过去”在时间上的断裂，故事的“过去”实际上是话语上的“现在”。这是事件的不可能性，即不可能的状态变化。小说开篇像一个广角镜头，对 1988 年 10 月 11 日杰森主持的节目进行全景描述，这是全知叙述者即作家叙述的话语空间，它与故事空间重叠。但是，杰森似乎很自然地进入了非自然的平行世界，两天内发生的故事在文本中占据了 174 页，最后，当他意识到“整个事业，整整 20 年，就只是毒品创造的跨越时间的幻觉罢了”（190）②时，作家一笔带过，杰森回归现实，使故事时空与话语时空对接，重回开篇全知视角的话语空间。

时间上显示出多个事件的非线型性，因而创造出一种“平行性”，不符合时间与事件发展的规律。再从空间角度来看，故事空间是在艾丽丝致幻后的主观意识世界，即人物的思维空间。故事很快进入了变异后的空间，而与艾丽丝有关的人物，包括杰森和她哥哥——警察将军巴克曼及其同事们——一同进入了不可能的非自然空间。我们读到的叙述层面的话语既体现着艾丽丝的思维方式，又是杰森和巴克曼作为故事人物和叙述者的话。尽管叙事时间和故事时间重叠，但却发生在平行世界中，即人物存在于两个空间。一个人不可能同一时间段存在于两个空间，原来的空间里的人物照常生活，另一个空间里的人物拥有全新的身份，不发生任何交集，却在药力失效后自然地回到现实生活。因此，人物视角和感知既是故事层面的，又是话语层面的，故事与话语或者内容与文本的界限变得难以区分。

平行世界挑战了读者的认知，产生了奇特的效果，正如科幻理论家苏恩文所言，“科幻小说是依据其呈现一种新认知（cognitive novum）时所使用的间离性创作技巧而得以界定的”（苏恩文，13）。疏离是科幻小说的起点，认知是读者参与到被陌生化的作品解读过程，而新奇则是这类文学追求的目的。但是，作为一部典型的后现代科幻小说，作家的目的仅仅是“为了艺术而艺术”从而达到某种新奇性和怪异感吗？科幻小说较之现实主义小说，从内容和情节上都充满着非自然性，从话语层面和表达形式上也会有更多的不可能性，因此，使用什么方法、范式来阅读非自然叙事，而不是只把阅读科幻小说当作获得快感的途径，这是值得深思的问题。平行世界直接导致了杰森名人伦理身份的变化，他变成一个生活窘迫的无名小卒，他面对的是伦理混乱的世界，因为他的记忆是他人给予的记忆，有真实的成分，却又混杂着他者的记忆；他的身份已被抹去，连一张证明“我是谁”的身份证都被彻底清除。聂珍钊教授提出了“脑文本”概念，指出脑文本决定着人的生活方式、道德行为和人的存在，“脑文本是人的大脑以记忆形式保存的对事物感知、认知、理解和思考的结果。思维是过程，脑文本是结果”（聂珍钊，2017：30）。但是，小说中的非自然性消除了杰森的脑文本，虽然没有彻底消除他的记忆和感知能力，但与艾丽丝共享头脑意识，突破了真实与虚拟的界线，回应了后现代人类的普遍状态——身份的不确定性和无根的漂泊感。

二、伦理的多种阅读范式：非自然性与自然化解读的可能性

记忆与身份、真实与虚幻是迪克小说永恒的主

① 吉布森是赛博朋克小说《神经漫游者》（*Neuromancer*，1984）的作者，而电影《黑客帝国》的创作灵感和剧本便来自该小说。

② 《流吧！我的眼泪》曾获坎贝尔科幻大奖。本文所有小说引文均出自陈灼译的《流吧！我的眼泪》（南京：译林出版社，2013 年）。下文只标注页码，不再一一说明。

题,比如《仿生人会梦见电子羊吗?》(*Do Androids Dream of Electric Sheep?*, 1968)、《尤比克》(*Ubik*, 1969)、《全面回忆》(*Total Recall*, 1990)等作品中主人公似乎永远在亦真亦幻、虚实交替的世界中建构身份,甚至认为虚幻带来的超真实比现实更真实。非自然叙事始终挑战人类认知限度。平行世界作为叙事空间的作用是什么,通过重审非自然性能够达到何种目的,这是急需探讨的问题。那么,是否一部非自然叙事小说一定要从虚构性和艺术性来探讨呢?其实,叙事学家阿尔贝为我们梳理了9种自然化解读的策略(分别为:框架整合、文类化、主体化、主题前置、寓言式解读、反讽与戏仿、假定一个超验王国、自助式解读、禅宗式解读)①,使非自然叙事与自然化解读交织,形成有趣的互动,拓展了读者认识空间和理解维度,帮助我们形成了虚构性与现实主义问题有效结合的阐释过程。

第一,框架整合(the blending of frames),即我们遇到虚构性文本时,必须改变建立于真实世界的认知框架,通过整合先前存在的框架来产生新的框架。在我们已有的认知框架中,不可能有人突然间进入另一个世界,只有自己知道自己的身份,却没有任何一人认识原来的自我。虚构叙事作品中遇到这样的非自然事件,就要改变现有的认知框架和草案,接受其存在的可能性。同时,由于艾丽丝爱慕杰森,她吸毒致幻将杰森带入幻觉所建构的意识世界,杰森随后被陌生人凯西追求,又偶遇曾经的恋人露丝并探讨爱情。这些都属于非自然情感,我们同样需要改变已有的心理认知框架,接受其存在的可能性。这个观点类似于苏恩文的"认知疏离"理论,即用一种想象的框架代替作者的经验环境,使陌生化与认知规约相互作用,在另外的世界中将生活进行艺术加工使之反常,引发人们对生活的重新认识。比如杰森与女性关于情感的诉求就是人类欲望的体现。

第二,文类化(generification),即再现的非自然场景和事件已经被视为某种文类规约的认知框架,换言之,整合已经发生,这种非自然叙事已经不会带给读者怪异新奇之感,就像迪克笔下的平行世界、错列历史和超真实的拟像世界。在这个平行世界里诉求身份、探讨情感,与真实世界几乎没有差异。因此,用现有的伦理认知框架进行解读,可以发现平行世界使伦理环境发生变化。环境变化引发一系列伦理事件,而伦理身份也随之变化,从而加速伦理混乱。这些在现实主义文学作品中也是常见的描写。比如科幻小说中的外星球等异类世界是硬科幻和软科幻特定的题材,它们有自身的认知体系和行为模式。

第三,主体化(subjectification),这种解读范式往往被当成内心状态,有些物理上、逻辑上或人力上的不可能性仅仅只是人物或叙事者的梦境、想象和幻觉。迪克的小说也十分符合这类解读。从他个人经历来看,他长期酗酒,曾吸食毒品,与其说"平行世界"是杰森的幻象世界,是艾丽丝吸毒致幻后产生的虚构空间,不如说是作家本人创作过程中的真实体感。这也能解释为何迪克大多数作品都是关于真实与虚幻、存在与虚无的二元对立问题的。很明显,这部小说中关于真假的二元对立早已被打破,虚实界线极不明确。在"不存在的自我"与"原来的自我"博弈之中,回忆成为认识自我的有效方法:"幼年时的记忆突然在他脑海中闪现……诡异,他心想,身处如此陌生和严峻的环境中,脑海里却突然跃进多年前的时光断片"(22)。杰森"诡异"的童年记忆复现,不仅具有暗恐效果,也与迪克的人生经历相呼应。童年记忆至关重要,可能对人的一生及心理产生影响。迪克双胞胎妹妹简出生后不久夭折,这个创伤一直以潜意识形象出现在他的小说中。艾丽丝之于哥哥的形象就像迪克对妹妹的想象——一个分裂的自我他者,存在于体内另一个玩世不恭、举止怪异的"我"。而小说中的艾丽丝吸毒、变态、同性恋、恋物癖、行为乖张、患有"妄想症",这一形象是典型的精神分裂者,就像众多学者认为迪克吸毒并患有精神分裂一样。因此,艾丽丝是重要的他者象征,是另一个分裂的自我,她的记忆就像作家妹妹从未离开过一样,存在于杰森体内,影响着杰森的身份建构。

作家带领读者一起在非自然的时空内进行思想实验,可以说,平行世界是迪克本人对生活思考所延展的空间,也为读者提供了认识自我的方法。而整部小说又像是杰森的意识流。作家特意采用了一段模仿《尤里西斯》式的无标点符号的意识流,揭示了杰森在平行世界中对存在感的体验:

> 我必须从这邮票杯子鼻烟盒和绳缚卡通画电话网络蛙腿大餐中逃脱我必须跑到那辆奎波上我必须飞回我熟悉的镇子也许和露丝·雷一起只要他们已经放她走了或者我干脆回到凯西·纳尔逊那儿去这个女人不是我能驾驭得了的他哥哥也不行他们的乱伦儿子在佛罗里达住的那个叫什么来着?(169)

① 关于9种自然化解读策略,详见 Alber, Jan. "Unnatural Narratology: The Systematic Study of Anti-Mimeticism." *Literature Compass*, 2013 (10) 5: 449—460.

这段亦真亦幻的意识增强了主体存在的不确定性，不同时空内发生的事件并置突破叙事的顺时性，从而达到艺术效果。“我思故我在”，杰森有意识，那么他应该是真实存在的“人”，而杰森的意识流让他脱离了肉身，置于他者灵魂中进行自我追问。这一描写已经模糊了真实与虚构的界线，加强了主人公在身份诉求过程中的心理困境，同时也让读者在混乱中希望得知真相。

第四，主题前置或凸显主题（foregrounding the thematic），即读者从主题视角来解读作为例证的非自然叙事。在这部小说中，杰森进入平行世界，遇见了许多在现实世界不会认识的陌生人，与这些他者建立了全新的伦理关系，也就是说，平行世界为杰森提供了诉求身份、寻找自我、探索人生的伦理环境与场所。因此，自我与他者、主体与客体、存在与虚无、真实与虚幻之间二元对立的关系被解构，需要我们重新解读而产生新的意义，这些都是小说涉及的重要主题。艾丽丝的意识世界产生了平行世界，在这个世界里出现了杰森现实中属于他个人的记忆。比如，旅馆作为重要的意象反复出现在平行世界，勾起了杰森的回忆。首先，他醒来就发现自己躺在便宜的旅馆，这与他成名前的经历相似，杰森“感觉自己掉进了某个深不见底的陷阱，当前的困境远比早年还未成名时要严重得多”（41），旅馆触碰到杰森内心压抑着的往事；其次，旅馆作为空间实际上是艾丽丝为杰森虚构的记忆空间，艾丽丝成为杰森自我的一部分，他者成为“我”，“我”亦是他者。可见，自我与他者的伦理关系以意识和记忆的形式出现，并作为一条主线不仅是整部小说的故事空间，也是话语空间。关于“我是谁”的追问一直出现在杰森亦真亦幻的世界里，其实就是关于存在与虚无关系的探讨。当现实与幻觉已无法分清时，存在与虚无之间的微妙关系这一主题也逐渐明朗，正如杰克最终认清自己的人生：“被社会遗弃的人，无名小卒。毫无意义的人生。同时，做着白日梦。”（191）

第五，寓言式解读（reading allegorically），即读者将非自然叙事元素解读为对每一位男人和女人的抽象寓言。寓言是“‘言说他人’的艺术，是传递众多意义的艺术”（Kasten，10）。小说中的警察将军巴克曼与双胞胎妹妹艾丽丝之间存在着乱伦关系，并且生育了一个儿子。这种禁忌行为在现实生活中是可能存在的，但在小说中巴克曼也被带入了平行世界，经常痛苦流泪反思自己的生活与道德行为。尽管他在社会中享有至高无上的地位，还指责艾丽丝非传统的行为与怪癖，然而他经常偷偷落泪，不敢公布自己私生活状况。平行世界为巴克曼提供了反思的场所，哭泣表示自己内心对乱伦行为的道德谴责，这一非自然叙事实际上是对现实婚恋道德的警示，以及对人类传统伦理秩序的维护。

第六，反讽与戏仿（satirization and parody），即把非自然的场景和事件看作是对某种心理倾向或事件状态的嘲讽。比如，小说中的杰森和巴克曼都具有讽刺效果，杰森从有钱有势的名人沦落为被巴克曼追杀的对象，巴克曼位高权重，却因为乱伦丑闻压抑痛苦。

第七，假定一个超验王国（positing a transcendental realm），即读者可以假设一个不可能的超验场景，比如天国或地狱。

第八，自助式解读（do it yourself），即读者可以把不兼容的线索作为自己选择的故事。

第九，禅宗式解读（the Zen way of reading），即“读者可以拒绝上述提到的解读方法，接受非自然场景的怪异性以及他们可能会激发出的不适、恐惧、焦虑和恐慌之感”（Alber，2013：454）。

上述9种自然化解读方法都提供了阅读和理解这部小说伦理的可能性与可行性。下面将用自然化解读方法重点探讨平行世界非自然叙事的功能，将其当作与他者建构伦理关系、探讨人性情感的伦理环境和场所。

三、平行世界中非自然情感的自然化解读

值得注意的是，“眼泪”作为非常重要的意象出现在小说标题中，并且始终贯穿着整个叙事。无论在平行世界，还是现实世界，杰森和巴克曼都会落泪。眼泪象征着孤独、寂寞、恐惧、害怕、焦虑等人性情感。在平行世界中，杰森与众多女性建立了伦理关系，有些对他产生了感情，有些与他一起探讨情感，有些被他拒绝情感。可以说，情感甚至推动着整个故事情节的发展，因为当杰森回到现实世界后，他又遇见了另一位女性，并且与他一起研究音乐与情感的关系。尽管从物理上、逻辑上和人力上，平行世界中的情感都属于非自然情感，但是以我们现有的伦理认知模式进行解读可以发现，这些情感似乎很自然，与我们现实世界形成某种关联，像是对后现代人类生存状态的深层寓言。此时，非自然性和自然性再次交织融合，这种互动为读者提供了现实意义。

首先，物理上不可能的情感。进入平行世界后，杰森急须解决的问题是确认身份，他遇到了制造假身份证件的凯西。凯西迷恋杰森英俊帅气的外表，但是凯西是现实世界中与他丝毫没有交集的人物，

甚至读者都不知道此人是否真实存在。平行世界本身属于物理上的不可能性,与不存在的人物相识也是物理上的不可能性。凯西对杰森产生的爱情不是存在于真实世界中的情感,而是虚构世界中的非自然情感。凯西似乎患有精神分裂症,时而认为丈夫没有去世,时而又声称已故的丈夫永远排在第一位。海尔斯认为迪克作品中众多精神分裂的黑发女孩是迪克对妹妹简的幻想,“她注定要占据一个卑微的‘内部’位置,而他作为活下来的双胞胎,却拥有一种‘外部’的主体位置,而外部的主体位置使他成为一个被世界承认的人”(Hayles,220)。用自然化解读的方法可以发现,凯西的形象有 3 种可能性。第一,主体化解读。这既是迪克内心对妹妹的怀念,又是杰森这一人物的内心写照。在现实中,杰森玩世不恭,有许多女友,不是一位对待感情忠诚的男性;但在平行世界中,他时刻想脱身,逃离凯西这个对婚姻不忠的疯狂女性。第二,凸显主题。杰森在平行世界中认识了凯西,建立了全新的伦理关系。凯西作为他者让杰森重新站在自我解读的角度审视自己对待婚恋的态度,可见自我意识的建构离不开他者,没有一个人是永恒的孤岛。第三,寓言式解读,即关于每一个男人或女人的寓言。后现代生活的压力让城市中的男女越发压抑而孤独,“婚外恋”成为突破传统婚姻约束的禁忌的途径。小说通过凯西的故事和杰森的视角让读者反思这种病态。

其次,逻辑上不可能的情感。离开凯西的杰森在酒吧遇见了故人露丝,但露丝完全不认识杰森,也就是说,平行世界中唯一一位对杰森来说不陌生的女子也是一位陌生人,而这位陌生人曾经在现实世界与杰森发生过性关系。但是,作家无意解构“逻辑不通”的伦理关系和情境,而是探讨了现实世界中永远不会触碰的话题——“爱情”。爱情是双方建立伦理关系的一种情感,也是人类一种伦理秩序的证明。两个孤独的灵魂相聚在平行世界探讨爱情,其实也是在进行伦理探索,因为爱情帮助自我与他者建立伦理关系、理解爱情真谛和他者需求、体验欲望真情,同时帮助达成自我认知。在平行世界里,露丝与杰克相爱属于非自然情感,但是她对爱情认知的深度又可以用真实世界的伦理观念来解读。她告诉杰克“爱胜过本能”(120),爱情的消逝就像宠物的离世,能产生悲恸的力量。爱情是灵与肉的结合,是一种伦理情感,一旦失去灵魂伴侣,也就失去了存在的力量。同时,自然化解读还能达到寓言的效果。在与露丝的关系中,杰森完全释放了自我,他与露丝用酒精麻醉自我,对酒精和性的双重快感让他们欲罢不能。这个描写正是对后现代快感文化的真实写照。福柯将快感与“性经验”联系在一起,指出快感是“‘爱的事物’或‘爱的快感’‘性关系’‘肉体的活动’……我们并不使用一种界定清楚地把一种类似于快感的整体重组”(福柯,149)。酒精和毒品是最能快速有效促进性欲的物品。性虽然让人沉溺,但很快会使人陷入痛苦的孤寂感。这个描写是对后现代文化的写实与批判。

另外,露丝 26 次失败的婚姻令人不禁联想到迪克本人所经历的 5 次失败婚姻,而他自己吸毒后的精神状态及真实感受也融入了作品。每个幻想类的作品多少都带有作家半自传式的无意识反映。用沉溺和麻痹来释放欲望、逃避婚姻反而进一步加速了自我意识建构的困难,因此他在两性关系中仍表现出渴望建构和谐伦理关系的愿望,就像露丝从未放弃过爱情一样。

最后,整个非自然事件的始作俑者艾丽丝构建的非自然情感。艾丽丝将她生命中至关重要的人物都带入了她营造的平行世界,包括孪生哥哥巴克曼和被她爱慕的明星杰森。我们可以从自然世界角度将艾丽丝与哥哥的乱伦关系理解为“非自然情感”,或者严格意义上应当称之为“不自然情感”,因为它属于一种伦理禁忌。然而,在非自然空间内她所表达的性欲本身也是非自然情感:首先,吸毒致幻进入平行世界是不符合逻辑的;其次,艾丽丝在现实世界何时迅速变为一堆白骨是不可知的,也是不符合自然规律的。杰森在现实世界与艾丽丝并无恋爱关系,不仅如此,在平行世界杰森惧怕艾丽丝诡异的行为和乱伦的婚姻:“他心里的恐惧随之不断增长。他意识到自己完全孤立无援。‘谁能帮帮我?’他问自己。”(169)迅速离开艾丽丝是自救的唯一方法。尽管爱情是一种情感,但此时的恐惧是更为强大的情感,恐惧感贯穿在平行世界身份诉求的始终,这在他面对艾丽丝时尤为强烈。

爱情和恐惧之情都是帮助主体重建的情感因素。在这些情感中,杰森可以释放原欲、探讨婚恋观、理解他者与自我存在的关系。这些是杰森在现实世界从未思考过的伦理问题。平行世界中的非自然情感帮助杰森树立了全新的自我意识。通过自然化解读可以发现非自然叙事的主题、类比和隐喻。作家本人一直声称“真真假假各自影响,很难区分它们”(Farrell,175)。也许正因如此,这部穿越空间的平行世界之旅尽管荒诞,却仍能将其解读为一部探求伦理的旅行。与现实世界一样,每个个体在诉求身份、回忆往事、重构主体和建立伦理关系的过程中总是充满各种伦理困惑和困境。

四、结语

从叙事来看,《流吧！我的眼泪》是一部典型的非自然叙事作品,作家拓展了认知空间,使情节荒诞不经,读者追随主人公杰克一直在探查身份真相。无论是在故事层面还是话语层面,空间和时间的陌生化书写都迫使读者找到某个阅读理解的答案。非自然叙事本身来自人类作家的创作,它无法完全超越人类世界的认知经验,因此采用可能世界的理论来阐释作品,可以探讨隐藏于作品背后的深刻寓意。可以说,平行世界为迪克本人和读者都创造了另一种思考人生的方式,而通过自然化解读的方法,可以提供几种理解关乎人类生存状态及伦理诉求的可能性与可行性。当然,读者不可能只产生一种解读范式和意义,每一个读者在阅读过程中的审美感受也不会相同,而非自然叙事与自然化解读交织互补,使读者从这种互动中发掘后现代作品中关于身份、情感等伦理问题及人文色彩。

参考文献

[1] Alber, Jan. *Unnatural Narrative: Impossible Worlds in Fiction and Drama.* Lincoln: U of Nebraska P, 2016.

[2] Alber, Jan."Unnatural Narratology: The Systematic Study of Anti-Mimeticism." *Literature Compass*, 2013 (10) 5: 449-460.

[3] Farrell, Henry. "Philip K. Dick and the Fake Humans." Ed. Junot Diaz. *Boston Review: Global Dystopia.* Boston: Boston Critic Inc., 2017: 173-179.

[4] Hayles, N. Katherin. *How We Became Posthuman: Virtual Bodies in Cybernetics, Literature, and Informatics.* Chicago and London: University of Chicago Press, 1999.

[5] Kasten, Madeleine. " Allegory." *Routledge Encyclopedia of Narrative Theory.* Eds. David Herman, Manfred Jahn, and Marie-Laure Ryan. London: Routledge, 2005: 10-12.

[6] Le Guin, Ursula K. " Science Fiction as Prophesy." *New Republic*, 30 October (1976): 33-34.

[7] Richardson, Brian. *Unnatural Narrative: Theory, History, and Practice.* Columbus: The Ohio State University, 2015.

[8] Richardson, Brian. *A Poetics of Plot for the Twenty-First Century: Theorizing Unruly Narratives.* Columbus: The Ohio State University, 2019.

[9] Vest, Jason P. *The Postmodern Humanism of Philip K. Dick.* Lanham, Maryland: The Scarecrow Press, 2009.

[10] 福柯.《性经验史》.佘碧平译.上海：上海人民出版社,2000.

[11] 达科·苏恩文.《科学小说面面观》.郝琳,李庆涛,程佳译.合肥：安徽文艺出版社,2011.

[12] 聂珍钊.脑文本和脑概念的形成机制与文学伦理学批评.《外国文学研究》,5(2017):26—34.

[13] 尚必武.文学叙事中的非自然情感：基本类型与阐释选择.《上海交通大学学报》(哲学社会科学版),4(2016):5—17.

文学·外国文学

文化的物质性
——哈代小说中的哥特式建筑

般企平　张　琰
（杭州师范大学）

摘　要：哈代小说中的哥特式建筑，是其精心设计并赋予情感思想、人文精神和审美意义的意象。它除了折射维多利亚时期哥特式建筑复兴的盛况，还反映了复兴背后哈代与罗斯金等人文主义者对于19世纪英国社会转型时期物质与心灵相分离产生的焦虑。本文结合罗斯金的建筑批评，探讨《无名的裘德》《非常手段》《远离尘嚣》这3部小说中与哥特式建筑相关的修补、坠落、倒置等情节。具有"小说家-建筑师"身份的哈代，从历史、宗教、艺术等角度全面思考了哥特式建筑所包含的人与物、物与社会的辩证关系，由此揭示了文化观念中物质性的重要意义。

Abstract: Gothic architecture in Thomas Hardy's novels has been carefully designed as a material sign of mentalities, humanities, and aesthetic concerns. It not only refracts the flourishing state of Gothic Revival in the Victorian era, but also incarnates the anxieties of Victorian humanists like John Ruskin and Thomas Hardy over the split between matter and mind that took place in the transitional British society in the 19th century. The present paper examines the restoration of Gothic architecture in *Jude the Obscure*, the fall of an architect from a spire in *Desperate Remedies*, and the interior renovation of a Gothic residential house in *Far from the Madding Crowd*, in the light of Ruskin's architectural criticism. It is the conclusion of this paper that Hardy, by depicting the Gothic architecture from a holistic perspective, has thrown insight into the dialectics between material and human individuals, and between material and human society, thus shedding light on the significance of materiality with regard to the conception of culture.

关键词：哈代；哥特式建筑；物质性；文化

Key Words: Hardy; Gothic architecture; materiality; culture

一、哥特式建筑引出的话题

尽管我国已有学者关注到哈代（Thomas Hardy，1840—1928）小说中的哥特式建筑书写，但是他们只把它看作一种与观念相一致的质料，并未真正聚焦于哥特式建筑本身，未从物质文化层面探究其物质性内涵与价值。相较之下，国外有学者在这方面已走得很远，例如美国俄勒冈大学教授普莱（Forrest Pyle）指出，《无名的裘德》（*Jude the Obscure*，1895）中缺乏对历史的叙述，而是代之以对幸存古建筑的描述，旨在通过对实物的考古来恢复被资本主义破坏的历史传统（Plye，367—368）；又如美国加州大学伯克利分校的卡农（Benjamin Cannon）指出修复古物实际上对建筑材料构成了破坏（Cannon，210）。他还指出，哈代认为历史建筑的潜能就在于它"笨拙的物质性"（unwieldy materiality）（同上，203）。这种言论背后的美学思想是将历史视为物质的过程，具有不可重复性。此中涉及的建筑物质性及其重要性成为本文笔者思考的起点。

围绕文化观念中的物质性（materiality）所展开的争论由来已久。例如，伍尔夫将爱德华时代的3位作家威尔斯（H. G. Wells）、贝内特（Arnold Bennett）和高尔斯华绥（John Galsworthy）斥为"物质主义者（materialists）"（Woolf，1925：60）。同样，她也批评哈代，认为后者虽然已经意识到"精确再现物质性事实之真实在艺术中已不再具有重要意义”(引自Woolf,1978: 68),虽然已对“物质主义”有所反思,但在她看来,哈代的这“一半”被他现实主义的另一半“压抑了”(同上,67)。换言之,哈代的矛盾就在于,他在作品中无法处理好物质与非物质部分的和谐统一。而这恰好反映出他对社会转型时期物质与心灵关系的分离感到焦虑。笔者认为,关于上述矛盾现象,恐怕还要从当时哥特式建筑出现的问题说起。

哈代在书信中提到了他的艺术观念:“‘艺术’是一种不成比例(disproportioning)(即扭曲,抛弃比例)的现实……‘现实主义’不是艺术。”(Hardy, 1962: 229)其中“比例”等语词的使用,让人联想到他早年哥特建筑制图员的生活经历。作为一名训练有素的建筑师,哈代十分熟悉同世纪前辈罗斯金(John Ruskin,1819—1900)的建筑-文学理论,并在信件中多次提到罗斯金①,后者反对古典主义建筑的“比例/均衡”(proportion)原则,并且批评古希腊建筑“无想象力,无宗教性……唯有精确测量的比例而已”(Ruskin, 1854: 94)。罗斯金在19世纪中叶还提出一个极具影响力的论点,即哥特艺术是疏离现代意识的最佳方式,也即通过扭曲和不规则发挥艺术作用(Vuohelainen, 10)。然而,哈代在学习罗斯金的同时,又常与后者意见相左。例如,他在威尼斯参观圣马可教堂(St. Marks)时,在书信中反驳了罗斯金关于该建筑的溢美之词:

> 当这个教堂被视为一个整体时,它照例会产生某种狂喜、夸张[的感觉],——罗斯金这样说,莫不是言不由衷吧? ……它的一个建筑缺陷是无法克服的,从自然角度可[明显地]看出它的矮胖……另一个缺陷是它那脆弱、呈波浪形的构造线条。……尽管它非常优美,但东方式的古怪细节特征使其给人的总体印象变得野蛮。
>
> (Hardy, 1962: 193)

事实上,哈代小说中的哥特式建筑也具有扭曲、残缺的特征,它除了折射维多利亚时期哥特式建筑复兴的盛况,还反映了复兴背后哈代与罗斯金等人文主义者对于19世纪英国社会转型时期物质与心灵相分离产生的焦虑。但是,相较于罗斯金,哈代关注的焦点不在于探究哥特式艺术的本质,而在于探讨建筑环境中人与物之间复杂的关联,其中人与建筑的联系在很大程度上又依赖于建筑的物质属性。本文将结合罗斯金的建筑批评,探讨哈代小说中与哥特建筑相关的修补、坠落和倒置情节,以及建筑师角色背后所可能包含的历史遗迹毁灭者、牧师等隐性人物身份。具有“小说家-建筑师”身份的哈代,从历史、宗教、艺术等角度全面思考了哥特式建筑所包含的人与物、物与社会的辩证关系,由此揭示了文化观念中物质性的重要意义。

然而,目前学界对文化观念中“物质性”的内涵仍存有较多争议,不少学者将其与物性(thingness)一词混用,以此强调物质的能动性。米勒(Daniel Miller)认为,物质性一词包含了通俗与哲学两种用法:前者主要指人造的物(artifact),而后者超越了主客二元论,它指的是相对于前者简单定义之外的思想。换言之,它是“物质性的广域”,包含了诸如“瞬息的、虚构的、生物有机的、理论编造的”物质(Miller,4);米勒认为物质性的理论“是最包罗万象的,还把物质文化置于更大的文化概念化之中”,但同时它的通俗用法不应被忽略(同上,4)。本文中使用的“物质性”一词更符合米勒的主张,强调哥特式建筑所体现的物质性,涵盖了从物理层面到历史、宗教、艺术等层面上的意义。

二、历史之物——修补的挽歌

哈代小说中存在关于哥特式建筑修复的大量描写,如短篇小说《湛蓝的眼睛》(*A Pair of Blue Eyes*,1873)和《冷漠的人》(*A Laodicean*,1881)。实际上,建筑本身就具有叙事功能,可以说是“叙事场所”和“故事式物质”(a storied matter)(Iovino and Oppermann,83)。用哈代自己的话说,历史建筑是“石质的编年史”(chronicles in stone)(Hardy, 1990: 204)。哈代特别关注现在与过去的连续性,哀叹其断裂,这体现在《无名的裘德》中一段关于中世纪精神与现代性冲突的描述,我们不妨称它为“修补”的挽歌:

> 在他看来,这儿的活儿,顶多不过是复制、修补、模仿。他认为,这也许是由于暂时性或者地方性的原因。其实他没看出来,那是因为中世纪的精神已经和煤块里面羊齿植物的叶子一样,早就没有生命了;在他四围那个世界里,另有新的发展演变,在这种发展里,哥特式的建筑以及和哥特式建筑有关的事物是没有地位的。现代的逻辑和想象,对于他那样敬仰的事物,有解不开的仇恨,那时候他还不知道呢。
>
> (《哈代文集》⑥,110)

---

① 见Hardy, Florence Emily. *The Life of Thomas Hardy 1840-1928*. London & Basingstoke: Palgrave Macmillan UK, 1962: 38, 172, 193-195, 235, 293, 353。

此段采用了反讽,除了表现裘德的天真,还点明了新旧更迭之下哥特式建筑的遭遇。首先,联系前文可知,裘德凭石匠手艺在基督寺勉强安身,徜徉于中世纪建筑,犹如流浪的骑士,满眼都是"伤感的魂灵"与"飘渺的形体"(100—101)。相比于基督寺的居民,裘德更有感于窗花格里的贤人先知、美术馆里的绘画雕像以及走廊方庭等历史遗迹,因此更具有历史想象和中世纪情结。如比尔·布朗所说,物的能动性与施事功能体现在"能影响主体的焦虑以及喜好,使主体感到恐惧或者充满想象"(Brown,2003: 3—4)。这些无生命的物体成为基督寺中亡故之人提喻式的存在,获得了幽灵般的生命,裘德也随之逐渐成为一个脱离"现代逻辑"的主体,此处主客体的界限被磨灭。继裘德与建筑物相互融合之后,物的不幸遭遇成为主人公悲剧命运的转喻。裘德对命运之"仇恨"的一无所知,暗合世人对中古建筑遭遇的后知与后觉。然而,这些建筑究竟遭遇了什么?现代生活为什么会对它有"解不开的仇恨"?在哥特式复兴期间,中世纪建筑作为石匠热衷模仿的对象为何"没有地位"?其关键在于对建筑进行修复。"修复"其实包含了一种德里达称为"哀悼"(mourning)(Derrida,1995: 52)的悖论逻辑,可视为现在对过去的哀悼。一方面,出于对古物废墟的忧思,意在通过修复延续亡灵的存在;另一方面,现代材料对古物来说是异质的他物,致使"修复"成为一种亵渎与篡改。哈代指出,这种隐蔽的侵犯是长久广泛的危害,与拆毁一样,能造成过去与现在的断裂(Hardy,1990: 215);从宏观角度看,现代性神话就体现在与过去完全决裂的态度,它总与"创造性破坏"(creative destruction)有关(Harvey,2003: 1),而哈代小说中现代对过去"解不开的仇恨"正是那些"顶多不过是复制、修补、模仿"的石匠活儿。

其实,早在该书"在玛丽格伦"这一章中,哈代就揭示了"修复"悖论。他通过描写古村遭受的暴力,从古树、教堂被"铲平""伐倒""拆掉"和"碾成",到"找不出痕迹"和"已湮灭无踪",塑造了一个来自伦敦的"历史遗迹毁灭者"的建筑师角色(《哈代文集》⑥,6),或者说"建筑师-毁灭者"的悖论身份。历史遗物的缺席唤醒了历史记忆的在场,怀旧情绪由此产生;同时,历史的物质性得到前景化,表现为建筑并非凝固的形式,而是能动且变化的物质现实。对于历史的物质性,哈代的表达是跨艺术且具诗意的。例如,同样的花纹图案,石场"是用近代散文表现的",而学院内中世纪建筑苔藓斑驳的墙面则是"用古诗表现的"。哈代还辩证地写道:"即便那些现在成了古董的石活儿,当年还新的时候,或许也只是散文。他们只是在那儿一无所为地等候,就熬成诗了。"(同上,109)建筑物从新到旧,被比作从散文到诗的艺术,物质变化与文学体裁流变相类比,由此充满了符号、意义与想象。换言之,物质的历时性及其文化价值能赋予物本身以厚重的情感内核,而"复制、修补、模仿"则破坏了历史的延续性,使人类的情感结构和价值体系难以维系。

物质性之重要就在于,它反对抽象观念对物质经验的宰制。物质不是也不应被"贬低成一种为了某些另外的抽象'生活'目的而实施的、仅仅具有技术性的手段一样"的社会过程(威廉斯,2008: 67—68)。相反,意义与物质是融合且不可分离的,"物质性与话语性相互牵扯,同处于动态的内在互动(intra-activity)中"(Barad,336)。哈代预见性地认为,建筑不是沉默的存在,它本身就成了一种话语建构。例如,建筑物常常因扮演备忘录角色而发挥作用,如"保留了回忆、故事、手足之情以及仁爱"(Hardy,1990: 205)。同样,罗斯金称建筑为"记忆之灯",并认为它作为人类一种更生动形象的历史应被保存,建筑的"辉煌在于其年龄,在于其有话要说的深邃感,在于其严厉的观察,在于其神秘的同情之心"(Ruskin,1903: 234)。虽然哈代与罗斯金都关注历史的物质性,但两者的感情色彩不同:罗斯金从哥特式建筑中看到的是理想愿景,而哈代关注的是物质现实。这两种情感就好比白天观物和夜晚观物所产生的不同观感:"在夜里看起来,完美无疵、合于理想的东西,到了白天,就变成了或多或少带有缺陷的现实之物了"(《哈代文集》⑥,108)。当然,罗斯金也批判建筑修复,只是哈代更能体会到那些辉煌建筑"和时光、风霜、人类等作过生死斗争",终难逃"遍体鳞伤,肢体残缺,失掉了原来的外形"这一残酷命运(同上,108)。一言以蔽之,哈代强调历史的物质基础十分脆弱,若不加保护过去与现在的延续性就难以维系。

三、宗教之物——坠落的寓言

哥特式教堂的相关描写常见于哈代早期哥特小说中。有学者指出,哥特建筑与哥特小说都是人类思想的载体,中世纪对于18世纪以来哥特复兴的影响,"主要通过建筑,而不是文学作品",后人从中世纪"获得的神秘与奇幻的刺激感,主要来自哥特建筑,而不是《亚瑟王之死》"(转引自苏耕欣,13)。苏耕欣认为,哥特小说可被理解为社会转型期的矛盾文学,小说中哥特式建筑的塑造很大程度上也表现了转型社会中人们的矛盾情感(同上,13)。这种复杂情感同样存在于哈代的哥特小说中,如《非常手段》(*Desperate Remedies*,1871)中女主人目睹建筑师父亲从塔尖坠落身亡前的情景。我们不妨称该建筑叙事为"坠落"的寓言:

> 塔尖约有一百二十英尺高。在上面干活儿,五个人似乎完全脱离了一般人的生活范围和生活体验。他们看上去比鸽子大不了多少,这使他们微小的举动带着一种轻柔,一种精灵般的沉静。他们的举止给地面上的人最深的印象就是对目标的全神贯注,而对下面纷乱的世界漠不关心,甚至根本没意识到它的存在。
>
> (《哈代文集》①,9—10)

坠落前的建筑师如"鸽子"般依附于教堂塔尖,高空之中有一种神性,此时建筑师与宗教建筑仿佛融为一体。哈代将教堂塔尖观念化,成为一种精神象征,建筑师的精神空间随塔尖向上延伸,获得片刻的崇高感。类似的描述还见于哈代其他小说,如《裘德》中的"大教堂的尖阁",主人公常常"用这些东西来激发自己"(《哈代文集》⑥,113)。值得注意的是,哥特式塔尖之所以能体现建筑师当时的一种扩张性心理状态,是因为该建筑风格自身蕴含的物质力量;如德勒兹与加塔利称哥特式对罗马式的超越就在于前者"征服了一个光滑空间"(Deleuze and Guattari,364),即包含了一种不断变化、生成的哲学意味;又如布朗所说,"偶然的干扰"反而可以揭示物的"在场和威力的顿时性",而"当客体不再为我们工作时……我们已经开始面对客体的物性"(Brown,2001: 3—4)。换言之,陡峭的塔尖因拥有让人坠落的威胁力使其自身不再停留于一种静态观念的投射,而成为一种与人相交的经历,在这种给人造成生命危胁的瞬间,它完成了对人与物主客体关系的挑战,即德里达所说"物不是一个客体,不可能成为一个客体"(Derrida,1984: 126)。同时,坠落行为还体现了身体"物"的一面: 身体本身属于物质界,也就具有一定意义上的物性与自主性。总之,从坠落前的神性到坠落时的物性,坠落的建筑师体现了精神的肉体化过程,即精神不是对立于身体的知性,而是在一定程度上体现了物质与观念的融合与统一。

当然,坠落情节设计的用意显然在于表现小说的主题,身体向下运动与塔尖向上耸立方向相反,即灵与肉矛盾冲突的线性表征。"坠落"的建筑师生前"跟他的朋友亨特威同一年考进剑桥大学,同一年毕业,而后亨特威去担任神职工作"(《哈代文集》①,1),哈代似乎有意在建筑师与神职工作之间建立某种联系。哥特教堂的尖耸不但让观者望而生畏,而且让建造者身临死亡,却又超越对死亡的恐惧。可以说,"建筑师-牧师"身份的关联,一定程度上象征宗教与世俗的关系;纯真的建筑师"坠落"之死,似乎佐证了哈代情感中对上帝的怀疑和犹豫。

从建筑批评转向文化批评,强调物质与观念和谐统一的远不止哈代。罗斯金在《威尼斯的石头》中就提出了一砖一瓦皆俗物的整体观。他在谈论哥特式本质时说,"尖拱顶、圆屋顶、飞檐和怪异的雕塑并不是哥特式建筑的组成部分",但"组合在一起时,就重新有了生机"(罗斯金,2014: 140),即哥特式的本质在于整体性,在于建立组合关系,产生共同作用。不过,哈代和罗斯金在整体观上仍有区别: 罗斯金强调的是外在形式与内在精神的依存关系,而哈代则强调宗教与世俗的紧密联系;后者偏重物性,而前者却更看重德性。罗斯金主张"首先要明确什么是哥特式建筑的精神力量,其次明确什么是哥特式建筑的物质形式"(141),而哈代则强调"看四周那些无数建筑,与其说用的是艺术家的眼光""不如说用的是匠人的眼光",去琢磨它们"是怎样用气力使那些设计实现的"(《哈代文集》⑥,108)。所有这一切,都可以看作哈代与罗斯金在文化层面的对话。

四、艺术之物——倒置的隐喻

在英国,哥特式建筑传统悠久,从教堂到乡间别墅乃至普通民居,都广泛采用。哈代在《远离尘嚣》(*Far from the Madding Crowd*,1874)中有一段关于女主人公芭斯谢芭所住宅邸的描写,不妨称作"倒置"的隐喻:

> 这种情景(房屋前面),以及这儿到处弥漫着的那种令人昏昏欲睡的气氛,和房屋背面那种生机盎然的景象截然相反。这不禁会使人想到,当初为了办农场改修这所建筑物,就把主体部分转了个身,弄成背朝前、面朝后了。许多高楼大厦——无论是独立的还是位于街道和市镇建筑群里——本来只是为了娱乐而设计的,现在用来经营买卖,往往都被弄得这么颠三倒四,畸异残缺,严重地瘫痪了。
>
> (《哈代文集》②,82)

从该引文的上文可知,女主人公的哥特式邸宅位于城镇与乡村的交界,"碎石小径从前门一直通到公路",体现了城市化的一面,而后面"庄园的广阔土地汇成一片",保留了乡村田园的一面;至于建筑内部的结构,前面是主人的厅堂,"没有铺地毯,木板表面的虫蛀痕迹历历在目""每一扇门的开关都要引起一扇窗户发出哐当的回响”，以至于给人一种“无论你在房子里走到哪儿，都有嘎嘎的声音像鬼魂一样跟随”的感觉（82—88）。哈代将建筑物改造后所体现的城市化的“前面”描述为“昏昏欲睡”，其未被改造的“背面”反而“生机盎然”，而且农场劳动者都充满了生命力。这段描写与罗斯金的如下评论形成了呼应：“19 世纪人们从一部书中享受的乐趣来自图画、雕塑和中世纪建筑的小型物品，主要是因为它们都生动美丽。任何现代建筑都不能给予我们这样的乐趣。”（罗斯金，2014：147）同样，哈代认为乡村建筑依托自然，建筑设计多体现追求审美趣味的一面，而城市建筑出于商业考虑，沦为资本的一种炫耀方式。由此，扭曲的哥特艺术“仅仅表达着肆意开支和金钱算术”（Ruskin，1907：250），畸形而丑陋。芭斯谢芭的宅邸被改得“颠三倒四，畸异残缺”，这其实折射了资本控制下城市居民的畸形生活方式。传统建筑遭遇颠覆性的改造，体现了传统社会经济结构被瓦解，成为现代性对传统社会的倒置隐喻。

哈代擅长描写谷仓，后者是一种融审美与功用为一体的哥特式建筑，其典型特征是肋拱、尖顶与窄窗。这跟罗斯金的如下主张十分契合：“哥特式不是骑士或贵族所专有的艺术，而是人民大众的艺术；它不是教堂或避难所独享的艺术，而是住宅与家庭所共有的艺术……最重要的是，它不是形式或传统的艺术，而是拥有生动的实践和永久的自我更新能力的艺术。”（同上，251）此处的“大众”“共有”和“实践”等词凸显了罗斯金艺术观的精髓，即把物质的生产生活方式作为艺术的出发点。仿佛与此呼应，哈代写道，古老的谷仓“无关于任何已被推翻的防御艺术或陈腐的宗教信条。每天用面包来保护和拯救肉体仍然是一项课题、一个信念、一种愿望”（《哈代文集》②，170—171）。言下之意，谷仓“不仅在形式上可以和位于它附近的一所教区教堂相匹敌”（同上，170），而且能通过拯救肉体满足人类的物质需要，从而给予人类一定的精神慰藉，如“信念”和“愿望”等。

谷仓与教堂形状与功能的暗合体现了艺术的物质性一面，即恩格斯所说的“首先必须吃、喝、住、穿，然后才能从事政治、科学、艺术、宗教，等等”（恩格斯，601）。换言之，物质的生活资料生产是艺术生产的基础。哈代笔下的谷仓也体现了艺术以物质生产为基础的观念。有学者认为，芭斯谢芭的谷仓其实是一个共享知识并且基于共同价值观的“共同体”（community），它不仅生产了公共的社会空间，还体现了公社的理想（Griffith，1—2），这更说明哈代与罗斯金不谋而合。

总之，哈代跟罗斯金一样，强调艺术的物质性和实践性。他小说中的“倒置”隐喻彰显了他的艺术观和文化观，即追求审美与功用的有机统一，强调大众与艺术之间不可分割的关系。这样的艺术观和文化观在当今世界仍有重要的现实意义。

五、文化：观念与物质的共生

哈代的建筑书写预示了威廉斯（Raymond Williams）提倡的文化观念。后者在《文化与社会》一书中提到了文化观念发展中的一个基本假设，即“一个时期的艺术与当时普遍盛行的‘生活方式’存在密切的必然联系”（威廉斯，2018：201）。18 世纪中叶至 20 世纪初英国漫长的哥特式复兴折射了英国社会“文化”观念的演变。普金（A. W. N. Pugin，1812—1852）首先阐明艺术与时代的必然关系，他的思想得到了罗斯金的呼应，后者强调“良好的气质与道德修养是造就优美建筑的神奇力量”（Ruskin，1903：xlii）。其后，莫里斯（William Morris，1834—1896）引领了工艺美术运动。这一波又一波的文化思潮根植于维多利亚人对社会贫富悬殊、环境污染等工业革命造成的社会问题的忧虑，以及对工具理性的怀疑，而“文化”观念及其演变就源于这“现代性焦虑”（殷企平，3）。上述人物之所以把目光投向中世纪，是因为渴求从中找到应对之策。

迄今为止，学术史上存在一个盲点，即未意识到哈代也以建筑书写的方式介入了上述文化思潮，其宗旨就是威廉斯所说的“整体生活方式”。哈代通过建筑书写表现财富和道德之间的摩擦、灵魂与肉体的搏击，以及旧传统与现代化之间的角逐，其复杂情感和人文观念与前辈一脉相承，反映了哥特式建筑复兴背后人文主义者对工业文明中物质与心灵割裂的忧虑。罗斯金将哥特式建筑与文艺复兴时期的建筑进行对比，诊断出文艺复兴时期建筑的“不道德的因素”，或者说“傲慢”因素，即一种对劳动者灵魂的不尊重。罗斯金旨在从哥特式建筑中提取艺术的道德标准，进而从艺术批评转向社会/道德批评（165—166）。同样，哈代笔下的哥特式建筑也脱离了浪漫化的状态，转而成为对社会文化变革理想的艺术表达。他通过建筑书写，将物与人之间的联系转化为物与社会秩序、时代精神之间的紧要关系。然而，威廉斯在撰写《文化与社会》时竟将哈代等作家遗漏，这委实是一种遗憾。相较于罗斯金，哈代的焦点不在于整体地探讨哥特艺术的本质，而在于具体地发掘建筑中人与物的关联。不无巧合的是，“关联”（relation）一词是 T. S.艾略特文化批评的核心观念之一。艾略特认为文化与宗教紧密关联，英国文化本质上是其宗教的道成肉身(incarnation)(Eliot,101;105),是民族精神的具体化过程,是一种物质与观念同存、共生的状态,体现了文化的物质性,而这也正是哈代的核心文化观。

哈代的建筑书写还反映了他建筑师与小说家结合的身份,呈现出一种物质与观念的和谐统一。通过梳理其生平可知,哈代知行合一的风格也体现在其小说文本之外。建筑师哈代加入由莫里斯创立的古建筑保护协会后,在题为《回忆教堂的修复》("Memories of Church Restoration",1906)的致辞中强调建筑对建立和谐社会关系的重要性,提出建筑是"人际关系"(human associations)之仓库的观点(Cannon,203)。哈代似乎比普金与罗斯金看得更细致入微,除了强调"记忆之灯"的功能,他还强调对建筑的物质性体验影响人的认知活动,从而将人的感受从时间维度转为物质化的空间维度,如其病榻诗作《未致命的疾病》将人生的体验比作穿越肋拱结构的哥特建筑:"我穿过疼痛之拱/此拱以阴森可怖的肋骨构筑/衣着怪异的无常将我押送/打入极端的痛苦"(《哈代文集》⑧,87)。此外,哈代还将"哥特"概念从建筑的视觉维度延伸到诗歌的语言维度以及审美与道德范畴,提出"去虚饰(veneer)存实质(texture)"的哥特艺术原则(Robins and Wolfreys,64)。总之,哈代以建筑绘制文学,借建筑思考了生活。

可以说,哈代的哥特式建筑书写早于威廉斯参与了"整体生活方式"这一文化观念的建构。早年"文化唯物主义者"威廉斯视文化为表意系统,但对表意的强调并不意味着对物质的否定。正如T. S.艾略特所说,"文化"一词"包含了一个民族所有的特色活动与兴趣爱好",其中包括"19世纪哥特式教堂和埃尔加音乐"(Eliot,103—104)。换言之,"文化"是一种关于全部生活的、有机的统一体,其载体除了非物质性的语言文字部分,还包括物质性的建筑、雕塑、服饰乃至日常用品,而其中非人的物质对人的文化建构有重要作用,体现在物本身的能动性与施事功能。如今多学科领域的"物转向"已成为趋势,在"新物质主义"(new materialism)等"客体导向哲学"(object-oriented philosophy)的推动下,"物"业已成为西方人文社科领域近10年的热门话题之一(韩启群,89)。物质文化赋予了文化大观念更丰富的视角和研究空间。作为文化观念重要内涵的物质性,值得学界进一步挖掘探讨。

参考文献

[1] Barad, Karen. *Meeting the Universe Halfway: Quantum Physics and the Entanglement of Matter and Meaning*. Durham: Duke UP, 2007: 336.

[2] Benjamin, Walter. "The Work of Art in the Age of Mechanical Reproduction." *Illuminations*. New York: Schocken, 1969: 687.

[3] Brown, Bill. *A Sense of Things: The Object Matter of American Literature*. Chicago: U of Chicago P, 2003: 3-4.

[4] Brown, Bill. "Thing Theory." *Critical Inquiry*, 28.1(2001): 3-4.

[5] Cannon, Benjamin. "The True Meaning of the Word Restoration: Architecture and Obsolescence in *Jude the Obscure*." *Victorian Studies*, 56.2 (2014): 203, 210.

[6] Deleuze, Gilles, and Félix Guattarif. *A Thousand Plateaus: Capitalism and Schizophrenia*. Trans. Brian Massumi. Minneapolis: U of Minnesota P, 1987: 364.

[7] Derrida, Jacques. "Ja, or the faux-bond II." Trans. Peggy Kamuf. *Points ...: Interviews, 1974 - 1994*. Ed. Elisabeth Weber. Stanford: Stanford UP, 1995: 52.

[8] Derrida, Jacques. *Signéponge/Signsponge*. Trans. Richard Rand, New York: Colombia UP, 1984: 126.

[9] Eliot, Thomas Stearns. *Christianity and Culture: The Idea of a Christian Society and Notes towards the Definition of Culture*. New York: Harcourt Brace & Company, 1960: 101-105.

[10] Griffith, J. D. "All Men Are Builders." *Architectural Structures in the Victorian Novel*. Temple UP, 2016: 1-2.

[11] Harvey, David. *Paris, Capital of Modernity*. New York: Routledge, 2003: 1.

[12] Hardy, Florence Emily. *The Life of Thomas Hardy 1840 - 1928*. London and Basingstoke: Macmillan, 1962: 193-229.

[13] Hardy, Thomas. "Memories of Church Restoration." *Thomas Hardy's Personal Writings*. Ed. Harold Orel. Basingstoke: Macmillan, 1990: 204-205, 215.

[14] Iovino, Serenella, and Serpil Oppermann. "Material Ecocriticism: Materiality, Agency, and Models of Narrativity." *Ecozone*, 3.1 (2012): 83.

[15] Miller, Daniel. "Introduction." *Materality*. Durham

and London: Duke UP, 2005: 4.

[16] Pyle, Forrest. "The Demands of History: Narrative Crisis in Jude the Obscure." *New Literary History*, 26.2(1995): 367-368.

[17] Robbins, Ruth, and Julian Wolfreys. *Victorian Gothic: Literary and Cultural Manifestations in the Nineteenth Century*. Palgrave Publishers Ltd., 2000: 64.

[18] Ruskin, John. "A Joy for Ever." *The Two Paths*. London: George Allen & Son, 1907: 250-351.

[19] Ruskin, John. *Lectures on Architecture and Painting*. London: George Routledge Sons Limited, 1854: 94.

[20] Ruskin, John. *The Seven Lamps of Architecture*. New York: Longmans, Green, and Co., 1903: xlii, 234.

[21] Vuohelainen, Minna. "'Deeds of Darkness': Thomas Hardy and Murder." *Humanities*, 66.7 (2018): 10.

[22] Woolf, Virginia. "Half of Thomas Hardy." *The Captain's Death Bed and Other Essays*. London: Harcourt Brace Jovanovich, Inc., 1978: 67-68.

[23] Woolf, Virginia. "Modern Fiction." *The Common Reader: First Series*. London: Harcourt Brace Jovanovich, Inc., 1925: 60.

[24] 恩格斯.《马克思恩格斯文集：第 10 卷》.北京：人民出版社,2009：601.

[25] 哈代,托马斯.《〈哈代文集〉① 非常手段》.王振昌,刘春芳译.北京：人民文学出版社,2004：1,6—14.

[26] 哈代,托马斯.《〈哈代文集〉② 远离尘嚣》.傅寰等译.北京：人民文学出版社,2004：82,170—71,320.

[27] 哈代,托马斯.《〈哈代文集〉⑥ 无名的裘德》.张谷若译.北京：人民文学出版社,2004：6,100—110,113.

[28] 哈代,托马斯.《〈哈代文集〉⑧ 诗选》.刘新民译.北京：人民文学出版社,2004：87.

[29] 韩启群.西方文论关键词：物转向.《外国文学》,2017(6)：89.

[30] 罗斯金,约翰.《威尼斯的石头》.孙静译.济南：山东画报出版社,2014：140—47.

[31] 苏耕欣.《哥特小说——社会转型时期的矛盾文学》.北京：北京大学出版社,2010：13.

[32] 威廉斯,雷蒙.《马克思主义与文学》.王尔勃,周莉译.郑州：河南大学出版社.2008：67—68.

[33] 威廉斯,雷蒙.《文化与社会》.高晓玲译.北京：商务印书馆,2018：3,201,203.

[34] 殷企平.《"文化辩护书"：19 世纪英国文化批评》.上海：上海外语教育出版社,2013：3,162.

威廉·卡洛斯·威廉斯的生态诗歌与道禅思想①

耿纪永 刘 岩
（同济大学比较文学与跨文化研究中心）

摘 要：威廉·卡洛斯·威廉斯的生态诗歌与中国文化之道禅思想间存在着千丝万缕的联系。诗人在创作中强调不加入任何主观的修饰而将物之状态展现出来，与道家所倡导的"物自性"理念极为契合；诗人在创作中以自然的声音代替人类的声音，将自我隐藏在自然意象之中，主张万物有灵、人与自然平等的观念，折射出佛禅思想中"无我"的境界，反映出威廉斯对"有"与"无"之间关系的反思，对反人类中心主义的倡导和对万物个体生命的尊重。中国道禅思想的介入赋予了威廉斯生态诗歌以特殊的精神内涵，推动诗人从意象派向后现代诗风的转变。

Abstract: There is a close relationship between William Carlos Williams' ecological poetry (ecopoetry) and the Taoist and Zen thoughts of Chinese culture. In his writing, the poet emphasizes that the state of things should be displayed without any subjective modification, which is in good agreement with the Taoist idea of "self-nature of things"; replacing human voice with natural voice, the poet hides himself in the natural image, advocates the idea of animism, equality between man and nature, which reflects the non-self of Zen Buddhist thought, and Williams' reflection on the relationship between "being" and "nothingness", his advocacy of anti-anthropocentrism and his respect for the individual life of all things. The intervention of Chinese Taoist and Zen thought endowed Williams' ecopoetry with special spiritual connotation, which promoted its transformation from Imagism to post-modern poetry.

关键词：威廉·卡洛斯·威廉斯；生态诗歌；中国文化；道禅思想

Key Words: William Carlos Williams; ecopoetry; the Chinese culture; Taoist and Zen thought

一、引言

作为美国20世纪现代派的重要代表诗人，威廉·卡洛斯·威廉斯（William Carlos Williams, 1883—1963）在诗歌创作中关注人类生存环境，探讨人类与自然间的关系，展现出积极的生态理念。早在20世纪40年代，兰德尔·贾雷尔在评论《威廉斯诗歌选集》时就指出，威廉斯的诗歌"到处可见自然"，展现出诗人对动植物的洞悉（Jarrell, 1949: xii）。威廉斯的自传作者保罗·马里亚尼也认为威廉斯的诗歌基本上属于"自然"诗歌，而美国诗人罗伯特·洛威尔认为威廉斯的作品《帕特森》呈现出一种"生态中心观念"（转引自 Ralph, 2015: 127）。美国学者马克·朗更进一步指出，威廉斯为读者提供了一个机会，来反思当代美国诗人对于生态与环境的关注，并尝试以生态诗学来看待社会变化："威廉斯认为文学再现不能被视为诗歌以外事物与诗人之间的简单交流，而是重现一种被忽视的生态诗学，即人类与自然并非对立，人类早已在自然之中。"（Long, 2002: 59）

20世纪初，中国文化对美国先锋派诗人产生了巨大影响。美国诗人默温就认为，中国文化"已经扩充了我们语言的范畴与能力，扩充了我们自己艺术及感性的范畴与能力。到了现在，我们难以想象没

① 本文系教育部人文社科基金规划项目"中国禅与当代美国生态诗人的东方转向研究"（13YJA752003）、同济大学一流学科建设项目"欧洲思想文化与中欧文明交流互鉴"（1100141307）、外教社全国高校外语教学科研重点项目（2018SH0032B）的阶段性成果。

有这种影响,美国诗歌会是什么样子,这影响已经成为美国传统本身的一部分”(转引自钟玲,1996: 35)。威廉斯幼年时曾通过父亲了解到中国文化;在大学期间受庞德的影响,通过阅读中国古诗等文学作品,与中国文化有了更为广泛的接触;不论是在诗歌创作中,还是与王燊甫的翻译合作中,威廉斯都加深了对中国文化的理解,并尝试将中国文化理念融入诗歌创作之中。目前国外有一些学者(Long,2002; Ralph,2015)从生态批评角度来谈论威廉斯的生态理念;也有一些中国学者(钱兆明,2010;胡宇,2012;钱兆明,2016)注意到威廉斯与中国文化的关系,但鲜有探讨中国道禅思想与威廉斯生态诗歌二者之间的联系,因而本文拟追寻威廉斯生态诗歌的中国文化渊源,探讨其生态诗歌与道家、禅宗思想之间的关系,以期为威廉斯诗歌研究提供一个不同的视角。

二、威廉斯与中国文化的因缘

20 世纪初,矫揉造作的糜烂诗风充斥美国文坛。意象派诗人从古希腊文学、17 世纪玄学派诗歌以及中国文化中汲取智慧,进行诗歌创新,改变了当时的文风。威廉・卡洛斯・威廉斯也受到了这场文学运动的影响,从初涉文坛的小将,成长为一代著名诗人。

在威廉斯孩提时代,父亲威廉・乔治・威廉斯曾送给他一份礼物——孔子的雕像。孔子的神情威严又凝重,他教育人要克制自己,提升德行。其父亲谨慎的行为准则可以用儒家格言“三思而行”来总结。他的行为准则影响了小威廉斯的一生。(莱博维茨,2017: 36)这次孩提时代与中国文化的接触给威廉斯留下了深刻的印象。

1902 年,威廉斯进入宾夕法尼亚大学学习,在那里与庞德建立了亦师亦友的关系。庞德对中国文化的阐释对威廉斯产生了深远影响。威廉斯对外来文化有着一种难以拒绝的热情,他曾十分向往学习中国古典诗歌,但真正接触到中国文化还是源自庞德的建议。中国古典诗歌所蕴含的自由主题、具体意象的运用、简洁的语言和诗句、诗画结合、叠加与拆分等手段令威廉斯受益匪浅。他曾对中国诗歌十分推崇。“受到中国古典诗歌的绝妙诗艺以及道家诗学的启迪,威廉斯以意象为载体,或隐喻,或象征,构建和呈现对客观世界的情感体验,创作了许多极具东方诗韵的诗歌”(胡宇,2012: 186)。菲尔莱迪金森大学威廉斯藏品部的一本翟理斯著的《中国文学史》(1914 年印)的前衬页上曾留有威廉斯的手迹,威廉斯对这本著作进行过认真的研读。翟理斯在该书中对老子、庄子的介绍,以及诸如“庄周梦蝶”之类的故事都引起了威廉斯的关注。威廉斯也曾阅读过英国学者阿瑟・韦利翻译的《中国古诗一百七十首》和《中国古诗选译续集》两本作品,并通过《日晷》杂志的介绍加深了对中国诗歌的理解。

威廉斯晚年时,曾于 1957 年在庞德的引荐下拜访了美籍华人王燊甫(David Rafael Wang),并在王燊甫邀请下与其一起翻译中国古诗。古诗的篇目由王燊甫选定并进行初译,威廉斯加以修改。二人共翻译诗歌 37 首,其中以唐宋诗词为主,涉及的诗人有李白、孟浩然、柳宗元、王维等。1966 年,王燊甫以《桂树集——汉诗编译作品选》(*The Cassia Tree: A Collection of Translations & Adaptations from the Chinese*)为题将二人所翻译的中国古诗发表。威廉斯在译作中进行了美国口语化的创作,在形式上也较为自由,试图再现中国古诗的意境和语言之优美,而这些古诗所蕴含的思乡等主题对威廉斯也颇有启发。

通过与中国文化的接触,威廉斯在诗集《酸葡萄》《春天及万物》等作品中充分借鉴了中国诗歌中诸如诗画结合的创作方式,以及道家齐物等思想,促成了他对人与自然之间关系的深入思考,形成了倡导人与自然平等、尊重自然的生态理念。在创作诗集《春天及万物》时,威廉斯秉承了中国道禅艺术家所主张的“世间万物和人类文化间的形态和机理具有基本相通性”(Yu,1980: 2),采用明快的线条和即兴创作方式来展示事物的内在属性。在诗集《酸葡萄》中,威廉斯借鉴道家、禅宗关于“有与无”之间关系的辩证论述,将其作为许多诗歌的主题。通过对人与自然、生与死、痛苦与幸福等中国式主题的探讨,他指出精神与物质、人类与宇宙都是相互依存的关系,构成了一个整体生态系统。诗人在此诗集中,既是观察者,也是被观察的对象。他将自我想象与周围环境融为一体,展现春天大自然带来的勃勃生机;在《红色手推车》等作品中强调道家所提出的依循自然规律、让自然万物自然呈现的思想。威廉斯还试图再现中国古诗的意境和语言之优美,将中国古诗所蕴含的思乡等内容加入创作中,弥补了美国诗歌文化中此类主题的缺失。

三、与物质世界的直接接触:“物自性”与“道”

赵毅衡曾指出,在大部分美国诗人心目中禅宗和道家被认为是中国诗学的真髓,成为美国诗人所理解的真正中国精神。新诗运动诗人作品中常出现“道”,却仅局限于对“阴阳”粗略的理解,重复谈论了庄周梦蝶之类的故事。“在作品中真正应和道家思想的，是三个美国现代最重要的诗人：罗宾森·杰弗斯、卡尔·桑德堡与威廉·卡洛斯·威廉斯”（赵毅衡，2003：315）。

威廉斯的创作深受立体派画家的影响，因而十分认同立体派画家马斯登·哈特利所提出的艺术“追寻一种源自自然的纯粹感官体验……让自然以自我面貌呈现，而不介入外界的思想”（Hartley，1972：235）。诗人在《春天及万物》等作品中将世间万物以原汁原味的形式进行描写，使其保持本色，与道家所倡导的“物自性”有着异曲同工之妙。叶维廉认为：“任万物不受干预、不受侵扰地自然自化的兴现的一个含义是肯定物之为物本能本样，肯定物的自性，也就是‘见山是山，见水是水’，即道家所倡导的‘物自性’。”（叶维廉，2011：7）老子曾主张“抱朴归真”，万事万物循“道”而行，自然应以本色呈现；庄子也曾主张自然之美才是世间真美。威廉斯与庞德不同，更注重诗歌的现实化。“他选择让事物保持其普通状态……此做法和中国的‘与自然直接接触’的理念相似，好似真实经历的平白表露，反映出每天生活的实质：自然，即呈现事物本身。”（Hinton，2017：39）威廉斯主张语言文字不应成为限制自然万物的工具，而应用来呈现自然界的万千景象，因而他的生态诗歌反映出一种不受人类意念控制的自然现象。威廉斯的生态诗歌常常呈现出一种即兴化的创作，自发地记录着日常生活的点点滴滴。这种诗歌与其他万物一样，是大自然的一部分，形式上讲求简洁，常使用短句和断句，意在凸显事物本身，使读者静下心来关注自然万物。在其代表作《红色手推车》中，威廉斯选取了“雨滴”“白鸡”“手推车”等生活中最为常见的几样事物，以最简单的语言进行描述，使事物形象跃然纸上，意在暗示读者体会自然的真意。在选材上，该诗摆脱了浪漫主义时期以来“田园化”描写的传统，不再以人性化自然为创作主体，而是坚持其美国性，以自己最为熟悉的事物入诗：“那么多东西/依赖于//一辆红色/手推车//闪亮地缀着/雨滴//旁边是群/白鸡。”（Williams，1951：277）20世纪的美国，工业化和城镇化进程发展迅速，却对自然环境造成了巨大的破坏。人类难以在所谓的“现代文明”中发现物质的“美”。威廉斯在诗中借鉴电影蒙太奇的手法，利用空间的隔断和色彩的对比，将红色手推车、雨滴、白鸡纳入“画面”，以立体化的形式呈现。代表人类文明的手推车与自然景物在诗中有机结合，暗示人类不是自然的主宰，而是自然的一部分。诗歌中“那么多东西”构成了整首诗的背景，使读者意识到物质自然的存在感；手推车、雨滴、白鸡则点缀其中，这样的安排既展现出与自然直接接触的真实感，同时消除了宇宙万物之间的差异感，强调其整体性，即一个多样化的整体生态系统。

在该诗中，威廉斯将语言和事物视为一体，不做任何语言上的修饰，将其融合为一个整体，但同时又强调其个体存在感，即将“手推”与“车”相结合、“白”与“鸡”相结合。《红色手推车》“不止形似白居易等唐代诗人的绝句，其‘以少取胜’（Less is more）、‘以常为贵’（Ordinary is extraordinary）的主题亦符合唐代绝句常表现的道教‘无为’思想”（钱兆明，2010：59）。在创作中，威廉斯采用“立体短诗”的形式，始终在表达一种与自然的和谐，且力图将事物以最为原初、自然的形式加以呈现，而不做过多的雕琢，肯定了物的本质。诗人意识到人类应避免以主观色彩去看待万物，因而不再以“我”为主，而是以物的观点来看待周围的环境，实现“以物观物”，这种观点与道家思想中的“目击道存”“即物即真”十分契合。

道家将“道”视为世界的本源，但“道”本身无形无相，却无处不在，万物即“道”。《红色手推车》一诗所呈现的景象引发读者对于世界万物和人生际遇的思考。面对着世间物质的诱惑，诗人主张抑制自我欲望，抛弃心中杂念，回归淳朴的自然生活，不失为一种朴素的自然观。威廉斯更为直接地描绘自然万物，与道家思想中的天人合一的理念相似，以此来实现物我两合。他放弃对事物的描述，力求呈现出一种“在”的状态。“那么多”代表着人类所处的物质世界，威廉斯在该诗中隐去自己的身形，以此来表明人类早已融入了物质世界当中。在纷乱复杂的世界中人类应循“道”而行，不强为，不乱为，在“那么多东西”之外找寻到自然之美、生命之真谛，颇有陶渊明“采菊东篱下，悠然见南山”的韵味。诗歌暗含一种“平淡才是真”的哲学思想，高度赞扬生活中那真实的一面，在纷繁复杂的俗世中，劝解读者回归“真、善、美”。

在另一首诗歌《刺槐花开》中，威廉斯展现出道家的“物自性”理念，最大程度上将刺槐原貌呈现给读者。我们以《刺槐花开》的两稿为例展开分析前，先录出傅浩先生的译文：

刺槐花开（第一稿）

在手腕粗/树/那鲜绿的//叶子/与蕨荫中，/松垂/摇摆的/老硬/断枝之间——//五月会/重来/白色的花//串/躲着/几乎//不为人知/把香气/泼//下/然后很快/掉落（威廉斯，2015：192）

刺槐花开（第二稿）

绿/硬/老/鲜 断/枝//间/白/香/五/月/重//来（威廉斯，2015：211）

树木、花草是威廉斯生态诗歌中常出现的意象，代表着大自然蓬勃的生命力。诗人借助刺槐这一当地常见的植物，来赞叹自然界之美，抒发自己的一丝乡愁。面对着美国城镇化的进程，威廉斯笔下的刺槐花象征着美好的田园时光。刺槐花给予了诗人创作的灵感，也构建起诗人的精神归宿。与《红色手推车》一样，诗人在《刺槐花开》中通过意象的陌生化和立体化，将视觉对象隔离开来，加以绿色、白色的色彩对比及花香这一嗅觉感官来描绘整体性的自然生态系统，使读者领会万物间的依存感。刺槐花开花落均依循四季更迭的自然规律而行，第一稿中的"不为人知"一词恰好说明人类不应对自然进行干预，而应以平等的心态来看待世间万物，这正是诗人所要表达的生态理念。刺槐花枝条的变化、花香的弥散正是大自然丰富性的体现，因而人类面对自然应意识到自身的局限性，才可真正融入其中。诗人在两稿中均使用了"among"一词，意图表明刺槐花是构成多样化生态系统的一部分；动词"come""spill""fall"的使用则再现了自然界的变化，强调生态环境的演变性。

正如庄子所言，"忘乎物，忘乎天，其名为忘己，忘己之人，是之谓入于天"（庄子，2018：457）。威廉斯在第一稿中将"那鲜绿的叶子"和"摇摆的老硬断枝"作对比，将自然万物的生与死联系在一起，好似道家对"有"与"无"间依存关系的顿悟。该诗两稿均模仿了立体派画家的画法，以立体诗的形式直接呈现事物的本貌，这与中国古诗纵向书写的形式十分相似。威廉斯在诗中打破常规，对单词、词组进行切割，以模仿树木的形状来描绘刺槐花的自然面貌，整首诗如同一株真实的绿色植物出现在眼前。在第一稿中，全诗每个小节均含有一个独立的意象，结合在一起，便构成了一幅全景的生态画卷。动词"come"则将前后诗句串联起来，起到了起承转合的作用，凸显出彼此间的对照。诗人利用诗行间的隔断模仿了刺槐凹凸不平的树干，而"下""串"等词语的使用则增加了诗歌的动感。此诗两稿均发表于《更有力，纽瓦克公共图书馆报告 1946—1952》（1952 年秋冬季号）。在附注里威廉斯提到："那是季节的循环——五月的全部历史……除了基本的词语，我删去了一切，以使事物剩得尽量简单……"（威廉斯，2015：211）因而，第二稿更为简洁，语言的凝练和立体形式的复现更为直接地将刺槐花的形象展现给读者。威廉斯对刺槐花的思考告诉世人，自然界的生命无须人类介入，也无须言语解释，而是自生、自律、自化地运作。人类应注重与自然之间的直接接触，尊重自然，而非将自己视为宇宙的中心，从而摆脱人类中心主义的桎梏。

威廉斯在其生态诗歌中摒弃了以人类视角来看待万物的态度，而是以物的角度来看待人类与自然的关系，遵循自然之法则，实现了道家所倡导的"物自性"，将"自我融入浑一的宇宙里，化作眼前无尽演化生成的事物整体的推动力，去应和万物朴素的自由兴现"（叶维廉，2006：133）。

四、对"有"与"无"的思考：与"无我论"的契合

人生在世，喜怒哀乐、生老病死本是自然规律，但芸芸众生贪恋尘世，执着于自我，视自我为主宰，产生种种欲望，招致了苦难和烦恼。因而，佛教的"无我观"教诲众生破除对"我"的执念，看到世界万物的无差别性，"否定包括人在内的一切生命存在的恒常性，打破人自身的优越感和在世界中的优先性"（金虹、敖练，2014：110）。

威廉斯曾在诗集《酸葡萄》中采用了"与中国诗'虚无/盈满'主题相一致的东西；在《春天及万物》里也对中国的'无/有'的理念表现出了关注和兴趣，因为他已把这种观点当作了该诗集突出的主题"（钱兆明，2016：148）。对禅宗"有便是无/无便是有"主题的运用使得威廉斯能够更加深入地思考世界万物之间的关系。对于人类来讲，要想领悟到"无"的真谛，就要抛弃自我意念、清空自我，以一颗平常心来客观地看待世界。佛教认为世间万物都是相对存在的，人也不必执着于外物。"在失掉了自我和主体之后，它们（自然万物）反而能够自由地游弋于自然之间，在这个已然沉沦的现代社会中发现那些尚且残存的有关万物的本源的东西"（Frazier，1999：350）。在生态写作中，威廉斯常常保持沉默，以自然意象代替人类意象，以自然万物的声音代替人类的声音，打破人类与自然的界限，创设出一种虚空的美。诗人通过语言处理和意象塑造，以一种"去人类化"的处理表达了"万物有灵，万物平等"的思想，使人类在自然面前表现出谦卑的态度，与自然和谐共处，实现了海德格尔所说的"诗意栖居"，与佛教中的"无我论"相契合。

威廉斯在创作中使用大量未经雕琢的自然意象，以并置的手法展现事物，且利用诗歌排版等形式来模仿自然万物，实现自我与万物相融，创设人与自然间的和谐之音。在其代表作《红色手推车》中，红色手推车虽代表人类文明的产物，却与自然界中的白鸡、雨滴和谐共存，并无高低贵贱之分；相反，几种景物则构成了一个多样化的生态系统。威廉斯在诗

中以“depends”“among”来强调事物间“你中有我、我中有你”的关联性。诗人摒弃了“有我之境”，弱化了人类的痕迹，使人与自然各得其所。人类不再是世上唯一的主宰，而是自然万物的一部分。代表人类的红色手推车很快消逝在自然中，暗示诗人“我”之意象的消退，去除了自我的主观意识和感情色彩。威廉斯通过展现人与自然的交融来打破对“我”的执念，阐释世间万物无差别的思想。诗中雨滴的出现暗示诗人意图否定万物的恒常性，从而反对人类的优越感，彰显万物的自然律动、和谐共存，而人类作为自然界的一部分则彰显出禅宗“对境无心”“无住为本”的境界。

此外，威廉斯对于“无我”境界的感悟还体现在诗人对于“空”的理解上。作为佛教中最为精深玄妙的理论，“空”具有多种解释，而诸多诗人对“空”的理解多集中于“万物皆空”的理念。诗歌《通行权》①讲述了诗人一段日常经历，描绘了人类在工业时代的真实生活，其中却蕴含了威廉斯对“空”的思考。该诗的标题“通行权”（the right of way）使用了双关语，“way”一词既指通行的道路，也代表了人生之路；“right”一词既有“权利”一说，同时暗示读者在纷乱复杂的人世间，选择何种生活方式才是正确的。20世纪的工业文明对自然的征服与破坏达到了前所未有的程度，而威廉斯在该诗中对“有与无”相互依存关系的思考，倡导的恰恰是对人类无限欲望的批判。人类只有放弃对“物”的执念，方可欣赏到真正的美景。诗人强调那“依法的通行权”，暗示此法则是人类社会的法则，权力、欲望充斥着整个社会。老者、蓝衣女人、男孩构成了多重视角，但他们所看到的都是物质的化身——房子、怀表和阳台，忽略了自然之美。他们“微笑”“扭头望”“探身仰视”“盯着”，丝毫不掩饰自我的欲望。纷杂的欲望成了人类的负担，因而诗人“一言不发”，只是转动车轮，驶离了这不堪的生活。诗人谈到“为什么要操心我去哪里”，所谓的繁华富贵，不过是过眼云烟，看淡一切，抛弃人类的杂念，才能发现生活之真义。生态女性主义认为女性与自然之间有着某种与生俱来的亲近感，女性意象在某种程度上代表了自然。威廉斯“沿着潮湿的公路”前行，本欲寻找人类的希望。路尽头女孩的出现暗示读者人类的宿命最终是要回到大自然的怀抱。然而诗人笔锋一转，阳台上的女孩，依旧是那物质世界的缩影，另一个被禁锢的城市灵魂罢了，从而折射出在生态危机重重的今天，人类精神回归之路困难重重。

威廉斯在该诗中指出世间万物的“变幻”，即万物并无绝对的常态，由此反思万事万物都应顺从自然规律而生。通过对“有”与“无”之间转换的描写，诗人展现了“万法皆空”的主题，即万事万物，不论是物质的还是精神的，其本质均为空。威廉斯曾表示诗集《春天及万物》着意在展现人类强大的想象力对物质世界的反馈，而作为其中第十一首的《通行权》也充分表达了物质世界与精神世界的融合。诗人开篇即表明对物质世界中一切，“心中一无所想”，看空一切，放弃对世界琐事的执念，“我”与自然融为一体，在那虚空中寻求精神的顿悟。随着诗人驾车前行，“空”的心境却带来了“有”的景色，二者之间相互依存，不断转换。物质世界的构成代表了真实的环境，而诗人内心的变化则象征着复杂的精神世界。威廉斯借用“房子”和“怀表链”等景物的变化来暗示世间万物的虚幻不定的“空”性，而精神又依托于真实的物质世界而存在。诗人强调“这无名景象的极端重要”，则是肯定“空”与“无”在人生领悟中的关键作用。“‘无’因世界万物的存在、变迁而被感知，离开‘有’也就无法感知‘无’，故‘空并非绝对之空无，非断灭之空’，这便是‘真空妙有’的境界”（金虹、敖练，2014：109）。诗人指出只有失掉自我后，才能意识到物我之间的无差性，使身心与外在世界达到完全统一的“心冥空无”状态，从而实现这种空灵玄寂的意境。

“‘禅境’是指一种安静、虚静空明、物我为一、圆融无碍的禅宗境界，这种境界体现了禅宗追求‘静心’‘任性’‘无念’的宗旨”（郑燕虹，2009：168）。在《景色》一诗中，威廉斯正是借用“禅境”来思考“无我论”的意义所在。该诗不长，全文如下：

> 月亮/椭圆形/在黑色的挤压中/坐着/抱着双膝/出神/在/戴圈的城市之上（威廉斯，2015：135—136）

威廉斯将“月亮”比作“坐着、抱着双膝、出神”的都市人，随后则以“黑色的挤压”来暗示都市对人造成的压抑感，借此凸显夜色的静寂。工业化的都市并未带给人类幸福感，人类与周围环境一样，都在“戴圈的城市”中异化了，无比孤独。诗人描绘了一个寂静的夜晚，以此表达自己的心境，忘掉烦恼，抛弃世俗纷争。诗中意象的转换暗示此时的诗人与周围的物并无区别。在月色中，人与自然融为了一体，人即自然。威廉斯借此表达了逃离城市文明羁绊的渴望。诗人以月色下的城市为背景，创设出一个幽

① 限于篇幅，诗长不录，参见威廉斯（2015：109）。

深、宁静的禅境。“出神”一词暗示诗人在此环境中感悟人生,恰恰展现心物合一的内心体验。“禅”一词本意含有沉思的意思,倡导直观的体验和内心的反思。诗人暗示人类通过禅定般的沉思冥想,实现一种“无我”的境界,最终达到物我交融、超越时空、人与环境成为永恒,以此来达到人生的“顿悟”,消除焦虑与痛苦,展现出“群动皆息、视身如空”的禅宗体验。

“‘无我’‘丧我’达到‘天地与我并生,万物与我为一’的精神境界,在物我两忘中达到自适欢畅。这种‘独天地精神往来而不敖倪于万物’的精神境界正是深陷于主体性泥潭中西方哲学所欠缺的。”(王明强,2017: 19)威廉斯在创作生态诗歌时深深意识到了此问题,因而借助对语言和意象的处理,呈现出一种“你中有我,我中有你”的万物和谐共存关系,创设出一种“无我”的境界。正是这种“自我”的缺失使得主体不再拥有特权,真正成了宇宙的一部分,由此表现为一种对物质自然的亲身关注,亦是对人类自身的关注。

五、结语

威廉斯虽不懂中文,也未曾亲身到过中国,却一直倾心于中国文化。通过借鉴道家“物自性”“道”等生态理念,诗人意识到万物平等、万物有灵、人类与万物相互依存。诗人赞同道家“万物循道”“道法自然”的生态理念,主张人类应依自然规律而行,将人类置于宇宙生成演变进程中,使人类意识重新荒野化,展现出反人类中心主义的深层生态学理念。他同时在创作中倡导让万物自然呈现,因而采用了凝练的语言、绿色的意象以及多元化的艺术手段,建构起了独特的诗歌艺术形式,改变了美国诗歌对英国浪漫、气势磅礴、风花雪月诗风的模仿,以美国口语化的语言来展现美国的风格,一扫美国诗坛夸张、庸俗的靡靡之音。禅宗中“有与无”“虚空”等生态观念则促使威廉斯反思“生与死”之间的辩证关系,寻求人生的真谛。诗人意识到人类迷失在现代工业文明中,沉迷于财富、权力、欲望难以自拔,而精神与物质、主观与客观、“有”与“无”都是辩证统一的。对禅宗的理解使威廉斯由此放弃对“我”的执念,看淡人生,指出只有放弃“自我”,才能真正融入自然。他主张人类应限制自身的欲望,减少对物质的依赖,恢复与自然的直接接触,在日渐恶化的环境中找寻真正自我的归宿。诗人对“无”的理解折射出物质始终处于变化过程中,这也促使威廉斯以辩证的关系来看待世间形形色色的事物,不再局限于人类有限的视野。诗人提出一种带有“东方生态理念”的整体生态观,重新反思西方的环境与精神危机,谴责工业发展给环境带来的破坏,哀叹传统价值观的嬗变。中国文化的介入拓展了威廉斯的诗风,使他的诗歌焕发了新的生机,渐渐摆脱了“影响的焦虑”,为意象派诗歌向后现代诗歌的转变奠定了基础。

参考文献

[1] Frazier, Jane V. *From Origin to Ecology: Nature and the Poetry of W. S. Merwin*. Madison: Fairleigh Dickinson University Press, 1999.

[2] Hartley, Marsden. *Adventures in the Arts*. New York: Hacker Books, 1972.

[3] Hinton, David. *The Wilds of Poetry*. Colorado: Shambhala Publications, Inc., 2017.

[4] Jarrell, Randall. “Introduction”. *Selected Poems of William Carlos Williams*. New York: New Directions, 1949. ix-xviii.

[5] Long, Mark. “William Carlos Williams, Ecocriticism, and Contemporary American Poetry.” *Ecopoetry: A Critical Introduction*. Ed. J. Scott Bryson. Salt Lake: The University of Utah Press, 2002. 58-74.

[6] Ralph, Iris. “Ecocriticism and the Modern Artist's Notice of Nature.” *William Carlos Williams Review*, 32.1-2 (2015): 116-134.

[7] Williams, William Carlos. *The Collected Earlier Poems of William Carlos Williams*. New York: New Directions, 1951.

[8] Yu, Pauline. *The Poetry of Wang Wei: New Translations and Commentary*. Bloomington: Indiana University Press, 1980.

[9] 赫伯特·莱博维茨.《来自天堂的诗人:威廉·卡洛斯·威廉斯传》.李玉良、付爱玲译.哈尔滨:黑龙江教育出版社,2017.

[10] 胡宇.论威廉斯客体主义诗歌对道家诗学的接受.《湖南社会科学》,2012(2):185—188.

[11] 金虹,敖练.“无我”诗境中的佛禅生态智慧.《中北大学学报》,2014(5):108—116.

[12] 钱兆明.威廉斯的诗体探索与他的中国情结.《外国文学》,2010(1):57—66.

[13] 钱兆明.《“东方主义”与“现代主义”:庞德和威廉斯诗歌中的华夏遗产》.杭州:浙江大学出版社,2016.

[14] 王明强.庄子“无我”哲思对西方哲学“主体性”

焦虑的消解价值.《理论界》,2017(10):15—20.
[15] 威廉·卡洛斯·威廉斯.《威廉·卡洛斯·威廉斯诗选》.傅浩译.上海:上海译文出版社,2015.
[16] 叶维廉.《叶维廉文集(第二卷)》.合肥:安徽教育出版社,2006.
[17] 叶维廉.史蒂文斯诗中的“物自性”.《华文文学》,2011(3):7—16.
[18] 赵毅衡.《诗神远游》.上海:上海译文出版社,2003.
[19] 郑燕虹.《肯尼斯·雷克思罗斯与中国文化》.广州:中山大学博士论文,2009.
[20] 钟玲.《美国诗与中国梦——美国现代诗里的中国文化模式》.台北:麦田出版股份有限公司,1996.
[21] 庄子.《庄子》.方勇译注.北京:中华书局,2018.

"想象"与"现实"之间：华莱士·史蒂文斯隐喻观的自我论辩[①]

王　欣　黄珊云
（上海外国语大学）

摘　要："想象"与"现实"是美国现代诗人华莱士·史蒂文斯诗学思想中的两大核心概念，也是彼此对立、难以调和的两极。通过在诗作和文论中对"隐喻"进行反复探讨，史蒂文斯实质上是在试图寻求诗歌创作中的"现实-想象"平衡。其隐喻观的表达始终流露出一种哲学化的自我论辩意味，即不断地对自己的观点表达质疑、进行重构。在创作早期，史蒂文斯更强调隐喻的"想象性"动机，却指出了"想象性"隐喻可能造成的表意不确定性危机；在创作后期，他更重视隐喻对"现实"世界本质的映现，却意识到诗人事实上永远难以摆脱对"想象"的依赖。史蒂文斯在中国古典诗歌中找到了一种建构"理想隐喻"的可能策略，即包含适度的想象力，同时又无限靠近"形而下"的现实世界的隐喻模式。

Abstract: "Imagination" and "reality" are a pair of contradictory and incompatible concepts central in Wallace Stevens' poetic thoughts. Through the repetitive definitions of "metaphor", Stevens was in effect attempting to pursue the ultimate balance between "reality" and "imagination" in poetry writing. His view on metaphor always carries an air of self-contradiction. Philosophically, he kept suspecting, denying and reconstructing his own viewpoints. Early in his career, Stevens tended to regard "imagination" as the motive for metaphor, but at the same time pointed out the danger of uncertainty it might cause; while later, he paid more attention to the potential of metaphor to reflect the truth of the "real" world, but realized how poets are indispensably dependent on imagination. Stevens discovered a possibility of "ideal" metaphor in Chinese traditional poetry, namely a type of metaphor that simultaneously consists of moderate amount of imagination, as well as the extreme closeness to the "physical" world.

关键词：华莱士·史蒂文斯；隐喻；想象；现实；中国诗学

Key Words: Wallace Stevens; metaphor; imagination; reality; Chinese poetics

一、引言

华莱士·史蒂文斯（Wallace Stevens）出版于1951年的诗学论文集《必要的天使》（*The Necessary Angel*）以"关于现实和想象的论文"为副标题。"现实"和"想象"可谓是史蒂文斯诗歌创作论中的两大核心概念，也似乎构成了彼此对立、难以调和的两极。现有的研究充分肯定了"现实"和"想象"在史蒂文斯诗学体系中的同等重要性。譬如，学者托马斯·G.格雷（Thomas G. Grey）将史蒂文斯的诗学体系概述为"现实-想象矛盾体"（Grey，60）；大卫·L.沃克（David L. Walker）也借用了M·H.艾布拉姆斯的概念，提出史蒂文斯的诗歌"同时代表了镜与灯，既根本性地模仿了发展中的世界，又通过诗人想象的构建产生启发性的效果"（Walker，63）。

在探讨史蒂文斯诗学中的"现实-想象"关系时，仍鲜有研究谈及史蒂文斯对"隐喻"概念的重复考量。可以说，史蒂文斯诗歌创作论中的"隐喻"是联结"想象"与"现实"的关键中间因素，也是其在诗歌

① 基金项目：本文获上海外国语大学第一届"导师学术引领计划项目"资助（项目编号：201601005）。

创作中实现“现实-想象”关系平衡的关键途径。在史蒂文斯的诗歌全集中，直接涉及“隐喻”主题的诗作共有十余首，其中多首作品将“隐喻”概念前置于诗歌标题中，如《隐喻的动机》（“The Motive for Metaphor”）、《作为降格的隐喻》（“Metaphor as Degeneration”）及《对隐喻意象之间关系的思考》（“Thinking of a Relation between the Images of Metaphors”）等。《必要的天使》中收录的多篇论文同样将“隐喻”作为探讨的关键主题。最典型的是，诗人在《学术三篇》（“Three Academic Pieces”）一文中以较大篇幅试图为成功的“隐喻”寻求定义方式，并直接提出“隐喻”是诗歌创作的“本源”（Stevens，1951：81）。与西方学界在20世纪对“隐喻”概念的多元化界定相比①，史蒂文斯更多地集中于诗歌创作论，其对“隐喻”的哲学化的界定与其诗学思想的变化过程是紧密相关的。

史蒂文斯对“隐喻”的探讨呈现出显著的自我论辩特点。他在不同的创作时期对“隐喻”作出的界定都透露出强烈的自我质疑和批判意味。在创作早期，史蒂文斯更强调隐喻的“想象性”动机，却指出了“想象性”隐喻可能造成的表意不确定性危机；在创作后期，他更重视隐喻对“现实”世界本质的映现，却又意识到诗人事实上永远难以摆脱对“想象”的依赖。这种自我论辩式的表达虽然往往导向矛盾和不确定性的结论，但实质上是史蒂文斯的创作观逐渐向“现实-想象”平衡靠近的过程。十分独特的是，史蒂文斯在《学术三篇》一文中界定“理想隐喻”的模式时，直接提及了他对中国诗歌隐喻的欣赏。在一定程度上，中国古典诗歌可谓为史蒂文斯提供了一种达成“现实”和“想象”最终平衡的“理想隐喻”模式。

二、隐喻的“想象性”动机

对史蒂文斯而言，“隐喻”的第一重本质是想象性。在《学术三篇》一文中，他指出：“隐喻中的相似性是一种想象行为。”（Stevens，1951：73）尤其在史蒂文斯创作的早期，“隐喻”几乎可以被视为“想象”的代名词，它是“想象”的呈现方式，不断地尝试对“现实”进行修饰、提升和超越。学者B. J.莱格特（B. J. Leggett）认为，史蒂文斯“早期诗作背后的设想是，世界本身对我们而言是不可接近的，而只能通过想象进行构建”（Leggett，63）。托马斯·格雷提出，史蒂文斯创作的第一个阶段在本质上是“浪漫主义”和“理想主义”的，“旨在逃离死寂、苍白的现实，并以想象来提升和超越它”（Grey，69）。史蒂文斯自己也明确表示：“现实是我们用隐喻来逃离的一派陈腔滥调。”（Stevens，1989：204）显然，诗人在这一阶段并不愿意在创作中直接处理“现实”，而是将想象性的“隐喻”视为诗歌的生命力所在，并希望由此实现诗歌对现实的“重塑”，创设出一种“新的现实”。在史蒂文斯出版的第一部诗集《簧风琴》（*Harmonium*）中，诗歌构建的画面常常充满想象色彩，不直接描摹现实意象，而试图以浪漫主义式的“想象性”隐喻呈现“重塑”的现实。譬如，《冰淇淋皇帝》（“The Emperor of Ice-cream”）一诗以稍纵即逝的“冰淇淋”意象隐喻一个老妇死亡，《坛子轶事》（“Anecdote of the Jar”）一诗以圆形的“坛子”隐喻“秩序”，《纹身》（“Tattoo”）一诗以“蜘蛛”隐喻“光线”等都是史蒂文斯早期“想象性”隐喻的典型例子。

这类隐喻不难使人联想到玄学派诗人对长距离、形而上的“奇喻”的使用。事实上，史蒂文斯在一定程度上继承了玄学诗人的隐喻风格，却又对这种“隐喻”的使用感到忧心忡忡。在史蒂文斯看来，想象力发挥到极致就实现了“形而上”，但“形而上”与艺术创作的宗旨却是相悖的。他在《想象作为价值》（“Imagination as Value”）一文中提出：“想象，作为形而上学，把我们引向一个方向，作为艺术则朝向另一个方向。”（Stevens，1951：137）“形而上”的隐喻是超验的，过分脱离了人对客观世界的直觉感受，一旦存在过多就会偏离诗歌创作的艺术追求。在史蒂文斯的界定下，“浪漫主义”诗歌的想象有“形而上”的倾向，而“玄学诗”的长距离隐喻更是想象力发挥过度的例子。收录于《簧风琴》中的诗作《玄学家屋中的窗帘》（“The Curtains in the House of the Metaphysician”）可以理解为史蒂文斯在创作早期对“想象性”过度的隐喻形式的悖论态度的表达。全诗以“窗帘”的长距离运动暗指“长距离”隐喻方式。诗的二三行将窗帘的“长距离运动”形容为“笨拙地将距离缩短”。与T. S.艾略特（T. S. Eliot）在《玄学派诗人》中对玄学隐喻表达的赞赏明显不同（艾略特，1—18），史蒂文斯认为，这些“运动”都“存在于我们之外”，“外”与“内”相对，暗指一个难以被内在感受把握的“超验”的世界。史蒂文斯希望“隐喻”的使用能够更贴近生活和艺术本身，而不是过分脱离主观

① 主要包括以I. A.理查兹（I. A. Richards）、马克斯·布莱克（Max Black）为代表的“相互作用”隐喻观，以唐纳德·戴维森（Donald Davidson）为代表的“语用”隐喻观，以及以乔治·莱考夫（George Lakoff）为代表的“认知”隐喻观等（参见Abrams，212—215）。

直觉和感受。事实上，创作早期的史蒂文斯虽然十分看重“想象性”隐喻对“现实”的重塑作用，但同时也对想象性的“隐喻”产生了质疑。他意识到“想象”应该有边界，而诗人对想象性“隐喻”的使用也应有所节制。他创作早期的诗歌风格被学者约瑟夫·卡罗尔（Joseph Carroll）形容为“新浪漫主义”：“他认为，他的任务就是创造一种新式的浪漫主义，从而赋予想象以新的生命力。”（Carroll，87）

经过数十年诗歌创作实践，史蒂文斯在创作的中后期，即 20 世纪 30 年代以后，针对自己对想象性“隐喻”的矛盾态度做出了进一步的表达和总结。最典型的是在发表于 1947 年的《隐喻的动机》一诗中，他借由对“隐喻的动机”的探讨，实际上表达了对自己早期创作观的疑虑和自省。史蒂文斯逐渐意识到，“想象”是存在局限性的，在创作中过分看重想象的作用以及过多地依赖想象性的“隐喻”将导致诗歌创作陷入困境：想象性“隐喻”最终无法实现“重塑现实”的理想，反而可能使诗歌与现实完全脱离，造成表意的强烈不确定性和诗歌生命力的降低。

《隐喻的动机》的前两节似乎在重复地呼应该诗的标题。强调“隐喻”对“现实”的补充和重塑的作用是诗人渴望“隐喻”的动机所在：

你在秋天的树下爱恋着它，
因为万物已僵死了一半。
风跛着脚穿过树叶间的缝隙，
重复着毫无意义的言语。

同样地，你也曾在春天爱它，
万事万物仅余下一半的色彩。
闪着微光的天空，缓缓融化的云，
单飞的鸟，朦胧的月——

（Stevens，1990：315）

虽然诗行中未直接点明“隐喻”一词，但第一行中的“它”可以被十分自然地解读为对标题中“隐喻”的指代。两节诗中不断重复的事物的“一半”缺失正是叙述对象“你”（可理解为诗人自身）喜爱“隐喻”的原因：无论是秋天里“僵死了一半”的自然万物、缺失意义的风声，还是春天里“仅余下一半的色彩”、单飞的鸟等意象都突出了缺失“一半”的意义。正是这“一半”的缺失引发了诗人对隐喻的追求。唯有“隐喻”的介入，才能弥补观察者眼中现实世界的缺损及其表意的困难，从而塑造出完整的“现实”。

但是，两节诗描述的季节差异和时态变化值得注意，暗示了诗人对“隐喻”态度的微妙转变。第二节诗采用了过去时，其中的“春天”可以理解为对诗人创作早期的指涉，那时他对“隐喻”的渴望是纯粹而美好的，希望能通过“隐喻”构建出丰富的诗歌审美空间。相较之下，第一节中描述“秋天”所采用的现在时态暗指诗人创作该诗的当下，此时的他其实对自己早期的观点产生了质疑。作为诗人，他在秋天仍然享受对“隐喻”的使用，然而他已经意识到通过“隐喻”重塑现实的初衷是无法实现的。与春天的万物余下的“一半色彩”不同，秋天的“现实”是一半的“僵死”。“隐喻”的介入在此时预示着诗歌创作的“死亡”和“严冬”的最终到来。批评家海伦·文德勒（Helen Vendler）认为，史蒂文斯的这两节诗是他对早期自我的批判，表达了他的“自我蔑视”（转引自 Donoghue，550）。托马斯也指出，“春天的积极要素在秋天走向了消极”（Grey，54）。

诗的后三节进一步具体阐释了“隐喻”可能带来的消极效果。诗的第二、三节中连续 3 个“朦胧”的重复凸显了“隐喻”的使用最终将导致表意的“不确定性”。诗人原本渴望借助“隐喻”以升华、重塑人对现实的认知，却反而走向了对“现实”的彻底背离：

朦胧的月照着朦胧的世界，
这世上的一切永远都难以言表，
连你都从未成为你自己。
既不愿也不必，

渴望改变会带来欣喜：
那隐喻的动机，逃避着，
正午的重荷，
存在的 ABC，

淬火的红，锤炼的
红与蓝，刺耳的声响——
紧紧地焊接——一道光，
是必要的，狂妄的，生死攸关的，统领全局的 X。

（Stevens，1990：315）

诗中“正午的重荷”以及锤炼钢铁等意象都可以解读为对“现实”的象征。在“现实”的重量之下，“隐喻”却最终选择了似乎狼狈不堪的“逃避”。它非但无法真正映现现实，更无法重塑现实，而只能远远地躲开，最终陷入无凭无依的想象中。史蒂文斯在多首诗作和论文中使用了“逃避”一词，且几乎都表达了他对表意困难的恐惧。因而，在《隐喻的动机》中，史蒂文斯之所以认为“隐喻”的使用最终可能将彻底走向现实的对立面，正是因为他对“想象”的不确定性的认识愈加明确。

全诗结尾的未知数X是"隐喻"的不确定性的集中体现。虽然史蒂文斯本人并未对X的含义作出明确阐释,但研究者却对其含义产生了截然对立的观点。诺思洛普·弗莱(Northrop Frye)认为,X与ABC同样都是"现实客观世界"的代称;而约翰·克娄·兰色姆(John Crowe Ransom)却认为X是心理性的,指涉诗歌的"想象空间"(Donoghue,544)。笔者认为,X在该诗中可以解读为诗题中"隐喻"的代名词,它同时具有对"现实"和"想象"的双重指涉。一方面,修饰X的4个形容词"必要的""狂妄的""生死攸关的"和"统领全局的"与前文炼铁的过程相呼应,指向了未知而庞大的现实世界;另一方面,"X"在数学语言上的未知意义则赋予了它一层神秘色彩,所以"X"也理所应当地指涉"想象"。悖论式的"X"既表达了"隐喻"可能造成的不确定性,也暗示了史蒂文斯对在该阶段对"隐喻"本质的疑惑,以及其意识到的重新定义"隐喻"概念的必要性。

三、隐喻的"现实性"映现

史蒂文斯的第一部诗集《簧风琴》在出版后广受好评。但不久之后,评论界产生了质疑他的声音。有论者认为,"在1923年《簧风琴》出版以后,史蒂文斯辉煌的诗人生涯就终结了",理由是其作品审美性过强,而缺乏对"美国的真实生活的深刻和现实"的展现,甚至认为他对社会现实具有"惧怯感"(转引自Filreis,37)。这之后的30年是史蒂文斯诗歌创作的主要时期,也是经济大萧条、西班牙内战、第二次世界大战等重大历史事件发生的时期。在当时的历史环境下,史蒂文斯在创作后期的理念变化,以及其不断流露的对隐喻的"自我矛盾"观点,与这种现实历史需求与诗歌审美效果之间的矛盾很可能不无联系。

史蒂文斯在创作的后期经历了一种"现实主义"转向。史蒂文斯曾提出:"我以为所有心灵的进化轨迹都是从浪漫主义到现实主义,到宿命论,再到虚无主义。"(Stevens,1996：350)其创作的后期可以说正是从"浪漫主义"向"现实主义"的过渡。他对"隐喻"的界定角度也随之趋于"现实性"。他试图"回到地面及事物本身,剔除思想和语言中想象的模糊性,'远距离'的隐喻,以及虚幻的联想"(Grey,69)。史蒂文斯对"现实-想象"关系进行了重新整理,将"现实"摆到根本性的位置。虽然他始终未曾否认"想象"在诗歌中存在的重要意义,但在晚年的著述和诗作中,他更多地尝试追寻和揭示"现实"的本质。在这种转向之下,他仍然致力于对成功"隐喻"形式的界定。《学术三篇》一文集中表达了诗人晚年对"隐喻"的界定和总结,全文开篇首先强调了"现实"相似性对构建"隐喻"必要性:"如果我们渴望阐明一种精确的诗歌理论,我们发现有必要审视现实的结构,因为现实是诗歌的中心指涉。"(Stevens,1951：71)然而,在需要被审视和指涉的现实中,最关键的是物与物之间"相似性"的普遍存在。史蒂文斯指出,"从某种程度上讲,一切事物都具有相似性"(同上)。譬如,站在沙滩上目之所及的海面与棕榈树共有的绿色、天空在水面上的倒影,都被史蒂文斯视为"相似性"的例子。

在这种"相似性"的界定下,史蒂文斯引用了《圣经》旧约中的诗行作为"理想隐喻"的一个范例:"银链折断,金罐破裂,瓶子在泉旁损坏,水轮在井口破烂。"(Stevens,1951：78)诗人认为,这4个诗行通过对"相似性"的构建而呈现了一幅和谐的场景：这些意象"是对现实的比喻,或相似性的象征语言,但它们与现实有关并加强我们对它的感觉,并且它们给予我们关于最平常物件的'缓慢与肃穆'的愉悦"(同上)。创作后期的史蒂文斯明确地对"华饰文体与修辞"提出反对,对"隐喻"的界定也走向了与早期的观点截然相反的另一个极端,甚至对"戒绝对相似性的任何放纵的文学禁欲主义学派"表达了欣赏,并认为"隐喻学派"最终的归宿和"文学禁欲主义学派"是一致的,它们都应该"落回现实,并在那里泄出它的所有趣味"(同上)。史蒂文斯并未否认"隐喻"存在的必要,但却试图革除"隐喻"中的修辞色彩,他此时的"隐喻观"可以被概述为"现实性"的。

在"现实主义"的维度之下,"隐喻"成了对"现实的降格"。任何修辞性"隐喻"的存在都无法真正呈现现实,而只能是对"现实"的原本面貌的扭曲和虚化。诗歌似乎应该从修辞性和想象性的"隐喻"中解放出来,集中力量呈现事物的本真状态,正如《阳光里的玫瑰花束》("Bouquet of Roses in Sunlight")一诗中,史蒂文斯将色彩斑斓的玫瑰意象定义为"原初的影响力"(Stevens,1990：447),并认为任何"隐喻"都无法超越这种真实的美。

收录于诗集《秋天的极光》(*The Auroras of Autumn*)(出版于1950年)中的《作为降格的隐喻》一诗集中探讨了"隐喻对现实的降格"问题。诗的前两节首先呈现了"白人"和"黑人"两个极具隐喻意义的对立意象,以说明"隐喻"是作为对"现实的降格"而存在的:

如果有一个人白如大理石
坐在树林里,在最绿的地方,

酝酿着死亡的影像之声，

那么就会有一个人在黑色的空间里
坐在我们一无所知的地方，
酝酿着河流的喧嚣之声；

（Stevens，1990：460）

在一个“隐喻”关系中，“白人”代表了一个清晰可见的完全的“隐喻结构”（Doreski，19），而“黑人”指涉的是现实本身。二者所发出的不同声音可以印证这种解读：白人发出的是“死亡的影像之声”，是一种虚幻的想象；而黑人发出的是“河流的喧嚣之声”，明确指向现实之自然。史蒂文斯一再地将“想象”与“死亡”联系起来，意在对“想象”的生命力表示质疑。相较之下，“黑人”所代表的不息的河流，也即现实本身，才是生命力延续的体现。诗人之所以把隐喻界定为“降格”，意在强调“现实”的根本性。“隐喻”看似使“现实”具体化和清晰化，实际上却是对“现实”的颠覆和否定。

然而，诗中的“黑—白”、“明—暗”的色彩和光线对比事实上表明史蒂文斯意识到了现实本质上的“不可认知性”。虽然观察者确信代表现实的“黑人”的确存在，但它是不可见的，只能藏身于“我们一无所知”的“黑色的空间”。认知它的途径只有一个，就是通过与它对应的隐喻性的“白人”。一旦“隐喻结构”缺失，那么现实本身也就彻底无法接近。因而，人对现实世界的认知都是隐喻性的，即便它是对现实的“降格”，诗人也始终无法摆脱对“想象”和“隐喻”的依赖。正如史蒂文斯作于晚年的《对事物的直观感受》（“The Plain Sense of Things”）一诗中的诗行所表达的，“而想象的缺失/本身也必须被想象”（Stevens，1990：511）。

史蒂文斯在该诗中得出的结论其实仍是自我矛盾的：“隐喻”否定了“现实”，但“现实”的存在却仍有赖于“隐喻”。所以，诗人不应将“隐喻”和“现实”视为全然对立的两极，而应尽力实现二者的无限接近。诗的第三节起以“斯瓦塔拉河”的意象联系起二者。“斯瓦塔拉河”被视为一个“原型”意象：它“既是隐喻，又是人们通过想象构建的那条真实的河流”（Doreski，19）。史蒂文斯指出，这条河流的“存在”本身并非“斯瓦塔拉”。“斯瓦塔拉河”的名称和人们对它样貌的认知完全是一种想象的结果，河流的存在本身是无法被真正认知的。但是，通过不断的想象和“隐喻”，人可以无限地向真正的“现实”靠近。所以，最终史蒂文斯发出反问：“那么，隐喻又如何会成为降格，/当斯瓦塔拉成为这波澜起伏的河/而这河又成为远离陆地的、无水的海洋？”（Stevens，1990：460）。也就是说，虽然“现实”是本质性的，但“隐喻”并不应该被简单地视为一种“降格”，而更应被视为对“现实”的超越。

在创作的后期，史蒂文斯对“隐喻”的重新定义不是对早期观点的彻底颠覆，而是对诗歌创作更深入的认识。在这一创作阶段，他对“现实”的回归不意味着抛弃“想象”去追求对现实世界的直观表现，而是希望在适度“想象”的基础上使诗歌最大限度地靠近现实的本质，也最大限度地实现“现实-想象”的平衡。

四、“现实”与“想象”的平衡：中国古典诗学中的“隐喻”

无论以“想象”还是“现实”作为阐释的出发点，史蒂文斯对“隐喻”本质的界定最终都导向了自我否定式的结论。这种自我论辩的隐喻观不仅代表着诗人创作观的转变，也是其在“现实”和“想象”的两极之间不断徘徊，试图寻找一个平衡点的过程。在史蒂文斯看来，实现“现实”和“想象”的中和与共存，就是实现诗歌创作的最高秩序。在《作为阳刚诗人的青年形象》（“The Figure of the Youth as Virile Poet”）一文中，史蒂文斯提出，诗歌创作的本质追求是“诗性真实”。与哲学追求的“理性真实”相比，“诗性真实”同样追求“与现实的契合”，但不同的是，“它由一个人的想象完成，倾向于受他的想象的强烈影响”（Stevens，1951：54）。史蒂文斯试图阐明，诗歌是与哲学平起平坐甚至“高于”哲学的精神表达形式，其根本理据就在于诗歌能够实现“现实”与“想象”的平衡与融合。

而成功的“隐喻”的构建是诗歌实现这种平衡的关键要素。史蒂文斯以“真隐喻”和“假隐喻”这样看似十分主观化的概念来界定诗歌中成功与失败的隐喻构建，并认为“假隐喻”是“会谋杀隐喻的隐喻”（Stevens，1951：84）。在《学术三篇》中，史蒂文斯论述“隐喻”的落脚点在于“反同一”和“反摹仿”的观点。虽然“隐喻”的构建应立足于对现实“相似性”的映现，但另一方面，它又必须超越现实之物的客观联系而达到“想象”的高度，而不能是对“现实”的简单复制或摹仿。在史蒂文斯的论述中，“同一”和“摹仿”的概念并不清晰，让人难以从概念本身体会到他所谓的“真隐喻”的具体本质。但是，他渴望为“隐喻”的构建寻求一个平衡点的诉求是显见的，且他进而选择通过两个实例来说明他认同的“理想隐喻”模型——中国古诗以及早期西方的雕塑和绘画艺术。

史蒂文斯的隐喻观不乏西方诗歌的隐喻传统的影响，但他显然试图对西方界定隐喻的"陈规"作出颠覆和超越。其为"理想隐喻"举出的两个例证都在西方诗歌传统之外："在中国的隐喻中，有一组诗人用以自况的主题""早期的西方画家和雕塑家用头顶天使的圣母来自况"（Stevens，1951：73）。两个例子都将"隐喻"与诗人或艺术家的"自况"相联系，这表明史蒂文斯对成功"隐喻"的界定与诗人的"主动性"或"自我意识"相关。

首先是对于中国的传统诗歌，史蒂文斯十分欣赏和向往诗人的个人情感与描摹之"物"的交融形式。史蒂文斯自青年时期起就受到中国诗画艺术和哲学观念的影响。对于中国古诗，他在致未婚妻埃尔西的一封书信中提及过自己对王安石《夜直》一诗的欣赏和喜爱。这首诗可作为其所谓诗人的"自况"诗的一个典型范例：

金炉香尽漏声残，翦翦轻风阵阵寒。
春色恼人眠不得，月移花影上栏杆。

全诗除第三句提及"人"的状态，其余均为对外界之"物"的呈现。不难发现，诗人自身的个体意识和情感贯穿于其间。从字面上看，"金炉""漏声""轻风""花影"都是独立的客观意象，但它们的组合共同呈现出一幅极具史蒂文斯推崇的现实"相似性"的画面。意象的关联与呼应暗示着诗人的情感："香尽""漏声残"与"轻风寒"的联系透露出悲凉和孤寂；而尾句"月移花影上栏杆"的动态画面又与前文形成对比，暗示诗人在政坛终获赏识的喜悦之情。按照西方诗歌的传统隐喻观，《夜直》的意象铺陈的方式并非隐喻性的，这些意象并没有明确的喻指对象，而仅仅是彼此呼应地暗示了一种个人化的心理状态。对史蒂文斯而言，该诗应当符合他对"理想隐喻"的预期：全诗既以"现实之物"为书写中心，又包含了诗人"自况"式的表达；这种寄寓于现实的"自况"可以理解为史蒂文斯所追求的适度的"想象"。

学者余宝琳在《隐喻与中国诗》一文中提出，中国诗歌传统中隐喻的特点是，"隐喻中的人类世界和自然世界，都是现实世界的一部分，而不是超越感观之外的世界"（余宝琳，16）。意即中国诗歌的隐喻不指涉"形而上"的抽象理念，而更多地通过"物"与"物"的联系来传达人处于现实世界中的切身感受和心境。这种隐喻形式"牢牢地扎根于历史现实之上""它并不指向一个自足的、完全异于诗人和读者感官世界的超验领域"（余宝琳，20—21）。这种"形而下"的隐喻形式大致正是史蒂文斯所倾慕的，它既不拘泥于对现实事物本身的再现和摹仿，又不企图通过"想象"创造一个独立于现实以外的"他者"，而是通过创作主体对客观之"物"的有限度的整理，实现"物-我"，或者说"现实-想象"的交融。

史蒂文斯对西方绘画传统的追溯和解读进一步印证了他对这种"隐喻"形式的向往。除了将西方传统绘画和雕塑中艺术家的"自况"与中国诗歌的隐喻并举，史蒂文斯在《作为阳刚诗人的青年形象》中用了不少篇幅探讨诗歌创作与绘画艺术的联系。其中，他特别以后印象派代表画家塞尚的创作观为例。"现实"与"想象"的矛盾关系同样是塞尚对绘画理念探索的核心。塞尚并不满足于印象派画作的"外光表现法"，认为这种对现实光影的再现"并未达成对于自然的描述，或人与自然关系的最佳描述"（史作柽，66）。在创作的后期，塞尚与史蒂文斯相似地走向了"想象"与"现实"的统合，并寻求一种对"感觉真实"的表达。他试图以"节制"的主观情感和想象，达成对"现实"的更深刻、更本质性的再现。史蒂文斯援引了塞尚对艺术家气质的论述："凭借一种小气质（small temperament），一个人就能成为很出色的艺术家。"（Stevens，1951：47）史蒂文斯将这种"小气质"概括为"间接个人中心"论（indirect egotism）。与浪漫主义诗歌传统的"直接个人中心"相比，后印象派绘画中作者的想象力是适度而节制的。至于诗歌"隐喻"的构建，史蒂文斯想表达的仍是对浸润了个人情感的"形而下"隐喻形式的向往，他希望成功的"隐喻"能够通过适度的"想象"和"个人"气质，最终实现对"现实"本质的无限接近。

在一定程度上，史蒂文斯对成功"隐喻"的本质所作的不懈探讨反映了其理想的诗歌创作理念。对他而言，理想的诗歌创作既不是浪漫主义式的突出"想象"和情感表达的诗作，也不是T. S.艾略特提出的"客观对应物"所形容的"超验的"、形而上的理性创作。他希望在这两种路径之间寻找到一种"平衡"的创作理念——既能实现"形而下"的现实世界的充分表达，又不乏适度的个人智力、想象与情感参与。

五、结论

叶维廉认为，史蒂文斯的诗歌全集可以被看成一首庞大的"论诗艺"的诗作（叶维廉，9）。在这部"诗歌创作论"中，史蒂文斯对"隐喻"的界定可以说是贯穿始终的重要主题。史蒂文斯的"隐喻观"充满了自我论辩性，主要体现在两个方面：其一，他在不同创作时期对"隐喻"的本质作出了相悖的界定——早期偏重隐喻的"想象性"，后期偏重隐喻的"现实性"；其二，无论从"想象性"还是"现实性"出发，其涉及“隐喻”主题的诗作都包含自我矛盾的观点表达。通过对其隐喻观中自我论辩的剖析,可见史蒂文斯在其创作生涯中不断自我反省且其不懈探寻的根本问题是如何实现诗歌创作中的“现实-想象”平衡。他最终提出的建构“理想隐喻”的策略超越了西方的诗歌传统,分别从中国诗歌的隐喻和西方绘画手法中提炼出了既以“现实”为根本追求,又包含适度“想象力”的折中的隐喻模式。

参考文献

[1] Abrams, M. H. and Geoffrey Galt Harpham. *A Glossary of Literary Terms*. Beijing: Peking University Press, 2014.

[2] Carroll, Joseph. "Stevens and Romanticism." *The Cambridge Companion to Wallace Stevens*. Ed. John N. Serio. Cambridge, UK; New York: Cambridge University Press, 2007. 87-102.

[3] Donoghue, Dennis. "The Motive for Metaphor." *Hudson Review*, 65(2013): 542-561.

[4] Doreski, William. "Wallace Stevens at Home in the Wilderness." *The Wallace Stevens Journal*, 29.1(2005): 18-24.

[5] Filreis, Alan. "Stevens in the 1930s." *The Cambridge Companion to Wallace Stevens*. Ed. John N. Serio. Cambridge, UK; New York: Cambridge University Press, 2007. 37-47.

[6] Grey, Thomas C. *The Wallace Stevens Case: Law and the Practice of Poetry*. Cambridge, London: Harvard University Press, 1991.

[7] Leggett, B. J. "Stevens' Late Poetry." *The Cambridge Companion to Wallace Stevens*. Ed. John N. Serio. Cambridge, UK; New York: Cambridge University Press, 2007. 62-75.

[8] Stevens, Wallace. *The Collected Poems of Wallace Stevens*. New York: Vintage Books, 1990.

[9] Stevens, Wallace. *Letters of Wallace Stevens*. Ed. Holly Stevens. New York: Knopf; rpt. Berkeley: University of California Press, 1996.

[10] Stevens, Wallace. *The Necessary Angel: Essays on Reality and Imagination*. New York: Alfred A Knopf, 1951.

[11] Stevens, Wallace. *Opus Posthumous*. Ed. Milton Bates. New York: Knopf, 1989.

[12] Walker, David. *The Transparent Lyric: Reading and Meaning in the Poetry of Stevens and Williams*. Princeton, New Jersey: Princeton University Press, 2014.

[13] T. S.艾略特.《现代教育和古典文学》.卞之琳、李赋宁等译.上海:上海译文出版社,2012.

[14] 史作柽.《塞尚艺术的哲学随想》.北京:北京大学出版社,2005.

[15] 叶维廉.史蒂文斯诗中的“物自性”.《华文文学》,2011(3):7—16.

[16] 余宝琳.隐喻与中国诗.《古代文学理论研究(第三十三辑)——中国文化的经典与文体》.胡晓明编.上海:华东师范大学出版社,2011.13—35.

中世纪英国诗人的北欧之行
——《乔叟在丹麦》述评①

张亚婷
（陕西师范大学）

摘　要：近年来，英语文学之父杰弗里·乔叟的接受史引起学界广泛关注，《乔叟在丹麦——翻译与接受史研究，1782—2012》是其中少有的专著。作者艾博·克里特阿德结合英语语言接受史、欧美经典作家译介史和英丹关系史，梳理乔叟在丹麦的译介史和经典化过程，涉及乔叟经典地位的确立史、经典序列的形成史和艺术风格的阐释史。克里特阿德指出，英语文化传播受英语世界和丹麦之间不断变化的文化关系决定。他展示了不同阐释群体之间的对话过程和人们的期待视野，而他的研究有助于管窥乔叟和其他欧美经典作家在丹麦甚至斯堪的纳维亚半岛的接受状况。

Abstract: The reception of Geoffrey Chaucer, the father of English literature, has caught considerable academic attention in recent years. *Chaucer in Denmark: A Study of the Translation and Reception History 1782-2012* is a rare book-length study among all the publications. Its author Ebbe Klitgård sorts out the translation of Chaucer's works and the gradual process of his being canonized with reference to the reception of English language, translation of European and American classic writers in Denmark as well as Anglo-Danish relationship. His study deals with the history of Chaucer's canonization, formation of classic sequence and interpretation of his artistic style. Klitgård points out that English culture transmission is determined by the changing cultural relationship between English-speaking countries and Denmark. He showcases the dialogic process of different interpretation groups and people's horizon of expectation. Furthermore, his study helps to shed light on the reception history of Chaucer and other European and American writers in Denmark and even in Scandinavian Peninsula.

关键词：杰弗里·乔叟；丹麦；接受；英国-丹麦研究

Key Words: Geoffrey Chaucer; Denmark; reception; Anglo-Danish Studies

21世纪以来，英语文学之父乔叟（Geoffrey Chaucer, 1343—1400）的接受史研究成为乔叟研究的一个重要学术热点。乔叟在英国、美国、德国、法国、中国、日本的接受史以及个别作品在法国、波兰、土耳其和中国台湾的接受情况都产生相应成果或在国际会议上进行了交流。丹麦洛斯基勒大学教授克里特阿德（Ebbe Klitgård）出版的《乔叟在丹麦——翻译与接受史研究，1782—2012》（*Chaucer in Denmark: A Study of the Translation and Reception History 1782-2012*）是其中少有的专著，梳理了乔叟在丹麦200多年的接受史。他结合英语语言作为外语在丹麦的教授过程、欧美经典作家翻译与接受、丹麦教育改革、英国和丹麦的关系史等进行阐释和说明。其研究方法属于一维历史结构，聚焦乔叟在丹麦的译介史和经典化过程。

克里特阿德在"引言"中指出，乔叟在丹麦的接受史研究无人进行，认为此研究有助于人们了解从18世纪末到当下英语语言在丹麦的接受史。在"方法和理论出发点"部分，克里特阿德指出，他旨在梳理乔叟在过去的200多年中如何在丹麦经历了艰难

① 本文为国家社科基金项目"乔叟创作的符号学研究与文学经典重读"的阶段性成果（项目编号14BWWW04）。

的接受之旅，侧重翻译、接力翻译、转换和改编等方面的研究。他回顾了埃利斯（Steve Ellis）、鲍登（Betsy Bowden）和耶格尔（Susan Yager）在方法上给予他的启示，指出乔叟在欧洲的接受研究相对稀少，而奈达（Eugene Nida）、巴斯奈特（Susan Bassnet）、韦努蒂（Lawrence Venuti）和哈琴（Linda Hutcheon）的相关理论有助于分析乔叟被改写或改编过的文本。

在“18世纪晚期和19世纪早期：韦塞尔和布鲁恩”部分，克里特阿德指出，18世纪80年代丹麦的文化和语言影响主要来自法国和德国。1782年，哥本哈根上演了挪威裔丹麦剧作家韦塞尔（Johan Herman Wessel）从德语版翻译的戏剧《美丽的于瑟尔》。德语版是无名译者从法语版的歌舞喜剧《乌格尔仙女》翻译而来。这部喜剧1765年由法瓦（Charles Favart）和邓尼（Egidio Duni）受伏尔泰（Voltaire）的叙事诗《女性心仪之物》（1764）的启发完成，而伏尔泰的故事情节来自英国作家德莱顿（John Dryden）翻译的《巴斯妇，她的故事》。显然，18世纪，乔叟的作品以《坎特伯雷故事》中《巴斯妇的故事》为主打，在丹麦以舞台表演的形式出现，经历了从德莱顿（英国）到伏尔泰（法国）到法瓦和邓尼（德国）到韦塞尔（丹麦）的情节介绍和层层过滤过程。19世纪初，英语在丹麦并不受欢迎。翻译家、剧作家兼诗人布鲁恩（Thomas Christopher Bruun）是丹麦的英国研究先驱。他1802年在哥本哈根大学获得教授职位，这是丹麦第一个英语教授席位。1807年，英国海军轰炸哥本哈根和克厄，洗劫了丹麦海军。这激发了丹麦民族主义情绪。目击了这些事件的布鲁恩憎恨英国人，但因英语流利被请去和英国官员谈话，他克制住了自己的复仇冲动。文学史家认为他的名气来自他的轻浮举止和丑闻，对他评价不高，但克里特阿德认为早期文学史家们忽略了英国作家蒲柏（Alexander Pope）对布鲁恩文学创作的影响。蒲柏16岁发表了简写版的《巴斯妇的引子》和《商人的故事》，涉及《圣经》和表达轻浮的地方都被删除。布鲁恩效仿蒲柏，在翻译中采用了归化原则，1823年翻译并出版了蒲柏版的《巴斯妇的引子》。

在“韦斯特加德和1835—1865时期”部分，克里特阿德指出，从真正意义上来说，乔叟1853年第一次出现在丹麦。1835年至1865年，丹麦议会民主制出现，人们获得出版和宗教自由，因为安徒生和克尔凯郭尔的写作具备国际化特点，丹麦开始有文化输出。虽然英语仍居德语和法语之后，但英语文学和法德文学翻译一样普遍。韦斯特加德（Charlotte Louise Westergaard）在所计划编写的英国作家系列中把乔叟、斯宾塞、莎士比亚、弥尔顿放在第一卷，乔叟位居第一，但未出版。随后她出版了关于乔叟的小册子，配有现代英语拼写和丹麦语注释，对乔叟生平和作品的介绍压缩处理，目标读者是普通读者，涉及《坎特伯雷故事》中的《教士的故事》《骑士的故事》《商人的故事》和《扈从的故事》，提及《修女院院长的故事》，概述了《序曲》。克里特阿德认为，她笔下的乔叟受到公正对待，但她和布鲁恩一样，进行的是文本转换，而非翻译。

“默勒、比尔弗伦德和耶斯佩森：1865到1900”部分讨论1865年到1900年间乔叟在丹麦的接受史。文学评论家兼翻译家默勒（Niels Møller）翻译的乔叟诗歌1891被收录在当时世界上首屈一指的语言学家耶斯佩森（Otto Jespersen）的书中，而耶斯佩森因进行英语和古典文学研究颇受丹麦人认可。文学史家霍恩（Fredrik Winkel Horn）把舍尔（Johannes Scherr）的著作《普通文学史指南》翻译为丹麦文并于1876年出版，有4页介绍乔叟。作家兼文学评论家比尔弗伦德（Bierfreund）的博士论文涉及《骑士的故事》，但不过是对故事情节的概述和部分文本的翻译，对乔叟的作品存在误读，采取逃避原则和委婉说法，以免乔叟诗歌中不雅的部分出现。克里特阿德认为，比尔弗伦德误读了乔叟，但耶斯佩森就为乔叟正名，“他的研究第一次以丹麦文准确地讲述了乔叟的生平”（Klitgård，96）。克里特阿德指出，韦斯特加德和耶斯佩森为20世纪早期和中期的学术研究、翻译和版本的出现奠定了基础。

“默勒、比克达尔和1900—1920时期”部分聚焦1900年到1920年间乔叟的接受情况。1903年，丹麦中学教育改革把英语学习纳入义务教育。期间，英国和丹麦对乔叟的研究急剧加速，丹麦文化气候逐渐改变，丹麦人开始喜欢英语。1901年，主攻希腊、英国和丹麦文学的默勒（Vihelm Møller）在“世界文学珍品”系列中介绍了《坎特伯雷故事》，简介了其中的《女修道院院长的故事》和《教士的故事》，翻译了几行托钵修士和差役的《引子》以及《差役的故事》的前1980行，忽略了其中的不雅部分，鼓励读者私下读《巴斯妇的引子和故事》。克里特阿德指出，虽然默勒的解读带有瑕疵，但采用了动态对等翻译策略，是称职的译者。汉森（Adolf Hansen）撰写的《英国文学史》中共3页有关乔叟，他挑选了《坎特伯雷故事》的《序曲》的部分细节，让读者了解不同人物，突出卖赎罪券的教士和巴斯妇，翻译了《骑士的故事》中的一句引言，但克里特阿德认为他的解读属误读。在这之前，汉森在一部三卷本的世界文学史中翻译了乔叟的《坎特伯雷故事》之《序曲》《公爵夫人之书》和《贞女列传》的部分诗行，书中有一张乔叟肖像画和

《骑士的故事》中女主人公艾米莉在花园中的图片。1906年出版的《文学对话百科全书》中有关乔叟的词条称乔叟是英国诗歌之父。1908年,安德森(Otto Andersen)在《插图版的文学对话百科全书》的词条中谈及《坎特伯雷故事》故事的多样性和叙事艺术,提到乔叟的诗歌《特罗伊勒斯和克莱西德》。克里特阿德认为他设法创造一个乔叟是名人的理想化形象,但观点存在常识性错误。比克达尔(Uffe Birkedal)两次对《坎特伯雷故事》进行简短介绍:1911年用4页介绍了《坎特伯雷故事》的框架和背景,忠于原文,注意韵律,翻译流畅,显示出乔叟的风格,1913年用1页谈论乔叟的生平和时代,聚焦乔叟的意大利之行和获得的灵感,很少提及乔叟的早期作品,但用丹麦语翻译了其他几部作品的标题,未做评价。

"布鲁森道夫、默勒和通堡:1920—1940"部分研究1920年到1940年乔叟的接受史。1920年到1940年,德国占领丹麦,这使丹麦教育更多转向英语,英国文化影响最强。克里特阿德指出,1913年到1943年期间,无人翻译乔叟的作品,但布鲁森道夫(Aage Brusendorff)1925年出版了丹麦文著作《乔叟之传统》。他认为这可能是丹麦出版的有关乔叟的最重要的著作。布鲁森道夫为乔叟的作品建立了一套标准,这为美国乔叟专家鲁滨逊(F. N. Robinson)1933年和1957年的《坎特伯雷故事》版本奠定了基础。布鲁森道夫把德国和英美学界联系了起来,研究中考虑到抄写员和其他因素对手抄本的影响,这是很大的学术突破。他还把乔叟的作品分为7大类,这是对乔叟研究做出的贡献。克里特阿德指出,后来的丹麦学者没有人在乔叟研究方面与他比肩。默勒在20世纪20年代出版了三卷本的《世界文学》。他是第一位赞美《公爵夫人之书》的丹麦人,对其内容作了说明,翻译了部分《声誉之宫》,简论了《贞女列传》和《特罗伊勒斯和克莱西德》,认为后者是乔叟最完整的艺术作品。默勒概述和翻译了《序曲》,对《序曲》中的人物进行排序,认为乔叟是自然之子。1929年,通堡(Margrethe Thunbo)在"世界文学一瞥"系列丛书中用30页介绍了《坎特伯雷故事》,选择了《律师的故事》《修女神父的故事》《巴斯妇的故事》《教士的故事》《平民地主的故事》和《教士跟班的故事》,因为目标读者是孩子,因此市井故事被排除在外。

"贝瑟、托比约恩森和松内:1940年代"部分研究20世纪40年代乔叟的接受史。这一时期,德国仍占领丹麦,丹麦和英语世界切断了联系,而英语学习属于私人行为。哥本哈根大学设置的乔叟课程未进行,乔叟只是作为中世纪英语发展的例子使用,"这种状况一直持续到20世纪70年代。"(Klitgård,161)1948年,阿尔克占尔(Niel Alkjær)用60行的词条介绍乔叟和作品,认为乔叟在英国文学中的地位仅次于莎士比亚。布雷斯道夫(Kaj Bredsdorff)1943年出版的丹麦文教材《从贝奥武夫到吉卜林——英国文学概览》用5页介绍乔叟,认为女修道院院长、教士、卖赎罪券的教士和巴斯妇讲的故事最有名,避谈市井故事。1941年,自然主义画家贝瑟(Flemming Bergsøe)在自创的杂志上概述了《卖赎罪券教士的故事》的情节,简述了《坎特伯雷故事》和乔叟生平,翻译了《巴斯妇的引子和故事》,莫勒(Kai Friis Møller)撰序,克里斯滕森(Poul Christensen)配图。莫勒在序中指出,乔叟把欧洲大陆的故事译为英语。克里特阿德通过译文对比分析认为贝瑟翻译策略较好,措辞到位,没有采用回避策略,忠于原文,最接近他心中理想的译者。1946年,托比约恩森(Lis Thorbjørnsen)把《卖赎罪券教士的引子和故事》翻译为散文体,鲁博(Paul V. Rubow)作序,奥尔森(Ib Spang Olsen)配图。她把部分《商人的故事》和《巴斯妇的引子》译为散文体,采用恰当措辞以让丹麦读者读懂乔叟,但她压缩原文,侧重情节介绍,使用了省略、概述和逃避原则。丹麦诗人松内(Jørgen Sonne)在1940年代末用散文体翻译了《伙食采购人的故事》《医生的故事》《管家的故事》《平民地主的故事》和《修女院教士的故事》。克里特阿德发现,他忠于原文,但方言和某些措辞翻译不到位。

"1950年代:博伊森和约翰森"部分梳理20世纪50年代乔叟的接受史。丹麦出版商对全本翻译兴趣增强,英美重燃寻找民族文化之根的热情,丹麦和英国关系更为紧密,丹麦人更受英国文化影响,因此对像《坎特伯雷故事》这样的经典作品持欢迎态度。克里特阿德指出,彼得森(Kai Petersen)把译自瑞典文的挪威版《格里姆堡世界史》翻译为丹麦文,第七卷引用了比克达尔翻译的《序曲》和贝瑟翻译的《巴斯妇的引子》。期间,丹麦出现《坎特伯雷故事》两本较为完整的译本:博伊森(Mogens Boisen)的散文体译本和约翰森(Borge Johansen)的诗歌体译本。博伊森是当时最受尊敬的翻译家之一,1958年完成《坎特伯雷故事》的翻译和出版。克里特阿德认为他的译本或多或少译自美国乔叟学者卢米亚斯基(R. M. Lumiansky)1948年的译本,带有剽窃性质,偶尔参考德语和瑞典语版本,忽略了《梅利别斯的故事》《堂区长的故事》《修士的故事》和《修女院院长的故事》的翻译。克里特阿德指出,博伊森的翻译没有体现原文尾韵风格,采用了增词法、说明法和委婉说法,但约翰森的译本是唯一一本最完整的丹麦文译本。克里特阿德认为约翰森对乔叟的作品非常熟悉,前言写得合理,翻译采用了委婉说法或直接省略法,为拼写和语言加注,但他的译本中采用的古代习语给读者造成阅读困难。克里特阿德把他的译本和斯基特的版本对比分析后认为他的译本忠于原文。博伊森的译本失去乔叟叙事中的美妙之处,而约翰森是丹麦截至目前最重要的乔叟译者。

"1960—2012 时期"部分是关于乔叟 20 世纪 60 年代到 2012 年的接受现状,作者叙述速度明显加快。这个时期,乔叟在课堂教学、选集、朗读、表演、论文和网页介绍中出现。克里特阿德指出,二战后,英语对丹麦语影响很大,英语在有些领域彻底取代了丹麦语,高等教育中的全英教学也是英语取代丹麦语的原因之一。大多数受过教育且知道乔叟的丹麦人不太读英文本,因为博伊森和约翰森已把它译为丹麦文。克里特阿德指出,许多北欧国家的英语系在英国文学教学中几乎不包括中世纪英国文学:瑞典隆德大学的英国文学教学直接从莎士比亚和文艺复兴开始,挪威奥斯陆大学为研究生开设有关乔叟的课程,丹麦哥本哈根大学和奥胡斯大学在教学中包括乔叟,但主学其语言。20 世纪 70 年代中期后的研究生论文以研究乔叟的语言特点为主,课程设置去掉了古英语、中世纪英语和历史语言学,但被编入牛津和诺顿选集的乔叟和其他中世纪作家进入课堂。1972 年到达哥本哈根大学的苏格兰教授卡里(Graham Carie)在 17 年的教学生涯中推动了乔叟和其他作家的研究,他的大部分学生和同事在国际中世纪研究领域有成果发表。1961 年,博伊森翻译的《磨坊主的故事》出现在《从乔叟到毛姆的英国叙事者》中,简短介绍了乔叟,指出《坎特伯雷故事》是"短篇小说"。1967 年,约翰森翻译的《序曲》在《世界文学》中重印,在对乔叟的简短介绍中错误地认为乔叟见到了彼得拉克,可能遇到过薄伽丘。1963 年,汉森(Martin N. Hansen)在《外国声音的回响》中翻译了《序曲》中描写女修道院院长的部分。1965 年,诺儿菲尔特(Aage Nørfelt)因为宗教教育目的编写的教材中概述了《卖赎罪券教士的故事》,忠于乔叟原文情节。1966 年,专长于悬疑小说的拉库尔(Tage la Cour)编写的鬼故事中简短讲述了《修女院教士的故事》中的谋杀故事。克里特阿德认为该翻译很成功,乔叟被包括在悬疑小说之列引人注目。1967 年,乔叟出现在松内主编的 40 卷"世界文学"之列。松内从约翰森的译本中选取了《骑士的故事》《磨坊主的故事》和《修女院教士的故事》的简短片段,自译了乔叟的短诗《致罗莎蒙德》的第一个诗节和《公爵夫人之书》第 475 到 486 行部分。克里特阿德指出,他的选文受美国诗人庞德 1951 年出版的《阅读入门》相应选文的影响。1968 年,丹麦作家博德克(Cecil Bødker)翻译出版了儿童读物《公鸡与狐狸》,这译自库尼(Barbara Cooney)1958 年编写的美国儿童读物《羌梯克利和狐狸》。1969 年,伊韦尔森(Anders Iversen)发表了为奥尔胡斯剧院的音乐会开幕式专门写的一篇专题文章介绍乔叟,鼓励读者读中世纪英语。1971 年,研究法国文学出身的托格比(Knud Togeby)出版了一本世界文学史,用 5 页介绍了乔叟及其作品。1979 年,丹麦演员雷恩博(Jørgen Reenber)在丹麦电视台系列经典诵读中朗读了博伊森翻译的《海员的故事》。克里特阿德指出,松内出版的新译本《英格兰、法国和意大利 1100—1700 年欧洲抒情诗》中囊括了乔叟的短诗,含有主观解读。本特森(Sonja Bentzen)1985 年朗读博伊森翻译的《坎特伯雷故事》并录制磁带。克里特阿德 1995 年发表了文章《乔叟:英国文学之父》,配有两幅乔叟插图。1996 年,约翰森出版了专著《女性、教会、异端:接近中世纪末期》,介绍了《坎特伯雷故事》中巴斯妇、卖赎罪券的教士、差役和托钵修士和《教士的故事》,强调乔叟的幽默感。基亚加德(Jens J. Kjærgaard)1998 年发表的报纸文章《朝圣中的计算机》是对乔叟学者鲁滨逊和霍韦(Christopher Howe)利用计算机对《坎特伯雷故事》手抄本进行研究的采访录。1999 年,莎士比亚研究专家卡贝尔(Lars Kaaber)改编了《坎特伯雷故事》,公演了《磨坊主的故事》《教士的故事》《巴斯妇的故事》《修女院教士的故事》和《厨师的故事》。克里特阿德指出,丹麦学生米泰(Sidsel Sander Mittet)建立网站展示乔叟和作品,学生劳尔堡(Martin Laurberg)在网上发表介绍乔叟、克雷蒂安、但丁、薄伽丘、诺里奇的朱丽安和玛格丽·坎普的文章,乔叟研究者博克(Marianne Børch)2010 年在网上发表了有关两个不同版本中乔叟肖像画中文本与图片关系的文章,2010 年的丹麦中学教材简短提到乔叟。克里特阿德在"结语"中指出,他的研究是第一次在丹麦对中世纪作家的翻译与接受进行研究;乔叟的个案研究表明,文化传播由英语世界和丹麦之间不断变化的文化关系决定。

可见,1782 年到 2012 年,横跨 200 多年的乔叟的接受历程受到英语接受史、英丹关系、世界大战、英语教育、课程设置、出版制度、阐释群体的个人背景等因素的影响。乔叟在词条、故事翻译或改写、文学史编撰或翻译、学术专著或论文、译本、图片、集子、网站、教材和儿童读物等之中出现,丹麦研究者和德国、瑞典、挪威和美国等国的文学史家和研究者有一定直接或间接的互动。乔叟的接受史涉及不同的阐释群体,不仅有译者和研究者,还有作家、文学史家、画家、教材编写者、朗读者、演员等人群。人们将乔叟置于世界文学史或英国文学史中的经典作家之列,把他看作是英国诗歌之父或自然之子,肯定其文学贡献。21 世纪,丹麦学界对乔叟的关注借助网络、视觉艺术和教材得以实现。

需要指出的是,丹麦学界更多关注的是《坎特伯雷故事》,18 世纪末到 19 世纪,《巴斯妇的引子和故事》和《序曲》最受关注,其次是《教士的故事》《骑士的故事》《商人的故事》和《扈从的故事》。20 世纪前 20 年,乔叟的其他诗作引起关注,比如《特罗伊勒斯和克莱西德》《公爵夫人之书》和《贞女列传》。20 年代到 40 年代,研究乔叟的专著出现,乔叟被看作自然之子,《律师的故事》《修女神父的故事》《平民地主的故事》和《教士跟班的故事》引起注意,目标读者涉及孩子。1940 年代到 1950 年代翻译达到高峰期,有了完整的《坎特伯雷故事》丹麦文译本,之前译者企图回避的《伙食采购人的故事》《医生的故事》《管家的故事》《卖赎罪券的教士的故事》进入读者视野。20 世纪 60 年代到 21 世纪,《磨坊主的故事》《厨师的故事》《海员的故事》和乔叟的短诗受到关注。显然,乔叟受到较为全面的认识和接受。他最受欢迎的作品是《坎特伯雷故事》及其中的个别故事,从起初的舞台表演介绍到几乎所有故事被翻译为丹麦文阅读。译者或编者在翻译或编撰中避免或删除市井故事或其中描写粗俗的内容,但从 20 世纪 60 年代起,这类故事也逐渐被接受。显然,丹麦人对乔叟的接受逐渐持宽容态度。但需要指出的是,除了约翰森译本涉及所有故事之外,《梅利别斯的故事》《堂区长的故事》《修士的故事》和《修女院院长的故事》并没有引起太多关注。

克里特阿德在历时和共时维度中梳理乔叟译介史和传播史的时候,中间穿插对某些翻译策略、语文学、学术观点的认可和纠错,对照译本和原文指出翻译措辞的确切与否,把乔叟置于欧美文学在丹麦接受的整体语境中考查。他不仅展示了不同时期阐释群体的对话过程和期待视野,而且表述了他对前人成果的接受度,形成自己的客观批评。他在论述中涉及乔叟经典地位的确立史、经典序列的形成史和艺术风格的阐释史,但未探讨乔叟及其作品在丹麦的影响史。

参考文献

[1] Barrington, Candace. *American Chaucers*. New York: Palgrave Macmillan, 2007.

[2] The Chaucer Society <http: //newchaucersociety.org/pages/entry-sub/schedule-13-july> (accessed 2018-11-21)

[3] Downes, Stephanie. "Chaucer in Nineteenth-Century France." *The Chaucer Review*, 3 (2015): 352-370.

[4] Ellis, Steve. *Chaucer at Large: The Poet in the Modern Imagination*. Minneapolis: University of Minnesota Press, 2000.

[5] Klitgård, Ebbe. *Chaucer in Denmark: A Study of the Translation and Reception History 1782 - 2012*. Odense: University Press of Southern Denmark, 2013.

[6] Teramura, Misha. "Chaucer Folios in Colonial America: A Correction." *The Chaucer Review*, 4 (2016): 503-514.

[7] Utz, Richard. *Chaucer and the Discourse of German Philology: A History of Reception and an Annotated Bibliography of Studies, 1793 - 1948*. Turnhout: Brepols, 2002.

[8] 曹航.乔叟在中国的译介与研究.《外语教学》, 2013(3): 89—92.

[9] 陈文忠.走出接受史的困境——经典作家接受史研究反思.《陕西师范大学学报》(哲学社会科学版),2011(4): 27—37.

[10] 郝田虎."'What's Past Is Prologue:' Medieval English Studies in China in Recent Decades (1978-2014)." *Journal of British & American Studies*,35(2015): 183—202.

[11] 石小军.日本乔叟研究百年考.《日语学习与研究》,2017(3): 95—109.

[12] 王荣.《坎特伯雷故事》在中国的经典化.《杭州电子科技大学学报》(社会科学版),2017(6): 54—60.

[13] 克努特·J.V.耶斯佩森.《丹麦史》,李明、张晓华译.北京: 商务印书馆,2012.

论《心是孤独的猎手》中的反讽艺术①

——驳“反犹太主义”误读

田　颖

(杭州师范大学)

摘　要：美国南方现代女作家卡森·麦卡勒斯的小说中有不少犹太人物形象，文本中的相关细节被公众指责带有“反犹太主义”的倾向。在一封“公开信”中，麦卡勒斯申辩，这是因公众不理解她作品中的反讽艺术而引起的误读。基于此，本文从麦卡勒斯唯一以犹太人为核心人物的长篇小说《心是孤独的猎手》入手，从文字反讽和结构反讽两个层面，剖析主人公犹太哑巴辛格的象征意义，以揭示反讽背后这部作品中被忽略的历史内涵与时代价值。麦卡勒斯借犹太哑巴辛格这个人物，不仅客观地再现了“新南方”种族隔离的现实，而且还对工业浪潮冲击下的南方种族政治进行了深刻的反思。

Abstract: Depictions about Jews in Carson McCullers's writings bring about a stern rebuke for "anti-semitism". In an "Open Letter", McCullers claims that such a rebuke is a misreading since readers are insensitive to irony in her works. In terms of verbal irony and structural irony, this paper attempts to explore the symbolic meanings and historical significance conveyed by a Jewish mute named Singer, a pivot in McCullers's first novel *The Heart Is a Lonely Hunter*. By the characterization of the Jewish mute, McCullers portrays the racial segregation in the New South and reflects upon the racial politics in the wake of industrialization.

关键词：麦卡勒斯；“反犹太主义”误读；反讽；种族政治

Key Words: McCullers; misreading of anti-semitism; irony; racial politics

一、引言

卡森·麦卡勒斯(Carson McCullers,1917—1967)是美国“南方文艺复兴”(the Southern Renaissance)时期重要的女作家，她的小说大都涉及美国南方的种族政治。但凡谈到美国南方，势必论及“种族”二字，两者似乎存在某种天然的联系。戴维斯(Thadious M. Davis)一语道破其中的玄机：“在关于美国南方的作品中，它(种族主题)总是更显而易见，这或许是因为文学中的种族问题在萌芽过程中暗藏对地域的关注，对理解以及再现土地、民族、习俗、礼仪和历史的关注，所有的这些将国家的这片地域与其他的地域区分开来。”(Davis,412)因此，“任何种族的南方作家几乎都不会忽视社会历史中的种族观念，即使并非所有的南方作家会为了他们的写作而公开选择种族问题”(同上,414)。

对于生于斯、长于斯的麦卡勒斯而言，她的写作也不例外。与同时代的美国南方小说家相比，麦卡勒斯不仅同情黑人，而且也关注其他的少数族裔群体，犹太人是频频出现在她作品中的人物。未曾料想，麦卡勒斯对犹太人物的刻画却招来极大的争议，甚至有读者谴责她的小说带有“反犹太主义”(anti-semitism)的倾向，这在当时的美国文坛引发了轩然大波。

二、为己一辩：“公开信”中的反讽线索

在麦卡勒斯的作品中有不少描述犹太人的细节。比如，在《心是孤独的猎手》(*The Heart Is a*

① 本文系2018年杭州市哲学社会科学规划课题基地项目“多重景观视域下的美国‘南方文艺复兴’小说研究”(2018JD19)的阶段性成果。

Lonely Hunter,1940)中,精明能干的犹太人几乎垄断了南方小镇的钟表修理行业,“他们(犹太人)在小镇的商业中心,都是动作敏捷、皮肤黝黑、个子矮小的犹太人”(麦卡勒斯,《心是孤独的猎手》,2005:95)①;在《伤心咖啡馆之歌》(*The Ballad of Sad Café*,1943)中,罗锅李蒙来到南方小镇。在场的“双胞胎里的一个说道:‘他(罗锅李蒙)要不是真正的莫里斯·范因斯坦,那才怪哩。”(麦卡勒斯,《伤心咖啡馆之歌》,2007:7)莫里斯·范因斯坦为何许人也?“其实他只不过是个动作迅速、蹦蹦跳跳的小犹太人……你只要一说是他杀了基督,他就要哭……只要有人缺少男子气概,哭哭啼啼,人们就说他是莫里斯·范因斯坦。”(同上,7—8);在《没有指针的钟》(*Clock Without Hands*,1961)中,白人药剂师马龙抱怨,正是犹太人抢走了他当医生的机会:“刻苦攻读的犹太学生把J. T.马龙挤出了医学院,摧毁了他当一名医生的前途——因此他改行开了一家药房。”(麦卡勒斯,《没有指针的钟》,2007:7)

以上细枝末节成为公众谴责麦卡勒斯的作品带有“反犹太主义”倾向的“佐证”。1943年8月,《伤心咖啡馆之歌》发表在《哈泼时尚》(*Harper's Bazaar*)杂志上。不久,麦卡勒斯收到一封署名为“一个美国人”的读者匿名信。这位读者在信中写道:

> 致尊敬的年轻作家:我刚刚开始读你的小说,但在第二页的末尾,你取笑了犹太人。当我了解到这是哪一家出版商之后,这样的小说能够得以发表也就不足为奇。你何不撇开种族话题,停下来去四周看看,了解一下谁是心术不正的大政客,谁是金融公司的头儿。或许还有你的朋友们刘易斯先生和希特勒。[我]一定会严厉抨击《哈泼时尚》,直到你和你们这种人学会像犹太人一样具有人性为止。(Carr, 2003:236—237)

这封匿名信让麦卡勒斯深受打击,她称之为“荒谬的指控”(同上,238)。为此,麦卡勒斯写了一封“公开信”,为自己申辩。她在信中写道:“当一个人对反讽(irony)感觉迟钝或者误解丛生时,作者很难有理有据地为原来的观点辩解。”(同上,237)至于作品中与犹太人有关的那些细节,麦卡勒斯给出如下解释:“她对待犹太人与她笔下所有的人物一样,都是按照传统、轻松的写法来处理的。她无意取笑犹太人……她对歧视任何少数族裔的行为都深恶痛绝。”(同上,238)

从这封“公开信”中,我们可以发现一条线索:麦卡勒斯在作品中对犹太人的描写看似“贬损”,实为“反讽”。作为读者,我们不由追问:她笔下的犹太人物到底在何种意义上构成了反讽?反讽的效果又是如何被呈现的呢?对于这些疑问,麦卡勒斯并未在“公开信”中给出答案。纵观她所有的作品,笔者认为最具代表性的犹太人物莫过于长篇小说处女作《心是孤独的猎手》中的哑巴辛格(Singer)。之所以这么说,是因为这部小说是麦卡勒斯唯一以犹太人为核心来展开情节的长篇作品,哑巴辛格正是全书人物关系的枢纽。依据作者在“公开信”中提供的反讽线索,我们若从辛格这一典型人物入手,应该不失为一个不错的突破口。

三、文字反讽:哑巴辛格的种族身份之谜

小说《心是孤独的猎手》原名为《哑巴》(*The Mute*)。故事以哑巴辛格为中心,分别围绕美国南方小镇的咖啡馆老板比夫·布瑞农、13岁少女米克·凯利、白人工运分子杰克·布朗特以及黑人医生马迪·考普兰德4个主要人物来展开情节。故事的叙述者始终没有道明哑巴辛格真实的种族身份,却给读者留下了一些蛛丝马迹。

细读文本,笔者发现有据可考的证据至少有5处:第一处来自黑人医生考普兰德对辛格种族身份的质疑:“‘高个,瘦长,灰绿色的眼珠?’考普兰德医生突然问道:‘对每个人都很有礼貌,穿得很讲究?[辛格]不像是这镇上的人——更像是北方人,也许是犹太人?”(80)第二处在考普兰德与辛格多次交流之后,他更加肯定辛格是犹太人,因为“他[辛格]真的不像别的白人……他理解的方式是其他白人所不能的。他倾听的时候,脸部是温柔的,犹太式的,一个属于被压迫民族的人的理解力”(128)。第三处在圣诞节的聚会上,叙述者以全知视角描述道:“哑巴一个人站着。他的脸有点像斯宾诺莎的一幅画像。一张犹太人的脸。”(179)第四处是叙述者讲述南方小镇盛传有关辛格的流言:“关于哑巴的谣言多种多样。犹太人说他是犹太人。”(191)第五处出现在小说的尾声,考普兰德最后断言:“辛格先生是犹太人……我相信他是的。这个名字,辛格。第一眼看见他,我就认出了他的种族。从他的眼睛。而且,他这样对我说过。”(285)

---

① 本文所引该小说的汉译本均采用陈笑黎译:《心是孤独的猎手》(上海:上海三联书店,2005)。后文只标明页码,以下凡引用不再一一说明。

结合上述文本考证,层层推进,笔者推断哑巴辛格的种族身份应该为犹太裔。可为何叙述者对此半遮半掩呢?我们可以从作者的小说手稿中一探究竟。在手稿中,麦卡勒斯谈到了她对辛格这个人物的构思:"与辛格相关的部分从来没有以主观的方式处理。风格是迂回曲折的。一部分原因是因为哑巴不是用言辞,而是凭视觉印象来思考,尽管他受过良好的教育。当然,这是他失聪的自然结果。"(McCullers,1999:165)由此可见,叙述者之所以对辛格的种族身份闪烁其词,其原因有二点:一是源自小说"迂回曲折"的文风,二是为了符合哑巴辛格的生理缺陷。这些都给这部作品增添了几分神秘感,难怪读者需颇费一番心思才能确定哑巴辛格的犹太裔种族身份。

那么,犹太哑巴辛格与麦卡勒斯在"公开信"中所说的"反讽"又有何关联?若要回答这个问题,首先须厘清"反讽"这个概念。简而言之,反讽即为"正话反说"(saying what is contrary to what is meant)(Colebrook, 1)。美国著名的文学理论家艾布拉姆斯(M. H. Abrams)以反讽的表现形式和功能为依据,对之进行了分类,文字反讽(verbal irony)和结构反讽(structural irony)是其中最主要的两大类型。

依据艾布拉姆斯的定义,文字反讽指的是"在表述中,说话者的意图与字面所表达的意思大相径庭"(Abrams,135)。《心是孤独的猎手》是一部自传体小说①,因此笔者认为故事中的"说话者"与"作者"相差无几。小说中的犹太哑巴名为约翰·辛格(John Singer),在英语中"singer"意为"歌者""歌手",但聋哑人辛格只能依靠手语与他人交流。在小说中,叙述者对辛格的身世一言带过:"尽管他[辛格]还是婴儿时就聋了,但他从来就不是真正的哑巴。很小的时候他成了孤儿,被送进聋哑儿收养院。他学会了手语和阅读。"(10)但是,辛格厌恶自己的声音,"他[辛格]能感觉到自己的声音像某种动物或者听起来很恶心。用嘴说话对他是件痛苦的事,他的双手却总能打出他想说的话"(11)。后来,辛格来到无名南方小镇,他遇见了另一个哑巴希腊人斯皮诺思·安东尼帕罗斯,从此两人相依为命。"从那以后,他[辛格]再也没用嘴说过话"(11)。

在小说手稿中,麦卡勒斯对哑巴辛格这个人物的塑造有如下描述:"表面上,他[辛格]是友善和协作的典范——但他身边的一切事物都无法干扰到他内在的自我……他所有更深层的情感只与唯一的朋友安东尼帕罗斯有关,只有在他面前,辛格才能表达自我。"(McCullers,1999:165)正是在这个意义上,麦卡勒斯认为辛格是一个"扁平人物"(同上,165),因为"在书中所有的主要人物中,辛格最简单。由于他的聋哑症,他与其他人群平凡的人类情感隔绝到了一种病态的程度"(同上,165)。参照艾布拉姆斯对"文字反讽"的定义,在小说《心是孤独的猎手》中,说话者/作者的意图(辛格的缄默不语以及他对众人的疏离)与辛格名字"singer"的字面之意(舞台上热力四射、善于表达自我的歌手)形成了鲜明的反差,从而构成了典型的文字反讽。

艾布拉姆斯认为,文字反讽的内涵只有聪慧的读者和不以字面意思断章取义的少数派才能理解,"这也是很多文学反讽作家被误解的原因,他们时常会跟脑子不灵光的权威人士们惹上大麻烦"(Abrams,135)。由此可见,公众对麦卡勒斯作品"反犹太主义"的误读与她作品中的反讽艺术的确不无关联。

四、结构反讽:"车辐-车轴"图示中的悖论

巧合的是,麦卡勒斯承认"这部作品(《心是孤独的猎手》)的根本观念是反讽的"(McCullers,1999:183),并且"随着故事的发展,这种情势中的反讽越来越显著地逐渐稳步推进"(同上,164)。如果说"文字反讽"只关注文本的字面意义,那么"结构反讽"则是在此基础之上的"稳步推进"。后者要求读者潜入文本内部,进行更加深入的剖析,因为在结构反讽中"作者……采用一种结构上的特性,以维持贯穿作品始终的双重意义和评判(a duplex meaning and evaluation)"(Abrams,135)。

麦卡勒斯将小说中错综复杂的人物关系概括为"车辐-车轴"(the spokes of a wheel)的图示(McCullers,1999:179),这就构成了一个圆形的社交圈:犹太哑巴辛格是圆心(即车轴),而其他人物则分散在圆周各处(即车辐)。按常理,人与人之间的交往应该是双向互通的。在正常的社交圈中,"向心力"与"离心力"并存,即处于圆心位置的犹太哑巴辛格与圆周各处的其他人物应有来有往,彼此呼应。但是,"车辐-车轴"的图示结构却是一个"怪圈":核

① 麦卡勒斯的少女时代在美国南方的佐治亚州度过,她创作的成长小说《心是孤独的猎手》影射了作者本人的成长经历。因此,评论界通常认为这部小说带有很强的自传色彩。参见 Carr, Virginia Spencer. *The Lonely Hunter: A Biography of Carson McCullers*. Athens and London: The University of Georgia Press, 2003,第1—40页。

心人物辛格远离人群，他几乎不与外人来往；而其他4个主要人物——比夫、米克、杰克和考普兰德——都不约而同地把辛格作为倾诉对象，辛格对此却漠然视之。

作家寇挥认为，这4个主要人物与犹太哑巴辛格的关系是"可以倾吐，可以倾听，可是双方的信息丝毫也不能抵达——这样一个结构本身就达到了文学的形而上阶段"（寇挥，276）。依笔者之见，"文学的形而上"在结构反讽中得到了淋漓尽致的体现，一个不易察觉的悖论隐匿其中。

一方面，哑巴辛格与南方小镇居民相处融洽。他往往被当作忠实的聆听者，小说中的4个主要人物向他倾诉各自的秘密和心声，在他们眼中"辛格先生和别人都不一样"（170）。不仅如此，几乎所有的小镇居民都认识哑巴辛格，视他为知己。"散步时，他[辛格]经常被人叫住聊天。各式各样的人都认识了他。"（190）甚至，"一个孤独的土耳其人，多年前流浪到小镇……他说哑巴听得懂他的土耳其语……一个农村的老人说哑巴来自离他家不远的地方"（191）。可见，犹太哑巴辛格就生活在小镇人群之中，并深得他们的信任。从这个意义上说，哑巴辛格是整个南方小镇人物关系的核心，他身居其中。

但另一方面，哑巴辛格与南方小镇并非完全相融。"22岁时他从芝加哥来到这个南部的小镇"（11），一待就是10年。身为外来客，犹太族裔的种族身份让他与小镇有些格格不入。多年来，有关他的各种传闻从未间断过，"关于他的流言越来越离奇。一个黑人老妇告诉无数的人说他知道死人的灵魂回到人世的方式。一个计件工声称他曾和哑巴在州里别处的一个工厂工作过——他讲的故事很神奇。富人们觉得他是富人，穷人们觉得他是和他们一样的穷人……每个人都根据自己对辛格的愿望来描述这个哑巴"（211）。显然，辛格与南方小镇之间总是存在隔阂，尽管小镇居民都喜欢他，但他与人群并不亲近。辛格的社会关系极其简单，他身边最亲密的人只有另一个哑巴安东尼帕罗斯。但是，"两个哑巴没有别的朋友，除了工作时间他们总是两个人独自待在一起。每一天都和前一天没有什么不同，他们过于离群索居，几乎没有什么能扰乱他们的生活"（5）。当同伴被关进疯人院后，辛格感到"他被留在了陌生的国度。一个人。他睁开了眼睛，周围有许多事他不能理解。他感到困惑"（194）。在这个层面上说，犹太哑巴辛格把自己置身于南方小镇的社会生活之外。

由于辛格无法完全融入小镇的社交圈，散步成为他独有的生活方式。"辛格变了。他经常出去散很长时间的步，安东尼帕罗斯走后的最初几个月内他常常这样。他的散步绵延数里路，小镇的四面八方他都走遍了。"（189）在散步途中，辛格"逛遍了镇上的每个角落，他以心灵之眼作画，为我们勾勒了一个被编码、被规划之后的小镇景观里的'地图空间'"（田颖，29—30）。辛格在绘制这幅地图的同时，也是地图的观看者。地图有一个重要的特质："观看的人同时既在其中，又在其外……它[地图]通过一种神奇的分裂，让观看的人同时身处两个地点。"（布罗顿，8）犹太哑巴辛格身上的矛盾性就集中体现在这种"神奇的分裂"之中——他既生活在南方小镇中，身处人际关系的核心，但他又内心孤独，沉默不语，不被外界所知。对南方小镇来说，犹太哑巴辛格既是局内人，又是局外人。

派尔（Steve Pile）在《身体与城市》（*The Body and The City*，1996）一书中探讨了散步者（walker）与城镇空间的关系。他认为："在一定意义上，散步（walking）往往涉及场所的缺失（不在某处）。"（Pile，226）据此说来，犹太哑巴辛格毫无目的的散步看似轻松自在，实则意味着个体的生存感、归属感和家园感的丧失。当唯一的亲密同伴安东尼帕罗斯病死在疯人院之后，辛格失去了生活的希望，他对小镇的一切毫无依恋，最后决定结束自己的生命。在开枪自杀的前一刻，辛格还坚持散步的习惯，他以散步这一特殊的方式向小镇作最后的告别。

伴随辛格之死，故事戛然而止。在"车辐-车轴"的图示中，麦卡勒斯营造出了结构反讽的效果，一个悖论蕴含其中：犹太哑巴辛格既置身于南方小镇的人群之中，身居社交圈的核心，但他又被南方小镇的居民所不知，游离在小镇社会之外；辛格似乎是所有人的知音，但犹太少数族裔身份把他与外界隔绝开来，他与同为少数族裔的希腊哑巴安东尼帕罗斯惺惺相惜。于是，结构反讽所具有的"双重意义和评判"便贯穿于这个社交"怪圈"中：既是局内人亦是局外人的双重身份让犹太哑巴辛格与南方小镇保持了适度的距离，他既能融入其中，也可游离其外。站在如此超然的立场上，辛格可以用内外兼有的双重视角来审视小镇上发生的一切。

五、反讽背后："新南方"工业城镇的种族政治

在艾布拉姆斯看来，结构反讽往往还有一个"天真的主人公"（Abrams，135），而"作者在场的隐含视角就在这个天真人物的背后"（同上，135—136）。依笔者之见，犹太哑巴辛格即为小说中"天真的主人

公”。如前文所述,局内人兼局外人的双重身份让辛格能够客观、冷静地观察无名南方小镇。因此,在一定意义上,他是小镇的观察者(observer)或监视者(overseer)。麦卡勒斯借哑巴辛格之眼记录了发生在小镇上的一切:“哑巴[辛格]的眼睛像猫一样冷淡而温和”(22),“他灰色的眼睛仿佛把周围的一切尽收眼底,他的脸上永远是那种平静的表情——几乎是极度智慧或极度悲哀的人独有的表情”(191)。科尔布鲁克(Claire Colebrook)也持有类似的观点,他指出反讽的一种模式是“作者以某种方式躲藏在作品背后,但作者并不想要或打算告知作品到底说了些什么”(Colebrook,5)。继上文分析了小说中的两种反讽艺术之后,我们进一步探讨躲藏在主人公辛格背后的作者到底想要言说什么。

麦卡勒斯研究专家赫逊(Larry Hershon)认为,“对于麦卡勒斯笔下的犹太人物,结合她所处的时代和地域——南方及南方之外,就能发现她作品中的张力,从而揭示她对‘犹太人’及犹太性的理解”(Hershon,53)。换言之,若要发掘犹太哑巴辛格这一人物的深意,我们不得不考察这部小说的时代语境和美国南方历史。

《心是孤独的猎手》于1940年问世,这是一个经历了南北战争、第一次世界大战与战后重建之后的新时代,一个工业化的“新南方”正在崛起。在“新南方”热衷者的支持下,南方工业迅猛发展,纺织业成为南方经济的支柱。历史学家布林克利(Alan Brinkley)在《美国史》(*American History: A Survey*, 2019)一书中记录了这段历史:“在过去的20年里[19世纪末20世纪初],纺织工业增长了九倍。在过去,南方种植园主通常要把当地的棉花运到北方或欧洲的加工厂。如今,纺织工厂在南方纷纷出现。”(布林克利,643)

纺织业的兴起加快了“新南方”的都市化进程,小说中的无名南方小镇在这股工业热潮中应运而生。在小说手稿中,麦卡勒斯详尽描述了它的地理方位、规模和布局:“小镇位于佐治亚州的正西部,毗邻查塔胡奇河,正好跨越阿拉巴马州的边界线。小镇的人口约有40 000——镇上大约1/3的居民是黑人。这是一个典型的工厂社区,几乎所有的商业机构都集中在棉纺厂和小型零售店的周围。”(McCullers,1999:182)南方工业城镇的发展需要大量的雇佣工人,包括黑人在内的贫困少数族裔是主要劳动力,但与北方相比,南方工业城镇的雇佣制度极其不公:“南方对工业家最大的吸引力就是在这里雇主只需付给工人微薄的工资,仅相当于北方工人的一半。在大多数工业城镇,工人们的生活被雇主和工厂老板严格控制……因此,一些工业城镇成为黑人文化与白人文化接触最近的地方。这种接近与其说促进了种族和谐,还不如说坚定了白人采取更多措施保护自身霸权的决心。”(布林克利,644)显而易见,“新南方”工业城镇的发展加剧了种族冲突。尤其在南北战争之后,南方各州实施了《吉姆·克劳法》(*Jim Crow Laws*)①,这进一步激化了由来已久的种族矛盾。

具体到小说中,犹太哑巴辛格是南方小镇种族冲突和种族矛盾的观察者和目击者。比如,在小说开篇,午夜时分,辛格安静地坐在比夫的咖啡馆里,他目睹了这样一幕:当黑人医生考普兰德走进咖啡馆时,店内立马有白人顾客抗议:“你不知道吗,白人喝酒的地方,不许带黑鬼进来。”(22)随着故事情节的推进,小镇的种族矛盾被进一步激化。考普兰德在圣诞节召集了一场黑人同胞的聚会,哑巴辛格是唯一受邀的白人。在聚会上,考普兰德发表了一场演讲,控诉美国南方社会的种族歧视:“我们[黑人]被迫在我们活着的几乎每一个小时,出卖我们的劳动力,我们的时间,我们的灵魂。我们从一种奴隶制中获得解放,却踏入了另一种奴隶制。”(182)哑巴辛格始终站在一旁静观:“辛格先生是最后一个走的。他真是一个好人。他是一个有智慧和真正知识的白人。他身上没有一丝卑鄙的傲慢。所有的人都走了,他是唯一留下来的。”(186)

犹太哑巴辛格观察到的这一切彰显了“新南方”现代城镇中的矛盾。尽管工业的迅猛发展带来了南方经济的复苏,但不公正的雇佣制度和历史遗留下来的种族问题让南方的种族冲突愈发激烈。黑白关系是美国南方种族政治的核心,但南方的种族矛盾又不啻是黑人与白人之间的冲突,信奉“白人至上”的南方主流社会同样也歧视其他的少数族裔群体。特别是在1939年9月第二次世界大战爆发之后,纳粹党的反犹太政策愈发极端化。在动荡的20世纪40年代,欧洲法西斯的幽灵开始在这个美国的南方

① 1890年至1910年,南方各州通过了“吉姆·克劳法”(Jim Crow Laws),这项法律得名于当时的一个由白人扮演黑人的黑脸歌唱团(minstrel shows)表演的一首歌曲,歌名为《南方有很多吉姆·克劳法》(“The South Had Many Jim-Crow Laws”)。“吉姆·克劳法”奉行“隔离但平等”(separate but equal)的原则,要求在铁路、公交、医院、旅馆、剧院、饭店等公共场所明确标记“白人区”和“有色人种区”,因此“吉姆·克劳法”在本质上是实行种族隔离的法律。直到1964年新的《民权法》(“The Civil Rights Act of 1964”)和1965年新的《选举法》(“The Voting Rights Act of 1965”)得到全面实施之后,“吉姆·克劳法”才真正失效。详见高卫红.《20世纪上半期美国南方文化研究》.沈阳:辽宁人民出版社,2015,第33—34页。

小镇上游荡,集权政治让南方的种族政治斗争变得更加残酷、激烈。如此重大的历史事件对麦卡勒斯的写作产生了巨大影响。正如美国南方文学研究专家布林克迈尔(Robert H. Brinkmeyer)所言,"《心是孤独的猎手》再现了在南方小镇上势力大涨的欧洲法西斯主义,瞬息万变的时代和令人麻木的异化让这个小镇四分五裂"(Brinkmeyer,239)。

在这样的历史语境中,我们也就不难理解,为何麦卡勒斯将哑巴辛格的种族身份设定为犹太人。在小说中,黑人医生考普兰德的一席话道出了其中的原委:

> "纳粹剥夺了犹太人的法律、经济和文化生活。这里,黑人也一直被剥夺了这些。如果说在德国发生的对钱物成批的和戏剧化的抢劫,并没有发生在这里,那不过是因为黑人从一开始就没有致富的机会。"
>
> ……
>
> "犹太人和黑人,"考普兰德医生痛苦地说:"我们同胞的历史将和犹太人漫长的历史相提并论——只会更血腥,更野蛮。"(285)

无独有偶,在麦卡勒斯的第三部小说《婚礼的成员》(*The Member of the Wedding*,1946)中,黑人厨娘贝丽尼斯发出了同样的感叹:"没有战争,贝丽尼斯说,欧洲的树上没有悬挂僵直的尸体,任何地方都没有犹太人遭到杀戮。"(麦卡勒斯,《婚礼的成员》,2005: 99)从这些文本证据中,我们可以发现,在麦卡勒斯看来,黑人与犹太人这两个少数族裔群体的历史有不少相似之处,她对黑人和犹太人都抱以同情的态度。这一点也可以在卡尔(Virginia Spencer Carr)所写的麦卡勒斯传记中得到印证:"卡森具有强烈的社会意识,她对任何被压迫的民族或种族群体都抱以深情。"(Carr,2003: 135)

麦卡勒斯自认为"聋哑人约翰·辛格是一个象征"(McCullers,2005: 276)。行文至此,犹太哑巴辛格的象征意义便超越了个人命运的维度,从而具有了时代感,成为20世纪40年代美国南方少数族裔群体的缩影。难怪,卡尔认为,作为小说的枢纽人物,犹太哑巴辛格"是一个恰当的媒介,他表达了作者对凄凉的孤独感与人类境遇中固有孤寂的洞悉"(Carr,1990: 17)。卡尔的这番话道明了一个真相:在反讽背后,作者麦卡勒斯的未可言说之物借犹太哑巴辛格这个"恰当的媒介"表达出来。通过塑造辛格这一人物,麦卡勒斯不仅客观地再现了"新南方"种族隔离的现实,而且还对工业浪潮冲击下的南方种族政治进行了深刻的反思。在工业浪潮中崛起的"新南方"正潜藏着一触即发的种族危机,这导致现代南方城镇的情感结构必定是人与人之间的异化与隔绝。

综上所述,公众对麦卡勒斯作品"反犹太主义"倾向的谴责确实为误读,不仅脱离了作品的社会历史语境,而且也完全曲解了作者的写作意图。

参考文献

[1] Abrams, M. H. *A Glossary of Literary Terms* (Seventh Edition). Beijing: Foreign Language Teaching and Research Press & Thomson Learning, 2004.

[2] Brinkmeyer, Robert H. Jr. *The Fourth Ghost: White Southern Writers and European Fascism, 1930 - 1950*. Baton Rouge: Louisiana State University Press, 2009.

[3] Carr, Virginia Spencer. *The Lonely Hunter: A Biography of Carson McCullers*. Athens and London: the University of Georgia Press, 2003.

[4] Carr, Virginia Spencer. *Understanding Carson McCullers*. Columbia: University of South Carolina Press, 1990.

[5] Colebrook, Claire. *Irony*. London and New York: Routledge, 2004.

[6] Davis, Thadious M. "Race and Region." *The Columbia History of the American Novel*. Ed. Emory Elliott. Beijing: Foreign Language Teaching and Research Press & Columbia University Press, 2005. 407-436.

[7] Hershon, Larry. "Tension and Transcendence: 'The Jew' in the Fiction of Carson McCullers." *The Southern Literary Journal*, 41.1 (2008): 52-72.

[8] McCullers, Carson. "The Flowering Dream: Notes on Writing." *The Mortgaged Heart*. Ed. Margarita G. Smith. Boston: Houghton Mifflin, 2005. 274-282.

[9] McCullers, Carson. *Illumination and Night Glare*. Ed. Carlos L. Dews. Madison: The University of Wisconsin Press, 1999.

[10] Pile, Steve. *The Body and the City: Psychoanalysis, Space and Subjectivity*. London and New York: Routledge, 1996.

[11] 艾伦·布林克利.《美国史》(第13版).陈志杰等译.北京: 北京大学出版社,2019.

[12] 高卫红.《20世纪上半期美国南方文化研究》.沈

阳：辽宁人民出版社，2015.
[13] 杰里·布罗顿.《十二幅地图中的世界史》.林盛译.杭州：浙江人民出版社，2016.
[14] 卡森·麦卡勒斯.《婚礼的成员》.周玉军译.上海：上海三联书店，2005.
[15] 卡森·麦卡勒斯.《没有指针的钟》.金绍禹译.上海：上海三联书店，2007.
[16] 卡森·麦卡勒斯.《伤心咖啡馆之歌——麦卡勒斯中短篇小说集》.李文俊译.上海：上海三联书店，2007.
[17] 卡森·麦卡勒斯.《心是孤独的猎手》.陈笑黎译.上海：上海三联书店，2005.
[18] 寇挥.《我的世界文学地图》.北京：北京十月文艺出版社，2018.
[19] 田颖.论《心是孤独的猎手》中的空间与权力.《当代外国文学》，2015(4)：27—33.

本·琼森《变形的吉卜赛人》中的异位区域书写与不列颠想象①

王永梅
（西南大学）

摘　要：本·琼森宫廷假面剧《变形的吉卜赛人》是对詹姆士一世关于英格兰和苏格兰"联合计划"的检阅和对大不列颠想象的书写。作品充斥着大量与吉卜赛人有关的法律书写，与早期现代不列颠"联合计划"语境下针对吉卜赛人身份与活动颁布的公告和法规形成呼应，并指向吉卜赛人异常活跃的"异位区域"，即边界等"异常法律区域"和"魔鬼之尻"等"特殊地理区域"。吉卜赛人在这些区域颇具异质性和颠覆性的活动使他们成为"联合计划"中不列颠想象的恰当转喻，昭示着以"完美联合"为旨归的不列颠想象的脆弱与虚妄。

Abstract: Ben Jonson's court masque *The Gypsies Metamorphosed* is a review of the Jacobean "Union Project" and a manifestation of the British imagination. There are many legal references in it and they work in accordance with the proclamations and statutes against gypsies in early modern Britain under the "Union Project", which takes readers into such "anomalous legal zones" as the borders and special geographic places like "The Devil's Arse". They are "atopias", where gypsies used to be very active. Their heterogeneous and subversive activities in these areas make them an appropriate metonym for the British imagination under the "Union Project", suggesting its fragility and illusiveness in pursuing a perfect and seamless Union.

关键词：《变形的吉卜赛人》；联合计划；法律文献；异位区域；不列颠想象

Key Words: *The Gypsies Metamorphosed*; Union Project; legal documents; atopia; British imagination

一、引言

自16世纪初吉卜赛人进入不列颠到17世纪初的100年间，海外扩张、英格兰和苏格兰王室联合等大的社会语境和历史事件无不活跃着他们的身影。故"文学和其他文化形式中对吉卜赛人形象的建构及其政治影响已成为近些年学术领域持续关注的话题"（Matthews，138）。作为斯图亚特王朝最重要的宫廷假面剧作家和桂冠诗人，本·琼森（Ben Jonson）利用假面剧这一剧种强大的政治潜势为新王朝摇旗呐喊，同时表达自己的隐忧。《变形的吉卜赛人》（*Gypsies Metamorphosed*）（1621）（以下简称《变形》）即是一例。作品有很强的时事指涉，旨在通过对吉卜赛人这一特殊群体的再现，展开对詹姆士一世成为英格兰和苏格兰共主之后推出"联合计划"（Union Project）之检阅和颂扬："他在自己辖下的两国建起/这流芳百世、彪炳千秋的伟业（1348—1349）。"②剧作中充斥着大量与法律有关的书写和独特的空间再现，与"联合计划"语境下针对吉卜赛人身份和活动颁布的公告、法规形成呼应，并指向其活跃的边界和山洞等"异位区域"（atopia）。吉卜赛人在这些地区

① 基金项目：本文为2014年度国家社科基金一般项目"英国16、17世纪文学中的地理意识与国家想象研究"（项目编号：14BWW045）、2017年度中央高校基本科研业务费项目"欧美文学的前沿性研究"（项目编号：SWU1709121）和2019年度国家社科基金一般项目"英国文艺复兴时期戏剧阅读及其影响研究"（项目编号：19BWW080）的阶段性成果。

② 本文文本引用除特别指明外均出自 Ben Jonson, *Ben Jonson: The Complete Masques*, ed. Stephen Orgel, New Haven and London: Yale University Press, 1969，第316—373页。文中只标出行号，不再另注。

颇具异质性和颠覆性的活动及其善变身份的操演性特征使之成为“联合计划”中不列颠想象的恰当转喻，昭示以“完美联合”为旨归的不列颠想象与建构在其肇始阶段就已蕴含着脆弱性和虚妄性。

二、“联合计划”与边界“异常法律区域”的吉卜赛人

《变形》是琼森受国王宠臣白金汉公爵(the Duke of Buckingham)委托所创，大部分台词由廷臣扮演的吉卜赛人道出，首领由公爵担任，其余人等由其亲朋好友饰演；主要内容由吉卜赛人对国王、王子、达官贵人和宫廷命妇等在场人士的算命组成。作品对“联合计划”之产物——“大不列颠”进行了想象性再现；该计划随着国王即位很快就被提上了议事日程。在1603年3月召集的第一次议会中，国王引经据典，从亨利七世结束玫瑰战争统一英格兰之壮举，引出自己将一统大不列颠之伟业，并指出后者比前者更加伟大：“两大王室家族的统一是无法与两大古老而著名王国的联合相提并论的……”(Stuart,271)在论及王国联合原因时他雄辩道：

> 诸位，难道你们不记得……这个王国曾分裂为七个小王国？难道它们不是因统一而变得强大？……难道上帝不是首先从语言、宗教和相同习俗将这两个王国联合在一起？难道他不是把我们安置在同一岛上，被大海包围，其自身从本质上无从分割，就像那些先前居住在边界的人们无从区分、知晓和辨识彼此的界限一样？(同上,271—272)

这一系列反诘句的运用，加上递进似的类比，从历史、宗教和地理视角力陈联合之必要与好处，产生了颇具信服力的修辞效果，成为联合话题的语用范本，边界从此进入国家政治话语。在《英格兰和苏格兰联合公告》(*A Proclamation for the Uniting of England and Scotland*)中，边界更是重心和焦点，要变得“……不再是两国之尽头，而是国家之腹地”(Larkin & Hughes,18)。公告赋予边界特殊的地理和政治价值，意义重大，“地理概念决定其他观念，想象的、地貌的……和大体来讲文化上的观念”(Said,108)；于是，新的地理认知和书写成为可能，“联合计划”下的大不列颠国家想象得以展开；对以吉卜赛人为代表的边民管理及成效成为衡量该计划成功与否的标尺，构成新国家想象中的要素。时值国王发布联合公告近20年和再次“北巡”，《变形》将吉卜赛人引入边界话语颇具深意。这一点从帕特拉克(Patrico)一出场就已得到体现：“……我是使者/为边界带来秩序，/是规矩和法官，/也是秩序的传声筒”(134—137)。

然而，“联合计划”的实施远不如预想那般顺利，10多年过去，边界地区秩序依旧糟糕，而吉卜赛人在其中扮演了重要角色。苏格兰两大吉卜赛家族之一的“福”(Faw)家族长期出没于该地区，那儿的牧场被边界包括吉卜赛人在内的盗匪流民占据。(Simson,236—249)时任“中部郡县”长官的坎伯兰伯爵(Earl of Cumberland)和华登勋爵(Lord Walden)曾写信向国王报告该地抢劫肆虐的情况，为此，枢密院(The Privy Council of England)在国王的支持下于1616年2月下令予以干涉和严惩(The Privy Council of England,404—408)；次年，国王发布《关于更好、更和平地管理诺森伯兰、坎伯兰和威斯特摩兰等中部郡县的公告》(*A Proclamation for the better and more peaceable government of the middle Shires of Northumberland, Cumberland, and Westmerland*)，又一次重申“联合”意味着“两国过去之边界，现在成为不列颠联合王国之中部郡县”(Larkin & Hughes,374)，要求各级执法人员严格执行有关法律法规，成为《变形》中吉卜赛人遭遇的潜文本：“老眼昏花的法官/会将我们四处捉拿/为我们戴上脚镣手铐或枷锁/然后将我们剥去衣物/再对我们施以暴虐”(207—211)，“这是一群吉卜赛人，是治安官追捕过的最勇敢的一群新吉卜赛人，是很好的猎物”(701—703)，“如果警察来了，/他会用他那锣鼓般的吼声/将我们吓傻(817—819)。嬉笑调侃间，法律视角下吉卜赛人的历史浮出水面。”

不列颠的吉卜赛人是“一个得到特殊照顾又受到迫害的群体”(Netzloff,153)。由于起初被当作埃及人，故“Gypsy”一词由“Egyptian”缩略而成。(Acton,61)事实上，关于吉卜赛人的来源，学界至今仍是众说纷纭：有人认为他们是“从埃及逃亡的奴隶，害羞而多疑，很容易进入山区、森林和沼泽”(Simson,22)；也有人认为他们实际上是德国犹太人，被不公平地指责为1348年瘟疫的罪魁祸首，躲在森林里逃避迫害(转引自Nord,8)；更多人认为他们来自印度。每一种来源都指向吉卜赛人被流放、受迫害和替罪羊的身份。当歌手兼主持的杰克曼(Jackman)宣称“……我们是一个衣衫褴褛的(tattered)民族”(112)时，历史长河中吉卜赛人的穷困境遇和因受法律驱赶被迫流浪的画面得以浮现。来源神秘的吉卜赛人成为其自身生存方式的象征性符码，“正是这种……神秘，一直将吉卜赛人与一种模棱两可、隐秘或伊甸园似的……比喻联系在一起”

(Nord,173),并由此决定其生存方式与活动空间。

吉卜赛人的迁徙历史使他们形成流浪生活方式:通常自主经营,不局限于某个区域,不依赖某片土地,“但也一直对土地有不同程度的需求”(Okely,36);遗憾的是,他们“……对土地几乎没有任何控制,(这一点)成为其与主流社会矛盾之根源”(同上,125),致使政府针对他们发布一系列法令和公告,将其逼到一些特殊的地理区,比如边界。管理和控制他们的责任“落在国家代理人身上,包括教区警察、地方法官……,后来还有地方官员”(Mayall,43),《变形》中充斥着这样的人士。然而,作品中吉卜赛人顺利而不为人知地偷取那几个乡下人的钱财,暗示政府处理他们犯罪问题的低效无为,与不断出台和强化的法规彼此印证;吉卜赛人由此构成不列颠帝国想象中的异质成分。

本顿(Lauren Benton)在“探索地理想象与帝国法律实践之间……的交叉点”(Benton,xii)时,关注到“地理话语与主权主张相关的法律实践之间的新联系”(同上,xiii),视山区、海洋、飞地等为“特殊的法律区域”(同上,xiii),即“异常法律区域”(anomalous legal zone),指帝国内出现一系列法律变化的地区。(同上,6)詹姆士国王通过公告和立法将两国原有边界抹去,重构为大不列颠帝国之“中部郡县”,成立“边界委员会”,实际上就是创建一种“异常法律区域”,采用“整肃土地”方式,对其进行特别“管理”,效果“显著”:1609年,苏格兰大法官丹弗姆林伯爵(the Earl of Dunfermline)将边界地区描述为没有住民的风景区:“干净”“清洁”“自由而空旷。”(转引自Netzloff,144)然而,12年后帕特拉克重提边界秩序和重申边界规矩或许可以说明伯爵所述边界地区已再次充满纷扰,也或许该地区从未真正“干净、清洁、自由而空旷”过。

三、我们保留自己的王国:吉卜赛人与新王国内特殊地理区域

吉卜赛人来源神秘,其特殊的生活方式与空间、地理有着天然联系。《变形》一开场,杰克曼对此以一种类似密语的方式加以介绍:

> 请大家为五位埃及王子让道……看着他们……尤其注意那个最小也是最勇敢的人儿,他是从弗林特郡(Flintshire)贾斯蒂斯·贾格(Justice Jug)女儿的肚子蹦出来的。贾格当时是该郡的治安官,其女儿与我们首领族人私奔,贾格追到边界地区……这个远近闻名的小东西……吃着残羹冷炙,虽然已7岁,但看着不足5岁……因此,在他能……自己去到酒馆,或者把偷来的东西交给适当的人,或者划开别人的钱包,或者伪造文件之前,最好把他像包袱一样……与偷来的东西和食物一起扛着,以摆脱警察的追捕,在夜间逃到吉卜赛人树篱边儿上的贼营或老窝。(52—80)

引文几乎囊括了传说和现实中吉卜赛人的特点。不仅如此,还可以发现:除边界外,其他隐秘的地方(比如树篱边儿)也常常活跃着他们的身影:放浪形骸,非法营生,是官府重点缉拿的对象。有趣和讽刺的是,他们似乎不把官府放在眼里,懂得如何与其周旋;贾格的女儿被吉卜赛人拐走并怀孕,作为治安官的父亲最后竟也无能为力,只好与之和解。此外,他们还有自己的语言。杰克曼在介绍其非法行径时,全采用部族行话,并以此为傲。这一点很快得到升级:“如果诸位不明就里,那正合吾意,我们不会解释,就让大家听不懂;然而,要是有谁怀疑我们语言的重要性,请他参看由黑话学者用吉卜赛语言编写的《盗贼行话宝典》。”(97—102)言语胆大妄为、挑衅十足,暗指他们在吉卜赛社区和家庭坚守自己的语言,将部族紧紧团结在一起。

关于这群吉卜赛人来自何处,杰克曼唱道:“紧挨着著名的德比山顶(Peak of Derby)/正是魔鬼之尻(the Devil's Arse)/那是我们每年集合之地/吉卜赛人就这样成群集结。”(107—110)的确,吉卜赛人总是成群出现,一个部族通常能组成小小的社区,内部具有一定的自治特征,俨然一个独立王国,有一套自己的行事规则:“因为我们保留自己的王国/从未对法律逾越过一星半点儿/它们可是在你山上那著名的宫殿制定/如果我们认为羊肉、羔羊肉或小牛肉/小鸡、阉鸡、火鸡非偷不香/那么我们的《大宪章》则教导我们/任何花钱买的食物都不健康。”(235—242)话语承接前文中关于吉卜赛语言的骄傲,直言“保留自己的王国”,有自己的宫殿,制定并遵守自己的法律,更有自己的《大宪章》,与前文论及的政府针对他们制定的公告和法规形成有趣的互文,解释了吉卜赛人部族/社区与政府之间强烈的对抗性。

“你山上那著名的宫殿”一语双关:一方面指白金汉公爵刚得到的位于拉特兰郡(Rutland)的庄园,名曰“山上的伯利”(Burley-on-the-Hill),是国王1621年北巡的第一站,也是《变形》首演的地方;另一方面指传说中吉卜赛人首领的宫殿所在地和秘密大本营,即“魔鬼之尻”,是作品大肆渲染的地方。其名得于一段闹剧般的民谣,与其始祖科克·罗雷尔(Cock

Lorel)宴请魔鬼有关：

科克·罗雷尔定要邀请魔鬼做客，
有一次请他到山顶赴宴，
魔鬼从未在这里参加过
由一个罪人准备的宴会。
……
……然后他大吃特吃；
……
一阵狼吞虎咽后
他要了满满一桶德比麦芽酒；
将酒桶举到鼻前
一口气喝光了所有。
随后他突然从桌边起身，
满桌的菜肴和酒水
被他一声响屁吹散殆尽
此后这里就叫魔鬼之尻。
那一声巨响也将这里变成了洞窟，
洞门一直大开……(975—1040)

在这则滑稽粗俗的民谣中，其始祖的"罪人"身份是该时期吉卜赛人的真实写照，其名字科克·罗雷尔(Cock Lorel)中"Cock"暗含的"自负傲慢"与"Lorel"包含的"吞噬者"兼"主人"之意使之成为吉卜赛人在脆弱的大不列颠新王国中的典型化身。不仅如此，罗雷尔请魔鬼吃的宴席可谓一桌"人肉宴"。菜单中，开胃菜两道：清教徒和告密者；主菜两类：社会底层人物和为时尚界提供服务的人，法律界人士和市政人员——律师、治安官、市政参事、市长等。巴特勒(Martin Butler)认为："这样的安排与国王当时的态度一致，他越来越敌视伦敦社交界，对城市权力和王室权威之间涉及利益的矛盾感到焦虑……民谣中这一古怪的身体过程似乎对国体颇具颠覆性，但也正好通过将这些与国王对抗之人的身体吃掉、消化，最后变成一股臭气，重申了国王的权威。"(Butler,262—263)巴特勒注意到了民谣可能暗含的颠覆性，但更多的是强调作品对君心的"顺遂"。内兹洛夫(Mark Netzloff)的讨论将吉卜赛人置于一个阈限的位置，从他们在英格兰、苏格兰边界的活动，探讨内部殖民问题，认为对吉卜赛人的再现反映了国王建立不列颠国家身份的失败。(Netzloff,135—170)但是，两者对这个洞窟滑稽的得名和有趣的地理空间未予深究。

"魔鬼之尻"位于德比郡的卡斯尔顿(Castleton)，是皮克区(The Peak District)最著名的天然石灰岩洞，"它延伸至半山腰，长半英里……，高42英尺，其大厅约莫200英尺长，一条条通道连接'千沟万壑'"(Randall,75—76)。琼森"可能借助口头传统和书面文献去了解过魔鬼之尻……不止一次去过德比郡的山顶地区"(同上,78)，该地神奇的地形地貌被诸多人士描写和再现，成为英国地图和旅游叙事中的重要元素。卡姆登(William Camden)于1586年首次出版的《不列颠尼亚》(*Britannia*)和斯皮德(John Speed)的《大不列颠帝国地图》(*The Theatre of the Empire of Great Britain*)(1611)都提及过此洞。如此地理奇特的地区无疑适合吉卜赛人活动，里面的"千沟万壑"既是很好的藏身和藏物之地，也容易让追捕者迷失。他们从这样的地方倾巢出动，站在国王和众多达官贵人面前时，俨然场上绝对的主角；算命过程中，他们或谄媚、或讥讽、或调侃，仿佛在自己的地下宫殿一般自在自主。

"魔鬼之尻"深藏于山中地下的位置特性，罗雷尔为魔鬼准备的"人肉宴"，使之类似于卡罗尔(Siobhan Carroll)笔下的"异位区域"，即"拒绝人类大规模定居和殖民的自然空间"(Carroll,11)，比如极地、海洋、大气和地下，"也可延伸至其他形式的空间，那些可渗透但不宜居的空间，比如山顶、太空"(同上,7)。异位区域具有"令人不安的特性"(同上,6)，在其中"呆太久是一件危险的事情……因此，对这些地方的占领……只能被想象成暂时的，且通常与那些流动人员相关——比如，探险者……强盗和叛变者，他们在自己国家没地方可去，或者从某地被赶出"(同上,6—7)。吉卜赛人就是这样一群人，他们在严苛法令中不断逃离、迁徙，成为化外之民，"分散在某种秘密而不为人知的地方……然而，不久之后……又结成臭名昭著的团伙，听命……首领的指挥"(Simson,114)。如此，当他们暂时从边界地区被驱逐后，"魔鬼之尻"这类秘密而不为人知的地方成为他们的避难所和新天堂。同时，他们也明白，异位区域虽然属于人们行动所及的区域，但因其"不可把握、不宜居留、难以抵及而拒绝被转化为人们谓之'地点'的有效居住区"(Carroll,6)。换句话说，这些地区和空间虽然在国家机器有效控制之外，但也绝不可能成为吉卜赛人长期驻扎之地；它们就像斯皮瓦克所谓的"行星似的空间"(planetary spaces)(转引自 Carroll,7)，是一些自由变化的地点，就像吉卜赛人的营地所在，时而在树篱边儿(78)，时而在山上(238)，时而在沼泽(746)，时而又回到边界：构成"联合计划"下不列颠帝国想象中的一道道"缝隙"或"裂痕"，可能延展、扩大，乃至断裂，却无从追踪、难以抵及，更无法征服。

四、作为问题的不列颠帝国

不列颠问题是英国历史上经久不衰的话题。自

1975 年波科克(J. G. A. Pocock)呼吁研究者重新思考(不列颠)历史以来,“联合计划”再次进入学界视野,赫尔格森(Richard Helgerson)、贝克(David. J. Baker)等论者从不同角度对“多元”和“多语境”不列颠历史展开了广泛和深层次的研究,对其经常被书写为一个国家或一个民族的记忆进行了修正,并由此触及对帝国建构的探讨。不列颠帝国的提及始于 16 世纪 40 年代,目的是使英格兰干预苏格兰的行为更具合理性,因此与英格兰在不列颠群岛上的霸权密切相关,直至 16 世纪 70 年代约翰·迪(John Dee)用该术语指涉海外殖民愿景。(转引自 Netzloff,9)这一观念到詹姆士一世时期,在其“联合计划”的启发和推动下变得更加流行,并得到史学界和地图业的助力:《不列颠尼亚》在前人的基础上,通过搜集过去的物料,重现文化记忆,以图文的形式对不列颠及爱尔兰的历史和地理进行了详尽再现,得以多次修订出版。1607 年的再版增加了对英格兰每个郡县的描述,其意图在于“将古老性归还给不列颠,同时也将不列颠带回其古老性”(同上,173)。该表述极具历史和神话色彩,成为“联合计划”的重要理据。卡姆登的事业得到了后继者的响应,《大不列颠帝国地图》及其续篇《大不列颠历史》(*The Historie of Great Britaine*)(1611)从中借鉴很多史料(同上,175),为英格兰、威尔士、苏格兰和爱尔兰地区提供了第一套完整的郡县图。对苏格兰和爱尔兰的包纳显得尤为重要,使《大不列颠帝国地图》文本成为“大不列颠帝国”的视觉表征。

地图制作的繁荣和国王的政治策略彼此赋能。在 1604 年《关于称呼国王陛下为大不列颠……国王的公告》(*A Proclamation Concerning the Kings Majesties Stile, of King of Great Britaine, &c.*)中,詹姆士一世深谙地图和档案在国家/个人身份建构中的操演性特征及其强大的唤起人类深层心理和意识的共情能力,巧妙地利用了地图和外交信函中对“不列颠”这一称谓的语用效能,使自己的新头衔和帝国元首身份具有了古老的合法性:“这真实而古老的名号……载于描述这一岛屿的历史、所有的地图,以及众多外国君主写给我们自己的普通信函中,同时也有权威的宪章……远古的记载等担保,让我们现在做的有例可援。”(Larkin & Hughes, 97)国王对历史的倚重和借用成为该时期联合支持者的语用范本:“……不列颠这一称谓绝不是我们随意杜撰的,也不是新创造的……而是一个上帝和时间赋予的名称,在历史、地图,以及日常话语与写作中存在和接受。”(转引自 Netzloff,169)

不断增多的地图文本带来旅游和旅游叙事的繁荣,琼森本人于 1618—1619 年曾步行北上苏格兰;在《新客栈》(*The New Inn*)中,琼森将弗莱姆普尔大人(Lord Frampul)再现为一个旅行达人:

> 丈量了英格兰的每个郡县、
> 威尔士及其群山,见过那些更野蛮的民族(wilder nations)
> 他们住在山顶和兰开夏郡;
> 见过他们中的吹笛人、提琴手、拳击手、木偶师、
> 杂耍人,还有吉卜赛人,各种各样的流浪汉
> 和一群群乞丐、翻筋斗者、耍猴人,
> 我沉溺于这些野蛮人(savages),
> 为探究他们的本性,想要有奇特的发现。(Jonson,1984: 5.5.94—100)

琼森甚至曾缠着威廉·德拉蒙德(William Drummond)索要历史和地理信息精要,包括一些看似晦涩难懂的爱丁堡地方法规知识。(Donaldson,27)《变形》中大量提及的有关司法、执法和地理的知识极有可能源于此。

地图和旅游叙事使人们对大不列颠产生了更加整体和精确的认知,他们越来越倾向于将其想象为一个连续的空间,过去王国之间的界限在心理和想象中被抹去。但是,贝克认为,“不列颠作为一个政体……是极不稳定的”(Baker,9),它“不是一个已经成就的国家,甚至不是一个统一的政体,是一个尚未解决的政治和文化问题”,因为从一开始“联合不仅仅是将两个王国聚拢起来,……实际上是将另一个王国纳入包含英格兰、爱尔兰,以及被完全征服的威尔士的多个王国中”(同上,8)。英格兰一直拥有的霸权地位使其担忧苏格兰一旦逮着机会,“就会狠狠地抢夺我们/用他们的优势”(Shakespeare,1.2.138—139),尤其是当他们意识到苏格兰人像潮水一样涌入,且新国王对自己母国人士极为慷慨的时候,更是担忧苏格兰人会像蝗虫一样吞并这个王国;国力相对弱小的苏格兰则担心被并入英格兰,像古代的不列颠尼亚之于罗马一样,成为英格兰一个被征服的省份。这种想法在苏格兰人中引起了各种形式的反抗,《变形》中有着强烈苏格兰性的吉卜赛人和有着极强颠覆性并招致英格兰人极度不满的白金汉公爵可谓苏格兰之代言人。如此,在新王国这个看似绵密连续的网络中,其间存在一些类似边界地区和“魔鬼之尻”的异位区域,活跃着吉卜赛人、流浪汉和盗匪山贼的身影,他们预示着国王设想的大不列颠“联合计划”不过是时机创造的“人造物”和想象的“共同体”而已。

五、结语

自吉卜赛人进入不列颠以来,政府对其身份的认定长期处于模棱两可、悬而未决的状态:最开始因其外国人身份及其自述涉及高贵血统而礼遇之,后来逐渐和流浪汉、乞丐,甚至罪犯一样,被视为国家的不安定因素,成为国家法律"关注"之重点。《变形》中充斥着大量相关书写。结尾处放荡不羁的吉卜赛人转变为彬彬有礼的廷臣并赢得那些乡巴佬的钦羡,这一精心设计证明"联合计划"取得了看似令人满意的成效。然而,作品中"边界地区"和"魔鬼之尻"等异位区域的存在,大量提及的与法律有关的书写,以及吉卜赛人在算命过程中体现的颇具颠覆性的无序、讥讽和对抗,揭示了"联合计划"的脆弱以及不列颠帝国想象的虚妄。难怪兰德尔认为琼森是在"玩火"。(Randall,12)更重要的是,吉卜赛人不过是不列颠联合计划中异质话语之冰山一角。国王自己曾寄望"'不列颠联合'的成熟……仰仗时间"(转引自 Baker,19)。然而,时间这剂良药并未能带走两国之间的嫌隙,即便在 1707 年《联合法案》(*Act of Union*)正式通过并确立了两国议会的联合之后,300 年间,苏格兰独立之呼声从未绝于耳,甚至在刚刚过去的 2014 年失败的全民公投后,"苏格兰独立问题依然在议事日程上"(Stroh,3)。

参考文献

[1] Acton, Thomas. *Gypsy Politics and Social Change: The Development of Ethnic Ideology and Pressure Politics among British Gypsies from Victorian Reformism to Romany Nationalism*. London: Routledge, 1974.

[2] Baker, David. J. *Between Nations: Shakespeare, Spenser, Marvel and the Question of Britain*. Stanford: Stanford University Press, 1997.

[3] Beier, A. L. *Masterless Men: The Vagrancy Problem in England 1560 – 1640*. London: Methuen, 1987.

[4] Benton, Lauren. *A Search for Sovereignty: Law and Geography in European Empires, 1400 – 1900*. Cambridge: Cambridge University Press, 2010.

[5] Butler, Martin. "'We Are One Mans All': Jonson's '*The Gypsies Metamorphosed*'." *The Yearbook of English Studies*, 21 Special Number (1991): 253–273.

[6] Carroll, Siobhan. *An Empire of Air and Water: Uncolonizable Space in the British Imagination, 1750–1850*. Philadelphia: University of Pennsylvania Press, 2015.

[7] Donaldson, Ian. *Ben Jonson: A Life*. Oxford: Oxford University Press, 2011.

[8] Jonson, Ben. *Ben Jonson: The Complete Masques*. Ed. Stephen Orgel. New Haven: Yale University Press, 1969.

[9] Jonson, Ben. *The New Inn*. Ed. Michael Hattaway. Manchester: Manchester University Press, 1984.

[10] Larkin, James F., c. s. v. and Paul L. Hughes. *Royal Proclamations of King James I 1603–1625*. Vol. 1 of *Stuart Royal Proclamations*. Oxford: Clarendon, 1973.

[11] Matthews, Jodie. "Back Where They Belong: Gypsies, Kidnapping and Assimilation in Victorian Children's Literature." *Romani Studies*, 20.2 (2010): 137–159.

[12] Mayall, David. *English Gypsies and State Policies*. Hertford: University of Hertfordshire Press, 1995.

[13] Netzloff, Mark. *England's Internal Colonies: Class, Capital, and the Literature of Early Modern English Colonialism*. New York: Palgrave, 2003.

[14] Nord, Deborah Epstein. *Gypsies and the British Imagination 1807 – 1930*. New York: Columbia University Press, 2006.

[15] Okely, Judith. *The Traveller-Gypsies*. Cambridge: Cambridge University Press, 1983.

[16] Pocock, J. G. A. "British History: A Plea for a New Subject." *Journal of Modern History*, 47.4 (1975): 601–621.

[17] Randall, Dale B. *J. Jonson's Gypsies Unmasked: Background and Theme of the Gypsies Metamorphos'd*. Durham: Duke University Press, 1975.

[18] Said, Edward W. *Culture and Imperialism*. New York: Random, 1994.

[19] Shakespeare, William. *Henry V*. Ed. Gary Taylor. Oxford: Clarendon, 1982.

[20] Simson, Walter and James Simson. *A History of the Gipsies: With Specimens of the Gipsy Language*.

London: Sampson, 1866.

[21] Stroh, Silke. *Gaelic Scotland in the Colonial Imagination: Anglophone Writing from 1600 to 1900*. Evanston: Northwestern University Press, 2016.

[22] Stuart, James Charles. *The Political Works of James I, with an Introduction by Charles Howard McILwain*. New York: Russell, 1965.

[23] The Privy Council of England. *Acts of the Privy Council of England 1615-1616. Issued by the Authority of the Lords Commissioners of His Majesty's Treasury under the Direction of the Master of the Rolls*. London: Published by His Majesty's Stationary Office, 1925.

《帕梅拉》：文学公共领域与道德性[①]

胡振明
（对外经济贸易大学）

摘　要：塞缪尔·理查逊的代表作《帕梅拉》是18世纪英国深具影响力的一部文学作品。小说中的女主角帕梅拉凭借个人美德挫败了意图不轨的少东家B先生，并促使后者改过自新。理查逊的明确的道德说教意图是在文本中的个人主体性与社会公共性互为建构中实现的，文学公共领域的实例由此成型。细究文学公共领域与道德性之间的辩证关系，有助于理解18世纪英国小说融于社会意识建构的实施路径，也为此时期的文本解读提供了新的视角。

Abstract: Samuel Richardson's masterpiece, *Pamela*, is a literary work with great social influence in the 18th-century England. Pamela, the heroine, frustrated the evil thoughts harbored by the young master Mr. B on reliance of her own virtue, and made the latter a reformed man. The explicit intention of moralization of Richardson is actualized in the interaction between personal subjectivity and social publicness, in which the showcase of literary public sphere comes into being. The close study on the dialectical relationship between literary public sphere and morality will be helpful for understanding the concrete method of the 18th-century English novels' integration into the construction of social consciousness, and will provide a new perspective on the textual analysis of the literary works in this period.

关键词：《帕梅拉》；文学；公共领域；道德性

Key Words: *Pamela*; literature; public sphere; morality

一、引言

塞缪尔·理查逊是18世纪英国小说家，他深信“文字具有变革的力量”（Doody and Sabor，3）。这也就不难理解，他的作品聚焦社会道德建构这一颇具政治性的话题。理查逊让家庭生活层面的戏剧冲突折射社会结构正在经历的变革，进而提出建设性的道德创见。理查逊的第一部作品《帕梅拉》正是在贵族家庭内在道德缺失、新兴道德力量力求权威归位的背景下登场。理查逊对市场需求及读者阅读期待有着职业敏感。小说围绕帕梅拉的美德展开。理查逊从这位不愿以美貌换取物质利益的女性视角出发，用心理现实主义阐述手法抨击B先生贵族权威滥用、道德缺失的种种行径。帕梅拉凭着自己忠贞的美德取得了全面胜利。她成功地让B先生幡然醒悟，改过自新，自己更是信心满满地以新获得的贵妇人权威身份继续社会道德改造。小说副标题“美德的回报”本意如此。无疑，理查逊这部论述个人美德与社会权威理想建构范式的小说取得了巨大成功。美德本是帕梅拉个人主体性的表征，如今成为匡正社会风气、重建权威的实施途径，由此具有了社会公共性。《帕梅拉》既可以被视为呈现18世纪英国小说道德性的文本，又可以被视为个人主体性与社会公共性互为建构、成就文学公共领域的范例。这部聚焦“美德”“权威”命题的小说同时也为后世学者提供了研究文学公共领域与道德性辩证关系的极佳文本。

---

① 本文系国家社会科学基金青年项目“18世纪英国小说与文学公共领域的建构研究”（批准号12CWW022）阶段性研究成果。

二、文学公共领域与道德性

18世纪启蒙哲学家们的共同事业就是确立个体认知能力与个人主体性，揭示事物发展的内在逻辑与普遍规律。启蒙先贤创建的现代科学体系让具有认知主体性的个人成为客观真理的追问者；创建的现代政治文明体系让拥有主体权利意识的个人成为社会律法的共同制定者；创建的现代艺术体系让具有主体美感的个人成为艺术的表达对象，成就社会审美品位。可以说，启蒙是个人主体性与社会公共性的统一，是以人性为本的再认知。启蒙先贤意识到，揭示外在世界规律的实践让自然研究与道德研究紧密结合，揭示内心世界规律的实践让道德研究与人性研究密不可分。在此背景下，霍布斯的《利维坦》、洛克的《人类理解论》、休谟的《人性论》重塑了18世纪民众对人类自身的认知，认可个体判断力、决断力，以此解读客观世界的方式成为社会共识。人性的再认识建构了新道德意识，个体认知成为道德评判的出发点，外在世界认知因此获得新的价值与意义，追求真理具有了道德的维度。盖伊总结道，格物致知成就了启蒙运动的现实主义，后者又可被称作"道德现实主义……它的核心是道德角度的世界观"（盖伊，166）。

18世纪认知体系中的人性与道德的结合意在对内心世界的理解，却强化了个人主体性这一哲学命题；道德与自然的结合旨在对外在世界的探求，但提升了社会公共性的哲学意义，道德性成为启蒙认知的主色调，且与文学公共领域融为一体。早在古希腊时期，众哲学家的论著中就已触及个人主体性与社会公共性之间的辩证关系。亚里士多德认为，"人天生是一种政治动物"（亚里士多德，4）。人的自然属性决定了个体与社会的相依共存，需要与他者建立某种政治关联以保证并实现个人利益最大化，而获得民众共同认可的政治关联成为维系社会的纽带。哈贝马斯指出，以亚里士多德思想为代表的传统政治哲学在18世纪转变成了道德哲学，"一直被认为是和'自然''理性'相一致的'道德'也深入正在形成当中的'社会领域'——'道德'和当时被反复强调的'社会'一词在意义上有重合的地方"（哈贝马斯，1999：120）。也就是说，在启蒙哲人看来，"道德""自然""理性"三者都是探求未知世界、洞悉事物客观规律的方式。同时，道德成为社会意识建构的重要途径，与社会融为一体。道德之所以如此，是因为它自身既可以是个人世界观的综合，具有个人主体性的维度，又可以是社会意识的总成，具有社会公共性的维度。18世纪的道德哲学可被理解成道德性的实践运用，渗入个人与社会的方方面面。此时期英国普通民众道德性的实践运用往往就是阅读以道德为主题的文学作品。他们对作品中的道德命题提出个人批判性观点，并在以语言为载体的话语实践中与其他读者共同营造公众舆论。文学作品成为个人与社会之间的媒介，个人阅读体验与社会意识建构融为一体，文学公共领域也就得以在个人主体性与社会公共性的互为建构过程中成型。

哈贝马斯认为，"公共领域的特征毋宁是在于一种交往结构……是在交往行动中产生的社会空间"（哈贝马斯，2003：446）。在他看来，具有主体性的个人之间彼此平等是公共领域得以成型的前提。诸个体各自特点构成差异性，平等交往，互通有无是个体生存之必需。诸个体在交往行为中逐步达成共识，并使之成为社会通则。哈贝马斯在自己的另一部重要著作《交往行为理论》中系统地论述了如是观点，这也正是公共领域的成型过程。需要看到的是，18世纪英国的道德性参与了公共领域的建构。霍克海默、阿多尔诺指出，"历来启蒙的目的都是使人们摆脱恐惧，成为主人"（霍克海默、阿多尔诺，1）。启蒙目的的实现在于个体建构个人权威，而在现代文明体系中，权威往往与道德同体。在社会实践中，个人因其行为具有道德性而得到他者的接受与认可，进而建构个人权威。可以说，道德是个人与社会关系的调节媒介，保障个人主体性是道德的出发点。哈贝马斯认为，理想型公共领域能强化个人主体性，在交往行为中，个人道德融入社会生活实践，由此奠定的个人权威让个体成为社会的主人；"个人的权威将转化为理性的民主话语：所有成年公民在形成一种政治公共舆论的条件下，通过自身意志的深思熟虑的表达，以及对这种意志的实现实行有效的监督，将社会生活的发展完全掌握在自己手中"（霍尔斯特，12）。

哈贝马斯认为，在交往行为中产生的社会空间/现实世界实际上由文化、社会与个性三大结构要素组成。其中，社会是"合法的秩序，交往参与者由此调节他们在社会团体中的成员关系，并巩固他们的联合"；个性是"一个主体的言语和行为能力，这使主体能够参与理解过程，并由此维护自己的同一性"（Habermas，138）。这意味着，个性需要接受社会的调节，进而获得自身的合法性。换言之，只有在被社会接纳，成为合法秩序中的有机组成部分之后，个人权威才得以确立，个人主体性应与社会公共性融为一体。哈贝马斯在其《现代性的哲学话语》中更明确了这一点："交往理性在主体间的理解与相互承认过程中表现为一种约束的力量。同时，它又明确了一种普遍的共同生活方式。"（哈贝马斯，2004：376）交往理性旨在建构社会公共性，对个人主体性起到约束与调节作用，而这也是道德的社会职能。在18世纪的英国，道德性更是与诸社会调节机制紧密融合，这集中体现在公共领域层面。哈贝马斯指出："只要政治行为，亦即关系到他人权利的行为本身的原则能够和需要公共性，它们就应当和法律、道德高度一致……面对公共领域……政治完全可以转化成道德。"（哈贝马斯，1999：126）政治、法律、道德同时面向个人与社会，既是对个体实践行为的规范，又是对社会模范行为的概述。个人借助此三者的实践话语与他者共同营造公众舆论，以公共领域形式调节国家与社会的运行。在他看来，"公共领域中所表达的问题，只有在个人生活体验的镜子之中，才可以被看出是一种社会性痛苦压力的反映"（哈贝马斯，2003：452）。也就是说，公共领域成为个人主体性与社会公共性的融合之地。这样的融合过程在《帕梅拉》这部小说中得以记录。

《帕梅拉》中的"美德""权威"主题服务于理查逊的道德说教意图。在这部虚构作品中，帕梅拉个人具备的美德与B先生代表的社会权威产生不可调和的冲突；随后在帕梅拉言行感化下，B先生与错误行为决裂，让社会权威复位，进而使自己能与堪称美德化身的帕梅拉喜结连理，个人美德与社会权威融为一体。哈贝马斯的成名作《公共领域的结构转型》的主要思想与《帕梅拉》故事本身可谓是相互印证。然而，理查逊需要直面美德与权威融合合法性的问题。在哈贝马斯看来，"合法性意味着某种政治秩序被认可的价值"（哈贝马斯，1989：184）。帕梅拉的个人美德实际上是新兴中产阶级政治秩序与权利诉求，自然需要获得合法性，并成为新的社会权威。哈贝马斯对政治秩序与权利的合法性实践过程有过如此描述："政治权利具有相同的结构：它们能使公民的私人利益得到充分的满足，以致这些私人利益最终经过选举、议会以及政府的形成与其他私人利益融合成为一种政治意志，并对行政权力产生影响。"（哈贝马斯，2002：281）对帕梅拉而言，她的个人美德是自己私人利益的综合，需要借助政治的媒介力量予以充分满足，并由此成为社会道德、政治意志、社会权力的主导。这一目的是在因文字而起的双向互动中实现的。帕梅拉的抗争方式就是写信自救，一直心怀叵测的B先生成为她所写书信的忠实读者。两人对书信中的内容有过多番争执，最终帕梅拉用文字实现了道德改造，原本对立的两人达成道德层面的共识。这一过程可以说是文学公共领域成型的实证，也是道德性与文学公共领域融合的范例。

三、《帕梅拉》中的"美德"命题

理查逊虽然没有接受过太多的教育，但因自身职业及个人兴趣之故，他对文字有足够的敏感，并用笔下的作品阐述自己对复杂人性的理解。复杂人性既体现在因同一动机引发的具体行动丰富性，又体现在催生某一具体行动之动机的多样性，简言之，就是个人本着自身主体性所做的自由（有时不可预测）选择。18世纪文学作品中的复杂人性主题事实上是此时期人性观点的实践运用。洛克、休谟及其他欧洲哲人的启蒙思想让民众逐步认识到：个人与他者都是平等的个体，不是某方对另一方的占有；个人的个性取决于其与他者自由关系的维系。（Paterman，76）如是认知构成人性观点与社会契约精神的基础。社会由具有主体性的个人构成，这意味着社会契约精神是人性自我层面的实践，是个人遵循社会共识的规范行为。人性的复杂本是社会契约精神的对立面，但人性的共同点即理性思考成为无数个体差异性的黏合剂，社会共识因此得以成型。具体而言，个人"借助理性思想，以及许可理性思考的能力参与社会建构"（Latimer，12）。理性思考成就了现代意义层面的个人，而基于复杂人性的诸个体理性思考的结果便是道德。道德既要给复杂人性留以足够宽广的维度，让各具差异的个体得以安居其间；又要给理性思考予以足够充分的自由，让直面各种可能的理性思考凝练社会共识。理查逊选择道德说教作为自己创作的主线，这让他同时直面道德个人主体性的选择与道德社会公共性的建构。

在艾金斯看来，"理查逊的小说创建了肖像画形式，因为他的小说试图在想象层面表现作品人物的形体特征，同时也描述形体本质之外的独有特质"（Aikins，148）。换言之，理查逊有意让笔下的人物形神兼备，既能向读者呈现一个具象化的虚构人物，又能由此揭示源自生活本身的现实复杂性，这在《帕梅拉》中得到充分的演绎。堪称美德楷模的帕梅拉面对B先生的持续骚扰很是苦恼。她清楚地知道，身为女仆的自己与身为贵族主人的B先生之间在身份、地位与财富之间的差距。帕梅拉面对的不仅仅是随时可能发生的肢体侵犯，而且是催生如此恶行的社会与政治层面的现有不公。这既是具体威胁，又是抽象潜流，两者叠加而成的现实复杂性让帕梅拉个人道德倍受考验。在这场不对称的抗争中，帕梅拉保护自己的唯一方式就是坚守个人美德。她自己这样说道："我在这世界上除了清白正派外没有什么可以依靠。"(31)①事实上，个人"美德"是"理查逊小说中女性自我的重要组成"(Latimer，5)。理查逊选择恰当的叙事方式，既要全面完整地向读者呈现女主角的个人美德，又要揭示个人美德在现实生活中面对的各种复杂困境。他认为，个人美德是在与他者交往中得以验证，恰如个人身份由各主体之间关系决定，因此，"他也自然地选择书信这种最恰当的媒介来加以阐述"(Roussel，398)。书信能完整记录个人的真实想法，也有助界定各主体之间关系，既面向自己，又面向他者。在18世纪，书信越来越被用于作者身份的建构。(Brant，34—47)正因如此，理查逊让帕梅拉笔耕不辍，"用自己的笔写出堪称样板的道德箴言"(Booker，49)，在书信中建构具有主体性的个人美德。

帕梅拉的年迈父亲看出爱女面临的危险。他一语道破了B先生的既有优势："因为这位年轻绅士有很大的财力可以施恩行惠，作为你的主人又有一种权力来发号施令。"(10)帕梅拉的美德一方面要面对财富带来的直接诱惑，另一方面要面对社会权威带来的间接胁迫。帕梅拉知道B先生许诺的财富其实是个可怕的陷阱，因此殊死抗争；然而，她对B先生代表的社会权威表现出足够的顺从。(胡振明，121—132)这一事实使帕梅拉个人美德遭受质疑。B先生是邪恶引诱者，帕梅拉的反抗不曾动摇，但她不时流露出对B先生权威身份的敬重，这让读者有前后不一致之感，令人困惑。当B先生戏剧性地改邪归正，有意娶帕梅拉为妻时，她那发自内心的欢呼让人质疑之前抗争的真实性，因而才会有人提出不同的看法，认为帕梅拉虚伪造作，"美德"之举实为"伪德"言行。事实上，帕梅拉内心的难以理解之处是她落笔成信之前的思想。(Thompson，200)帕梅拉并不想单向性地宣示自己的个人美德，她想借助个人书写使自己的美德实现社会化延展。她本可有多次机会彻底摆脱B先生，却以牵强的理由留下，继续与B先生抗争。理查逊把自己接受的清教徒价值观聚合在帕梅拉身上，让这位美丽女仆驯服野兽般的贵族B先生，"将他转化为她个人最佳品质的倒影，同时不减损他的权力"(Wilner，535)。帕梅拉的个人美德并不只是回答"自己是谁"这个问题，而且在告诉别人自己能做什么。她是要借此实现社会道德改造。

帕梅拉看到B先生代表的贵族阶层个人道德坍塌，然而，两人并不是情同水火的决然对立，而是在"两人之间发生的相互界定过程"(Roussel，397)中共生共存。帕梅拉个人美德是在对B先生的道德改造中得以完善的。帕梅拉一方面与B先生斗智斗勇，挫败他种种不良企图，另一方面时刻留意B先生的言行，为他的一意孤行忧心忡忡，为他的潜在变化满怀期待。等到他决意求婚之时，她在高兴之余深感自责："啊，亲爱的父母亲，请宽恕我！因为我伤心地发现，我的心过去对他太不公平，把他看得太坏了；现在我发现他能够做到十分坦率、十分富于感情，不仅如此，而且能够做到十分高尚正直，我完全被征服了。"(235)帕梅拉的高兴是有理由的，因为自始至终，自己的身份、地位与财富并没有变化。这一事实说明，B先生的反转完全是帕梅拉个人美德对他潜移默化的结果。他的道德觉醒是帕梅拉个人美德的重要补充，且必须"学会如何相信帕梅拉情感的优异品质"(Kinkead-Weekes，55)，进而为个人道德改造创造前提条件。B先生是在与帕梅拉持续交锋、完整读完帕梅拉书信后，才由原本玩世不恭的浪子向一个仰慕帕梅拉美德的真心追求者转变。

B先生最初只是觊觎帕梅拉的美貌，之后成为这位女仆美德的捍卫者，甚至不惜与持门第偏见的姐姐决裂。他向帕梅拉这样说道："你使我清醒过来，在你身上我看到了一种品质，它比我在世界上其他任何女人身上所看到的更为高尚。"(73)B先生的清醒让他重新审视帕梅拉的价值，原被视为可资娱乐的玩物如今成为可给自己增彩添辉的宝物。B先生认可并接受了她的个人美德，这个转变也就使"女性的社会价值从贞洁与外形转至美德与内在"(Harol，197)。拉蒂默指出，18世纪初期，女性一般被认为缺乏理性与自制，某些文学作品中固化了这个偏见。然而，"理查逊笔下的女主角们拥有包括理性与同情在内的男性特质，这是个性的核心品质"(Latimer，4)。也就是说，帕梅拉虽然只是一位女性代表，但她拥有社会主流群体的共有特质。帕梅拉兼备的女性美德与男性特质成就了18世纪理想的道德楷模，她的个人美德的获胜也就被视为社会道德的建构过程。B先生认识到，帕梅拉的美德与自己的身份、地位、财富等值，因而才由衷地说道："我真心诚意地愿意与你共享我的财产，并按照我自己的条件使你成为我的人。"(204)帕梅拉的美德成就了其个人主体性，同时也造就了事关道德改造的社会公共性，这为"权威"命题的新解做了充分的铺垫。

---

① ［英］塞缪尔·理查逊：《帕梅拉》，吴辉译，南京：译林出版社，1998年(以下译文均出自此书，并用页码标示)。

四、《帕梅拉》中的“权威”命题

帕梅拉的道德改造意在社会权威的归位。理查逊并没有把帕梅拉塑造成改变现有体系的革命者;相反,她是社会的建设者。在整个抗争过程中,帕梅拉仅在个人层面,借助书信与B先生代表的社会权威斗争,所用的方法就是争取公众舆论的支持,唤醒对方的良知。需要看到的是,无论B先生怎样逼迫,她都时刻谨记自己的女仆身份,对主人予以足够的尊重。帕梅拉始终让自己的道德言行与自己的身份及地位相配,并不逾越。凡此种种足以说明,帕梅拉的道德改造“排除了政治意图,革命就更无从说起”(Kay,139)。然而,理查逊的这种情节安排并不意味着道德说教意图与政治诉求的绝缘。事实上,理查逊为帕梅拉设计了更切合实际的政治路径。诚如杜迪所言,“理查逊小说中的政治可被解读为关于权力的话语”(Doody,119)。具备社会规范功能的道德从来都是与权力紧密相扣。在《帕梅拉》这部小说中,理查逊巧妙地在显性的失衡之下设置了一个隐性的平衡。前者指的是贵族主人B先生与美丽女仆帕梅拉两人之间的明显地位差距。后者指的是,B先生言行失当,使其代表的社会权威受损,帕梅拉的个人美德起到匡正社会的作用,道德与权威等位平衡。这也就是为何帕梅拉本意不在政治,却能通过个人美德与社会权威的等价归位最终实现个人权力布局。

帕梅拉的美德既体现在对贞洁的坚守,又体现在对权威的尊崇。在写给父亲的信中,她屡次提及上帝。虔诚的她相信主宰万物的上帝,相信他的大能。当她遭遇困境、孤身一人抗争时,她向上帝求助。帕梅拉对上帝的信仰意味着自己接受命定的安排,认可现有社会等级与秩序。她尊崇社会等级与个人道德匹配而成就的权威。当B先生未暴露出其真实面目、慷慨馈赠时,她不禁感叹:“啊!做好事是一件多么可爱的事啊!这就是我羡慕那些高贵人物的原因。”(8)帕梅拉的羡慕效法之心并非孤例。在18世纪,见贤思齐是英国社会认可的首要美德之一,“操行指南、教育小册、民族与宗教故事都在培养一种效法精神,即以社会贤达或宗教圣徒为榜样,力求达到相同或甚更高道德水平、提升自我的欲望”(Booker,43)。帕梅拉堪称美德楷模,她的自我提升欲望须借助另一种形式来表现。要注意的是,帕梅拉原本来到老夫人家当女仆,但她并没有从事太多的女佣工作,而是接受贵妇小姐式的教育,唱歌跳舞,绣花绘画。理查逊的这个情节安排暗示帕梅拉已为后期晋身社会权威代表做好准备,所需要的就是等待时机,等待个人美德与社会权威对等复位。

有学者指出,理查逊注重事物来龙去脉的细致刻画,因而他的作品“被视为发展过程的渐进结果”(Day, 9)。《帕梅拉》中的“权威”命题也是这样一个交互发展过程。帕梅拉失望地发现社会权威代表B先生忘记了自己的社会职责,背离了道德操守,恃强凌弱,因而她质问道:“先生,让我问您,这跟您华美的衣服和主人的地位相称吗?”(59)帕梅拉道出了权威错位的三重表现,即财富拥有者的道德缺失、强者对弱者的欺凌、主人对仆人的恶行。权威错位使帕梅拉与B先生成为对立面。帕梅拉理性思考,道德自律,勤奋谨慎,B先生任性妄为。道德缺失引发了权威坍塌,帕梅拉对此忧心忡忡,因为她知道唯有唤醒B先生的道德良知,社会权威归位,他才会停止对自己的侵害。这是作为弱势一方的她保护自己的最佳方法。也正因如此,帕梅拉对B先生仍以主人相待,用自己的言行感化对方。无疑,这发挥了作用。法肯弗林克认为,理查逊对女性权威的认知停留在依附男性权威体系的层面,因而帕梅拉代表的女性权威的崛起及自我的发展充其量只是现有体系的复制品。(Folkenflik, 268)帕梅拉遵从现有权威与秩序,同时凭借自己的个人美德保护了自己,改变了B先生。这个发展过程事实上是帕梅拉关于权威的个人解读。在她看来,权威的合法性与个人道德有关,无关身份、地位和财富。权威成就的是基于道德的个人主体性。

帕梅拉对权威的解读使其与B先生站在同等地位,让她能在界定权威的实践中建构自己的新身份。事实上,在这部小说中,帕梅拉的个人身份建构就是对她自我的认可。(Mckee,622)既然权威与道德相连,那么帕梅拉需要一个社会新角色,这样她能更好地起到社会示范作用。因此,B先生决定与她结婚,她在为爱情的到来深感幸福的同时,也意识到与自己美德相符的社会新角色也悄然登场。帕梅拉的新身份与新地位是美德与权威融合的证明,这意味着原本道德对立、情感暧昧不明的男女主角面对的难题也一并解决。在尼达姆看来,帕梅拉与B先生陷于道德与社会困境之中(Needham,438),这也正是推动情节发展的主要戏剧冲突。帕梅拉坚守美德,因而承受了来自B先生的社会外在压力;B先生恣意滥用社会权力,却因帕梅拉的美德唤醒了自己的良知,犹豫不决。他最终选择以婚姻的方式赋予帕梅拉新的地位时,他这样向贵族友人介绍:“她漂亮的容貌使我成了她的爱慕者,她高尚的心灵才使我成了她的丈夫。”(437)既然帕梅拉的高尚心灵能改变原本冥顽不化的B先生,那么可以预期,她的成功以及新身份会在社会层面起着怎样的示范作用。

理查逊在小说中留有很大篇幅让帕梅拉规划自己的婚姻生活及未来的社会角色。帕梅拉"急于结婚生子暗示着一种延续性,一种对社会的承诺,一种用自己的价值观抗击腐化世界,并加以改造的努力"(Braudy,186)。帕梅拉有意继续自己的道德改造,这次的对象从个人转向了社会。婚姻让帕梅拉成为上层社会的一员,这也让她肩负让上层社会权威归位的职责。现实生活中的权威更多地借助身份、地位、财富这些显性标签示人,B 先生曾经的行为失检直接动摇了权威的合法性。如今,帕梅拉需要做的就是让自己一以贯之的个人美德与新角色匹配,将道德与身份、地位、财富融合,重塑权威,进而起到社会示范作用。《帕梅拉》一度是争议所在,汇聚了最急迫的焦虑、冲突与压力点。(Keymer and Sabor, 10)权威归位让原本对立的道德与邪念、仆人与主人、女性与男性创建了共存的空间。这也意味着权威覆盖了社会的方方面面,重新具备社会公共性。

五、结语

《帕梅拉》让读者意识到,帕梅拉成为道德性的个人实例,把道德的各方面一一展示。在小说中,道德在她个人操守中呈现主体性特点,在她社会改良实践中呈现公共性特点。道德成为帕梅拉实现个人社会流动的途径,也成为其凝聚社会共识的方式。在理查逊这部充满道德说教意图的小说中,道德主体性与公共性是情节发展的驱动力,也是塑造帕梅拉人物形象的切入点。理查逊让个人道德与社会权威最终在帕梅拉身上统一,这也就引发有关功利道德的争议。亨利·菲尔丁等反帕梅拉派由此质疑帕梅拉美德的纯洁性。无论有怎样的争议,因《帕梅拉》而起的公众舆论让读者更深层次地思考道德,就"道德"与"权威"命题达成社会共识,成就了文学公共领域。需要注意的是,道德与权威命题自身的独特及深度使得小说这个新文类成为最佳的实践话语载体。在威尔士看来,小说能更好地揭示道德意识形成的过程。(Welsh,98)理查逊以书信叙事方式将人物个性塑造与文类风格结合,如此一来,《帕梅拉》成为"书信体小说的创新尝试"(Curran,28),实现了文学公共领域与道德性的融合。

参考文献

[1] Aikins, J. "Richardson's 'Speaking Pictures.'" *Samuel Richardson: Tercentenary Essays*, Eds. M. A. Doody and P. Sabor. Cambridge: Cambridge University Press, 1989.

[2] Booker, K. "Richardson's *Pamela*, Defoe's *Roxana*, and Emulation Anxiety in Eighteenth-century Britain." *Journal for Early Modern Cultural Studies*, 14 (2014): 41-61.

[3] Brant, C. *Eighteenth-Century Letters and British Culture*. Basingstoke: Palgrave Macmillan, 2006.

[4] Braudy, L. "Penetration and Impenetrability in Clarissa." *New Approaches to the Eighteenth-century Literature*. Ed. P. Harth, New York: Columbia University Press, 1974. 177-206.

[5] Curran, L. *Samuel Richardson and the Art of Letter-writing*. Cambridge: Cambridge University Press, 2016.

[6] Day, R. A. *Told in Letters: Epistolary Fiction Before Richardson*. Ann Arbor: University of Michigan Press, 1966.

[7] Doody, M. A. "Richardson's Politics." *Eighteenth-century Fiction*, 2 (1990): 113-126.

[8] Doody, M. A. and Sabor, P. Eds. *Samuel Richardson: Tercentenary Essays*. Cambridge: Cambridge University Press, 1989.

[9] Folkenflik, R. "*Pamela*: Domestic Servitude, Marriage, and the Novel." *Eighteenth-century Fiction*, 5 (1993): 253-268.

[10] Habermas, J. *The Theory of Communicative Action*. Vol. 2, Trans. T. McCarthy. Boston: Beacon Press, 1989.

[11] Harol, C. "Faking It: Female Virginity and Pamela's Virtue." *Eighteenth-century Fiction*, 16 (2004): 197-216.

[12] Kay, C. *Political Constructions: Defoe, Richardson, and Sterne in Relation to Hobbes, Hume, and Burke*. Ithaca: Cornell University Press, 1988.

[13] Keymer, T. and Sabor, P. *Pamela in the Marketplace: Literary Controversy and Print Culture in Eighteenth-century Britain and Ireland*. Cambridge: Cambridge University Press, 2005.

[14] Kinkead-Weekes, M. *Samuel Richardson: Dramatic Novelist*. Ithaca: Cornell University Press, 1973.

[15] Latimer, Bonnie. *Making Gender, Culture, and the Self in the Fiction of Samuel Richardson: The Novel Individual*. Farnham: Ashgate, 2013.

[16] Mckee, P. "Corresponding Freedoms: Language and the Self in *Pamela*." *ELH*, 52 (1985): 621-648.

[17] Needham, G. "Richardson's Characterization of Mr. B. and Double Purpose in *Pamela*." *Eighteenth-century Studies*, 3 (1970): 433-474.

[18] Paterman, C. *The Sexual Contract*. Oxford: Polity, 1988.

[19] Roussel, R. "Reflections on the Letter: The Reconciliation of Distance and Presence in *Pamela*." *ELH*, 41 (1974): 375-399.

[20] Thompson, H. *Fictional Matter: Empiricism, Corpuscles, and the Novel*. Philadelphia: University of Pennsylvania Press, 2017.

[21] Welsh, A. *What Is Honor? A Question of Moral Imperatives*. New Haven and London: Yale University Press, 2008.

[22] Wilner, A. F. "'Thou Hast Made a Rake a Preacher': Beauty and the Beast in Richardson's *Pamela*." *Eighteenth-century Fiction*, 13 (2001): 529-560.

[23] 彼得·盖伊.《启蒙时代》(上).刘北成译.上海:上海人民出版社,2015.

[24] 得特勒夫·霍尔斯特.《哈贝马斯传》.章国锋译.北京:东方出版中心,2000.

[25] 哈贝马斯.《包容他者》.曹卫东译.上海:上海人民出版社,2002.

[26] 哈贝马斯.《公共领域的结构转型》.曹卫东等译.上海:学林出版社,1999.

[27] 哈贝马斯.《交往与社会进化》.张博树译.重庆:重庆出版社,1989.

[28] 哈贝马斯.《现代性的哲学话语》.曹卫东等译.南京:译林出版社,2004.

[29] 哈贝马斯.《在事实与规范之间》.童世骏译.北京:三联书店,2003.

[30] 胡振明.《对话中的道德说教——18 世纪英国小说中的对话性》.北京:对外经济贸易大学出版社,2007.

[31] 霍克海默,阿多尔诺.《启蒙辩证法》.洪佩郁、蔺月峰译.重庆:重庆出版社,1990.

[32] 亚里士多德.《政治学》.颜一、秦典华译.北京:中国人民大学出版社,2003.

斯蒂芬·哈里根《阿拉莫之门》中的历史书写[①]

张健然
（四川外国语大学）

摘　要：《阿拉莫之门》以阿拉莫围困事件为原型，呈现了德克萨斯独立革命前后不同的政治权力在美墨边地的对抗和较量。小说通过揭示历史人物的"小历史"，检视德克萨斯乃至美国民族在19世纪寻求扩张兼并的帝国征服史。同时，小说恢复了阿拉莫的既定历史叙事中少数族裔的历史经历和女性历史经验的缺场，将处于官方宏大历史"边缘"的"他者"写回了"中心"，赋予了"他者"参与建构美国民族历史的权利。《阿拉莫之门》中的历史书写表明了历史真相的多义性，也批判了替西进历史辩护的美国国家意识形态。

Abstract: *The Gates of the Alamo*, based on the Siege of the Alamo, reflects the confrontation and struggle between different political powers that resided along the Mexican-American borderland around Texas War of Independence. By debunking the "histories" of historical figures, the novel examines Texas's and even America's imperial history of conquest aiming at annexation and expansion in the 19th century. Meanwhile, it restores historical experiences of ethnic minorities and females that were absent from the accepted historical narrative of the Alamo, writes the "other" on the "verge" of the official grand narrative of history back to the "center" and endows the "other" with the right to partake of constructing American national history. Historical writing in *The Gates of the Alamo* attests to the multiple meanings of historical truth and criticizes state ideology of the United States that defended the history of Westward Expansion.

关键词：《阿拉莫之门》；历史书写；历史事件；小历史

Key Words: *The Gates of the Alamo*; historical writing; historical event; histories

一、引言

斯蒂芬·哈里根（Stephen Harrigan, 1948—　）是当代美国著名的西部小说家。自20世纪80年代起，哈里根先后发表《阿瑞萨斯》（*Aransas*, 1980）、《贾柯布泉》（*Jacob's Well*, 1984）等西部小说和散文集《科曼奇的午夜》（*Comanche Midnight*, 1995）。20世纪末，哈里根转向关注历史，创作了历史小说《阿拉莫之门》（*The Gates of the Alamo*, 2000）。该小说荣获西部文学的最高奖项马刺奖，也斩获德克萨斯图书奖和西部遗产奖。进入21世纪，作家出版了历史小说《铭记本·克莱顿》（*Remember Ben Clayton*, 2011）和《一位林肯先生的朋友》（*A Friend of Mr. Lincoln*, 2016）。近年来，哈里根写了一本有关德克萨斯历史的非虚构小说《他们从天而至》（*They Came from the Sky*, 2017）。显然，历史是作家创作中的重要题旨。

在哈里根的历史小说中，当属《阿拉莫之门》备受学界关注。就叙事形式而言，小说采用非线性的叙事时间和多元的叙事视角，打破了过去与现在的界限，跳出了线性的、连续的历史叙事模式。在叙事内容上，小说围绕两条线索展开：一是以1911年鲜花之战（The Battle of the Flowers）命名的引子和跋

① 本文系教育部青年项目"当代美国西部小说中西部神话的改写研究"（17YJC752040）的阶段性成果。

文,聚焦虚构小说人物特雷尔·莫特以圣哈辛托战役唯一健在的美国士兵身份抗拒参加鲜花之战游行的场景,描写后世美国人纪念阿拉莫历史的文化仪式,起着补充和注解小说正文的作用;二是占据大部分叙事篇幅的小说正文,讲述少年时的特雷尔、莫特夫人、埃德蒙等卷入阿拉莫围困事件的经历,并从小说人物的视角审视真实历史人物的多面相,剔除了美国官方历史夹杂的“令人作呕的虚伪和掩饰”(Barthes,206),建构了小说的历史书写与阿拉莫的官方历史之间的互文映照,完成了文本叙事的纵向跨越。小说的叙事形式和叙事内容皆颠覆了“赢家”书写阿拉莫的历史时援用的序列化、线性的进步史观,并代之以异质性、差异性和偶然性的历史书写,展现了“钦定”的美国民族历史记忆中被遗落的历史话语。

哈里根将阿拉莫围困事件称为“墨西哥内战”(Harrigan,2005: 143),认为其历史真实有待质疑。不同于美国官方历史将这一历史事件定型为美国移民为自由、民主等理念浴血奋战,哈里根的历史观颇具颠覆性,并指出它“不是善与恶、自由与暴政之间的简单问题。抛开自由而谈,许多德克萨斯反叛者有着其他人为意图,如收敛钱财、博取政治权力”(同上,143)。哈里根的言辞揭穿了美国官方历史隐含的虚伪性,也暗合了后现代史学家视历史为“历史叙事”的观点。本文通过分析《阿拉莫之门》中的历史书写,揭示作家借由发掘历史隙罅中的沉默话语,呈现历史真相的多义性,也注解了文学话语与国家意识形态话语商榷和对抗的政治美学。

二、历史人物的“小历史”

海登·怀特认为,小说和历史皆“以认知为目的,以模仿为手段”(White,1978: 122)。在反映现实问题上,二者有相同点: 叙事性。历史叙事取决于史学家对叙事材料的编码方式和对叙事视角的选择,是“解码和再编码的过程”,而叙事的阐释力量“取决于原初编码和再编码的对立”(同上,96)。经史学家编码之后的历史“事实”是主观性、话语性的,甚至是虚假的,因为历史撰写总与意识形态和权力运作相关。而作为文本叙事的小说是作家“解码”和“再编码”故事的产物,也具有虚构性。如果说史学家通过叙事策略将历史“事件”转化为历史“事实”,小说家则通过文本叙事,将历史“事实”表征为历史“事件”。换言之,作家书写的历史不是客观的历史“事实”,而是历史修纂,是小写的、复数的历史,取代了原本大写的、单数的“历史”(盛宁,254—56)。《阿拉莫之门》正是历史修纂的一部力作。

哈里根认为:“历史真相是难以捉摸的主观之物,阿拉莫的故事更是如此。”(Harrigan,2000: 734)历史编撰受制于某些支配性原则,语言的统治力量被用来合法化中心权力的既定存在,阿拉莫的官方历史也无例外。阿拉莫是“德克萨斯边疆精神的终极象征”(Crisp,146),其存在服务于“主流白人的社会、政治和经济利益”(Flores,2002: 62)。这段历史背后的意识形态性一目了然: 美国移民以反抗暴政为名,以自由和牺牲为荣,向“落后”的墨西哥移植美国的“先进”政体。在美国官方历史中,参与阿拉莫围困事件的主要历史人物詹姆斯·博伊、大卫·克罗基特和威廉姆·特拉维斯被称为阿拉莫的“神圣三杰”,他们不仅是德克萨斯历史上的功臣,还是美国民族英雄。正如布里尔所言,阿拉莫犹如一个“接受洗礼的神秘圣水池”,池中流淌着“阿拉莫英雄的血液”,形成了“德州自由的生命之流”(Brear,31)。但是,哈里根解构了“神圣三杰”的形象,呈现这些历史人物的“小历史”,并以此揭示美国官方历史中的帝国逻辑。

小说中,特拉维斯是一位政治阴谋家。被问及美国移民是否愿意加入萨卡特卡斯反抗墨西哥政府的起义军时,他回答:“即使我们……帮他们打败圣塔·安纳,我们还剩下什么? 即使我们获得独立州的身份,我们是谁呢? ……为成为墨西哥的一部分而反抗的日子结束了。”(Harrigan,2000: 40)在他看来,“独立是唯一的答案”(同上,140)。他自诩是自由的代言人,宣称“从现在起,事情将以一种或另一种方式解决。……德克萨斯将是一个自由之地,或将是暴政统治下的奴役之地”(同上,141)。实际上,他反抗墨西哥政府的原因是圣塔·安纳总统反对蓄奴制。但是,小说通过突出特拉维斯保留黑奴乔的史实,揭示了阿拉莫围困事件的政治悖论性。乔是特拉维斯的私有财产,不仅照顾主人的衣食住行,还随他走南闯北,建功立业。这一主奴关系检视出特拉维斯反抗的真实意图是推进蓄奴制的国家化,寻求奴役黑人的政治保护。同时,它也将读者的关注点转向19世纪美国的蓄奴史,暴露了主流白人社会的自由权隐含着种族奴役的政治劣根性。由此,哈里根对“英雄”特拉维斯进行脱冕,道出了美国国家意识形态中的种族主义内容,也影射官方历史叙事对此种意识形态“自圆其说”的话语性行为。

同时,哈里根也解构了博伊的“神圣”形象,并以此反观19世纪美国的帝国扩张从“天命论”中寻找宗教理据来合法化其殖民行径这一事实。初识博伊时,埃德蒙误以为他是自己熟知的植物学家,后来才知他是臭名昭著的“劈刀手、奴隶走私犯和土地诈骗犯”(同上,70)。在美国官方历史的记载和文化表征中,博伊是集正气、牺牲和勇猛于一身的民族英雄。像诸多参与阿拉莫围困事件的美国移民一样,博伊“对于德克萨斯和美国而言,象征着英雄式的爱国主义”(Salvucci,242)。但是,小说中的博伊与江洋大盗相比,有过之而无不及。在美墨边地停留期间,他在“科曼奇的乡间搜刮西班牙银币,抢夺土地,在科阿韦拉挑衅滋事”(Harrigan,2000: 70)。为了掩盖贪婪的本性,他用宗教信仰辩解他策划独立活动的行为。他讲道:“德克萨斯想成为美利坚的一部分,这一点上帝知道。”(同上,75)博伊对上帝的指涉蕴蓄了丰富的叙事意义:美国移民志愿军受上帝的旨意,前来结束墨西哥人愚昧的生存状态,因而任何独立活动不张榜利己的帝国意识,而是利他性的拯救。可以说,博伊的言辞将阿拉莫乃至美国西进历史的官方陈述中宗教意识形态的色彩暴露无遗,而“天命论”不过是给美国民族的扩张史平添一件华丽的外衣。

在哈里根笔下,摇身变为爱国志士的美国移民自认是“人权信奉者”,也更像“杰佛逊的儿子”,他们意在“建立奴隶帝国”(同上,379)。他们“要从墨西哥独立出来,也许还会带上两三个墨西哥省份,再加入美国”(同上,379)。历史表明,1836 年 4 月 21 日,美国移民志愿军在山姆·休斯顿的领导下,在圣哈辛托河边击败墨西哥军队,胁迫圣塔·安纳签订《韦拉斯哥条约》(*The Treaty of Velasco*),承认德克萨斯独立。从独立之日起,美国政府便承认德克萨斯共和国的合法性,并在 1845 年通过国会决议,邀请它加入美国。在小说中,博伊在独立革命期间感染肺痨,不治而亡,而同行的移民志愿军也相继战死。他们的死亡成就了阿拉莫作为“美国军需仓库所在地”的重要战略地位(Flores,2002: 63),铺平了美国欺凌墨西哥的帝国之路。其中,1846 年至 1848 年的美墨战争便是很好的历史脚注。美国在战争中分割了接近当时墨西哥 1/2 的领土,顺利将帝国的边界推至太平洋沿岸。但小说叙事跳出了官方历史美化美式民主和自由的政治逻辑,却将历史事件与现实世界相连接,“凸显并挑战了那种设想的有关(语言再现与世界和历史之间)无缝对接的惯例性和未被招认的意识形态”(Hutcheon,150),也揭示出国家意识形态权力干涉之下建构的美国西进历史的虚假面目。

在小说中,历史人物克罗基特的形象也与阿拉莫的官方历史叙事中的表征相互抵牾。在美国民族历史中,素称“狂野边疆之王”的克罗基特是自由主义、个人主义和实干主义等美国性的代表,也是“勇气和胆量的范例”(Linenthal,514)。在现实中,这位边疆传奇人物是屠杀印第安人的刽子手。他分别于 1821 年和 1823 年入选田纳西州立法委员会,也在 1827 年至 1831 年和 1833 年至 1835 年期间就职于美国众议院。1835 年,杰克逊总统提名的候选人取代了他的任职。政界失利后,他统领一帮人马,来到德克萨斯,试图重振威名。斯洛特金指出,19 世纪的美国移民认为西部给他们“提供机会,让他们重获财富,……重塑民族力量”(Slotkin,5)。像大多数西迁移民一样,克罗基特的西行意在敛财致富和扬名立威。因而,政治前途受挫后,他出于“逃避失败或羞辱”(Harrigan,2000: 470),迁居美墨边地,期待在德克萨斯独立革命中大展拳脚。随着阿拉莫要塞的失守,他的抱负化作泡影,但美国官方历史片面地突出他的爱国精神和英雄情怀。这种崇高化移民志愿军的宏大叙事放大了历史事件的某些侧面,在特定的历史时期虽发挥强化统一民族身份的政治功能,却塑形了与美国国家意识形态无缝对接的阿拉莫神话,而此种神话借由文化意识形态国家机器隐含且高效的宣传,进入广泛流通,反过来又召唤主体认同其包裹的意识形态内容。正如米尔福德所言,阿拉莫神话起着“建构和调节一个群体的意识形态”的作用(Milford,114)。

巴尔特认为,神话是“历史有目的地筛选的言语类型”,它将“历史阶级文化转换为普遍本质”(Barthes,109,5)。巴尔特揭示了神话在人类史中的霸权式角色,指出它将统治阶层的意识形态扮成自然的、合理的价值观,隐藏在理想化的神话面具之后,由此,神话被赋予意识形态性,合法化了现有社会、文化和政治秩序。毫无例外,刻写阿拉莫围困事件的神话叙事在文学文本和其他文化文本中反复被讲述,早已积淀于美国民族的集体无意识。本质上,阿拉莫神话是主流白人话语建构的一套叙事意指,夹杂着益于统治阶层的意识形态内容,维护他们对历史事件的权威表述。在阿拉莫神话的正统叙事中,土著印第安人、墨西哥人等少数族裔是落后和野蛮的,而拯救他们是美国民族的义务。这种“自我”与“他者”的对分暴露了美国国家意识形态中的“白人优越论”,决定着史学家在书写阿拉莫的历史时遮蔽美国民族涉及的殖民扩张。“正如每一种意识形态伴随着一种特定的历史及其过程的观念,每一种历史观也伴随着特殊的、确定的意识形态内涵”(White,1975: 24)。可以说,作为理解德克萨斯乃至美国民族的“共同信念和共同身份”的关键范畴(Dorsey,39),阿拉莫神话不仅传达崇尚勇气、自由和牺牲的精神,还维系着美国民族身份的连续性和纯洁性，其存在已经“超越德克萨斯的边界”“组成了美国民族主义的主要神话”（Milford，114）。

阿拉莫围困事件已远去，但阿拉莫神话未曾从美国民族史中退场。上至20世纪后半叶的美苏冷战，下至21世纪的伊拉克战争，阿拉莫神话皆替美国侵略有理、强权无罪的帝国行径开脱，达到了迷惑美国民众、鼓舞士气的功效。在哈里根发表《阿拉莫之门》3年之后，《洛杉矶时报》为激发即将开赴巴格达的美国军人的斗志，登载了名为《铭记阿拉莫：我们年轻的勇士在伊拉克依然紧握荣誉与勇气的价值观》（“Remember the Alamo：Our Young Warriors in Iraq Still Clasp Values of Honor and Bravery”，Apr. 08，2003）的文章。该题目炮制了休斯顿发起圣哈辛托战役时的口号，正义化了美国掀起非人道之战的意图。可以说，阿拉莫神话以穿越时空的呐喊巧妙地替美国政治辩护，其意识形态性可见一斑（Pérez，778）。在《阿拉莫之门》中，哈里根不像同时代的媒介一样盲信阿拉莫神话，却戳穿了它与美国帝国话语的亲缘性。他通过揭示美国官方历史奉为民族英烈的历史人物的“小历史”，解构了阿拉莫神话的可靠性和真实性。由此，阿拉莫的正统历史所遮蔽的美国民族的帝国底色豁然呈现，而剔除此种历史涉及的殖民行为和帝国扩张的国家意识形态权力也一览无遗。

三、历史主体之外的“他者”历史

琳达·哈琴认为：“从经验论上讲，过去的事件是存在的，但从实证论来看，我们今天只有通过文本来知晓它。历史再现只能赋予过去的事件以意义，而非存在。”（Hutcheon，81）作为潜在的故事要素，历史事件本身是中立的，而史学家如何选择和组合事件则反映了历史撰写的意识形态倾向。同时，编撰历史是胜利者的特权，而史学家通常站在胜利者的意识形态立场，按照既定的权力关系书写历史。自德克萨斯并入美国起，美墨边地纷争的历史撰写受白人统治阶层的政治权力左右，致使19世纪美国史学家撰写的西进历史旨在阐释向西开拓对于建构统一民族身份的重要性。其中，极具影响的历史论断来自特纳（Frederick Jackson Turner，1861—1932）的《边疆在美国历史上的意义》（“The Significance of the Frontier in American History”，1893）。特纳从白人男性的立场，提出西进拓殖是一个不断“美国化”的过程（Turner，23），因而他的历史编撰回避了西进过程涉及的殖民行为、种族清洗、性别歧视等问题。作为西部拓殖中的重要历史事件，阿拉莫围困事件的历史撰写逃不出以白人男性中心论为基调的国家意识形态窠臼。在后现代的语境中，新西部史学家发掘被官方历史叙事淹没的史料，“通过戏仿、批判和其他的策略性干预”，将“阿拉莫的主流叙事置于激烈的审视之下”（Flores，2000：97），填补既定历史中的疏漏。沃斯特直言，西部拓疆是“一个付诸暴力的帝国进程”，伴随其中的是对“少数族裔、女性和自然的欺凌”（Worster，12—13）。同样，小说家尤其是那些对族裔文化冲突深有感触的地域作家，以质疑美国国家意识形态的姿态，用艺术表意实践恢复被宏大历史叙事淹没的“小叙事”。哈里根在《阿拉莫之门》中，透过游离于国家权力中心之外的“他者”经历，恢复美国官方历史中被消音的“他者”之声，从文化层面上对美国民族历史的编撰进行了文本化的干预。

首先，哈里根从墨西哥人的视角质疑阿拉莫围困事件的政治合法性。长期以来，有关这一历史事件的表征是一部“压抑墨西哥少数族裔”的历史（Lyman，20）。此种历史从“白人优越论”、世俗的宗教责任和政体优越性中寻找托词，阐释19世纪美国民族踩着少数族裔的尸骨向西开拓的殖民史，却未正视少数族裔的历史创伤。讲到底，阿拉莫围困事件的官方历史被主流白人社会的话语“漂白”，即德克萨斯“在精神上、态度上、政治上、社会上、经济上和人口上都是‘白色的’”（León，13）。哈里根反其道而行之，赋权少数族裔与既定历史商榷。在小说中，受命围剿美国移民志愿军的墨西哥上校胡安·阿尔蒙特回应了美国移民的殖民想象。他认为，即使墨西哥政府满足美国移民的要求，他们也会觊觎更多的墨西哥领土。他陈述了墨西哥政府所作的让步，如放宽移民政策、允许信奉清教、延迟废奴制。在他看来，美国移民要求取消关税的行为是美国对墨西哥实施经济殖民的隐讳表达，并发问：“难道一个国家无权对外来商品征收关税么？难道神奇的美利坚不是用这种方式来保护它的经济的么？”（Harrigan，2000：208）他的质疑表现出作为“他者”的墨西哥抗拒处于强势地位的美国，也体现了一种“边缘”话语向“中心”话语的反写。在这种话语博弈中，阿尔蒙特清晰地道出，美国移民远非是自由和民主的推进者，而是以这些话语标签为幌子“合理合法”地掠夺墨西哥的资源甚至干涉其内政。

同样，墨西哥士兵发表了他们对美国移民志愿军的看法，以此反驳美国官方历史对墨西哥民族的类型化表征。在阿拉莫围困事件的官方历史中，墨西哥军人残忍地屠杀美国移民志愿军和无辜的妇孺儿童（Black，44），他们被抹掉个人身份，却被强加上

"落后的""返祖的""异类的"集体身份(Graham,38,46)。但是,哈里根笔下的墨西哥士兵遵从上级指示,并未滥杀无辜。相反,美国移民志愿军是一群"狂野的、没有节制的、贪婪的"乌合之众(Harrigan,2000:155)。他们"如狼一样的邪恶",割下"对手的阴囊当钱包"(同上,155,156)。在随后的圣哈辛托战役中,战败的墨西哥士兵成了美国移民志愿军泄愤的活靶子。他们有些被砍下了头,有些被当众侮辱,战死的士兵尸体也惨遭蹂躏。相形之下,美国移民志愿军是真正的野蛮人,而墨西哥士兵更具人性。至此,小说叙事罢黜了美国移民志愿军占据的道德高地和种族优势之位,通过正面刻画墨西哥士兵,修正了美国的殖民话语对墨西哥民族有失公允的形象建构。

其次,哈里根通过刻画历史边缘人物乔凸显黑人同胞的阿拉莫经历,言说阿拉莫围困事件带给非裔群体的创伤历史。如前所述,乔是特拉维斯的黑奴。前者受后者政治言辞的影响加入保卫阿拉莫的队伍。乔虽有机会到墨西哥过自由人的生活,但他放弃了。他知道"尽管墨西哥是一个受暴政统治的国家,却不曾有专为黑人量身打造的暴政统治"(同上,492)。由于长期浸润在特拉维斯营造的"爱国"情景中,乔的思想被收编,导致他宁愿"作为奴隶战死在阿拉莫,也不愿成为自由人到外面生活"(同上,492)。他为"自由"而战的勇猛势头让他忘记了"自己的存在"(同上,519)。他虽不能理解美国移民反抗的"压迫"所指为何,却深知他们"有不来德克萨斯的自由",也"有离开的自由"(同上,521)。这种来去自由的道理都能被乔领悟,而美国移民不过是以自由之名行殖民霸权之实。作为参战人员,乔是为白人的自由特权而战。然而,在阿拉莫围困事件的正统历史和其大众文化表征中,少数族裔,尤其是墨西哥裔和非裔移民,言说他们的创伤历史的声音被强势的种族主义话语抑制甚至消音。米尔福德指出,"在故意扭曲阿拉莫历史的神话中,……所有非盎格鲁人的存在起着支撑种族主义意识形态的作用"(Milford,121)。在小说中,黑奴乔是阿拉莫围困事件的参与者和幸存者,也是受害者。他的阿拉莫经历表明美国官方历史对历史事件的某些侧面的集体失忆是国家意识形态权力运作的结果,掩盖和美化了历史污点。不同于那些"漂白"阿拉莫的官方历史叙事,哈里根的历史书写通过吸纳异质的历史片段,恢复了非裔群体参与并阐释历史事件的权利,也补正了少数族裔在这段历史中的缺场。

最后,哈里根凸显女性的阿拉莫经历,将女性写入"他"的历史,纠正了阿拉莫的官方历史叙事将男性表征为事件中心人物的偏颇。吉梅尔指出,"力量""勇猛"和"决心"是男性气质的主要特征,它们"将个人男性气质等同于国家力量和权势,取得很强的政治效应"(Kimmel,121)。相反,"阴柔""胆小""羸弱"等女性气质决定了女性不宜代表民族主义、国家身份等男性化的修辞话语。在阿拉莫围困事件已演绎为讲述美国民族起源的文化语境中,女性参与此事件的经历通常被剔除在男性化的历史叙事之外。但是,哈里根通过虚构莫特夫人卷入历史事件的经历,重塑了被官方历史叙事排斥的女性话语。小说中,莫特夫人从一位独立革命的冷眼旁观者转变为一位烽火中的女战士,她的转变象征性地完成了女性在男性化的历史中由"缺席"到"在场"、由"私人领域"到"公共领域"的过渡。在分析19世纪西部小说中的女性形象时,科罗德尼指出女性通常被限于家庭空间,她们要么是陪衬角色,负责生养持家,默默地在"私人领域"书写"她们"的历史,要么被丑化甚至妖魔化,有碍男性进入"他们"的历史(Kolodny,3)。作为一部反映西部拓殖的西部小说,《阿拉莫之门》突破了传统西部小说对女性的刻板塑造,却赋权女性在"公共领域"参与并评断历史事件,肯定未被美国官方历史承认的"他者"的政治作用。最初,莫特夫人不愿卷入战争,但事与愿违,莫特夫人因误解儿子特雷尔与艾德娜发生男女关系,导致艾德娜和腹中胎儿丧命,母子之间嫌隙横生。少不更事的特雷尔为躲避母亲的质疑,毅然带上父亲留下的来福枪,投奔美国移民志愿军。初次体验到战争刺激的特雷尔带着胜利的狂想,随即加入斯蒂芬·奥斯丁统领的队伍。出于担心儿子的安危,莫特夫人与埃德蒙结伴南下寻子。几经波折,莫特夫人找到儿子,却不忍心让他孤军奋战,遂决定留在临时医院当护士。在小说中,莫特夫人的角色转变有着深刻的政治意蕴。她的经历是19世纪参与了缔造德克萨斯乃至美国西部的女性的缩影。她除了保留伟岸的母亲形象,还参与并见证重大的历史时刻。这种刚柔并济的强者姿态避免了女性以隐忍、被动和服从的形象被写入"他"的历史。

作为美国民族历史和记忆的参与者和见证者,莫特夫人的双重身份改变了西部女性所属的"他者"地位。在阿拉莫要塞即将失守之际,她受到克罗基特和迪克·佩里的嘱托。前者担心命不久矣,把家书交付她保管。家书的内容是告知儿子"在红河找到一个实行人头权利制的地方"(Harrigan,2000:518)。后者则在家书中用"'推翻压迫'的高调言辞",劝说家人"为他献身德克萨斯而感到'高兴'"(同上,518)。两封家书的内容对比鲜明,这种对比昭示着那些所谓的阿拉莫英烈是被国家意识形态话语过滤之后"去芜存菁"的产物,而历史小人物的可悲命运却被既定的官方历史抹掉。至此,作为副文本的家书与正统的官方历史形成互文反讽,并构筑了一个历史断层的空间,从中不难看出,"阿拉莫只是一个言辞慷慨的沉沦之岛"(同上,518)。在小说中,不同于新西部史学家通过重组历史断层中的史料更加客观公正地还原历史真相,哈里根利用小说的虚构权威,再造了一个更能真实地反映当时历史的女性化叙述,使得有别于男性认知论的女性历史从不可见变得可见。莫特夫人的个人化历史经历表明:历史书写的核心无关乎真实的历史究竟是什么,而在于如何讲述历史以及讲述什么样的历史。"再现的事件总是隐含着我们说话或书写的位置,即发言的位置"(Hall,220)。再现所体现的"位置的政治"对于历史被损毁、扭曲和篡改的西部女性尤为重要,而重新找回被消音的历史,就是女性发言的位置,是女性重拾话语权的手段。哈里根正是凭借小说中女性历史的发声表达了这种"身份政治"和"位置的政治"。

建构在语言叙述和主观意识之上的历史撰写总是受到意识形态权力的把控,留下了许多更能全面反映历史事件的历史断层,而小说叙事是以文学的虚构性对历史断层进行考古学式的发掘和再想象,虚拟出不失真切的历史面相,实现了文学书写历史的目的,也呈现了文学修正历史记忆的反思性特征。《阿拉莫之门》在尊重史实的基础上,想象性地移植和补充在历史文献中缺失的"他者"的历史,实现了在历史记载与文学文本的碰撞与交集中激活被遗忘的历史记忆的创作旨归,表达了作家试图重构对话性、异质性的"他者"话语的"政治无意识"(Jameson,70)。作家所表达的"政治无意识"是对美墨边地持存已久的冲突和纷争进行追根溯源的清算,也蕴含着恢复"他者"阐释历史的话语权的政治愿景。因此,《阿拉莫之门》中的历史书写是以一种与美国官方历史争鸣的姿态打破国家意识形态欲将美国扩张史简化为符合统治阶层利益的独白,并以此启发同时代的美国同胞对美国当下面临的边境冲突、文化矛盾和帝国霸权等问题进行批判性思考。正如怀特所言,"对历史的专门审视,与其说是需要确认某些事件确实发生过,倒不如说是某一群体、社会或文化希望确定某些事件对于其了解自己的当下任务和未来前景可能产生怎样的意义"(White,1986:487)。

四、结语

在《阿拉莫之门》的作者注中,哈里根写道:"通常来讲,历史小说家当然不受真相的限制。他们应有把握更多真相的余地,但作为读者,我更倾向于认为,历史小说应具有历史可信性。"(Harrigan,2000:734—735)一方面,历史小说家肩负塑造有血有肉的真实历史人物的使命,以此建构文本叙事的历史可信性;另一方面,他们有特权编纂和虚构小说人物,并通过将虚构小说人物与真实历史人物并置在特定的历史事件中,探索历史事件之于不同群体的影响,表达对历史的阐释性认知。因此,作为一种基于史料创作而成的文类,历史小说不完全复制官方历史叙事,也非缜密地编排历史事件的前因后果,却通过吸纳正史中缺失的成分,以更直观的方式引领读者在文学话语与历史话语的交锋中重新认识历史。《阿拉莫之门》的叙事内容基本遵循了哈里根对历史小说的见解。他通过彰显虚构小说人物的存在和历史边缘人物的在场性,让他们在"大写历史"中充当黏合剂的作用,连接卷入阿拉莫围困事件的核心历史人物,书写了美国官方历史所不能或不愿反映的美墨边地冲突的"小历史",也力主在具体的政治语境中恢复历史主体之外的"他者"历史,藉此,历史真相的多义性得以呈现,历史正义得以伸张,而抹除美国官方历史中那些非正统因素的国家意识形态权力的霸权性本质也无处遁形。可以说,《阿拉莫之门》中的历史书写不仅呼应了20世纪下半叶至今的文学界与文学批评重返和回归历史的潮流,还诠释了文学话语蕴蓄的"逆写帝国"的政治介入性,也丰富了历史小说这一文类的意识形态批判功能。

参考文献

[1] Barthes, Roland. *Mythologies*. 1957. Trans. Annette Lavers. New York: Hill and Wang, 1972.

[2] Black, Richard. "Real-life Legends and Reluctant Revolutionaries: Stephen Harrigan's *Gates of the Alamo*." *Southwestern American Literature*, 31. 1 (2010): 33-50.

[3] Crisp, James, E. *Sleuthing the Alamo: David Crockett's Last Stand and Other Mysteries of the Texas Revolution*. New York: Oxford UP, 2005.

[4] Dorsey, Margaret E. "Borderland Music as Symbolic Forms of Nationalisms: The Best of the Texas Tornadoes, Partners, and Viva Luckenbach!" *Latin American Music Review*, 26.1 (2005): 23-56.

[5] Flores, Richard. "The Alamo: Myth, Public History, and the Politics of Inclusion." *Radical*

Historical Review, 77.1 (2000): 91-103.

[6] Flores, Richard. *Remembering the Alamo: Memory, Modernity and the Master Symbol.* Austin: U of Texas P, 2002.

[7] Graham, Don. "Remembering the Alamo: The Story of Texas Revolution in Popular Culture." *Rhetoric Southern Quarterly*, 89.3 (1985): 35-66.

[8] Hall, Stuart. "Cultural Identity and Cinematic Representation." *Ex-iles: Essays on Caribbean Cinema.* Ed. Mbye B. Cham. Trenton: Africa World Press, 1992. 220-236.

[9] Harrigan, Stephen. *The Gates of the Alamo.* New York: Penguin Books, 2000.

[10] Harrigan, Stephen. "Stephen Harrigan." *Conversation with Texas Writer.* Eds. Frances Leonard and Ramona Cearley. Austin: University of Texas Press, 2005. 141-146.

[11] Hutcheon, Linda. *The Politics of Postmodernism.* New York: Routledge, 1989.

[12] Jameson, Frederic. *The Political Unconscious.* New York: Cornell University Press, 1981.

[13] Kimmel, Michael S. *The Manhood in America: A Cultural History*, 2nd ed. Oxford: Oxford University Press, 2006.

[14] Kolodny, Annette. *The Land before Her: Fantasy and Experience of the American Frontiers, 1680-1860.* Chapel Hill: University of North Carolina Press, 1984.

[15] León, Arnoldo De. *They Called Them Creasers: Anglo Attitudes toward Mexicans in Texas, 1821-1900.* Austin: University of Texas Press, 1983.

[16] Linenthal, E. T. "'A Reservoir of Spiritual Power': Patriotic Faith at the Alamo in the Twentieth Century." *Southwestern Historical Quarterly*, 91.4 (1988): 509-531.

[17] Lyman, R. "Mexican's Memoir of Alamo: A Rage." *The New York Times*, Nov. 18 (1998): 20-23.

[18] Milford, Mike. "The Rhetorical Evolution of the Alamo." *Communication Quarterly*, 61. 1 (2013): 113-130.

[19] Pérez, Vincent. "Remembering the Alamo, Post-9/11." *American Quarterly*, 55.4(2003): 771-779.

[20] Salvucci, Linda K. "'Everybody's Alamo': Revolution in the Revolution, Texas Style." *Reviews in American History*, 30. 2 (2002): 236-244.

[21] Slotkin, Richard. *Gunfighter Nation: Myth of the Frontier in Twentieth-century America.* New York: Atheneum, 1992.

[22] Turner, Frederick Jackson. *The Frontier in American History.* New York: Holt, Rinehart and Winston, Inc. 1962.

[23] White, Hayden. *Metahistory: The Historical Imagination in Nineteenth-century Europe.* Baltimore: The John Hopkins University Press, 1975.

[24] White, Hayden. *Tropics of Discourse: Essays in Cultural Criticism.* Baltimore: The John Hopkins University Press, 1978.

[25] White, Hayden. "Historical Pluralism." *Critical Inquiry*, 12.3 (1986): 480-493.

[26] Worster, Donald. "Beyond the Agrarian Myth." *Trails: Towards a New Western History.* Ed. Patricia Nelson Limerick, Clyde A. Miller and Charles A. Rankin. Lawrence: University Press of Kansas, 1991. 3-25.

[27] 盛宁.《二十世纪美国文论》.北京：北京大学出版社,1993.

《曾经》中的“文化间”爱尔兰移民社会①

向丁丁
（复旦大学）

摘　要："凯尔特虎"落幕时代的爱尔兰，托尼奖音乐剧《曾经》以文化间书写与岛内甚嚣尘上的民族主义排外思潮对话。移民流散的历史创伤与移民流入的新近经验在剧中两相观照，消解着对外来者的敌意、无知和刻板印象。在移民"他者"与爱尔兰社会的互动中，剧作突出多元文化立场间的共享、协商和影响。随着文化间社会理想图景的构建，封闭静态的爱尔兰认同也开始了重新想象。

Abstract: Tony Award winning musical *Once* envisions an intercultural Ireland, the antithesis of the xenophobic island at the close of her Celtic Tiger era. Cross-cultural empathy is made possible amidst the paralleled experiences of the island's reality of incoming migration and her history of outbound migration. Stereotypes are dissolved concerning immigrants and their relations to Irish society. Intercultural writing inspires reimagining the Irish identity not as an enclosed entity but a dynamic process of integration, negotiation and hybridization.

关键词：《曾经》；移民；文化间主义；爱尔兰

Key Words: *Once*; immigration; interculturalism; Ireland

一、引言

当埃德那·沃什（Edna Walsh，1967—　）的托尼奖音乐剧《曾经》（*Once*，2012）②结束百老汇 3 年与伦敦西区两年的驻演回到故土爱尔兰时，媒体宣传中出现了一项耐人寻味的留白。《曾经》讲述的是爱尔兰街头艺术家与捷克移民姑娘相遇、共同实现音乐梦想并萌生感情的故事。然而，铺天盖地的媒体宣传中不仅只字不提人物身份，而且贯穿剧作始终的主要事件——本土爱尔兰人与新移民的相遇——更是被淡化甚至省略了。在该剧的官方网站，制作方将其描述为“动人的爱情故事、灿烂的音乐和无敌的幽默”，展现“音乐与追梦的力量”，所援引的剧评人意见亦只见对于“爱”之主题的歌颂、对音乐本身的赞许③。这一颇为奇怪的缺席恰好指向移民在当下爱尔兰的微妙处境。

移民的涌入于爱尔兰是相当晚近的经验，它集中发生在最近 30 年的当代史中。随着 1990 年代“凯尔特虎”（Celtic Tiger）经济腾飞的开始，岛国吸引了数以十万计的海外移民，他们在总人口中的比重一度高达 20%，这使得爱尔兰在 21 世纪第一个 10 年中一跃而为全球人口国际化程度最高的国家（Kearney，67）。这一变化是全新而富有颠覆性的经验，它对传统上单一保守的岛国带来了猛烈的冲击和改变，“爱尔兰人对天主教—新教和北爱—南爱两则古老对立的执着，已被对一种新现实的关注所取代。这种新现实便是：在街头、商店和社区中心，愈来愈多的迹象显示，我们当中已生活着来自别国、异族甚至不同人种的人群”。（Gorman and Mallon，362—363）

而到《曾经》创作与演出的 21 世纪第二个 10 年，“凯尔特虎”的步伐已戛然而止，繁荣时代开始涌

---

①　本文为教育部人文社科青年基金项目“当代爱尔兰移民戏剧变迁研究（1964—2012）”（18YJC752037）的阶段性成果。

②　该剧获得 2012 年托尼奖的 8 个奖项，其中包括最佳音乐剧奖和最佳音乐剧剧本奖。

③　网站引用《华尔街日报》剧评，称该剧是“以狂野的真诚和超然的诚实呈现的爱情故事”；引用《彭博新闻》剧评，称其为“智慧、温暖和音乐的卓越组合”；引用《纸报》剧评，称“如果你尚有激情和梦想，就一定得去观看此剧”。（https：//oncemusical.ie/the-show/，accessed 2017/07/04）

入的移民陷入了尴尬的境地。排外民族主义几乎不可避免地伴随着经济萎靡而回潮,敌意和对峙成为一种悄然蔓延的公众情绪。不仅有部分政客为迎合之,公然将移民定义为“吃白食的”和“搭便车的”(Loyal,2011: 91),更兼大众媒体对其进行妖魔化的刻画(Singleton,2016: 475)。社会学家凡宁(Bryan Fanning)认为此时的爱尔兰表现出一种“脆弱的多元文化主义”(a weak multiculturalism):一方面是人口和社群多样性的不断增加,另一方面却是外来社群相对隔绝的生存状态,以及本土原生社群对公平的回避和对控制的追求(179)。

在这种环境下,《曾经》演出宣传中的留白显然是审时度势之举。事实上,这种谨慎态度与同类作品的早先际遇亦不无关系——它们的演出与批评史向随后创作者发出的信号远非积极。较早的移民戏剧多关注外来者孤独隔绝的生活状态①。这种单向度的呈现很难广泛吸引观众,因而“鲜有进入主流剧场”。较近的作品开始展示移民与本土社会相遇互动的经验②,但其中常见的“对抗”主题令它们备受争议——复兴运动以来的爱尔兰戏剧史习惯了将外来者表现为入侵者,习惯了抵抗而非欢迎,此时它暧昧地宣称“并未给新来的外族留好位置”,批评与研究声音寥寥。(Singleton,2011: 20)

与早先作品不同,回归故土的《曾经》大获成功,原本仅仅两个月的演出季一再延长,直至横跨两年③。宣传的留白、剧情的温和与商业的成功让习惯了沃什作品社会批判特色的批评家感到困惑,他们语焉不详地称其为“一部多少有些奇怪的作品”(McIvor and Spangler,7)。然而,在表面的“奇怪”下更应发现,这部剧作恰恰是以看似与政治话题无涉的“爱”之主题,化解着对外族移民的排斥与恐惧情绪;并在音乐创作的主要情节中,悄然呈现出一个“文化间”(intercultural)移民社会的崭新图景。

二、并置的移民输出与输入经验

值得注意的是,虽然移民的进入是爱尔兰尚未真正适应的现实,人口的流出却素来是其民族记忆中的重要一环。事实上,爱尔兰曾是人类历史上以移民输出而著称的少数国家之一。人口外流是长期国力贫弱的结果,也是长达8个世纪被殖民史的副产品。罗宾逊总统(Mary Robinson)以不无抒情的语调回顾这段历史时说:“我们还清晰地记得那种孤独无助,记得因无法养活自己的人民而痛感失败,也记得我们的先辈以何等的勇气在远离家园之所重建新的生活。”(Office,67)这种经验和记忆包含被迫离乡的惨痛创伤,也包含漂泊者的浓厚乡愁,它深嵌于爱尔兰人对自身身份的定义。在爱尔兰社会融合事务部的官方文件中,可以发现这样富含感情的陈述:“爱尔兰认同既是由留守家园的人们所塑造,也是由从爱尔兰海岸线启航、去国离乡的人们所塑造。”(同上,67)

及至21世纪初,大量人口涌入的事实似乎提示着这段陈述亟需添补的第三部分,那就是这一认同同样由背起行囊、抵达爱尔兰海岸线的新移民所塑造。离乡与抵达之间天然存在彼此映射、互为观照的关系。可是,在甚嚣尘上的排外情绪中这种关系令人遗憾地被遮蔽了。而《曾经》呈现的则正是街头艺术家“男子”离开故土和东欧移民“女孩”初入他乡的交叠时间。他们的相遇让移民外流和涌入两种经验并置起来,并形成一种显见的类比。

男子的“离乡”是爱尔兰语境下若干世纪来的熟悉命题。在尚不遥远的历史中,不仅数以百万计的爱尔兰普通人迫于生计背井离乡,艺术家更是往往需要通过自我流放才能找到施展才华的机会。正如批评家考克利(Daniel Cockery)所言,“移居海外几乎是所有爱尔兰文人的共有徽章,而且一旦移居,便往往终身不得返乡”(3—4)。当世纪初的繁荣期结束,巨大的经济泡沫破裂,这一命题梦魇般复现了,爱尔兰的年轻人又陷入了与先辈相同的处境。和王尔德、萧伯纳、乔伊斯一样,作为艺术家的男子必须远离萧条沉闷的故土,因为留在经济再度陷入停滞的祖国意味着“没有工作,没有未来”(Walsh,22);而移民海外则意味着“一个叼雪茄的胖子会把你收入他的唱片公司麾下,你将去往纽约,成就一番事业”(33)。男子的处境代表了这一时期普遍弥散的沉郁与失望情绪,它与历史上迫使人们外移的苦痛经验一脉相承,代表一种挥之不去的创伤记忆。

女孩的“抵达”则是一种较新的经验。如同大多数进入岛国并隐没于底层的移民,女孩的经历不为

① 如《避难所》(*Asylum! Asylum!*, 1994)、《穴居人》(*Cave Dwellers*, 2002)、《很久以前和不久之前》(*Once Upon a Time & Not So Long Ago*, 2006)和《蘑菇》(*Mushroom*, 2007)等,几乎都聚焦于移民、难民和劳工在爱尔兰的边缘生活。

② 这类作品中最著名的是《曲棍球》(*Hurl*, 2003)和《新西方世界的花花公子》(*The Playboy of the Western World*, 2007)。前者表现一支移民组成的球队参加爱尔兰曲棍球赛的故事。后者则改编辛格经典剧作,讲述黑人移民马洛从尼日利亚来到都柏林黑帮社区的经历。

③ 见官方网站 https://oncemusical.ie/news/。

大多数爱尔兰人所知,因此显得异质而可疑。而《曾经》以大量篇幅展现女孩的日常生活,并暗示这种日常生活与爱尔兰移民筚路蓝缕的相似之处。与他们一样,来自东欧的女孩亦是为了寻求更好的生活而背井离乡;也与他们一样,她从事当地人不愿从事的繁重体力劳动,展示出罗宾逊总统所言的"在远离家园之所重建新的生活"的勇气;她甚至在感情上经历着与爱尔兰移民一样的"孤独无助",社会关系的匮乏使她异常珍惜与男子的友谊。

离乡与抵达两种经验的相似之处是剧中人物发生共鸣和产生友谊的基础。当男子询问女孩"都柏林有家的感觉吗"时,他提出的实际上是历史上和现实中移民共同的关切。更进一步说,两种经验的相似之处也是现实中社会宽容与融合的可能性基础。文化评论家基伯德(Declan Kiberd)乐观地断言,悠长的移民输出传统在爱尔兰人心中植下了"流离失所、漂泊无根和饱受歧视"的深刻记忆,这意味着他们在面对涌入的移民时能有更强的同理心,从而表现出更加"宽容、开放和兼收并蓄"的态度(317)。社会融合事务部长雷尼罕(Conor Lenihan)亦曾发言:"爱尔兰有着独特的道德、智识与实践能力,可以很好地适应人口流入的局面。"(Office,67)

他们所描述的美好愿景在现实中并未完全实现。当外来人口真正大量涌入时,"热情的盖尔爱尔兰人"所骄傲的"一百万声欢迎"变成了流于表面的敷衍之辞(Hayward,820)。爱尔兰政府对移民的态度暧昧而保守①,民众与移民的社群界限泾渭分明②;新来者不得不面对的事实是,这个国家"对各种肤色并非一视同仁,而种族主义是无法逃避的日常经历"(822)。根深蒂固的民族主义传统和争夺资源的现实考虑重叠于一处,使得本土居民和新移民之间的"感同身受"变得缥缈难及,而移民在社会生活中被动的"静默和隐形"(同上,823)进一步令这种局面缺乏改变的机会。

与某种程度上陷入僵局的现实迥异,《曾经》展示了与移民相遇的世界,这正是本土爱尔兰人甚少真正注视过的世界。离乡的爱尔兰人与抵达的异乡人产生普通却深刻的人类情感的时刻,正是静默者发声、隐形者显形的时刻,也正是"脆弱的多元文化主义"出现转机的时刻——男子与女孩的故事中,移民流散的历史记忆被唤醒,构成移民流入的新近现实的参照;舞台空间成为移民社会的缩影,现实中常常缺位的对话在此发生;此时的爱尔兰人和异乡人各自走出自己族群的篱障,面对"跨越文化的人类共同需求",感知"非己族群的立场与视角"。这一切正是"文化间社会"萌生的要素(Nussbaum,82):文化间社会不止步于静态、隔绝的人口多元现实,还推崇文化社群之间的实际交往互动,它发现差异、赞美差异,并从差异的阈间产生全新的认同(Nagle,169;Knowles,59);它为"脆弱的多元文化主义"提供了"具有修复力的替代物"(a restorative alternative)(McIvor,2016:4)。

三、移民他者刻板印象的消除

在离乡者与抵达者的类比中,暗含基于历史经验的同情,也暗含对现实的再认识。与普遍流行的想象大相径庭,女孩代表了一种令人惊异的新移民形象。她绝非"吃白食的""搭便车的";相反,她出身音乐世家,有比男子更为专业的乐理知识与演奏技能,且展现出比他更胜一筹的果敢与谋略。正如社会学家洛伊尔(Steven Loyal)所指出的,与爱尔兰本地人平均水平相比,多数新移民的受教育程度更高、职业技能更强(2011:92)。然而,在保守政策和妖魔化宣传之下,这种真实情形往往被带有敌意的夸张想象所掩盖。当一系列民意调查显示出日益上升的排外情绪,尤其是针对东欧、黑色人种和穆斯林的敌意(Garner,119),而大众舆论和媒体有选择地迎合仇视心理,令新移民陷入"隐形、污名和沉默"的境地时(Hayward,823),《曾经》提供了一幅更加客观的图景。在这幅图景中,移民的"天然劣势"和边缘地位来到反思的聚光灯下,基于地域和血缘的偏见被重新审视。

女孩与爱尔兰社会发生交汇的方式亦突破常规。在《曾经》之前,以本土作家道伊尔(Roddy Doyle)《猜猜谁来共进晚餐》(*Guess Who's Coming to the Dinner*, 2007)为典型的一类作品中反复出现的情节呈现了新移民融入爱尔兰社会的"主流"方式——与当地人产生浪漫爱情关系。在这种模式下,本土爱尔兰人的中心地位牢不可撼,外来他者必须通过爱情-婚姻这种传统上结合-接受的方式"进入"业已牢固存在的本地社群,成为以"酷似"(verisimilitude)为终点的成员。这种接纳方式以同

① 批评者普遍认为爱尔兰政府一方面鼓励资本和劳动力的自由流入,另一方面却对移民有着诸多法规、政策和实践上的限制。这种限制在2004年宪法修正案对公民权的收紧中达到了顶峰。见Hayward,第822页及Villar-Argáiz,第7页。

② 研究者指出,两个社群之间处于互相隔绝的状态,既缺乏对彼此的责任感、实际的交流互动,更缺乏对这一现状进行结构上变革的迹象。见McIvor,2011:314。

化为逻辑,可归纳为一种旧式多元文化主义,它在爱尔兰社会广泛存在,体现的不过是借移民他者来确认和巩固“原生爱尔兰人”优势身份的倾向(Kuhling and Keohane,67—68)。

女孩始终与这一选项保持了审慎的距离,和男子保持不逾雷池的友谊。与浪漫关系的选择性疏远在客观上赋予她极大的独立性:关于移民,尤其移民女性的污名之一便是她们通过爱情、婚姻和生育投机来抢夺资源(Garner,128);女孩的主动弃绝成为对这种污名的反抗——她并不以女性身体来交换向所谓的中心和主流的靠拢。

对于此种异于常规的选择,她多次以“严肃的捷克人”自我解嘲。一种肤浅的刻板印象被用作策略,消解更加深刻和结构性的关于移民生存方式的刻板想象。“严肃的捷克人”实际上代表着与西欧式,尤其美国化程度甚深①的当下爱尔兰相异并可资协商的价值观和道德观。女孩对自己捷克身份的强调显示出一种逆“同化政治”而行的选择,在与爱尔兰人的交往中保持来自母国文化传统的种种特质,并通过共享社会生活与爱尔兰式的价值观和生活方式发生碰撞。受到女孩影响的男子不再是忧伤而放荡的世纪初爱尔兰青年;而受到男子影响的女孩也实现了在祖国难以实现的资本和文化资源的经营。

此时,双方的相遇展现出一种“文化间”处境的可能性,即在多种多样的文化立场(cultural positioning)之间发生互动、协商和影响。这种不以同化为终点的互动展示出一种在社会空间中由下而上诞生“新的、杂糅的、流散的身份”的动态过程(Knowles,59)。在这个过程中,边缘文化与优势文化之间的边界逐渐后退,它们共同建构一种植根于多样性、不囿于刻板想象的文化间社会。在这里,差异受到尊重,融合悄然发生。

四、被颠覆的拯救关系

在这种文化间交往中,女孩与男子之间形成了一种颠覆性的拯救者-被救者关系。与一般想象不同,扮演拯救者角色的并非在都柏林土生土长的男子,而是一无所有的外来者女孩。从典型的苦闷爱尔兰青年到富有希望的年轻艺术家,男子将自己的快速成长归功于女孩的陪伴、鼓励和帮助。她不仅以独具的艺术鉴赏力说服这位不名一文的街头艺术家相信自身的音乐才华,而且以出色的执行力帮助他规划了一整条成功之路——她游说数位本地人和新移民加入男子的乐队,低价租下一间专业录音棚,与银行经理面谈赢得一笔宝贵的贷款,将男子的作品录制成一张出色的专辑,自荐给纽约的经纪公司,敦促男子启程去美国:“让更多人听见你的声音”(Walsh, 22)。

当男子将这一切总结为“你给了我新的生命”(58),女孩作为拯救者的形象已呼之欲出。这位不同寻常的拯救者没有任何物质资源,但相异的文化背景赋予她的积极而审慎的特质构成一种无形的力量,让爱尔兰青年陷入枯竭的创造力之泉再次充盈。此时的女孩代表一种对爱尔兰更具希望的观看角度。与认为“音乐并未带来任何前途”(15)的男子不同,她相信调动资源推动艺术可以让爱尔兰继续“屹立”、继续“鲜活”(36)。这种正面的憧憬是其同伴移民中的普遍情绪,他们眼中的都柏林城景判然不同于本地青年眼中的晦暗,从外向内的视角让他们看到“都柏林经历过一百万次心碎,但它从未停止前行”(60)。与蔓延的敌意想象迥然不同,《曾经》中的移民并不是“偷走爱尔兰人的工作、夺走爱尔兰工人和毕业生的机会、霸占商业、吸走利润”(Brannigan,153)的窃贼,更不是经济衰退的根源;他们与原生居民共同承担经济起伏所带来的喜悦或困顿,他们的参与为苦闷停滞的世纪初爱尔兰带来了机会与希望。在这一时刻,本土居民基于地域、种族和血缘的“天然优势”被戏剧性地逆转了。

当男子进一步感慨“而你就是这新生命中的一部分”(58)时,这位外来的拯救者拥有了在爱尔兰想象中的一席之地,从德·瓦莱拉时代流传至今的“封闭完整、自给自足”(Brannigan,161)的爱尔兰认同悄然打开缺口。女孩来自海岛以外,她没有爱尔兰人引以为傲的凯尔特血统,她时刻展现出异于爱尔兰浓厚宗教氛围的世俗智慧,她的身上甚至没有世纪初爱尔兰的感伤情调——总而言之,女孩几乎代表一切“非爱尔兰”的特质。对传统上“单一文化已然制度化、一切不同均被视作威胁”(Fanning,90)的岛国而言,她与数十万其他移民一样,是陌生的外来者,是莽撞的闯入者;他们的大量存在甚至是“爱尔兰人定义自身身份时的障碍”(Brannigan,155)。然而,在《曾经》所展现的文化间交往中,女孩所代表的外来者特质逐渐融入爱尔兰经验,成为其中新的组成部分。而男子的体会表明,这种改变并不会如人们所恐惧的那样使祖国“失去文化独特性”(Garner,

① 早在1972年,爱尔兰戏剧家弗里尔(Brian Friel)就曾感叹:“我们甚至已不是西边的不列颠人,而是东边的美国人。”见 *Brian Friel: Essays, Diaries, Interviews 1964-1999*. Ed., Christopher Murray. London: Faber and Faber, 1999,第49页。

128)，相反，它会丰富文化的层次和肌理，甚至拯救其于危机与阻滞。

五、“爱尔兰人”身份的追问

外来的拯救者进入爱尔兰想象，暗示着高度同质化的爱尔兰身份在日常经验中并非完全铁板一块；而剧中人对此身份的一再言说和挪用则愈发破除了围绕它的种种迷思——它绝非民族主义者们所相信的那样纯粹、本质化和一成不变。当乐队成员、本土中心主义者比利承认自己并非“纯种”爱尔兰人，回忆他的“西班牙祖先”在1588年“走下巨船，踏上了爱尔兰海岸”(Walsh，48)时，一个令人吃惊的反讽即已形成。这个反讽背后是爱尔兰人身份史中源远流长却在国族想象中“几乎隐形”的混杂性(Lentin，227)——从大航海时代的西班牙人到18世纪的黑人奴隶，及至19世纪末20世纪初的犹太人、意大利人、中国人、印度人，以及数量最众的英格兰人、苏格兰人和威尔士人都曾踏上爱尔兰岛，与盖尔爱尔兰人发生千丝万缕的联系，并最终融入岛国的社群(Einri and O'Toole，5)。“爱尔兰人”从来不单单是被神化的凯尔特后裔，也不仅仅来自农耕社会封闭的世代承袭。

这种混杂性并未在当代史中终止，它只是在意图将一切“污染”和“侵犯”(Garner，112)抵御于岛屿之外的民族主义话语中进一步失声了。但是，女孩代表了一类新的移民，他们与爱尔兰人的交往消解着外来者与本地人之间的界限神话。历史的混杂性在这类交往中不仅具备了当代性，更具备了普遍的建构性——爱尔兰身份并非一种固定不变的实体，而是一个动态的过程，它是开放的、可协商的。神话的消解尤其表现在女孩对“爱尔兰人”身份的策略性挪用中。

女孩对这一身份所暗含的“天然优势”有着清楚的认识，并将其纳为策略的一部分。她曾以之鼓励潦倒的男子振作精神——用“带口音的英语”向男子提问：“身为爱尔兰人，你可感觉幸福?”(Walsh，11)虚构的优势被弱势者用于鼓励强势者，正意味着两者地位的微妙颠倒和优势本身的悄然解构。她亦曾以此向银行争取贷款——她向经理提问：“身为爱尔兰人，你可感觉骄傲?”并感叹：“如此一座小小的岛屿，却产生了灿若星河的作家、诗人和音乐家！不可思议。大海中央的一叶礁岩，数世纪来却滋养了男男女女不歇歌颂人生之美。叶芝、斯威夫特、王尔德、贝克特、乔伊斯、凡·莫里森、恩雅，还有为世界带来《大河之舞》的传奇舞者！还有像你一样的爱尔兰人！为爱尔兰文化投资的人也造就了文化，先生！你有责任向世界展示，爱尔兰依然屹立在此，爱尔兰依然鲜活开放!”(36)在策略的行使中，女孩展示出对爱尔兰文化的深入了解和由衷赞叹，更表现出为新的艺术作品争取资助、将爱尔兰文化继续推动向前的迫切愿望。在此过程中，这位岛外来客已经发生令人惊奇的变形——她早已不是主流之外的旁观者，而是作为活跃的主体，汇入了她所想推动的爱尔兰文化，也因此在一种广阔的意义上“成为爱尔兰人”。当下爱尔兰广受批评的一对矛盾——新自由主义模式下资本聚集带来的劳动力自由流通与独立运动时代即已形成且根深蒂固的单一认同(Loyal，2003：75)——在此刻显露出化解的可能性。

也正是在此刻，批评家科尔尼(Richard Kearney)所预言的“后民族主义”(230)认同开始切实地发生——一种新的经验正在形成，跨越文化和种族的联结在“爱尔兰认同”之网中悄然生长。在这个微观个案里，爱尔兰认同被拓宽了。它发生于共同的社会生活、频繁的交流互动和共享的文化想象，而不再局限于出生的地域、种族或血缘。它由此超越自复兴运动以来即占据主导地位、凯尔特虎落幕时代复又抬头的、强调身份本质性的民族主义认同，而更多地显示出全球化时代身份的流动性、虚构性和多元化趋势。

六、音乐专辑与文化间爱尔兰

此时，由女孩和男子共同策划、由背景多元的乐队成员共同完成的音乐专辑便成了一件具有隐喻意义的文化产品。它的诞生过程与移民社会的形成过程相互映射。乐队最初的排练充满了成员间的冲突和乐器间的碰撞：“当所有乐手加入进来，便仿佛只顾压过别人的演奏和其他的乐声了，排练很快陷入混乱，直至崩溃”(Walsh，45)。无序、竞争和敌意正是移民流向骤变的爱尔兰社会的关键词：多种社群和文化的并存已成不容无视的事实；但在这个久已习惯民族主义单一文化认同的国度，世界主义是陌生而异质的名词，“差异被当作威胁”(Fanning，90)；移民对工作、生活和文化资源的争夺被视作不可避免，不安和怨恨从种族主义者而起，在不确定心理和恐惧的操纵下蔓延(许，40)。

此后，乐队成员间的妥协、谅解和合作则代表了通往文化间融合的必经之途。比利的自白颇具代表性：“为了排练，为了我自个儿对这场音乐奥德赛的投入，我且压抑着性子里的不快，把精力统统灌注进旋律里头去。”(Walsh，44)音乐奥德赛是众人共赴的创作之旅,在隐喻意义上亦是爱尔兰社会正在发生的各种形式的跨文化合作。这一场场奥德赛中包含"不快"、冲撞和矛盾,但在更高的层次上却寄寓着参与者的实际互动和共同想象。在这样的共享性节目中,争议暂被搁置,了解渐得加深,敌意悄然淡化,包容日益生长。

合作的最终结果是一张"奇迹般甜蜜的"(55)全新专辑。专辑中的3首歌曲与这一发展历程构成呼应。如果说《慢慢降落》中"我不认识你/可正因为此/我多渴望你"象征着跨文化接触中最初的好奇;那么,《月光》中的"倘若你不慢些,再慢些"则代表了缓慢曲折的融合过程;而《金子》中的"我将成为自己/我将自由"进而描绘了文化间状态下的自由情境。类似的奇迹正是一批致力于文化融合的爱尔兰艺术家所期待的。无论是《曾经》中虚构的乐队,还是现实中《曾经》的制作班底本身①,以及活跃于爱尔兰各地的多族裔剧团②,都正是这样具体而微的跨文化平台。在这里,不同背景的人们达成和解,制造出共同的文化产品,由此开始具有共性的文化想象。

"奇迹般甜蜜"的专辑的诞生,以及背后的乐队从混乱到谐调的成长,都印证了爱尔兰平等、融合与人权部部长(Minister of State for Equality, Integration, and Human Rights)怀特(Mary White)对艺术在构建多元社会中作用的论断:"我坚信,文化间自觉、理解和互动可以通过艺术得到提升,并获取正面影响。"(Arts Council online)在这样的文化建构中,差异仍然存在,正如乐队中不同背景乐手的演奏风格与技巧;但差异并不意味着中心对边缘的压抑或控制,正如乐队中人声、鼓乐、弦乐和键盘的交织群响。愈多的互动、妥协与合作,跨文化各方的平等性愈增;原本的边缘向中心移动,而中心的优势逐渐扁平。

脱胎于这种动态过程的移民社会不再是"脆弱的多元文化社会",而是带有了醒目的"文化间性"(interculturality)。当女孩和她的移民伙伴们走出位于都柏林15区的租屋,走出他们隐没无闻的人生,与来自都柏林北城、南城、科克郡的爱尔兰人一同走进录音棚并完成一场盛大的音乐奥德赛,他们所参与的也正是一场对多元文化主义之弊的疗愈:"如果说多元文化主义总带有高下之分、隔离之虞,那么文化间性则许诺消除这种情形,通过强调共同参与和彼此理解而开展对话。"(McIvor, 2016: 4)"边缘和中心共同建构一个真正的、根基牢固的、突出多样性的文化间社会,它尊重差异,同时构筑凝聚力"(Knowles, 61)。在广阔的隐喻意义上,《曾经》中的音乐专辑象征着新移民社会构建的动态过程与成果,而剧作本身则在移民社会构建之初的暧昧矛盾环境下,展开了"文化间爱尔兰"的崭新图景。

参考文献

[1] Arts Council. "The Arts Council Announces New Policy on Cultural Diversity." 23, Sept. 2010. Accessed Sept. 24, 2018. <http://www.artscouncil.ie/News/The-Arts-Council-announces-new-policy-on-cultural-diversity>.

[2] Brannigan, John. *Race in Modern Irish Literature and Culture*. Edinburgh: Edinburgh UP, 2009.

[3] Corkery, Daniel. *Synge and Anglo-Irish Literature*. Cork: Cork UP, 1931.

[4] Einri, Piaras, and Tina O'Toole. "Editor's Introduction: New Approaches to Irish Migration." *Éire-Ireland*, 47. 1 & 2 (2012): 5-18.

[5] Fanning, Bryan. *Racism and Social Change in the Republic of Ireland*. Manchester: Manchester UP, 2002.

[6] Garner, Steve. "Ireland and Immigration: Explaining the Absence of the Far Right." *Patterns of Prejudice*, 41.2 (2007): 109-130.

[7] Gorman, Declan, and Declan Mallon. "Interview with Declan Gorman and Declan Mallon." *Staging Intercultural Ireland*. Eds. Charlotte McIvor and Matthew Spangler. Cork: Cork UP, 2014. 359-366.

[8] Hayward, Katy. "Ireland after Rapid Immigration: The Consequences of Neglect." *Contemporary Sociology*, 42.6 (2013): 819-823.

[9] Kearney, A. T. "Measuring Globalization: Who's Up, Who's Down?" *Foreign Policy*, 1 (2003): 60-72.

[10] Kearney, Richard. "Postnationalism and Postmodernity." *Symposium*, 8.2 (2004): 227-248.

[11] Kiberd, Declan. *The Irish Writer and the World*.

① 《曾经》的音乐剧剧本作家沃什、音乐及歌词作者之一汉萨德(Glen Hansard)是爱尔兰人,而另一位音乐及歌词作者艾格洛娃(Markéta Irglová)则是捷克人。

② 这些剧团包括 Calypso Productions, Arambe Productions, Upstate Theatre Group, Tower of Babel 等。

Cambridge: Cambridge UP, 2005.

[12] Knowles, Ric. *Theatre and Interculturalism*. London: Palgrave Macmillan, 2010.

[13] Kuhling, Carmen, and Kieran Keohane. *Cosmopolitan Ireland: Globalization and Quality of Life*. London: Pluto Press, 2007.

[14] Lentin, Ronit. "Anti-racist Responses to the Racialization of Irishness: Disavowed Multiculturalism and Its Discontents." *Racism and Anti-racism in Ireland*. Eds. Ronit Lentin and Robbie McVeigh. Belfast: Beyond the Pale. 226–238.

[15] Loyal, Steven. *Understanding Immigration in Ireland: State, Capital and Labour in a Global Age*. Manchester: Manchester UP, 2011.

[16] Loyal, Steven. "Welcome to the Celtic Tiger: Racism, Immigration and the State." *The End of Irish History?* Eds. Colin Coulter and Steve Coleman. Manchester: Manchester UP, 2003. 74–94.

[17] McIvor, Charlotte. *Migration and Performance in Contemporary Ireland: Towards a New Interculturalism*. London: Palgrave Macmillan, 2016.

[18] McIvor, Charlotte. "Staging the 'New Irish': Interculturalism and the Future of the Post-Celtic Tiger Irish Theatre." *Modern Drama*, 54. 3 (2011): 310–332.

[19] McIvor, Charlotte, and Matthew Spangler. "Introduction: Inward Migration and Interculturalism in Contemporary Irish Theatre." *Staging Intercultural Ireland*. Eds. Charlotte McIvor and Matthew Spangler. Cork: Cork UP, 2014.1–27.

[20] Nagle, John. *Multiculturalism's Double Bind: Creating Inclusivity, Cosmopolitanism and Difference*. Farnham: Ashgate Publishing, 2009.

[21] Nussbaum, Martha. *Cultivating Humanity*. Cambridge, Massachusetts: Harvard UP, 1998.

[22] Office of the Minister for Integration. *Migration Nation: Statement on Integration Strategy and Diversity Management*. Dublin: Office of the Minister for Integration, 2008.

[23] Singleton, Brian. *Masculinities and the Contemporary Irish Theatre*. Basingstoke: Palgrave, 2011.

[24] Singleton, Brian. "The Political Trajectories of Contemporary Irish Performance." *Theatre Journal*, 68.3 (2016): 473–481.

[25] Villar-Argáiz, Pilar. "Introduction: The Immigrant in Contemporary Irish Literature." *Literary Visions of Multicultural Ireland: The Immigrant in Contemporary Irish Literature*. Ed. Pilar Villar-Argáiz. Manchester: Manchester UP, 2013. 1–33.

[26] Walsh, Edna. *Once*. New York: Theatre Communications Group, 2012.

[27] 许苏江.爱尔兰的移民变迁.《当代世界》,2004 (2): 39—40.

《摇摆时光》中作为生命政治形态符码的舞蹈姿态

王　捷
（上海外国语大学；东南大学）

摘　要：扎迪·史密斯《摇摆时光》中的舞蹈主题及不同舞者通过舞蹈所塑造和呈现的迥异姿态，揭示了全球化时代黑人后裔在族裔混杂的社会中特有的阈限生命政治形态。本文旨在分析舞蹈作为少数族裔流散者原生的或异化的生存形态符码，在阈限的悬置状态所形成的开放空间里，如何衍生出具有多维意义的姿态，如何发挥了对抗多元文化社会内在的隐形暴力机制，将个体从禁锢状态中解放出来，构建新型主体范式的政治潜能。

Abstract: The motif of dancing and how different dancers shape and present their gestures in *Swing Time* of Zadie Smith reveal the suspending liminal state and the open space it generates for diasporic black people to inhabit in the era of globalization, on which the paper is based to probe how dancing serves as gestures with multi-dimensional significance to stand as biopolitical codes of either black people's initial living forms or dissimilatory survival situations, and operates at the political potentialities of revolting the recessive violence mechanism in multicultural society, emancipating individuals from confinement states, as well as constructing new subject paradigm.

关键词：扎迪·史密斯；《摇摆时光》；生命政治形态；舞蹈；姿态

Key Words: Zadie Smith; *Swing Time*; biopolitical form; dancing; gesture

扎迪·史密斯（Zadie Smith, 1975—　）以《白牙》（*White Teeth*, 2000）崭露头角，奠定了在当代英国文坛的地位。《时代周刊》认为史密斯的小说"真正无拘无束地书写了这个无国界、全球化、异族通婚的后殖民时代"（Grossman）；纽约时报称她为"文化战士"，赞誉她"面对当下文化政治的龃龉不合，即使被裹挟其中，也能超然象外，绝不陷入普遍的绝望，而是弹出理想主义的高音"（Rich, 1）。西方文学批评界认为史密斯与萨曼·拉什迪（Salman Rushdie）都创造了英国文学中全新的杂糅类型。对此，史密斯在纽约接受无线电节目访谈时回应说，相比拉什迪作品的"庞大"，她更喜欢短小紧凑的作品。（引自Nasta, 275）《摇摆时光》（*Swing Time*, 2016）就是这样一部短小紧凑的作品。这部小说以两条平行推进的线索叙述了两个同族裔女孩的友情与成长故事：同样肤色、同一社区、相同年龄的两位女孩——无名的叙述者"我"和舞蹈天才特雷西（Tracey）——在彼此身上感受到"共存同感"而成为挚友并一起成长，但作为有着不同成长环境和生命轨迹的个体，诸多迥异性使两人的友情一直在"区分、分享这两极"之间摇摆（Agamben, 2009: 40—41），直到她们各自步入自己的成年世界。这是史密斯的第五部作品，也是她第一部以第一人称书写的小说。在跟作家杰弗里·尤金尼德斯（Jeffrey Kent Eugenides）的交谈中，史密斯说第一人称写作可以治疗自己个性中易于畏缩、不自在、不自信的一面。（引自 Eugenides, 166—167）

截至目前，国内关于《摇摆时光》的研究论文有两篇，分别从移民身份认同和"黑人性"的角度进行分析评论。史密斯的作品批评之所以一直被置于后殖民与跨种族的语境中，是由于其混血身份及小说主题，而在《摇摆时光》中还有一个重要主题贯穿始末，即对舞蹈的书写。书名"摇摆时光"来自 1936 年弗雷德·阿斯泰尔（Fred Astaire）的歌舞电影《摇摆乐时代》。电影中的舞者，尤其是黑人女性舞者洁妮·里冈恩（Jeni LeGon），作为"我"和特雷西童年梦想的航标，充满启迪、鼓舞和希望。舞蹈是"内在于人类语言能力的喑哑，是它（语言）寓居在语言中的无言”（阿甘本，2014：253），小说中的舞蹈也是政治和伦理姿态的隐喻。全球化语境促使跨语际和文化间的流动性与日俱增，越来越多的黑人后裔远离故土，流散到他乡生存，他们“既不在这里，也不在那里”（特纳，95），而是进入阈限的生存状态：流散者必须打破或者放弃原来的自我，在他者的凝视和姿态中重新建构自我，这过程漫长而充满不确定性，是调整—修改—颠覆—再重构的流动过程。他们唯一不能停下的是舞蹈的脚步。舞蹈作为永远不可磨灭的民族天性，在变动的社会环境和个体的生命实践中，异化为不同的生存形态符码。人物处境如同在即兴剧中一样“永远地摇摆在现实与虚幻、生活与艺术、个体和属类之间”（阿甘本，2014：257）。以《摇摆时光》中的舞蹈书写为中心，本文将探讨其作为生命政治形态符码如何衍生出具有多维意义的姿态，体现和对抗多元文化社会内在的隐形暴力机制。

一、异化的舞蹈姿态

“异化”几乎是每一个自在的舞者在全球化时代都要面临的变革和宿命。作为资本发展的极端阶段，现代社会的权力“装置”在世界范围内“极大积累和增殖”并“在每个领域渗透和播撒他们的权利”（Agamben，2009：23），使个体的生活“很难不被某个装置所塑造、污染和控制”（同上，15）。渗透和播撒使装置对个体生命的捕捉和控制披上了面纱。历史上黑人是被赤裸裸的暴力劫持到他乡，而后殖民时代西方发达国家对其以外的世界继续实施着连根拔起的移植，只不过换成了隐秘的暴力方式。被“移植”的生命脱离自然自在的纯粹姿态，没有固定的生存程式可循，却被置于各种框架的局限之中。在各种可预想和不可预想的情境中，身体的日常活动时时受到例外状态的挑战，“在未知力量的压力下失去其安逸的姿态越多，生活也就越是不可解读”（阿甘本，2014：262）。阿甘本用“不透明”或者“不可穿透”的身体来描述这种生命形式被降格、禁锢甚至剥离的状态，并且“其不透明性随其所指的神圣化同比例增长”（Agamben，2000：3）。在《摇摆时光》中，阈限下的流散者无法用言语消除生命的“不可表达性和不可穿透性”，舞蹈便成为“生命的一种屏障，以及‘在媒介中存在’的例外状态，或者作为‘恢复失却的自身姿态的一种符码’”（支运波，42）。迥异的舞蹈姿态由此而生，诉说着伦理与政治意涵都遭受异化的现代生命政治形态。《摇摆时光》中叙述者“我”的生命中几乎所有的重要角色都被裹挟其中，呈现出纷纷不一的异化形式。

1. 僵化为命运的舞蹈姿态

“我”的成长中最重要的朋友是特雷西，这个有着无与伦比的舞蹈天赋的女孩，唯一的梦想就是成为舞台上最闪亮的舞者。“我”的另一童年玩伴莉莉·宾厄姆（Lily Bingham）是个温柔、好脾气的白人女孩，她一本正经地跟“我”解释说她不看肤色，只看人的内心。她喜欢玩的洋娃娃游戏里投射着她的生活状态：“没人死亡，没人恐惧，没人报复，没人害怕被揭穿是个骗子，也绝没有黑白对立。”（116）而所有这些，都或多或少地存在于少数族裔孩子的世界里，尤其具有代表性的是特雷西：除了跳舞之外，这些负面情绪几乎构成了她全部的生活状态。特雷西的白人妈妈与黑人爸爸的结合，在她童年生活里只留下谎言、暴力和遗弃的烙印，留下黑人与白人不可化解的对立姿态，构成特雷西心里所认定的种族必须加以区分和排斥的绝对世界。除了舞蹈，她对任何人与事都在冷静中透着蔑视和疏离，在自我构建的单极世界里，没有温暖和理解等美好情感来支撑她的梦想，也没有宽阔的视域赋予她创造力。

对于舞蹈演练，特雷西更多的是进行模仿。她完美模仿洁妮·里冈恩，“有时候极度精准，不是太有想象力，或者说缺乏灵魂”（26）。特雷西舞动在他人的姿态里，注定了她在舞台上的命运。她从小就是“妈妈最引人注目的配饰”（10），长大后是舞台上最引人注目的配角，但在生活的每个场景中却绝不甘于做安分守己的配角。她在学校里以各种姿态与老师作对，在舞台上要以自己的光芒盖过主角。在舞者的世界，也存在着主权规训、强势审美观，甚至是谁可以跳舞的垄断权。当舞蹈者面临着被这些体制边缘化的挑战，又该如何去做出调解？（Mills，148）小说中特雷西跟一个年龄大她 3 倍的白人男星偷情，用畸形的自毁方式挑战、戏弄、报复和颠覆着“演出中每个人都具有的明确的价值观和相应的权利，所有的关系都严格遵循的固定模式”（329）。对她而言，“生命的形式已经失去了它的亲密性和单纯性，而内在的所有外部性的琐碎又孤立了内在性”（科莫雷尔，引自《潜能》，261）。在绝对的外在与孤立的内在的双重压力之下，特雷西被夺取了生命中的一切本真性。在倾尽所有之后，她一生都在梦想的舞台永远成为彼岸，所有的努力和抗争都存在于“本身的亵渎之谜中，而不是向某个彼岸的自我超越”（同上，263）。语言中的无言状态的第一个层面是“谜”（同上，253），即越是努力言说，越是无法被理解。亵渎之“谜”成为特雷西无言之姿态的结局：舞蹈作为植根于特雷西体内的本能，也作为她实现自我的唯一方式，只能让她不断坠入绝望和放逐之中，最终她停止跳舞，丧失了最为本己的存在并被剥去社会属性，舞蹈作为生命的最后屏障失守，她在被抹去姿态的同时，“姿态也变成了命运”（阿甘本，2014：262）。特雷西坚决拒绝同化，拒绝被整合入“整体化程序”，最终被排除在她自身应在的那个整体之外，脱离了一个她本应被纳入的集合。她的存在不可避免地出现种种矛盾和困境，最终深陷于“我”母亲曾预言的“贫苦的循环”中（167）。成年后的特雷西梦想未竟并一事无成，先后与3个不同族裔的男人生下孩子，成为3个孩子的单亲妈妈，没有固定收入，生活在极端的被动和贫穷之中。生命遭到弃置，“身体的存在已经变得神圣”“变得不可穿透”（阿甘本，2014：262），结构性地随时可能成为“赤裸生命”。多元文化旗帜下暗流涌动的种族歧视和阶级固化是特雷西不断滑向赤裸生命的帮凶，它们在不断演化的政治经济根基之上衍生出新的意涵和舛误。个体命运永远是其历时性罪恶最微观的牺牲品，失却的舞姿最后沦为“历史记忆的结晶和僵化为命运的姿态”（同上，263）。潜能消亡于现实，本真堕落为虚妄，偶然败北于必然。

2. 被摒弃的舞蹈姿态

母亲是“我”生命中的另一个重要成员。作为经历过残酷殖民的一代人，屈辱和苦难的历史成为她肩背上的重压。她渴望重塑自我却时刻不忘转向民族历史和文化重申自我，正如她跟女儿讲述的非洲大地上的鸟儿“桑科法”，“喜欢回头，从过去中学习”（30）。桑科法在广袤的非洲大地上自由飞翔，而“我”的母亲却是一只寄居英格兰的桑科法，身负重担，并不停回望家乡。她对于书籍狂热的爱源自对童年时所受到压迫的逆反：读书者和教书者都要面临监禁和鞭笞的罪罚，黑人的生命被迫脱节于时间和空间，所以母亲的当下就是读书和紧跟时间的步伐。她在书籍中追寻母国的文化传统，在现实生活中却背道而驰。她认为舞蹈课荒诞可笑，自己从不跳舞，也不支持女儿跳舞；她躲避将自己养育成人的父兄朗伯舅舅，同时警告前去探望朗伯舅舅的丈夫和女儿“得保持警惕，不要让自己被‘拽回去’”（22）。黑人历史性的梦想——实现族裔自由平等——是她倾尽所有追寻一生的目标，在实践中却将之架构在空洞的演说和脱离现实的抗争之上。她随时随地都可以进行的政治演讲缺乏现实关怀：在面对想要与她交流孩子学业进展的老师时，她大谈学校管理的低效度和引进“有色教师”的必要性；在她着力打造的“社区会场”上，演讲的话题都是“历史意义晦涩、脱离现状”，鲜有涉及“日常生活中更真实迫切的问题——当地的犯罪率、吸毒、青少年怀孕、辍学”（239）。刻意聚焦于种族尊严除了强烈反衬笼罩在种族头上的阴影和现实的黯淡外，别无他用。她将自己钉在政治乌托邦的十字架上，混淆现实生活与至高理想，为自己想象中的黑人文化拥有最大可能的历史存留，黑人生活获得最大可能的自由权，时刻保持着一名战士的姿态，实际上却是自我错位和迷失时的对抗性自证。

阿甘本认为个体“将自身绑定在自己的认同与意识上，并与此同时绑定到一个外部权力上”（阿甘本，2016：8）。对“我”母亲和特雷西而言，自我认同与意识的核心是对族裔文化身份的执着和对他者及他者文化的自卫性排斥。当权力结构的个体化绑定与国家政治技术共同作用实现对个体的“双重绑架”时，如果个体呈现出驯顺的身体，“个体化技术”和“总体化程序”（同上，8）就容易找到一个整合点，但是当个体化绑定中执守族裔的单极主体归属性与“总体化程序”的客体性产生对抗时，个体注定要在对抗中迷失和被撕裂。无论是主动摒弃了舞蹈姿态，还是被迫放弃了舞蹈姿态，“我”的母亲和特雷西都在自己生命的舞台上背离现实，“在越来越自由也越来越稀薄的大气中开启旅程，脱离鲜活的社会肌体组织，进入荒凉的无人之地”（Agamben，1996：11）。

3. 沦为景观的舞蹈姿态

艾米（Aimee）是“我”的上司，她给予了“我”工作机会，同时我们还见证了彼此的成功与失败。艾米出生于澳大利亚的本迪戈，但在她的居所里，“没有她自己这个时代的东西，看不出有澳洲风情的东西，也没有任何具有个人风格的东西”（103）。在她心里，本迪戈应该是一个被抛在身后的地方，全世界才是她的家，虽然她与少数族裔流散者有着本质区别，但在全球范围内流动巡回使她的人生模式具有了流散色彩，就连她的口音也是全球化的口音，“是纽约、巴黎、莫斯科、洛杉矶和伦敦的混合体”（95）。

艾米也是一位女权主义者，在为自己的摄影巡游展挑选舞者照片时，她毫不犹豫地选择了女性舞者站着跳舞、男性舞者跪在脚边的照片。如果说“我”母亲是在政治参与中实现自己的黑人意志和女权意志，艾米则是在舞蹈中获得了“彰显女性意志的狂喜”（132）。具有讽刺意味的是，舞蹈姿态却成为其身体物化达到极致并沦为景观的表征。生活中的艾米是一个“随心而动、率性而为的人”（134），但在舞蹈中“她没有哪个动作是本能地、自然而然地流淌到下一个动作的，‘每一步’都是明显可见、精心编排的"(132),她的舞蹈姿态是自在优美的,但也是人工与科技的合成品。现实世界的影像在编辑手中通过软件移花接木,把"美国的、欧洲的、非洲的艾米相互拼接"(126);她的每一次出场都充满惊艳与魔力。当载着她的车辆开进冈比亚的小村落时,坑坑洼洼的道路、拥堵不堪的街道、混乱嘈杂的人群都不见了,甚至连"令人窒息的酷暑也变成了完美的21度空调室温"(193)。这种超现实的魔幻世界是艾米用自己的资本打造出来的,她在舞台上和公众面前光芒四射的姿态也是用资本打造出来的,就连她资助建造的西非村落的女子学校也必须有着"光芒四射的气质"(196)。她的音乐、舞蹈、形象构成的完美视觉影像世界,恰恰就是全球化商业消费和大众文化模式的隐喻。艾米对自己身体的严格规训和饮食控制,是典型的"因为审美目的而强调对身体表面的操控",体现了"西方价值观的世俗化倾向"(汪民安、陈永国,19)。她在媒介中展示的姿态,只是被纳入现代影像技术之中的身体,是作为纯粹媒介的姿态而不是本真的姿态。作为纯粹媒介的姿态被技术征用,姿态的本体遭受技术和知识体系共谋之下的权力渗透,"身体是被社会性地建构和生产的",被编码重构,也越来越多地与"欲望、性和情绪"相联系(同上,20)。艾米的舞步和身体肌肉里都"有着丝毫不减的情色意味"(132);自然状态下的身体被剪切组合成适于展示和观看的政治景观;舞蹈失去艺术灵性,只剩下展览价值和市场价值;舞蹈及其展示的性感成为大众情感消费的商品,成为全球消费文化的载体。"生命不再是一个生物学、医学或是科学的概念,而是完全成为根据知识、意识或是技术而任意塑造的人为事物"(怡柏,195)。身体的物化在景观社会里达到极致,身体姿态也沦为景观。

景观是"人的内在分离达到顶点的技术形式",人的存在感不再来自自己是什么,而在于自己拥有什么,这种"从存在向占有的降格",使得"个体的真实性由社会来塑造并直接依赖于社会,它的真实性只有在实际上并不真实的时候才显现出来"(Debord,3)。虚幻的景观社会呈现出表象化和物化特征,遮蔽了人的本真性。沦为景观的姿态加剧了内在与外在、本质与现象之间的裂隙,消解思考力和批判意识。在西非的慈善项目问题重重、亟待解决之时,艾米善变的关注点已转向用科技改变并拯救世界的前景。在当代西方景观社会,"装置的无限增长呼应着主体化程序的极大增殖"(Agamben,2009:15)。随着装置的不断扩张和升级,个人主体在与装置的持续争斗中像细胞体一样分裂增殖。艾米作为国际人,她的身份是歌舞明星、艺术家、慈善家、媒体人,也是硅谷科技的投资商。多重身份如同一张张层叠的面具,令个体失去自己本真的面目,看似忙碌充实的人生里,有着无法遮掩的盲目和虚伪。"主体性的范畴不断波动并失去其一致性",在这个过程中主体以多种"生命形式"呈现在主体化程序的多个场所。这些"生命形式不是互相抹除或压制,而是通过播撒将伴随着个体身份的伪装推向极致"(同上,15)。

二、纯粹的舞蹈姿态和作为游戏的舞蹈姿态

与异化的舞蹈姿态形成鲜明对峙的,是纯粹的舞蹈姿态和作为游戏的舞蹈姿态。故事跨越大陆而发生的一个地点是"我"生长的伦敦,另一个是西非冈比亚。相对于伦敦的繁华、富有、民主,冈比亚匮乏、贫穷、专制;相对于伦敦的物欲横流、精神空虚、种族差异和阶层分明,冈比亚本真、淳朴、快乐、充实、宽厚、包容,自在自足是冈比亚人"自然生命"与"生命形式"保持完好结合的生存状态。"自然生命(zoë)"指"一切生物(动物、人或神)共有的存活这一简单事实",是动物性的生存状态;"生命形式(bios)"是"单一个体或群体特有的生存模式或生活方式"(Agamben,2000:3),是社会法律身份的抽象编码。从历史传承下来的标准将生命形式切分,并赋予其阶级性和类别性。具有主流与边缘之分、少数和多数之分的身份命名,是人之社会性的生存状态。生命的存在由"自然生命"和"生命形式"共同组成。对冈比亚人来说,他们的自然生命是弥足珍贵的神的赐予,生命形式则是各司其职的劳作方式,没有高低贵贱之分,更无阶级和种族之分,两者的完美交融体现在他们世代相传的民族舞蹈中。传统民族舞蹈是"浪漫民族主义的世俗展现"(透纳,334),是"传达灵性或神思的管道,它是感召力的源泉"(同上,329)。追溯至人类社会形成初期,许多文化部落的舞蹈与身体训练、礼仪规范甚至政治权利有关。身体因"镶嵌在传统与仪式当中"而具备了灵性,并成为"社会秩序的表现",但并不会"因为规则的束缚与复制性而丧失灵性"(同上,326)。在小说中,冈比亚曼丁卡族的传统——男孩割礼仪式庆典中的舞蹈"Kankurang"(163)——作为糅合了古老传统、虔诚信仰和民族艺术的舞蹈,对于生命的演绎如同灵魂"在自身的历险中燃烧";他们在用灵魂表达本真的自我,真正实现了用身体姿态来"言说本身的纯粹可能性"(科莫雷尔,引自《潜能》,256)。这是高于"灵魂的姿态"序列的纯粹的姿态,呈现出舞者心灵

与身体、社会性与动物性的高度统一,是人性中最原初渴望的传达与应和,所以它能感染每一个在场者,不仅仅只是冈比亚人,还有像"我"这样的流散者。

根植于本土的舞者有着纯粹的舞蹈姿态。对他们来说,舞蹈是其"最为本己的存在的寓所"(支运波,42),是树木扎根于土的泰然自若和生机勃发。民族或者族裔在人类发展的长河中或许没有纯粹、绝对的本质来源,但一定是有着深植于血脉之中的文化之根。无论这根茎多么细微分散,都深入本土之中,并坚如磐石地支撑着民族的生命之树,不停输送养分使之开枝散叶。在《摇摆时光》中,无论是西非的黑人,还是英国的混血儿,都是能歌善舞的黑人族裔的后代。故事开头,当音乐声响起,"我"的脚开始和着节奏打起拍子,那种奇妙的轻盈感和毫无来由的欣喜甚至可以抹去失去工作这一生命中最重要的东西的沮丧。音乐和舞蹈成为暂时的庇护,使"我"在异化的现实中获得慰藉和安宁。

自前殖民时代以来,纯粹的舞蹈姿态就面临着在剧变的生命政治中如何权变锋出的命运。史密斯在接受《纽约时报》访谈时提到,殖民史上黑人的生命状态就是"被位移到不属于自己的时间里,原有的东西都被彻底摧毁,每个人都带着创伤"(引自Greenidge,197)。她在写给作家卢卡斯(Sarah Drew Lucas)和米尔斯(Dana Mills)的信中谈及踢踏舞的起源:"当黑奴被剥夺一切,甚至连鼓也失去,他们唯一剩下的只有身体,就用身体来敲打节奏和表达自我。"(2017年1月23日邮件)即使戴着镣铐也要继续舞蹈,这是深植于民族本性中的艺术传统和坚韧品质,也在执行着亚里士多德所言之宣泄功能(catharsis)。这个伤痕累累而又生机勃勃的种族,以"游戏"的方式将巴迪欧所言的对灵魂之情感"具有一种治疗功能"(Badiou,4)的艺术衍化成流淌在血液中的舞蹈姿态,并赋予它用身体言说和抗争的生命政治意涵。黑奴和黑人矿工的舞蹈就是科莫雷尔所言的"在表达中没有被穷尽"的那部分姿态,或者说无法穷尽的那部分姿态,但"并非只是摒弃或者消除区隔,而是学会将之投入新的使用并与之游戏"(Agamben,2007: 86)。譬如南非橡胶靴舞蹈,南非矿工在潮湿、黑暗、恶劣的地下矿井作业,白人雇主为了防止他们协作和反抗,禁止矿工之间说话交流。橡胶靴本是雇主吝于改善矿井条件而供给的低廉装备,却成了矿工们交流的工具和"乐器"。他们拍击厚重的靴子、扭动踝关节发出咔嗒声,将民族传统舞蹈习俗融入其中,形成雄浑独特的舞姿和厚重有力的节奏。语言是言说的权利。在强权压制和极端困顿中黑人被剥夺了言说的权利,但舞蹈成为对"塞口"的再现和模仿。舞蹈不再是"传统社会利用身体来展现群体以及社会神圣权威"的姿态(透纳,329),禁言也不再是"被放到一个人口中,阻止他说话的东西"(阿甘本,2014: 254),原来的"意义和指向某个目的的义务性关系"被清空,舞蹈作为"被解放出来的行为"使它的活动形式开放并转向一个新的使用。黑人的舞蹈姿态使舞者从生产和演作的夹缝中跳脱出去,不再受制于预先规定的目的,"一方面坚定地保持自己作为手段的本质,另一方面则从它与某一目的之关系之中解放出来。它愉快地忘记了自己的目标,并如其本身地作为没有目的之手段来展示自身"(Agamben,2007: 86);它改变了事件中的权力结构,将舞蹈从其审美、传统、宗教语境等给定领域的固定使用中分离出来,对"塞口"进行挪用和改造,放置到一种自由的、共同的全新使用中,使禁言原有的意义、功能和形式被悬置和无效化,并具备了转变为其他事物的潜能;舞蹈成为"合法"的工具和抗争姿态,制造出禁锢、塞口和失语的反面;主体用身体去创造表达空间,生命力被激发成无与伦比的身体姿态,来传达抵抗和颠覆强权压迫的呐喊,消解生命政治中装置对赤裸生命的禁锢和掌控,激活和逆转生命形式被定义的僵化姿态。

游戏的舞蹈姿态作为使不可能成为可能的媒介而在场,即使不能卸掉黑人身上的枷锁,也可以表达和申诉舞者被禁止表达和申诉的权利。游戏的舞蹈姿态即便不能使舞者逃离偏见与不公,至少可以对观看者产生压力和影响。"当奴隶开始舞蹈,我们意识到他们并非没有实质性的人,同时也意识到他们所不具备的实质性"(Mills,151)。这里的"我们"指任何一个观众。所以当思考舞蹈如何影响了观众及其影响所及之维度时,我们可以毫不迟疑地说,总会有观众被触动,通过与舞者无声的互动和对话改变对舞者的看法;舞者的姿态不再仅限于表演行为,而是永远处于开放状态,"由舞蹈者主体的一系列表述构成,这些表述通过舞蹈动作可见,在意义上却超越了这些动作"(同上,147)。

三、结语

现代社会内在的隐形暴力机制使少数族裔移民处于自然生命与社会生命随时可能剥离的阈限境遇,生命趋向于不可解读和不可穿透,但阈限作为居中的空间,可以让所有明确的定位——传统与当下、外在与内在、言说与沉默、禁锢与自由——都处于悬置状态,导致"存在的模糊性与不确定性,姿态就在悬置状态的开放空间里形成并产生作用”(Murray & Whyte,79)。产生作用的方式可以通过“游戏”的姿态,也可以通过“潜能之否定”或者“潜能之缺失”(阿甘本,2014: 303)。正如赫尔曼·梅尔维尔的《抄写员巴特比》中巴特比通过对抄写的抵制与不作,在主流意识形态的边缘悬置了既定社会秩序。那些被剥夺或者无法触及的权利,同时也是‘不’的权利,可以促使人们用新的方式思考与行事。常规与主流划定了平庸的潜能及其实现,例外与边缘催生出非潜能的持守及原定秩序的落空。当“游戏”的姿态和“潜能之否定”达到一个定量,主体行动就会产生质的转变: 对抗与颠覆得以发生,最终消减或者摆脱主权对生命的捕获、征用和控制。社会权利装置的管制和规训将少数族裔移民的生命形式割裂和固化成碎片般的影像。个体仍然可以通过纯粹实践的姿态,悬置和消除其作用,填补空缺和裂隙,构建连续的、有意义的姿态,在此过程中将原来的碎片化镜头去意义,使自我得以呈现,从而将个体从禁锢状态中解放出来,构建新型主体范式,释放潜能;让摇摆不再是固化的对时间的限定语言,而是充满动感的对时间有所作为的舞蹈姿态。

参考文献

[1] Agamben, Giorgio. *The Man without Content*. trans. G., Albert. Stanford: Stanford University Press, 1996.

[2] Agamben, Giorgio. *Means without End: Notes on Politics*. trans. Vincenzo Binetti and Casare Casarino. Minneapolis · London: The University of Minnesota, 2000.

[3] Agamben, Giorgio. *Profanations*. trans. Fort, Jeff. Cambridge, Massachusetts, London and England: The MIT Press, 2007.

[4] Agamben, Giorgio. “What is an Apparatus? ” *What is an Apparatus? And Other Essays*. trans. David Kishik and Stefan Pedatella. Stanford, California: Stanford University Press, 2009.

[5] Badiou, Alain. *Handbook of Inaestheitcs*. trans. Alberto Toscano. Stanford: Standford University Press, 2005.

[6] Debord, Guy. *The Soceity of the Spectacle*. trans. Ken Knabb. Canberra: Hobgoblin Press, 2002.

[7] Eugenides, Jeffrey. “Zadie Smith.” *New York Times Magazine*, *The New York Times Style Magazine: The Greats*. New York, Oct. (2016): 164-167.

[8] Greenidge, Kaitlyn. “Shaken Out of Time.” *The Virginia Quarterly Review*. Charlottesville 93. 1 (2017): 196-199.

[9] Grossman, Lev., and Lacayo, Richard. “All-Time 100 Novels.” *Time*, 16 Oct. (2005).

[10] Mills, Dana. “Dancing Feminist Conversations: Never without Materiality”. *Dance and Politics: Moving Beyond Boundaries*. Manchester: Manchester University Press, 2017.

[11] Murray, Alex. and Whyte, Jessica. *The Agamben Dictionary*. Edinburgh: Edinburgh University Press, 2011.

[12] Nasta, Susheila. “Zadie Smith with Gretchen Holbrook Gerzina.” *Writing Across Worlds: Contemporary Writers Talk*. London: Routledge, 2004.

[13] Rich, Frank. “Zadie Smith's Culture Warriors.” *New York Times Book Review*, Sept. (2005): 1, 10-11.

[14] Smith, Zadie. *Swing Time*. Hamish Hamilton, 2016.

[15] Smith, Zadie. Email correspondence with Sarah Drew Lucas and Dana Mills, 23 Jan. (2017).

[16] 柏怡.《阿甘本美学思想研究》.华东师范大学博士论文,2017.

[17] 吉奥乔·阿甘本.《潜能》.王立秋、严和来译.桂林: 漓江出版社,2014.

[18] 吉奥乔·阿甘本.《神圣人——至高权力与赤裸生命》.吴冠军译.北京: 中央编译出版社,2016.

[19] 布莱恩·透纳.《身体与社会理论》.谢明珊译.台北: 韦伯文化国际出版有限公司,2010.

[20] 汪民安,陈永国.《后身体: 文化、权力和生命政治学》.吉林人民出版社,2003.

[21] 维克多·特纳.《仪式过程——结构与反结构》.黄剑波、柳博赟译.中国人民大学出版社,2006.

[22] 支运波.阿甘本论作为姿态的舞蹈.《北京舞蹈学院学报》,2016(7): 39—43.

波西米亚的平等与匿名

——史蒂文森早期的唯美主义思想与实践①

高卫泉
（上海外国语大学）

摘　要：借由朗西埃的审美-政治学说，本文重新审视了唯美主义以及被排除在唯美主义研究之外的苏格兰作家史蒂文森。西方学界唯美主义研究与史蒂文森研究中的划界倾向，以及艺术他律批判话语与艺术自律批判话语之间的分别，在一定程度上遮蔽了史蒂文森在唯美主义这一以平等与匿名为核心的审美革命中的重要性。本文探讨了史蒂文森如何通过对4种思想来源的批判性继承，构建出波西米亚人的“审美王国”这一审美主义思想，进而指出，史蒂文森将艺术牵引至非艺术的边缘，使文学获得了巨大的平等主义的革命力量，这在其早期散文与小说作品中均有体现。

Abstract: This essay reexamines British aestheticism and its long neglected member, the Scottish writer Robert Louis Stevenson, from the perspective of Jacque Rancière's politics of aesthetics. It tries to steer off the prevalent misdemeanors of demarcation in aestheticism studies and Stevenson studies, as well as off the popular critical discourses of autonomy and heteronomy in Western academia, none of which recognizes aestheticism as an aesthetic revolution with equality and anonymization as its kernel where Stevenson played a pivotal part. It instead argues that Stevenson constructed a bohemian aesthetic state by drawing upon four aesthetic resources and contends that by pushing art to the edge of non-art, Stevenson empowered literature with radical egalitarianism, which is demonstrated in Stevenson's early essays and fictions.

关键词：史蒂文森；唯美主义；朗西埃；平等；匿名

Key Words: Robert Louis Stevenson; aestheticism; Jacques Rancière; equality; anonymization

一、引言

近年来，苏格兰著名作家史蒂文森（Robert Louis Stevenson, 1850—1894）正重新回到西方学者的视野之中。（Robertson, 5—16; Jones, 2）面对史蒂文森的批评现状，布鲁姆曾充满希冀地但又不无悲观地指出：“当真正的审美与认知标准回归，他必定是经典的，只是恐怕这在我有生之年是看不到了。”（Bloom, 1）②诚然，史蒂文森的美学思想，尤其是他与19世纪中下叶席卷英法的唯美主义这一不成其为运动的审美主义风潮之间的密切关联，至今仍鲜为学界关注。

史蒂文森在唯美主义研究中的缺场至少有两种原因。首先，“运动”思维的排他性。唯美主义并非一场有组织的运动（Wellek, 370; Evangelista, 3），但“运动”思维中的唯美主义批判，却往往将目光限定于相对固定的成员身上。所以，尽管罗宾逊（J. K. Robinson）早在1953年就从文学史事实梳理出了森茨伯里（George Sainsbury）、朗（Andrew Lang）、高斯（Edmund Gosse）等作家、评论家实际上形成了唯美主义研究中被忽视的部分——“英国巴那斯主义”（733—754），至今尚未见后辈学者做出回应。与此共生的另一原因是，阐释共同体的排他性，即唯美主

①　本文系国家社科基金重大项目“英国文学的命运共同体表征与审美研究”（19ZDA293）的阶段成果，受上海外国语大学“导师学术引领计划项目”（2017014）资助。

②　文中所引译文，凡未说明者，均为本文作者自译。

义研究整体存在英格兰化倾向①,而史蒂文森研究则偏向苏格兰化②;分属两个阐释共同体的评论者往往"并不从个体出发,而是从他所处的阐释共同体出发"(Fisher, 14),最终使得这两种研究,尤其是史蒂文森研究,在英格兰、苏格兰及以外的更大范围的学界内,背离意识形态批判的初衷,反为意识形态限制。

克劳福德(Robert Crawford)曾指出,"没有一个语汇比'为艺术而艺术'更受到苏格兰政治家,甚至是苏格兰艺术管理者的鄙视。……近几十年间,苏格兰太过理所当然地将它的作家视作业余的社会工作者";苏格兰政界认为,"为艺术而艺术"或艺术的卓越"隐含着精英主义的气息",这与苏格兰政治家看重的"民主平等主义"(660)理想不相契合。那么,"为艺术而艺术"的唯美主义果真有悖于平等主义吗?本文即自这一疑问出发,首先依托朗西埃(Jacques Rancière)的审美-政治论,重新审视唯美主义的内核,同时考量马克思主义框架下的唯美主义批判,从而为批判史蒂文森的审美主义确立一种新的思路;然后借史蒂文森早期的小说与散文,考察其唯美主义思想的理论建构以及这一思想在其早期文学实践中的呈现。

二、唯美主义:平等与匿名的审美革命

唯美主义有悖于平等主义吗?我们首先要从"为艺术而艺术"这一语义极为含混的口号中寻找答案。"为艺术而艺术"这句话,其实是一个巴托比"I would prefer not to"式的解域句。(Deleuze, 68—90)为艺术而艺术,到底要舍弃什么,它并未言明。实际上,它内含两种同关自律概念但意涵却全然对立的潜台词:"对布尔乔亚支持者而言,自律意味着将艺术从实用性的、偶然性的日常生活领域解离。而对于大众文化支持者而言,审美自律意味着从学术条规、道德枷锁与宗教桎梏中解脱。"(Gluck, 39)因此,认为唯美主义是精英主义的看法,显然只见其布尔乔亚的一面,而忽视了其另一面。

从唯美主义的历史发展来看,最早在唯美主义诞生的法国,尼扎尔(Désiré Nisard)与雅南(Jules Janin)曾就此有过激烈的论战。雅南是"文化民主的捍卫者",看重基于常识与日常经验的新文化。他认为,"任何否定自身与新文化态势联系的人都将会离题万里"(Gluck, 39),不要拒绝精英文化,但也不该拒绝大众文化。这一论争发生在戈蒂耶(Théophile Gautier)写作《莫班小姐》(*Mademoiselle de Maupin*)的3年前。他在序言中对"为艺术而艺术"的探讨,本就是"对尼扎尔-雅南之辩的戏仿式重演"(同上,41)。戈蒂耶赞同雅南的观点,"雅南为大众文化发声时所用的典型意象与修辞策略在戈蒂耶那里几乎没有改变"(同上,41)。因此,在较早走向"为艺术而艺术"的戈蒂耶那里,唯美主义不但不是精英主义的,反而显示出对大众文化敞开怀抱的平等姿态。

此外,"为艺术而艺术"这一口号,"实际上是对康德与席勒美学的一种粗浅而通俗的表述"(周小仪,48),即唯美主义就是审美主义或美学主义。而"美学诞生于法国大革命时期,从一开始就与平等绑在一起"(Rancière, 2009: 36)。雅各宾专政之暴力为后人留下的教训是,推翻上层而成为上层的下层,会重演上层对下层施行暴政的情形,"'道德'成了恐怖主义"(Tauber, 31),最终陷入一种恶性循环。这中间最根本的问题是"平等"的缺失;没有平等的审视,这一恶性循环会一直持续。美学由此诞生。因此朗西埃认为,吸取了这一教训的"审美/美学革命",其"真正核心是平等与匿名"(Rancière, 2017: 133)。所谓平等,是指"艺术之尊严③不再由其主题之尊严限定""最终,关于艺术的整个等级式的构想全部覆灭,不再有悲剧高于喜剧,历史画高于风俗画之论"。这也就意味着"审美革命之思想在于万事万物均可作艺术之质料""它肯定着诗无处不在、画无处不在",并最终发展出"一整套允许我们审视无所不在之美的感知形式",这就是"美之匿名",马拉美所谓的"平凡的大美"(Rancière, 133)。因此,英国唯美主义本质上是席勒美学或法国大革命反思之遗产,从德国走向法国又走向英国的以平等和匿名为内核的"审美革命"。

朗西埃之前的马克思主义框架下的唯美主义批判显然没有重视唯美主义的平等与匿名的问题。当然,马克思主义的唯美主义批判在整个唯美主义批判中分量极重。例如,弗雷德曼(Jonathan Freedman)

① 唯美主义研究领域的第一部专著——汉密尔顿的《英格兰的唯美主义运动》(*The Aesthetic Movement in England*, 1882)——就确立了这一英格兰化的倾向。

② 1994年史蒂文森逝世100周年与2000年史蒂文森诞辰150周年的纪念带来了史蒂文森研究的新热潮,这与"后联合时代"苏格兰国家独立运动的发展不无关系:两次纪念之间有苏格兰1997年权力下放公投,之后有2014年的苏格兰独立公投。

③ 赫勒(Agnes Heller)最近曾提出以"艺术品的尊严"是比"艺术的自律"更好的表述(139—155)。朗西埃在其美学论述中提到的"尊严"与"自律"在意涵上有重叠处。

认为:"最好不要将唯美主义仅仅视为一种文学或艺术的倾向或运动,而是要视之为一方错综地扭结在一起的展演场(an intricately articulated arena);在这一展演场之上,审美的新定义及审美与社会的关系得以斡旋、再斡旋(negotiated and renegotiated)。"(xii)这一定义就避免了上述史蒂文森被唯美主义批判排除在外的两种原因所共有的划界倾向,不仅为谢弗(Talia Schaffer)和普索米兹(Alexis Psomiades)等解读被文学史忽略的"运动"之外的女性审美主义者提供了"一个基本原理"(9),也为本文解读苏格兰作家史蒂文森在唯美主义中的位置提供了间接依据。但是,这一定义在点明唯美主义中审美与社会/政治的关联性时的"斡旋"之表述,却暴露出另一种局限。因为,弗雷德曼将审美与政治暗喻为谈判桌上独立的双方也就意味着这样一个前提:审美与政治分属两个领地,审美是外在于政治的。这就从根本上误解了唯美主义。

审美与政治的真正关系,乃是像朗西埃所理解的那样,两者共享一套"感性分配"的"隐含法则",同样"根据什么可见、什么可听以及什么可言、可想、可造(make)或可做(do)的既定范围与模式来感知,并生产出一套自明的事实"(Rancière,85)。艺术创作和政治行为看似不同,但却是同一套审美法则的外部表现或者审美经验的外化。所以,上述唯美主义内核的平等主义,是审美的平等主义,同时也是政治的平等主义,这与前文提到的苏格兰政界的看法刚好相反。

然而,就是认为政治与审美对立的前见将唯美主义批判带入一种僵局。我们必须在此阐明这一僵局,并在批评史蒂文森的唯美主义思想与实践时尽力避免。这一僵局在自律论与他律论两条批判路线上,最终分别呈现出朗西埃所谓的"忧郁"与"无意义"的局面。所谓他律论的批评即是以政治之准绳考察艺术之作为,看其是否实现了"行动的文学介入"(郑海婷,153)的做法。例如,萨特(Jean-Paul Sartre)在《什么是文学?》(*What Is Literature?*)中批判福楼拜(Gustave Flaubert)语言的"石化"特征,认为这是作家与布尔乔亚的共谋,"将否定的力量限制在一种无用的唯美主义这一毫无成效的反抗中"(118,112)。所谓自律论的批评即是考量艺术是否绝对自律,能否实现对政治的"不介入的介入"(郑海婷,153)的做法。如阿多诺(Theodor Adorno)在《审美理论》(*Aesthetic Theory*)中批判王尔德(Oscar Wilde)乃是"文化工业的先导"(239)。

以弗雷德曼批评为例,弗雷德曼认为阿多诺站在精英主义立场对大众文化的指摘,只不过是一种"阴险的智慧和透着无限讽刺意味的自以为是"(xxii)。这也如同朗西埃批评阿多诺与霍克海默时所讲的,"辩证中的辩证确立了一种忧郁版的马克思主义批判",即它"缺乏一个关于解放的政治构想"(Rancière,2010: 26,27)。这种"忧郁"与"缺乏"在唯美主义批判中就体现为,它"既发现不了审美主义的潜力,也丝毫无法避免审美主义商品化的可能"(Freedman,xxii)。

弗雷德曼的确摆脱了阿多诺的"忧郁"与"缺乏",然而又摆起了布尔迪厄(Pierre Bourdieu)"社会学王"(Rancière,165—202)的姿态。他沿着布尔迪厄趣味的区隔的探讨,认为唯美主义将艺术生产标立为单独的领域,"模糊了'趣味'的标准,使其展演沦为确立并再生产阶级统治与社会控制的手段",最终产生了一种"追求审美职业化的意识形态"(Freedman,256),造就了"占据过多文化资本的特权阶级"——职业作家与职业批评家;于是,弗雷德曼轻易地断定,唯美主义的作为最终沦为固化阶级差别的作为,"我们处在审美时代的终结点"(同上,xxvii)。

朗西埃在《美学及其不满》(*Aesthetics and Its Discontents*)中开篇即言:"美学现在背着一个坏名声。几乎每年都有一本新书出来,要么宣称它的时代已经结束了,要么宣称它的恶劣影响还在持续。"(2012a: 1)其实,从朗西埃哲学的角度看,弗雷德曼的批判与他所批判的阿多诺的"阴险的智慧和透着无限讽刺意味的自以为是"相差无几。朗西埃批评萨特或布尔迪厄的批判是"如此容易,如此无意义"(Rancière,2011: 23),这一批评同样适用于以弗雷德曼为代表的他律论批评路线上的唯美主义批判。这一批判或仅是意识形态装置论的复述,其中充斥着满是智性优越感却"毫无成效"的叹息。

审美-政治以上述同关自律的对立的矛盾为运作基础,但自律"不是艺术的自律,而是审美经验的自律",而"自律本身又是他律的另一面"(Rancière,2005: 20)。这就为唯美主义带来"一种不确定性"。也正因如此,以期待着以艺术介入政治实现解放的批判眼光看待唯美主义才会陷入忧郁;以期待艺术独立于政治以求解放的批判眼光看待唯美主义才会错失重点。(Rancière,2002: 151)我们下面的分析将尽力避开这两种批评话语。笔者将借由朗西埃的审美-政治学说窥探史蒂文森的美学在这方"错综地扭结在一起的展演场"上做了怎样的展演,既要看清其独特的审美主义思想之理论建构,看这建构中是否有平等与匿名的思想;又要看清其审美主义思想在文学写作中的实践,看史蒂文森怎样以小说呈现平等与匿名的思想。

三、构建波西米亚人的“审美王国”

史蒂文森的审美主义思想,是依靠他对英法审美主义先辈的批判性继承建构起来的。在经历了对史文朋与波德莱尔的“照葫芦画瓢”(Stevenson, 1911,9: 270)①,以及同佩特(Walter Pater)的暗自竞争②之后,史蒂文森在《孩子的游戏》(*Child's Play*, 1878)中提出:“‘为艺术而艺术’是孩子们的座右铭。成人的所作所为仅仅在成为他们戏仿的对象的时候才是有趣的,戈蒂耶、福楼拜对于现实生活总是冷眼相待,但却认为孩子们的再创作远胜过现实。”(同上,2: 400)这是集中体现史蒂文森美学思想的片段之一。史蒂文森这一对于“为艺术而艺术”的理解意义重大。这里,孩子的游戏被指认为艺术“再创作”,透露出史蒂文森扩大艺术的领域的冲动。这一冲动“抹除了艺术与非艺术的疆界,以及艺术创作与匿名生活的疆界”(Rancière, 2009: 37),而这正是平等主义的体现。我们要对这一片段对4种思想来源的批判性继承予以揭示,以进一步阐明其中平等与匿名的主旨。这4种思想来源,首先也是最为重要的是以席勒(Friedrich von Schiller)为代表的德国古典美学③,其次是戈蒂耶、福楼拜为代表的法国唯美主义,第三是佩特为代表的英国唯美主义,最后是19世纪现代人类学与进化心理学。

首先,席勒在《审美教育书简》(*On the Aesthetic Education of Man in a Series of Letters*)第十五封信中提出了那一有名的“矛盾”,并作出了一项政治性的重要“承诺”:“一个人只有在游戏的时候才是一个完整的人。现在它听上去可能像一桩矛盾……但我向你承诺,它将可以支撑起美之艺术和更难得的生活之艺术的整个大厦。”(107—109)史蒂文森关于“游戏”的论断即来源于此。④ 按照朗西埃,这一“矛盾”与“承诺”可以理解为:“有一种特殊的感觉经验叫做审美,它一方面承诺着可以实现一个崭新的艺术世界,同时也承诺着可以为众个体和共同体实现一种崭新的生活。”(2002, 133)这就是“艺术的审美体制中本就存在着的‘政治’”(同上,134)。将这样一种承诺理解为是为了“掩盖由阶级统治构造的审美判断的现实”(同上,133)并不得当。朗西埃遵循“肯定性的批判”(affirmative critique)(Sonderegger, 254),看出了其中平等的政治。以此考察史蒂文森,此处,他肯定了艺术家与非艺术家的平等、成人与孩子的平等,以及艺术与非艺术的平等。他在给高斯的信件中说:“我们为生活满是自豪,像妓女一样为选择一种快乐而活。如果我们虚意逢迎地献出这一快乐,我们应当得到酬劳,可我们配得到什么荣耀的光环吗?”(5: 171)可见,在史蒂文森那里,作家词语之肉身的出卖与妓女肉身的出卖,是对同一符号体系、同一种权力的出让,没有高下之分。因此,史蒂文森的创作立场中毫无智性优越感,取而代之的是艺术与非艺术等价的平等主义立场,是消弭艺术世界与匿名生活之疆界的民主冲动。

这在第二思想源福楼拜那里并非全然如此。尽管他也有强烈的民主冲动,但仍陷在艺术的再现体制的捆绑困境中。朗西埃在《艾玛·包法利的处决》(*The Putting to Death of Emma Bovary*)中认为,福楼拜处死艾玛,其实是他挣脱再现体制向审美体制过渡的表征。福楼拜刻画农家女这一平凡人物,本身就是打破亚里士多德的再现立法原则;他的写作“文体”论就是妄图将“神秘力量”化为实在,以文字独特性取缔文学主题的权威(Rancière, 2011: 51, 57)。福楼拜是维多利亚时代英国两位工于“文体”的苦行僧——佩特和史蒂文森——的先驱,他们与福楼拜一样有着“可控的精神分裂症”(Rancière, 2011: 69)。福楼拜将文体看作“看待事物的绝对方式”(同上,59),史蒂文森与之相似,他将文体看作“思想的真正内核”(3: 94)。但显然,史蒂文森比福楼拜更纵容自己对神秘主义的打破,也更纵容笔下人物的叛逆,因此在本文将要探讨的史蒂文森的早期小说中,他避免了福楼拜的谋杀癖,并与前文所述的戈蒂耶的平等主义立场更相近。

佩特是史蒂文森最重要的英国唯美主义影响源,他同福楼拜一样带给史蒂文森的影响仅限定在一定范围内。史蒂文森一方面公开承认《文艺复兴研究》(*Studies in the History of Renaissance*)“刚出版时”对他的“巨大影响”(Hammerton, 183),但同时,史蒂文森并不赞同佩特对文学与日常生活关系的认

---

① 史蒂文森的诗剧《蒙莫斯》(*Monmouth*)为模仿史文朋(A. C. Swinburne)而作,另有6首散文诗手稿为模仿波德莱尔而作。

② 史蒂文森在1874年写给友人的一封信袒露:“我真怕佩特在我之前就把我想写的东西都写了,我觉得没有时间允许我耽搁了。”(1994, 2: 90)

③ 黑格尔在《美学》绪论中谈及艺术生产之目的时,曾以孩子打水漂作例。(31)从史蒂文森的信件及散文看,史蒂文森在写作《孩子的游戏》之前就对黑格尔有所接触,但无直接证据表明史蒂文森读过《美学》。

④ 史蒂文森在1883年11月22日写给大学同学费里尔(James Walter Ferrier)妻子的信件中提到自己大学时(1871—1875)与费里尔一起读《审美教育书简》的经历。(1994, 4: 206)

识。佩特在《文艺复兴研究》的"结论"中高呼着"在生活中取胜,人就要燃烧出如宝石一样的熊熊火焰,保持这样的狂喜"(210)。要"为了艺术本身热爱艺术""仅仅为了艺术经过时带给你最高质素的瞬间"(213)。总的说来,佩特那里当代的日常生活是低于艺术的,需要艺术"最高质素的瞬间"来提升的。佩特亦主张打破再现体制中文类等级的立法原则①,而史蒂文森在对待日常生活方面更为激进。

史蒂文森对佩特的不满直接呈现在与《孩子的游戏》同期创作的长篇小说《毛皮箱子》(*The Hair Trunk or the Ideal Commonwealth*)中。布雷克伯恩的房子布置极为混乱,"这里有一顶头盖骨、一些绷带、一口荷兰钟、一把红木醒酒器,还有一张齐本德尔式牌桌。这表明,相较于佩特先生登峰造极的那些个更高雅、更光明的领域,以及保罗·德·圣维克托的一些美学物件和个人作品,布雷克克伯恩着有着某些幽暗的天性"(同上,53)。他们还看到,在一圈电线中堆着空掉的苏打水瓶子、彩色平版印刷画、彩色插图书、莫奈原作、蚀刻版画,插着旧式纸花的旧式插瓶等。总之,"面对这样的不协调,一个真正的审美主义者的心灵必定痛苦万分。但要知道,一个波西米亚人通常不会有这样真正的审美主义的心灵"(同上,54)。与这一房间布置一致的是他们初见这位波西米亚人时他的着装:"从他的着装看不出任何他的地位、性格和习性;确实,他就像时赤裸着的一样。"(同上,14)

史蒂文森在1890年写给友人的信件中提到自己"仍然是那个波西米亚怪胎"(1994,6: 421)。可见,此处叙事者的观点实际上是史蒂文森本人的观点,他意在声明他不赞同佩特的带着精英姿态的审美主义,他的审美主义是波西米亚人的"为艺术而艺术"。史蒂文森是雅南或戈蒂耶式的"文化民主的捍卫者"或者"波西米亚人",对苏打水瓶子、彩色平版印刷、"苦啤酒"(Stevenson,2004: 53)抱以开放姿态,但他也不拒斥精英文化,他也拥抱'莫奈',拥抱旧式插瓶。因为对于波西米亚人来说,"在他们的审美王国(aesthetic republic)里没有道德的激愤;他们应当被看作伟大的使徒,而不是私有的圣人;他们可以与那些崇拜美和观景殿的阿波罗雕塑的人友好相处"(同上,54)。因此,此时的史蒂文森尽管像小说中那个学生,"不再追随史文朋先生"(同上,11),但他是从佩特与史文朋永恒的价值那里走过来的,他只是不赞同佩特对大众文化的拒斥或忽视。

史蒂文森在第四思想源——19世纪现代人类学与进化心理学②——的启迪下,在《孩子的游戏》中将审美主义者(成人)置换为孩子,是希望将审美之高雅与大众还原为原始的平等,只有通过平等的游戏冲动发起的审美革命,才能建成波西米亚的无等级的"审美王国"。在那里,孩子的日常游戏是艺术的再生产。这也就意味着"为艺术而艺术"的自律中暗含了异质性元素,而脱离了异质性元素,自律将不再自律。史蒂文森深谙这样一个由朗西埃阐明的道理:"当艺术不再是非艺术的时候它就不是艺术了。"(2002,142)那么,史蒂文森的审美主义思想在他同期创作的其他一系列小说中是如何呈现的呢?

四、穷人、懒汉与海盗:戳穿"高贵的谎言"

在柏拉图那"高贵的谎言"(Rancière,2003: 18)中,普通人没有资格当诗人,因为他们没有时间,这是缺乏平等的论断,暗示着日常生活中内在的等级秩序。史蒂文森的波西米亚人既是普通人也是诗人,而这是平等主义的。史蒂文森《一夜之宿》(*A Lodging for the Night*,1877)中的穷人维庸在艰苦的生存中,一直忧虑的是"我再也完不成我的民谣了"(Stevenson,1911,4: 239)。正因这一"忧虑",生死与穷富的忧虑被弃置一旁,他像朗西埃笔下的劳工一样在夜间写诗(Rancière,2012b),以此打破时空之秩序,获得了生命的解放。这一有关艺术家身份的谎言在《一个谎言的故事》(*The Story of a Lie*,1879)中得到具体的解构。迪克早知女友埃斯特的父亲皮特·范·特罗普是一个波西米亚人,但为了不伤害埃斯特对传统艺术家身份的种种幻想,便以"艺术家的兴味"(Stevenson,1911, 21: 3)为皮特编织了一个关于艺术家光辉形象的谎言:他的画室中挂着古希腊主题的画作;他有着与米开朗基罗一样的羞涩;他有着施舍乞丐的慷慨大方。"他吃惊的是,几个谎言就足够了。"(同上,19)诚然,所谓的传统艺术家的形象不就是附庸风雅与智性优越的施舍吗?这并不需要过多的言语即可描绘清楚。从某种意义上说,佩特的确符合这种艺术家身份。但史蒂文森告诉读者,这不过是一个谎言。真正的皮特是一个极为平凡的普通人,甚至只是一个懒汉。尽管他也热爱着

① 如佩特在《文艺复兴》中提出,"所有艺术总是渴望抵达音乐之境地"(140)。

② 有关史蒂文森好友安德鲁·朗与詹姆斯·萨利(James Sully)等人类学家、心理学家对史蒂文森的影响,可参见瑞德(Julia Reid)《史蒂文森、科学与世纪末》(*Robert Louis Stevenson, Science, and the Fin de Siècle*).

绘画艺术，但这里的艺术不是高贵的艺术，而仅仅是大众的艺术，是作为生活的普通的艺术。这是审美王国中的波西米亚人同传统意义上的艺术家的根本区别。正像葛兰西张举人人皆是知识分子（Gramsci，15），史蒂文森张举的则是人人皆是艺术家。在将艺术推向非艺术的边缘的时候，艺术才具有最大的解放力量。这也正是朗西埃选择将其新作“*Les Bords de la Fiction*”（2017）中的“bord”译为英文的“edge”（边缘/刀锋）的原因，“文学只有处在边缘上时才能获得最大的力量”①。

在史蒂文森始创作于 1880 年的《金银岛》（*Treasure Island*）中，存在一个尚未被学者触及的问题。当吉姆与母亲一同返回酒馆取回应得的租金时，吉姆在海盗比利·鲍恩斯的水手箱子里看到了一样出乎他意料的东西——五六只来自西印第安群岛的贝壳。吉姆自述：“自此以后我总是在想，为何在他四处流浪、负着罪过且疲于奔命的生命中，会携带着这些贝壳。”（Stevenson，1911，6：19）吉姆的这一疑问在整部小说中没有得到解答。那么，史蒂文森为何要在小说中设置一个让吉姆思索一生的极为突兀的疑惑呢？

在亚里士多德那里，虚构“首先是一种合理性的结构”（Rancière，2018：269），一个海盗的水手箱子中出现手枪和金钱是合理的，是意料之内的，但出现贝壳却是不合理的。然而，正是这突然出现的贝壳所昭示的审美经验，“使得包含在日常生活经验中的等级秩序失效了”（Rancière，2005：15），正是这一挑战的姿势给平民吉姆的精神世界带来了冲击。小说并没有给出海盗为何收藏贝壳的原因，吉姆的疑问脱离了叙事因果链条而独立存在。在此，史蒂文森给予了个体生命以逃逸出传统叙事的权力，让他们的“想象力逃离这具肉体，信马由缰”，让其沿乡间小路而非铁路或“有意以美学手法铺就的高速路”行走②，“滑入逃离了因果铁律的短暂的非法时刻”（Stevenson，1911，22：97，93）。

因此，史蒂文森塑造一个收藏贝壳的海盗，并以这一收藏的“非法行为”启迪一个孩子，绝非巴尼特（Raymond Barnett）在《重回金银岛》（*The Return to Treasure Island*）中演绎的那样，贝壳是一副藏宝图。（79—82）史蒂文森的用意也可以间接地于吉姆在金银岛发现宝藏后对宝藏的凝视中见出：“这真是一个奇怪的集藏，就像比利·鲍恩斯收集的种种硬币……他们就像秋天的叶子。我蹲在那里将它们细细分类，直到后背和手指发出酸痛。”（Stevenson，1911，6：226）在这里，金钱在吉姆眼中是“秋天的叶子”，他做的不是细数金币之价值，而是将其“细细分类”。这一审视方式，显然是小说开始时海盗比利审视世界的方式。一个疲于奔命的生命与工厂中疲于劳作的生命一样，原本没有时间，也没有空间去做艺术家在艺术殿堂中对艺术的鉴赏活动，但就在海盗开始收藏、欣赏贝壳的时候，时空秩序得以重新分配，它打破了前文提到的“根据什么可见、什么可听以及什么可言、可想、可造或可做的既定范围与模式来感知，并生产出一套自明的事实”的“隐含法则”，可感经验得到重新分配，美学上的歧感与政治上的歧见就同时发生了。海盗的身体从他原来的身份中挣脱，成为得到了生命解放的波西米亚人。

从这几个案例来看，史蒂文森的波西米亚人或可理解为德勒兹所谓的“此”性（haecceity）或非特指生命（a life）（25—33）。它超出贫困、懒惰、邪恶的个体性，不再是穷人、懒汉或罪犯，而是作为一个非特指的生命在做孩子般审美的游戏。在这游戏间，美之艺术与生活之艺术共存，这正是史蒂文森或席勒那个以平等和匿名为核心的审美革命的承诺。这一承诺在史蒂文森之后的创作中延续着，尽管在其中后期均呈现出新的面貌。此外，这一承诺也经由他在其他审美主义者那里一直传承着，如史蒂文森的布雷克伯恩、维庸、皮特、鲍恩斯，数年后到了王尔德那里摇身一变，成为《笔杆子、画笔、毒药》中的维恩莱特，但这些就需要另外的篇幅加以探讨了。

五、结语

史蒂文森以“为艺术而艺术是孩子的座右铭”的宣言，沿着席勒审美革命的路线，追求艺术与生活（非艺术）之平等，避免了以福楼拜、佩特或阿多诺为代表的精英立场；在《一个谎言的故事》中，他戳穿艺术家身份的谎言；在《金银岛》中，以四处逃窜的海盗于水手箱中收藏的贝壳，启迪叙事者吉姆作一生的思索，以此昭示底层人物可以通过审美挣脱时空限制，争得生命的解放；可以通过可感体系的再分配，实现美学的政治。平等与匿名，是史蒂文森张举的“为艺术而艺术”的内核，也是其审美王国中波西米

① 文中朗西埃使用了“frontier”一词，但朗西埃在俄亥俄州立大学演讲中特意言明“edge”之意。<https：//www.youtube.com/watch？v=EyXbyqQHX-o>（accessed 2019-04-30）

② 此处借铁路与乡间路作对比，旨在阐明“因果铁律”之道理，并非排斥新兴文化。史蒂文森在《医嘱的南方》中论及火车旅行之妙。（Stevenson，1911，2：346）

亚人的生活或艺术的准则。在这一王国中,艺术的价值不在于它是好艺术还是坏艺术,不在于它是纯艺术还是非艺术,其价值在于它在取消、批判自身的审美动力学里生成了平等的力量。

参考文献

[1] Adorno, Theodor. W. *Aesthetic Theory*. Eds. Gretel Adorno and Rolf Tiedemann. Newly ed. & Trans. Robert Hullot-Kentor. London: Continuum, 2002.

[2] Arnold, Matthew. *Literature & Dogma: An Essay Towards a Better Apprehension of the Bible*. London: Smith, Elder, 1874.

[3] Barnett, Raymond. *The Return to Treasure Island*. Bloomington: IUniverse, 2011.

[4] Bloom, Harold. "Introduction." *Robert Louis Stevenson*. Ed. Harold Bloom. Philadelphia: Chelsea House Publishers, 2005.

[5] Crawford, Robert. *Scotland's Books: A History of Scottish Literature*. New York: Oxford University Press, 2009.

[6] Deleuze, Gilles. *Pure Immanence: Essay on A Life*. Trans. A. Boyman. New York: Zone Books, 2001.

[7] Evangelista, Stefano-Maria. *British Aestheticism and Ancient Greece: Hellenism, Reception, Gods in Exile*. Basingstoke: Palgrave Macmillan, 2009.

[8] Fisher, Stanley Eugene. *Is There a Text in This Class? The Authority of Interpretive Communities*. Cambridge & London: Harvard University Press, 1980.

[9] Freedman, Jonathan. *Professions of Taste: Henry James, British Aestheticism and Commodity Culture*. Stanford: Stanford University Press, 1990.

[10] Gluck, Mary. *Popular Bohemia: Modernism and Urban Culture in Nineteenth-century Paris*. Cambridge and London: Harvard University Press, 2005.

[11] Gramsci, Antonio. "Selections from the Prison Notebooks." *An Anthology of Western Marxism: From Lukács and Gramsci to Socialist-feminism*. Ed. Roger S. Gottlieb. New York: Oxford University Press, 1989.

[12] Hammerton. J. A. *Stevensoniana*. London: Grant Richards, 1903.

[13] Hegel, G. W. F. *Aesthetics: Lectures on Fine Art*. Trans. T. M. Knox. Oxford: Clarendon Press, 1975.

[14] Heller, Agnes. "Autonomy of Art or the Dignity of the Artwork." *Critical Horizons*. 9: (2008): 139-155.

[15] Hill, Richard. J. *Robert Louis Stevenson and the Pictorial Text: A Case Study in the Victorian Illustrated Novel*. London and New York: Routledge, 2017.

[16] Jones, Jr. William. B. "Preface." *Robert Louis Stevenson Reconsidered: New Critical Perspectives*. Ed. William B. Jones, Jr., London: McFarland, 2003: 1-6.

[17] Pater, Walter. *Studies in the History of Renaissance*. London: Macmillan and Co., 1873.

[18] Rancière, Jacques. *Aesthetics and Its Discontents*. Trans. Steven Corcoran. Cambridge: Polity Press, 2012a.

[19] Rancière, Jacques. "Aesthetic Revolution and Its Outcomes." *New Left Review*, 14(2002): 133-151.

[20] Rancière, Jacques. "Another Type of Universality." Ed. & Trans. Emiliano Battista. Dissenting Words: Interviews with Jacques Rancière. London: Bloomsbury Academic, 2017: 247-254.

[21] Rancière, Jacques. "Contemporary Art and the Politics of Aesthetics." *Communities of Sense: Rethinking Aesthetics and Politics*. Eds. Beth Hinderliter, et al. Durham & London: Duke University Press, 2009.

[22] Rancière, Jacques. "Dialectic in the Dialectic." *Chronicles of Consensual Times*. Trans. Steven Corcoran. New York: Continuum, 2010.

[23] Rancière Jacques. "From Politics to Aesthetics?" *Paragraph*, 28(2005): 13-25.

[24] Rancière, Jacques. *The Philosopher and His Poor*. Ed. A. Parker. Trans. J. Drury, C. Oster and A. Parker. Durham: Duke University Press, 2003.

[25] Rancière, Jacques. *The Politics of Aesthetics*. Trans. Gabriel Rockhill. London and New York: Continuum, 2004.

[26] Rancière, Jacques. "Politics and Aesthetics: An

Interview with Peter Hallward." Ed. & Trans. Emiliano Battista. *Dissenting Words: Interviews with Jacques Rancière*. London: Bloomsbury Academic, 2017: 115-140.

[27] Rancière, Jacques. *The Politics of Literature*. Trans. Julie Rose. Cambridge: Polity Press, 2011.

[28] Rancière, Jacques. "The Politics of Fiction." *Critical Humanities and Social Sciences*, 27 (2018): 269-289.

[29] Rancière, Jacques. *Proletarian Nights: The Workers' Dream in Nineteenth-century France*. Trans. J. Drury. Philadelphia: Temple University Press, 2012b.

[30] Ransom, Arthur. *Arthur Ransome's Long-lost Study of Robert Louis Stevenson*. Ed. K. N. Findlay. Woodbridge: Boydell Press, 2011.

[31] Robertson, James. "A Reliable Author and His Unreliable Critics: The Fall and Rise of Stevenson's Literary Reputation." *Journal of Stevenson Studies*, 8 (2011): 5-16.

[32] Robinson, James. K. "A Neglected Phase of the Aesthetic Movement: English Parnassianism." *PMLA*, 68(1953): 733-754.

[33] Sartre, Jean-Paul. "*What is Literature?*" *and Other Essays*. Cambridge: Harvard University Press, 1988.

[34] Schaffer, T. and K. A. Psomiades. "Introduction." *Women and British Aestheticism*. Eds. Talia Schafferand Kathy and Alexis Psomiades. Charlottesville: University Press of Virginia, 1999.

[35] Schiller, Friedrich. *On the Aesthetic Education of Man in a Series of Letters*. Eds. & Trans. E. M. Wilkinson and L. A. Willoughby. Oxford: Clarendon Press, 1967.

[36] Sonderegger, Ruth. "Negative versus Affirmative Critique: On Pierre Bourdieu and Jacques Rancière." Ed. K. de Boer and R. Sonderegger. *Conceptions of Critique in Modern and Contemporary Philosophy*. New York: Palgrave Macmillan: 248-264.

[37] Stevenson, Robert Louis. *The Hair Trunk or the Ideal Commonwealth: An Extravaganza*. Ed. R. G. Swearingen. Kilerran: Humming Earth, 2014.

[38] Stevenson, Robert Louis. *The Letters of Robert Louis Stevenson, 8 Volumes*. Ed. B. A. Booth and E. Mehew. New Haven: Yale University Press, 1994.

[39] Stevenson, Robert Louis. *The Works of Robert Louis Stevenson, 25 Volumes*. London: Chatto & Windus, 1911.

[40] Tauber, Zvi. "Aesthetic Education for Morality: Schiller and Kant." *The Journal of Aesthetic Education*, 40(2006): 22-47.

[41] Wellek, René. *A History of Modern Criticism 1750 - 1950: The Later Nineteenth Century, Volume 4*. London: Jonathan Cape, 1966.

[42] Wilde, Oscar. "The Decay of Lying." *The First Collected Edition of the Works of Oscar Wild, Volume 4*. Ed. R. Ross. London: Dawsons, 1969: 3-60.

[43] 郑海婷. 论雅克・朗西埃的文学介入观.《东南学术》,2015(4): 152-158.

[44] 周小仪."为艺术而艺术"口号的起源、发展和演变.《外国文学》,2002(2): 47—54.

翻　译

诗歌翻译，形似而后神似[①]

——江枫先生学术访谈录

李绍青[1,2]　江　枫[3]
（1. 华北理工大学；2.《教育与职业》杂志社；
3. 中国社会科学院）

【采访者】李绍青（1972—　），男，河北冀州人，英语语言文学硕士，华北理工大学副教授，中央统战部主管中文核心期刊《教育与职业》特约记者，2019年河北省普通本科院校优秀教学团队"大学英语综合改革教学团队"成员，中国先秦史学会国学双语研究会会员。研究方向：翻译理论与实践、外语教学与研究。

【受访者】江枫（1929年7月30日—2017年10月17日），原名吴云森，男，安徽歙县人，中国社会科学院资深研究员，清华大学人文学院外语系兼职教授，当代中国著名翻译家、文艺理论家，中国作家协会会员，享受国务院政府特殊津贴专家。"彩虹翻译终身成就奖"外译中唯一得主和中国"翻译文化终身成就奖"获得者。2017年10月17日，这位外译中翻译泰斗不幸在北京逝世，谨以此文作为追忆。

摘　要：本文是对中国"彩虹翻译终身成就奖"唯一得主、中国"翻译文化终身成就奖"获得者江枫教授的访谈。结合个人的雪莱、弗罗斯特、狄金森的诗歌英译汉成功翻译实践体会，阐明了英美诗歌汉译巨匠江枫先生"形似而后神似"的翻译主张以及诗人译诗的翻译理念，还批判了诗歌不可译性论。这些真知灼见无疑对于当今诗歌翻译乃至整个文学翻译具有十分重要的借鉴意义。

Abstract: This article is an interview with Prof. Jiang Feng, the only winner of two "Lifetime Achievement Awards in Translation". By quoting his own successful translating poems of Shelley, Frost and Dickinson, Jiang minutely and vividly explains his principle "Similarity Implies Fidelity" and his inclination of "Poet translates poems". Besides, Mr. Jiang criticizes the thought of impossibility of translating poems. Jiang's constructive viewpoints would no doubt shed light on poetry translation.

关键词：江枫；诗歌翻译；形似而后神似

Key Words: Jiang Feng; poetry translation; similarity implies fidelity

一、引言

江枫治学严谨，已在译界传为美谈。他"眼里容不得'沙'。他言语犀利，如匕首投枪。但凡他认准一个方向，便披荆斩棘，奋力前行，哪怕这份执拗和较真会给自己带来累累伤痕。他因此得罪了一些译者和学者"。"在诗歌翻译上，他自傲，但不自负；他的自傲是有底气的"，"他的诗歌翻译是'真金不怕火炼'的"。（罗选民，2018：6）1995年，中国首次设置的终身成就奖，是按照英籍华裔女作家韩素音建议设置的彩虹文学翻译终身成就奖，江枫成了这个奖项唯一得主；2011年又获"中国翻译文化终身成就奖"。（李绍青，2014：39）他是中国唯一两获终身成

① 本文系华北理工大学首批校级精品在线开放立项建设课程"英汉互译"的部分研究成果。

就奖的学者和翻译家,是中国当代影响卓著的翻译理论家。他在学业上的辛勤耕耘和求真务实的精神,在治学中的不唯书、不唯上、不唯洋的学者品格,堪称学人楷模。“如果冬天来了,春天还会远吗?”这句家喻户晓的雪莱诗句,就出自他的译笔。“文学翻译,形似而后神似”,是他揭示的规律,也是他不厌其烦、不厌其详地在报纸杂志和几乎遍及全国各高校讲坛上广泛传播的主张。(李绍青,2014: 38)受中文核心期刊《教育与职业》的委托,笔者先后于 2014 年 8 月 15 日、2016 年 1 月 9 日、2017 年 4 月 11 日分别在海淀区昌运宫(中国社会科学院家属院)二号楼、圣地福京味食府和俏江南酒店对江枫先生进行了 3 次深度采访。

一、爱国诗人　缘定雪莱

李: 江老师,您好! 谢谢您在百忙之中接受晚辈的采访。看过了中央电视台《翻译人生》系列片中您的专辑,我更加渴望有幸得见师尊,今天终于如愿。据说,当年在有查良铮译著《雪莱抒情诗选》先入为主的情况下,您翻译的《雪莱诗选》显然更胜一筹,虽不断加印、连年再版,还是供不应求。雪莱译诗也使您声名鹊起。您的雪莱诗译本是世界上最好的雪莱诗汉译本。《20 世纪中国翻译史》说:“江枫花了 30 年心血翻译的《雪莱诗选》在译坛享有美誉。”在今日译林,可以说是独享盛誉,是一座无法超越的山峰,被认为是中国翻译界新水平的标志。学生首先请您谈一谈您和雪莱诗歌的不解之缘。

江: 我读到的第一首雪莱诗,是我就读于西南联大附中时在英语读本上读到的《爱的哲学》;使我对雪莱其人有所了解的第一部传记,是法国传记作家安德烈·莫洛瓦的《雪莱传》(原书名: *Ariel*)。后来由于偶然的机会我从旧书摊上购得一本当时援华美军军用版的袖珍本《雪莱诗选》,其中的每一首诗都深深吸引着我。这些诗,在一个少年的心上,有些,似和煦的清风,有些,似晶莹的晨露,有些,似炽热的火种,不禁诱发了我要一窥全豹的愿望,也使我逐渐萌动了尝试着加以翻译的念头。在对诗人雪莱生平有所了解后,更深为雪莱其人正直、善良、执着理想、历尽坎坷而不改其志的人格魅力所吸引。我译的第一首雪莱诗,是发表在我和一个同学合办的一个文艺刊物《晨星》(昆明,1946)上的《西风颂》。原件已在 1955 年遗失,但是依稀的印象还有。1949 年 2 月,在迎接北平解放的活动告一段落后,我投笔从戎、“投入火热的战斗”、跨上了解放战争的战场时,行军背包里也总带着一本牛津大学版的《雪莱诗全集》,我汉译《雪莱诗选》初稿,只是利用军旅生活有限余暇试译的积累。

1956 年 9 月,我以转业军人的身份作为调干生就读于北大中文系。1957 年,我曾把译稿整理出来,拿去给我的好友(时任人民文学出版社编辑)、清华同学张奇看看。他建议我再多译一些,特别主张把长诗《阿多尼》包括在内。后来他告诉我,郭沫若得知我在译雪莱表示愿意合作,我谢绝了这番好意,我宁愿自得其乐。译诗,也像写诗,最大的愉快莫过于看到自己的作品按照自己的构思和趣味最终完成。1957 年秋,我被一对线人夫妇诬陷入狱,在铁窗下葬送了此生美好的 5 年青春。直到 1963 年进入北京编译社以后,我才又有可能继续业余译诗。当我重新整理译稿时,我希望,我的译诗能忠实地传达雪莱的意境,是雪莱诗符合汉语新诗规律的再现,应该力求形神兼似。

直到 1980 年 10 月,我的第一本《雪莱诗选》(湖南人民出版社出版)终于问世。这一译本首先是在诗歌读者中引起了热烈的反响。诗人杨山在他从重庆写给湖南人民出版社的信里以激动的口吻诉说:“山城的读者奔走相告。”艾青和臧克家等大诗人都很喜欢这个译本。尽管当时已有人民文学出版社出版发行查良铮译《雪莱抒情诗选》,追求形神兼备的《雪莱诗选》江译本首印 5 000 册,不久便告售罄,虽过年加印 30 000,第三年又加印 60 000,一再加印还是供不应求。到 1992 年雪莱诞辰 200 周年纪念时,《雪莱诗选》以《雪莱抒情诗选》的名义继续出版,前后已印 12 次,发行近 50 万册。从此,译诗的稿约——特别是译介美国诗歌的稿约——多了起来。1984 年 10 月,我的也是汉语的第一本《狄金森诗选》出版。

二、诗歌翻译　形神皆似

李: 卞之琳先生曾说:“江枫译诗为‘五四’以来所未有。”也有人说,您译的雪莱《致云雀》影响了几代人,已成为华语译林中的瑰宝。您不但是一位外国诗歌的翻译专家,而且您 “形似而后神似”的翻译主张,曾经被认为是中国翻译界影响最大的翻译观点之一,如今已形成完整体系的中国学派翻译理论。您诗歌翻译的成功是否受益于您个人独特的翻译理论指导? 究竟什么是“形似而后神似”? 是不是“先形似、后神似”?

江: 我译雪莱,是因为喜爱雪莱,喜欢诗。我从不曾想过要以翻译作为自己的事业。把我喜爱的雪莱诗按照我的理解,尽可能准确地译成尽可能好的汉语诗,也就满足了。发表在我自己编的刊物上,是为了让我的读者分享我从中获得的喜悦、启迪和鼓舞。开始译时,没有理论,只凭感觉。只是在《雪莱诗选》出版而获得了赞誉、一家外国文学研究刊物要我撰文谈论体会时,经过认真总结,我才开始把我的实践经验归结为:“译诗,必须力求形神皆似。”译雪莱,使我懂得对作者负责也对读者负责的严肃译诗,追求“形神兼备”。译过艾米莉·狄金森和其他一些现当代英语诗歌,又使我进一步坚定了这种认识,并且进一步体会到“形似而后神似”。在全国第一届英语诗歌翻译研讨会上我以此为题的发言得到了多数与会者的认同。这说明我的感觉没有欺骗我,实践出真知,“我的理论就是‘形似而后神似’,而且我用我的实践证明”。

诗之成其为诗,往往并不在于说了些什么,而在于是怎样说的。诗,作为一种文学样式,除了一般都有一定的音乐性之外,就在于必然是形式与内容的高度统一。由于这种高度统一,诗,特别是好诗,一旦成型,便不可有一个字的移易,中外诗歌全都一样。

有时,对于诗,特别是现当代新诗,形式就是内容。就这一点而论,诗之作为语言艺术,要比其他任何一种文学样式都更接近作为视觉艺术或空间艺术的绘画、作为听觉艺术或时间艺术的音乐;有时,犹有过之。译诗,就不仅仅应该译出原作说了些什么,更重要的是,应该译出原作是怎样说的;而诗,不译出原作是怎样说的,就译不出作为诗而说了些什么的原作。

无论是写诗还是译诗,作为一种语言艺术,也像其他门类的艺术一样,都要凭借一定的形式表现和传达内容,通过一定的形象把握和反映现实:因为神以形存,立形方能传神。译诗,就是用新的语言复制原作的语言形式,以传原作之神。就形式对于诗歌的重要性而论,译作对于原作最大限度的忠实,就是最大限度的形似;反之,最大限度的形似,也就是最大限度的忠实。“译,无信不立。翻译,是一种社会行为,不忠实,便没有社会价值。力求忠实,是翻译工作的最低标准。忠实的文学翻译,既忠实于原作内容,更忠实于原作之艺术形式,以再现原作的神韵”。

关于“形似、神似”“先后”的问题,应该理解,这里的先后,不是时间空间的先后,而是形而上语境下的先后,是修辞意义上的先后。形神不可分割,神与形同在,分开来说,只是为了便于分析,先,是优先,后,是后果。“形似而后神似”是说,只要形似,自然神似:similarity implies fidelity。

李:您的“形似而后神似”是否师承于卞之琳的“以似致信”?

江:如果要用一句话来回答,我就要说:“否!”我译诗只是因为我喜欢诗、喜欢写诗,开始译诗以前从不曾学过翻译,更不曾专门研究过任何人的译诗和译诗理论。对于译诗理论,我可以说无所师承,甚至,曾经毫不关心。然而,换一个角度回顾,一切值得学习的优秀诗文、正确主张无不是我师。

卞之琳先生主张“未经过艺术过程者不能成为艺术品,我们相信内容与外形不可分离”。1983年问世的《英国诗选》是他个人半个多世纪以来译诗艺术理论与实践的结晶,而且是我国整个翻译界译诗艺术成长过程中的最重要的里程碑之一。他主张以自由诗译自由诗、以格律诗译格律诗,力求保持原作面貌,以复制出类似的效果。

我把他的译论概括为:“亦步亦趋,刻意求似,以似致信。求似,处于核心位置。这个似,理想的标准自然是形神兼备,而在方法上,由于诗歌艺术的规律性特点,如果一定要分先后,首先是力求形似。形似,而后神似,得形,方可传神。”卞之琳以“似”致“信”的成功译例,证明了只有覆盖一切艺术手段的形似近似,才能保证内容神似,有多大程度的形似就有多大程度的神似。

但是,我对卞之琳译论的研究和概括,是在我发表“形似而后神似”之后,而且,是从我对“形似而后神似”的理解去理解。正如以上引文所示,我是以我对“形似而后神似”的理解加以补充和阐述。而在理解和论述两方面,我和卞先生又略有不同。

我们都同意翻译的最高职责是忠实,而且仅仅是忠实。卞先生认为“信、达、雅之无稽”,他说,作为翻译的标准,所谓“信、达、雅”,只有一个“信”字可取。不错,信,也就是忠实。由于是不同语言之间的转换,再忠实的译文也不可能等同于原作。最大限度的忠实,也只能是最大限度的形似。译诗的过程是立形以传神的过程,形似也就神似;神,与形同在。卞之琳所主张的“亦步亦趋、可以求似、以似致信”是一条行之有效的译诗正道。这也就是对于“形似而后神似”的承认,对于“形神兼备”译文的追求。但是,“达”与“雅”,也不可完全忽略不计。

当我经过一段摸索,终于体会到“译诗,必须力求形神皆似”,甚至,“形似而后神似”。把这样的体会写成文字时,曾以为是我的独特体会,但到我应袁可嘉先生之邀撰文祝贺卞先生八十华诞而仔细研读了他的相关著述时才发现,卞之琳早就说过了对于“形式近似”的“刻意追求”,虽然,不曾从理论上阐明其规律性。但是,卞先生关于“破‘信达雅’说”之说,对于中国翻译理论的贡献,毫不亚于“‘信达雅’说”

提出之初的历史功绩。其主要功绩,并不在于破"'信、达、雅'教条",而在于突出一个"信"字,而且正确地揭示了致"信"之道,并以切实的实践证明了这种主张的正确和有效。

这就是我所说的"殊途同归":严肃而追求完美的文学翻译,不论出发于何处,要取得成功,最终都不得不走到这同一条路上来,那就是:形似而后神似。

李:按照"形似而后神似"的原则,格律诗如何外译中或中译外呢?

江:尽管我认为"以顿代步、悉依原韵",是以汉语格律诗译英语格律诗的最佳方案,但是我不主张过分拘泥格律,因为两种语言的词与词、顿与步的容量不同,要求顿与步在数量上对等,难免不得不削足适履而牺牲部分内容,或是用同义反复和增加虚词、衬字来添足顿数而稀释诗歌语言,同时,汉语顿读存在着某种程度的随意性;而一定要依原作韵式,有时就不得不易词就韵,从而难免"以词害意";更何况有些原作本身就不严守格律而常常破格,为什么译作倒要比原作更加严格,而且要以牺牲或损害内容和其他更重要的形式手段为其代价?有时,破格能产生出色的艺术效果。译诗也应该允许破格,对于原有格律,既要尽可能以相应的格律加以再现或移植,又不可过分拘泥。诗歌的格律,有些与内容一致,如惠特曼的《船长,哦,我的船长》;但在多数情况下都是装饰性的,就像我国的七言、五言和绝句、律诗之类的韵脚与平仄要求,和丰富多彩的内容毫不相干,只能赋予对象以一定的外貌,产生某种音乐性的伴奏效果。格律不是语言形式的全部,甚至不是语言形式的主要部分,因为相同的格律适用于千差万别的内容。在一般情况下,格律只为诗歌提供一个节奏框架,多数的头韵、脚韵、行内韵只起装饰性作用。对于和内容结为一体而不可分的形式部分,则必须力求其忠实再现,损害了形式也就损害了内容。

所谓语言形式,应该包括使诗得以成为一种审美对象的全部媒介和手段,特别是和营造诗歌形象和诗歌意境密切相关的语言成分、结构和修辞手段。一首诗赖以存在的全部语言材料全都属于语言形式的范畴,都应该在翻译中尽可能加以再现或移植。格律固然也是形式的一部分,但更重要的是有造型能力的修辞手段和形象语言。下面以我翻译的美国著名诗人罗伯特·弗罗斯特的《雪夜林边》为例来展示诗歌翻译如何"形似而后神似":

Stopping by Woods on a Snowy Evening *by Robert Frost*	**雪 夜 林 边** 江枫译	

(译诗题目省略了"stopping〈暂住〉",给了读者想象的余地,渲染了诗中神秘气氛。)

Whose woods these are I think I know	这是|谁的|树林|我想|我清楚,	u
His house is in the village though;	他家|就在|那边|村子里边|住;	u
He will not see me stopping here	他不会|看见|我|在这里|停下来,	ai
To watch his woods fill up with snow.	观赏|白雪|覆盖住|他的|林木。	u

(第 1 小节押姑苏韵[u],属弱韵,声音细微窄小,蕴涵低沉的感情,正好表现"我"在雪夜不愿去农舍而在树林边停下的烦闷心情。)

My little horse must think it queer	我的|小马|,一定|觉得|奇怪,	ai
To stop without a farmhouse near	在这|一年|最黑的|一个|黑夜,	e
Between the woods and frozen lake	在树林|和|封冻的|湖泊|之间,	an
The darkest evening of the year.	停在|近处|不见|农舍的|野外。	ai

(第 2 小节押怀来韵[ai],声音比较柔和,表现了"我"和小马无言的交流,气氛比较轻松。)

He gives his harness bells a shake	他|抖了|一抖|挽具上的|铃串,	an
To ask if there is some mistake;	在问|是否|有什么|差错|出现。	an
The only other sound's the sweep	仅有的|回响|,只是|轻风|一阵,	en
Of easy wind and downy flake.	和|白絮般|飘飘|落下的|雪片。	an

(第 3 小节押响亮的言前韵[an],但韵式不齐,因为这一小节有铃串的响声、小马的"问话"和大自然的"轻风作答"。)

The woods are lovely, dark and deep.
But I have promises to keep,
And miles to go before I sleep,
And miles to go before I sleep.

这是弗罗斯特的一首著名的有韵格律诗,抑扬格4音步诗行,4行一节,韵式:AABA BCBB CDCC DDDD。译文以4个字以下的词为一顿以再现原诗的一个音步,并遵照原作韵式押韵,就以一首汉语格律新诗译出了一首英语格律新诗,以顿代步,保存了语言的节奏,悉依原韵,就不仅再现了原作的音乐性,而且再现了原作韵式所营造的徐缓推进和行行复行行之后的疲惫、困倦情境。

Poetry is simply made of metaphor.(诗,简直是用隐喻写成的。)这是 Robert Frost 说过的一句话、一个写诗的秘诀、一句诗人实话。有时,整首诗也就是一个隐喻或比喻。比喻,是诗歌翻译中必须特别重视、尽可能译得准确的结构成分。如果能把每一首诗都当作比喻,如果再进一步把每个实词都看成比喻,并恰如其分地落实在新的译文里,就可以说离成功不远了。诗歌立形传神、神以形存。"形"与"神"是"你中有我,我中有你"。正如倘若没有秦琼和尉迟恭的"画像",所谓的"门神"就是不可捉摸的。艺术都离不开形式,诗歌也不例外。窃以为,诗歌翻译应"形似而后神似"(Similarity implies fidelity)——用译入语复制原作之形,以传原作之神。译诗应该是原诗"肉体"与"灵魂"的"投胎转世"。换句话说,就是译者应该尽可能将原诗的"形"与"神"完全"移植"到译语中。具体来讲,对于《雪夜林边》这首诗,我从3个方面对弗罗斯特的 *Stopping by Woods on a Snowy Evening* 进行了移植。

1. 意象移植

直译法如实、准确地再现了原诗的意象,如:snowy evening→雪夜;woods→树林;the darkest evening→最黑的一个黑夜;village→村子;farmhouse→农舍;little horse→小马;harness bells→挽具上的铃串;frozen lake→封冻的湖泊;sweep of easy wind→轻风一阵;sleep→睡。只有 downy flake 结合语境意译为"白絮般飘飘落下的雪片"。

2. 结构移植

这是一首抑扬格(iambic)4音步(tetrameter)诗,共4个诗节,每小节4行,每行都有8个音节,呈"轻重轻重"的节奏。诗的结构平稳,有助于表达诗中人物比较平稳的心态。江译几乎将原诗的结构完整地

这 | 树林 | 可爱 | 、阴暗 | 、幽深,	en
但是 | 我有 | 约定的 | 事 | 要完成。	eng
睡前 | ,还要 | 再赶 | 几哩 | 路程,	**eng**
睡前 | ,还要 | 再赶 | 几哩 | 路程。	**eng**

移植了过来:译诗4小节,共16行,每行有5个音步,虽然比原诗每行多1个音步,但译诗每行的音步相等,节奏相当。"以顿代步、悉依原韵",是以汉语格律诗译英语格律诗的最佳方案,但是我不主张过分拘泥格律,因为两种语言的词与词、顿与步的容量不同,要求顿与步在数量上对等,难免不得不削足适履而牺牲部分内容,或是用同义反复和增加虚词、衬字来添足顿数而稀释诗歌语言。

3. 韵律移植

弗罗斯特十分看重"音韵意义"(sound sense)。在这首诗中,弗洛斯特创造了一种几乎难以重复的韵式——原诗的韵式为 AABA, BBCB, CCDC, DDDD,清清爽爽、朗朗上口,毫不矫揉造作,每个词、每一韵都极自然、极妥帖,好像它们天生就应该这样组合。有趣的是,第1段第3行的韵转到第2段,就像每一段的第3行伸出一个钩让下一段的第1行挂上,创造了一种连续的链接形式,到了第4段 DDDD,诗人将钩子收了回来,押了全韵。前几节的韵脚,相应于联想引起联想,第四节的韵脚和最后两行单调的重复,则暗示疲惫困倦。而我的韵式为 AABA, BCDB, DDED, EEEE。虽未能与原诗完全一致,但也能"使每一段伸出一个钩让下一段挂上",获得音连意联的效果。(李绍青,2018:202—206)

译者的创造性在于逼真地再现了原作中内容与形式和谐统一的艺术形象。只有贯彻"形似而后神似"的翻译原则诗歌翻译才能在意象方面更加具体,在意境方面更加高远,在颜色方面更加绚丽,在表达方面更加准确。"就文学翻译而论,深化不得,浅化不得,只能力求对等,才能力求忠实。也不能因为对等难求,便放弃追求,忠实不可轻易达到,便不求忠实。"(江枫,2009:4)其实这种标准,不仅仅适用于文学翻译,还适用于宗教翻译和哲学翻译。翻译,应该有中国学派的理论。我希望,我对翻译理论所做的探索和尝试,能像以卞之琳为代表的许许多多严肃而成功的翻译家和翻译理论家或大或小的理论建树一起,成为中国学派翻译理论的砖瓦。

三、诗不可译 岂有此理

李:记得鲁迅曾说过:"译诗,真是吃力不讨好的

事。”“不论直译或意译，诗歌能翻译出原诗的原汁原味吗？”《扬子江诗刊》主编黄东成先生对此持否定态度。

江：世界上又有几个诗歌翻译家是为了讨好谁而译诗的？雪莱说过译诗“徒劳”，然而他本人却是付出过大量这种“徒劳”劳动的出色诗歌翻译家。译诗既然是在两种语言之间进行，语言改变了，就不能不引起译作。即使是最忠实的译作，有别于原作的差异，而绝不可能完全等同于原作。

一定要求完全等同，就是无理的苛求，因为即使是绘画中的临摹，使用相同材料和几可乱真的临摹之作，甚至同一画家自己的复制之作，也不可能完全等同于原作，何况译诗所用的已是完全不同的材料。如果据此立论，断言诗不可译，则有两种情况：或是译诗而知其难者极言译诗之难；另一种是从不译诗、不知译诗甘苦或是译诗无成、知难而退者的解嘲之说。

事实上，由于不同的语言都是人类社会生活的产物，不同民族的社会生活虽然各有其独特的个性，但也存在着相同或相通的共性，不同民族人民的思想感情可以相通也可以沟通，所以才会有大量成功的范例证实诗是可译的，尤其好诗是可译的。绝对不可译的，只是完全或主要依存于某种语言或文字特性所作的语言文字游戏，严格地说，那一般不是诗，至少不会是好诗。

毕竟，经过不同语言的转换，译作对于原作无疑已是另一首新作。然而，成功的译作却可以通过适当的造型手段，再现原作的神韵和风貌，产生近似于原作所能产生的艺术效果。（江枫，2009：11）诗是可译的，我们需要探讨的，只是如何译的问题。（江枫，2009：71）

不论黄东成先生所问“诗歌能翻译出原诗的原汁原味吗？”是何所指而言，我都可以回答他，遵循“形似而后神似”的理念、达到“形神兼备”的译诗，肯定就会是译出了原诗原汁原味的译诗。黄先生能说“如果冬天来了，春天还会远吗”没有译出“If Winter comes, can Spring be far behind?”的原汁原味么？你认为这句译文是神来之笔，其实不然。雪莱是以一句朴素的英语道出了一个朴素的真理，我只是以一句朴素的汉语忠实地译出了雪莱的诗句。形神兼备的译文，往往妙若神来之笔。（江枫，2014：23）

四、风格相近　诗人译诗

李：什么样的人才能译诗？只有诗人才能译诗吗？

江：我基本上同意“只有诗人才能译诗”，更准确的说法应该是：“在译入语和译出语的修养完全相等时，只有诗人才能把诗译好。”但是诗人，甚至著名诗人，却不一定都能把诗译好。写诗可以放纵灵感、别出心裁；译诗，却必须尊重原作的严格制约。即使是以邮票诗而家喻户晓的诗人余光中所译艾米莉·狄金森的 *Soul Selects Her Own Society* 的译文效果也令人非常失望。他显然没有领会原诗‘诗之为诗’的神髓。

The Soul selects her own Society — Then — shuts the Door To her divine Majority — Present no more —	灵魂选择她自己的朋友， 然后将房门关死； 请莫再闯进她那神圣的 济济多士的圈子。
Unmoved — she notes the Chariots — pausing At her low Gate — Unmoved — an Emperor be kneeling Upon her Mat —	她漠然静听着高轩驷马 停在她矮小的门前； 她漠然让一个帝王跪倒 在她的草垫上面。
I've known her — from an ample Nation Choose One — Then — close the Valves of her Attention — Like Stone —	我曾见她自泱泱的大国， 单单选中了一人； 然后闭上她留意的花瓣， 像石头一样顽硬。

如此不能正确理解又不尊重原作形式，结果必然失败。从理论上上讲，什么人都可以译诗。译好译坏就要看译者的修养和追求。唯有忠实地再现原作之形，方能传神地再现原作的信息和情趣。

艾米丽·狄金森以这个姓名于 1981 年第一次出现在中国读者面前至今 36 年了，已经从不为人知、渐为人知、广为人知而成了几乎是中国唯一家喻户晓的外国女诗人。1981 年以前，袁水拍、余光中和我江枫，都译过、发表过她的诗歌译文，但是，都不称她为狄金森，都没有产生多大影响。狄金森在中国是一夜成名的，是在 1981 年《诗刊》发表了江枫用这个名字所译“狄金森诗 5 首”的那一期发行以后，立刻便在年轻读者中引起了热烈反响。著名作家王蒙曾告诉我狄金森故居收藏了狄金森诗各种译本，我的汉译本陈列在中央。后来我在译本上签了名。

李：您本人就是诗人，而且有“形似而后神似”作为翻译实践的行动指南，难怪您的狄金森诗译文《篱笆那边》《你无法扑灭一种火》载入人民教育出版社出的《高中语文》。您翻译的《狄金森诗选》最接近狄金森原诗质朴、洁净、清丽的风格。蒋子丹、竹林、王蒙、邵燕祥等几位作家把江译狄金森诗句“昨天已经古老”作为小说的标题，正因为这言简意赅的译诗诗句具有广阔丰富的潜在内涵。

李：罗勃特 · 弗罗斯特有句名言：“诗，就是在翻译中失去的那种东西。”此事您怎么看？

江：此事必有蹊跷。我不相信任何一个缺乏翻译实践体会的人有关于翻译的无论什么样的好话坏话。我宁愿相信弗罗斯特有关于诗的哪怕是点滴的议论，因为他写诗有丰富的经验和卓越的成就。

此句背后有一个天大的秘密——弗罗斯特原文“Poetry is what gets lost in translation”并没有说错，错的是这句话的汉语译文“诗，就是在翻译中失去的那种东西。”“translation”在这里不该译“翻译”，如果理解为 interpretation 就对了，是“换一种说法”就会失去的那种东西。

诗，恰恰应该是翻译过后除了表面信息还留下了美和言外之意的那种东西。留下得越多越是好诗；经不起翻译的就连散文都不是，不会是诗，更不会是好诗。（江枫，2009：60）

五、结语

李：从孩提时代的理想看，您对自己已经取得的成就满意吗？您的率真为您赢得了世人的景仰，也使您受到过不公正的待遇。您为人处世的原则是什么？

江：我小时候父亲常以“立德立功立言三不朽”训育子女。受家教的熏陶，我心中的偶像是精忠报国、文武全才的民族英雄岳飞。从儿时的理想来看，我还不算成功。但从立言不朽的角度看，我勉强算是成功了吧。人生一世，草木一秋。哪怕只有一句话——“如果冬天到了，春天还会远吗？”能世代相传，我也心满意足了。一个文学翻译工作者，不必多，一生留下一部能够传之久远的译作就不虚此生。一个人活一辈子得一个终身成就奖，有虚荣心的话也就满足了。现在我还活着就给我两个。著名女作家叶文玲有个中篇，写一个年轻人在一个非常小的陋室里翻译狄金森，那屋不到 10 平方米。我原来住的小屋就那么大，即便是现在我的住房也不足 70 平方米，大半空间还被书刊资料占据着，里面难免显得有些凌乱而羞于接待客人。“家里地方小，不太方便”。每逢有客人来访，我一般请对方去紫竹桥附近的一家快餐店详谈。刘禹锡《陋室铭》有云：“斯是陋室，惟吾德馨。”虽然身居陋室，我也知足常乐。

至于为人处事的原则，我说几句煽情的话：“在艺术上强调想象，讲究激情；在学术上实事求是，不讲人情；在生活中为人豪爽，讲究真情。对诗歌充满激情，对人间一片真情，对生活满腔热情！”（李绍青，2014：40）

李：作为著名学者，您实事求是，不顾情面，是勇敢的批评家，也是勇敢的批评接受者。

江：在翻译理论建设上，我坚决反对生吞活剥、盲目推销外来理论，而倡导在继承传统和借鉴异说、新说的基础上，建构中国学派的翻译理论。不是某个外国人或某个名人说过，就可当作真理，作为立论的根据。为了追求真理，必要时我们免不了质疑权威。真正的学者未必有硕士、博士、博导之类的学位，却必须有独立思考的精神，就像清华大学教过我的金岳霖等大师们不容他人在自己头脑里跑马。

李：作为中国当代译介外国诗歌的大师和影响卓著的翻译理论家，您深受翻译界的推崇和全国学子的爱戴，请问您的座右铭是什么？

江：屈原《离骚》中的一句话：“亦余心之所善兮，虽九死其犹未悔。”——为了实现心中理想，虽历九死而始终不悔。（For the ideal that I hold dear to my heart, I'd never repent even after nine deaths.）

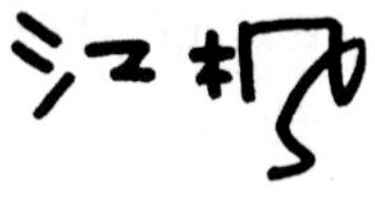

参考文献

[1] 江枫.《江枫论文学翻译及汉语汉字》.北京：华文出版社，2009.

[2] 江枫.以似致信 形神兼备——卞之琳先生追思学术研讨会上的发言.《诗探索》，2001（1）：203—208.

[3] 江枫.江枫答“诗歌翻译存疑”[N].《文学报》，

2014-2-27(23).
[4] 李绍青,丹青.诗人气质 师者襟怀.《教育与职业》,2014(9):38—40.
[5] 李绍青等.《英语翻译技巧与策略研究》.吉林:东北师范大学出版社,2018.
[6] 李绍青,张珊.中国首届狄金森国际研讨会在复旦大学召开.《教育与职业》,2015(1):120.
[7] 罗选民.译诗"可以兴,可以怨"——谈江枫先生的诗歌翻译理论与实践.《亚太跨学科翻译研究(第六辑)》.罗选民编.北京:清华大学出版社,2018.1—6.

附:名人名家对江枫为人及其翻译成就的评论

江枫译诗为"五四"以来所未有。

——卞之琳

先生为我国翻译界泰斗,耕耘多年,收获颇丰,尤其在诗歌翻译领域,先生有很高建树,成一家之言,有广泛影响,所得成就受到海内外瞩目。

——复旦大学外文学院首任院长、杰出教授陆谷孙

余所理解江枫先生之学术——诗歌翻译,形似方求神似;文字前途,拼音不若拼形。

——华东师范大学终身教授、博导潘文国

我与江枫有一些交往,读过他的一些译诗和诗评(主要是和许渊冲的论战)。我对他印象有两点比较深刻:一是他的中英文功底深厚,翻译严谨,是老一辈翻译家中很有声望的一位;二是勇于开展学术批评,这是学术界最难能可贵的品质,他有独立见解,不迷信权威,不随波逐流。这种独思的学术品质,值得学习和发扬,因为学术只有在不断批评中才能保持学术活力,才能推动学术研究不断前进,才能达到逐近完善臻美的目的。

——国内英诗研究著名学者何功杰

江枫先生是我很尊重的学者、诗人、翻译家,我和他志趣相投,学理相通,也都敢言立言。他主张"译诗,尽可能紧扣原文"。其译文表现的美有理有据,是思作者之所思,感作者之所感,是美的再现。形是导航者,意是摆渡人。我感佩且实践他提出的这一准则。

——上海大学翻译学博导赵彦春

江枫的译著《狄金森诗选》对我国的狄金森研究具有开创性的贡献。其译诗与狄金森原诗风格较为接近。他惜墨如金的风格恰如其分地反映出诗人简约精辟、不事修饰的特征。《前言》也令人百读不厌。在狄金森评论十分稀少的80年代,他那如诗歌般凝练的评价曾激发起多少读者对狄金森诗歌的兴趣。他的许多有关狄金森其人其诗的评述,尽管着墨不多,却像钉子般深入读者脑海,并为后来的狄金森评论定下了基调。其译本由于出版年代早、版本多、发行量大、译风严谨而长期受到学界人士及广大诗歌爱好者的喜爱和好评,在各类书籍和刊物中引用率也是最高的。

——云南师范大学外语学院院长刘守兰

江枫先生形神皆似地以诗译诗,其英美诗歌译作视之悦目、听之悦耳、读之上口、思之入心。

他热情无比、认真严谨、坚持己见,为真理而争鸣,实乃学界真正楷模,令人钦佩。

——英国斯特灵大学荣誉博士、河北省翻译学会会长、
河北省外语教指委主任李正栓

江枫先生是一位翻译大师,江译版《雪莱诗选》是公认的国内最好的汉译本。"如果冬天来了,春天还会远吗?"仅此一句脍炙人口的江译版《西风颂》一生足矣。江老师童心未泯、率真求实。他的讲座涉及张三李四、林林总总。You can agree with him; you can disagree with him; but you can not ignore him.

——华北理工大学外国语学院院长王显志博士

《黑奴吁天录》中的翻译话语与晚清国族话语传播①

王卫平
(华中科技大学)

摘　要：近代民族国家的想象大量涌现于晚清时期，晚清翻译小说在构建现代中国民族国家这一“想象的共同体”中发挥了极为重要的作用。《黑奴吁天录》出版于国家民族危局之际，其主旨不在于抒写黑种之悲，而在于为“黄种一号”，为“爱国保种之一助”。本文将其置于时代语境中，结合译本的序、跋等副文本、文本的叙事学分析及传播影响研究，从3个方面深入考察译者通过改写和操纵在翻译文本中植入国族想象话语及译本与时代话语场和意识形态互动呼应，帮助构建现代中国的国族身份和社会心理无意识。

Abstract: Late-Qing saw a surge of imagination of a modern nation and state and the genre of novels has played a key role in the construction of this "imagined community". *Heinuyutianlu*, Lin Shu and Wei Yi's well-known translation of *Uncle Tom's Cabin*, was published when the nation was facing invasion by the imperialist powers. Its main purpose is not to narrate the miseries and sufferings of the black race, but to cry out for the urgency of preserving the Yellow race. This paper investigates into the thematic correlation between Lin Shu's version and the original by examining the preface and postscripts of the Chinese version, the narrative study of Lin Shu's text and the reception of the version in the target cultural market. It reveals how popular translated novels interact with and contribute to the shaping of national identity in the late-Qing period.

关键词：《黑奴吁天录》；话语；国家；民族

Key Words: *Heinuyutianlu*; discourse; nation; state

一、引言

近代中国国族主义作为一种对列强欺压和侵略予以自觉回应的现代性思潮，已经被广泛接受，也得到反复和多样的表述。李泽厚(1994)从思想史上提出反帝救国的民族主义是整个近代中国思想之压倒一切的首要主题。历史学者王尔敏(2003：177—197)的表述更为全面，他提出中国近代民族主义由族类自觉意识、文化自觉意识和国家“主权”自觉意识合力形成，其中以“保国”为首的主权意识逐渐觉醒乃发生在19世纪60年代之后的近代中国。文化和文学学者更多关注时代意识形态和话语在文学书写和文化产品中的表现。杨联芬(2009：15)认为，20世纪中国的民族主义，从晚清以来的文化启蒙，由反抗皇权专制、建立现代民族国家，滑向一种与“西方”有关的与“落后挨打”的历史记忆紧密相连的意识，这种意识近乎成了一种民族的“集体无意识”。这种社会心理在近代晚清时期形成，延续到民国、“五四”及以后时期，成为现代文学的核心关注(旷新年，2003)。

中国百年翻译运动因中国社会的现代转型而起，也与中国社会的现代转型相伴相生。文学翻译活动既指涉外国文学原有的观念，也与本土文学传统有关。由外到内的译介过程作为两种异质文化的协商行为，既与时代话语场和意识形态互动呼应，也

① 本文受到国家留学基金委2016年青年骨干教师出国研修项目资助，项目号：[2016]3192。

参与了对意识形态和话语的建构和定位。“晚清时期,中国传统的价值理念丧失了整合社会的力量,翻译异域就成为想象新的理想社会、建构社会新认同的来源”(李今,2017：25)。从戊戌变法开始,一股强大的“翻译救国”思潮涌起,直接影响和形成了晚清时期的翻译风气,从科技翻译到政治经济学说翻译再到文学译介,从内容选择到翻译策略都广受影响。小说革命运动中,严复、梁启超和林纾等提倡以小说启迪民智、启蒙新知,进一步强调了翻译小说作品的价值。

晚清汉译文学运动深深地融入中国近现代历史进程之中,从这个语境中来考察晚清文学翻译活动,成了一个备受关注的视角,也有着极其重要的意义(王卫平,2016)。其中最多产、影响最大的翻译家林纾立志于“广译东西之书”,带着一种身份危机和救国激情积极主动从事翻译。20 世纪之交的前后 10 年正是国家危机最深重之时,这一时期林译中的政治目的更加鲜明,话语策略更典型,影响也更深远。遗憾的是,目前对于林译的诸多研究或过于笼统化,常常止于引用译者的序、跋等副文本来说明其翻译目的,或过于局限于具体的技术和手段,将讨论重点放在文本的删减、改写处理上。本文选取 1901 年出版的《黑奴吁天录》,将其置于时代语境中,结合译本的序、跋等副文本,文本的叙事学分析及译作的传播影响研究,从 3 个方面深入考察译者如何通过改写和操纵策略在翻译文本中植入国族想象话语,以及译本与时代话语场和意识形态之间的互动呼应。

二、翻译的主旨——“为黄种一号”

众所周知,《黑奴吁天录》依据的原文本是 *Uncle Tom's Cabin*(1852)。斯托夫人的原作旨在传播基督教福音教义,表达废奴思想。面对 19 世纪中叶美国社会面临因奴隶制可能陷入分裂的危机,斯托夫人提出的解决办法是凭借一种宗教精神基础之上的想象来凝聚身份认同,“在斯托夫人看来,国家民族并非由领土界限和法制决定,而是由共同的文化传统——基督教精神信仰决定”(Farrell,2010：246)。在清教精神和福音派教义之上建立身份认同的乌托邦想象,是典型的 19 世纪美国国族想象方式。所以,从某种意义来说,*Uncle Tom's Cabin* 也是一部关于美国民族国家共同体想象的作品,斯托夫人正是以小说形式积极参与到美国的社会和政治发展进程中,对当时的政治社会产生了极大影响。其作品虽然对当代读者吸引力减少,但其中启示录般的语言残留下来,沉淀在美国国际政治话语深处(程巍,2004)。

晚清国家民族危机不同于美国南北战争的危机。对于美国而言,黑奴问题代表了美国本土以内的不平等空间,直指白人种族对其他种族的压迫;而对于中国而言,晚清与英美帝国主义之间的冲突,不仅是国与国之间的冲突,还可能在此基础上演化为黄种和白种之间的冲突,这就使得晚清社会的国家民族危机变得更加复杂和深重。“强种保国”这个口号正体现了种族和国族话语的合一,而《吁天录》中的种族和国族议题正好完美地符合了这种意识形态的需要。1901 年《辛丑条约》的签订,标志着中国半殖民地半封建社会的形成。林纾和魏易于同一年选取 *Uncle Tom's Cabin* 来翻译,正是因为他们由黑奴的悲惨遭遇联想到黄种可能的遭遇,由黑人无国推及黄种可能亡国。尤其是 1882 年及其后时期,美国推出了一系列排华法案,国内的相关报道引起了国人对国族命运的关注。林纾在译本的序、例言和跋中将华人劳工遭遇和黑奴遭遇进行类比,反复陈述了自己的翻译意旨:“特为奴之势逼及吾种,不能不为大众一号。”(林,1981：206)他们希望国人通过黑奴的悲惨遭遇,“引为殷鉴”,借为黑奴叙悲唤起读者对亡国灭种危局的认识,同时呼吁民族国家的成员振作起来,参与到强国保种的行列中:“今当变政之始,而吾书适成,人人既蠲弃故纸,勤求新学,则吾书虽俚浅,亦足为振作志气,爱国保种之一助。”(林,206)

林纾的翻译目的是将黑奴叙事改写为“为黄种一号”,服务于“爱国保种之一助”,这是一个从“他者”叙述到“自我”言说的过程,从基督教话语到国族话语的转换和改写过程。《吁天录》巧妙地将叙写黑奴之悲转换到哀黄种之将亡、“为黄种一号”上来,译者的呼声正是通过叙述声音体现和实现的,叙述声音的操纵和改写最能凸显译本的主旨。

三、译者的声音——从汤姆到哲而治

Uncle Tom's Cabin 主要采用了全知视角,但是叙述者以第一人称“我们”的声音频频出现。作品开篇第一个句子以第三人称的全知视角描写了两位男士交谈的场景之后,一个“我们”的声音加入讲述中:“为了方便起见,我们说是两个绅士,然而,其中的一个,严格来说,根本配不上这个词。”此处插入的是叙述者对奴隶贩子海格(Haley)的评价,叙述者(此处可以理解为作者)邀请读者一起对人物给出评价。叙述者现身出来参与到讲述中发表指点和感叹,这是“19 世纪小说的一种典型叙述方式”(Warhol,1986：811—818),在斯托夫人这部作品中体现得尤其典型。叙述者以“我们”的声音干涉或参与到叙述

过程中，一方面起着组织结构的作用，指示和引导不同叙事线索在时空上的转换，颇有“花开两朵各表一枝”的意用。更多的叙述干预是以“我们”的名义对所叙述的人或事发表评价或感叹，或出于宗教劝导的目的，或给予受难者精神上的指导和抚慰。作者邀请读者参与到讲述中，请求读者一起来辩论、思考和感叹，不仅能够激发共情，还有劝导的效果。不少论者将作品独特而巨大的感染力和修辞效果与布道这种体裁联系起来，认为作品重构了布道这一美国内战前最重要的公众演讲形式，指出布道声音对于实现作品的道德和政治目标的意义(转引自金莉，2015)。

林纾作为桐城派的古文大家，继承的是史传传统和传统古典小说的文法，他将斯托夫人这部冗长的19世纪的叙事作品转化成了一部简练的“录”的叙事。黄继忠的当代中译本有34万多字数，而林纾的文言体只有9万多字数，除了文言体的用字和文体上更加简要外，另一个原因是林纾一贯使用春秋笔法，用古文家的眼光“删繁去芜”，对原文做了不少的删减改写。结构上，他将原著每章的标题及标题下附加的点明主题的警句、引语等悉数删除。内容上，因为宗教类话语并不是林纾的主要关注，多有管理和删减，以“取便观者”(林，2)；人物外表、环境、心理和景物等描写也按古典小说的文体风格加以删繁就简，将冗长的描写节制为简练的几笔。除了这些较为明显的手术之外，更为隐蔽也更为重要的处理是叙述视角的考虑。《吁天录》采取了以写人记事为主的“录”的叙述形式。“录”的第三人称全知的客观视角节制了叙述者直接发言。叙述者的主要作用是叙事，即便作者通过叙述者发表观点，对所叙述事件和人物发表议论褒贬，也只是偶一为之。一方面，基督教义的宣扬说教本来就不是林纾翻译的主旨，另一方面出于诗学考虑，译者将大部分插入进来的叙述者“我们”的声音以及“我们”对读者的直接发言做了隐化处理。

“录”的叙事模式限制了叙述者直接发言，但是译者在这一点的处理上并没有贯彻始终。在《吁天录》译本中，仍然可以找到少数例外。译者本可以按照诗学规范予以删减，但是可能出于某种目的，并没有加以删减，而是予以了发挥或推论式的改写。这样的处理虽然不多，但往往都出现在叙述进程中的某些重要时刻。一个典型的例子出现在第二十七章中。在伊娃去世后，叙述者插入了一段由衷的赞美：“亲爱的伊娃(Eva)，对于你这样的孩子来说，死亡根本不存在……你所赢得的是不动干戈的胜利，无须争夺的王冠。”(黄继忠，1982：395)而林纾译文为：“……夫夜娃特如晨星得日，其光渐隐，岂复澌灭之谓。设彼身为民主，欲以全力生此国民，其得生也，当毋须枪炮之征诛而得。既立国，而御冕亦不由流血以来也。”(林，144)两者对比可见，基督教的胜利观被粗暴改写成了国族建构成功的胜利想象。基督教的“死亡观”和“胜利观”反映了基督教的核心思想：现实只能通过精神的力量改变，而不是其他。囿于时代因素，“基督徒式的死亡是一种胜利”的观点对于译者可能比较陌生。但是，魏易和林纾本可以在没有把握时，采取便宜之计，删减不译，抑或从诗学习惯考虑，隐去叙述者的声音。显然此处译者并没有采取惯常的做法，而是对基督教义中的“胜利”想象作了附会和发挥式的阐释。夜娃逝去，正是读者沉浸于悲痛哀悼之时，而译者突然插入了如此醒目突兀的“民主、国民、立国”等国家政治话语，到底有意误读还是无意误读，似乎难以区分，只是此处将国族政治事业寄托于一个早夭的女孩身上的误读显得不无主观暴力，字里行间我们可以感受到译者关于“民主”“立国”的构想是多么的急切和焦虑。

整体观之，在叙述视角上林纾主要采用了归化为本土诗学的处理方式。译者借助叙述者直接发言并不多见，译者的声音更典型的是借助主要人物的声音传达的。原作 *Uncle Tom's Cabin* 的主角是汤姆，他历经磨难却仍然坚持信仰，最终以基督徒式的死亡，成为小说真正的英雄。这一形象的解读深深根植于特定历史时期的意识形态，即19世纪中叶在美国社会中占主导的清教思想。很难想象1901年的中国读者能够理解和认同斯托夫人笔下的汤姆形象。对于晚清译者和读者来说，汤姆悲惨的命运，正是黄种需要“引为殷鉴”的对象。林纾和读者选择认同的是小说的另一个主角——混血的黑奴乔治·哈里斯，这个宣告“我没有国家，正如我没有父亲一样”(黄继忠，147)的奴隶制度的反抗者。林纾将“George”译为“哲而治”，象征着儒家思想中的理想知识分子。林纾对乔治不仅是认同的，并在此基础上，进一步将他改写成国族话语的理想代言人。

《吁天录》中的哲而治明显地不同于原作中的乔治。在原文本的开端，乔治是作为汤姆的对立面出现的，他不堪忍受被奴役的命运，选择冒险逃亡，并对基督教信仰产生了怀疑。逃亡途中，在教友会信徒的帮助下，最终获得了自由，并且也坚定了信仰。在原文结尾处，乔治重新坚定了对基督教的信仰，并立志投身于建立一个在基督教教义基础之上的黑种人自己的国家。林译本中，这一脉络发展和宗教主题隐然不见。相对地，译者突出了哲而治的世俗品质：自信、冒险、不甘忍受屈辱、善于辩论、富有知识、拥有健美体质和强力等。

于是,出现在林纾笔下的人物哲而治,成为慷慨激昂、行动果决的形象。如在第四章中,哲而治与妻子别离之际,原文中对亲人不舍的情感被简化了,凸显的只有行动的决心和必死的决绝。第十七章中,哲而治立于岩石之巅,面对跟踪而来的奴隶捕手,慷慨陈词:"……特吾今不更知有尔国家之律,已自立于大地之上,另为男子。若仍不得自由,则有死而已。"(林,93)将林译与原文比较,原文主要描写了哲而治愤慨绝望的眼睛,请求上帝主持公道的呼吁。林译则省略了宗教成分,在哲而治的形象塑造中加入了译者自己的想象,凸显出哲而治高大威武、慷慨大义的形象。

作为奴隶制度的反对者,斯托夫人往往借助乔治声音对奴隶制度进行严厉的控诉。这些控诉也正是译者林纾深感认同之处,由此译笔澎湃激昂不可抑止。如第十一章,叙述哲而治在逃亡途中被旧相识工厂主威立森先生认出,整个章节即由哲而治抒发的几段长长的辩护词组成。威立森的话语大部分被简化了,成为一个被动的被说服的对象,被杰出的奴隶代表哲而治以情理并用的辨识、无所畏惧的精神说服。虽然,整部作品来看,林纾的译本除少数误译和增饰外,简化删节之处颇多,然而在此章中,他对哲而治的这几段长长的辩护词采取了全译,甚至进一步增饰渲染。例如,当威立森先生指责哲而治违背了国家法律时,哲而治发表了一段精彩的"独立宣言":

> "君何由屡言吾国家,吾国究安在。君良家子,尊国家固由名目。吾丑虏之余,此身究托何国?若言律法,而吾之律法又属何条?凡言律法者,律其国民向法,尤必与国民公订,而后其法乃立。今彼私立之法,必令吾辈陷身入地,更无自见天日之时。吾忆礼拜堂牧师之言曰:'凡统辖天下之柄者,是天下人举而奉之,非统辖者敢自诩能统辖也。'今君辈既以言喻我,岂能遏我不滋生其思想出其智力。"(林,50)

> "又是我的国家!威尔逊先生,你有个国家;可是我,以及像我这样奴隶的儿女,哪里有什么国家呢?我们又有什么法律呢?法律既不是我们制定的,又没有经过我们同意——我们跟它毫不相干;它只是一味地压迫我们,治服我们。难道我没有听过你们七月四日的演说吗?你们不是一年一度对我们说,政府是在民众许可下取得合法权力的吗?一个人听了这些玩意儿,难道不会想一想吗?"(黄,145)

将林纾译本和黄继忠译本两者比较,除个别细节误译之外,林译文和黄译文思想内容基本一致,但是略长于黄译文,考虑文言用词简洁,更可见林译在原文基础上有所增饰和渲染。林纾对"国家""律法""私立""统辖者权力""思想""智力"等关键概念进行了强调和阐释,尤其是对"私立之法"予以谴责。结合当时的排华法案以及中国被迫与列强签订的一系列战败条约等,不难体会出,这一话语正隐含着译者对美国及其他列强以强权订立条约的谴责。此处的哲而治成了一名富有才智和决心的精英知识分子代表,对美国白人压迫者实行的不公正政治给予了义正言辞的批评,这正与《吁天录》序言中林纾对白人的批评相呼应。此段中出现的一系列代表了新价值观的词汇,正呼应了林纾借助于翻译新学,输入和传播新的国家和国民价值观,为"振作志气""爱国保种"服务的主旨。

林纾通过主要人物哲而治的声音,呼吁黄种合群奋起、共建理想国家的国族想象,在小说的结尾达到高潮。在小说结尾第四十三章中,斯托夫人通过乔治给友人的一封信,交代了乔治对未来的设想。这封信的要旨可以简述如下:乔治拒绝与父亲代表的白人认同,而选择与母亲血统代表的黑色人种认同;接着他谈到了计划去利比里亚,投身于替受压迫的苦难民族发言和申述的志业中去;最后,乔治表达了作为坚定的基督徒,对自己种族应该担负的责任和使命,是致力于建立一个在基督教精神之上的民族国家,将福音传播到整个非洲大陆。在结尾的基督教乌托邦想象中,乔治完成了种族、国族和宗教三重身份的认同。

而林纾改写后的文本大意为:"吾"(哲而治)不愿与白人认同,白人是我("吾")仇敌。虽然黑人地位低贱,"然吾断不能深讳其耻,反附丽于白人",而是要"自表为黑籍,为吾黑人树一帜耳"(林,202)。译本中的哲而治对未来显然没有斯托夫人笔下的乔治那么乐观,他呼吁有更多的同志同行:"今坐无同志之人,苟得一二明达果毅之同种,辅吾志以兴,国度再立,不至仰人鼻息,斯吾望也。"(林,202)接下来,他计划去"辣比利亚",实现自己的抱负:

> 良欲合群共命,统阿非利加之人,结团体以成完国,俾吾子孙蕃育长养,不更受禁于白人足下。须知有国之人与无国者,其人民苦乐之况,何啻霄壤……唯公法公理,有国者方有其权,无国之民,匪特理法都无,纵复哀之,弥肆其毒……吾今决赴辣比利亚者,非图安乐也,盖欲

振国民之气,悉力保种,以祛外侮。吾志至死不懈矣!(林,202—203)

林纾的译文中,基督教的想象者乔治被粗暴地弃置一旁,换之以译者改写的"哲而治"——晚清国族话语的理想代言人。这段译文强调,黑奴的困境是因为他们"无国",所以必须建立一个国度,而且刻不容缓,呼吁同志之人一起参与到立国事业中。应该注意的是:"有国"与"无国"是当时正在觉醒的中国人政治意识中的重要概念。林纾借哲而治的声音,恳请读者对建立一个主权国家产生认同。在这段国族想象最集中的表述中,我们可以找到"合群""立国""振国民之气""保种""同种""外侮""公法""公理""全球体系"等19—20世纪之交国家民族话语的关键词。林纾笔下的哲而治挪用这些词汇理念,描绘了面对西方列强,从被奴役走向自由的图景,也构成了晚清国族想象的高潮:"合群,振民气才能立国、保种,才能在全球体系中拥有公理和公法,不受外侮。"

四、译作的传播和影响——"以哭黑人之泪哭我黄人"

《吁天录》中的种种文本改写和操纵,使得《吁天录》文本成了"足为振作志气,爱国保种之一助"这一话语的长长注脚。卡瑞尔(Karl Rebecca)(2002: 19—20)在深入考察19—20世纪之交中国国族主义的形成过程之后,提出"将中国劳工与非洲奴隶相比较,由黑奴联想推及到黄种遭遇,是19—20世纪之交中国民族和种族话语的主要来源之一"。将黑奴和黄种遭遇两相类比、倡导"合群""振民气""保种立国"的晚清国族话语,以及一系列包括"国度""国民""公理""公法""律法""世界大同"在内的词汇和话语得以广泛传播,除了有赖于林纾的生花译笔,更离不开小说这一大众文学形式,以及当时蓬勃发展的印刷传播市场。《吁天录》译本以多种多样的形式被出版、评论和阅读,文本中的思想和价值观自上而下,广泛传播开去。这时翻译产品往往脱离了原文,成为目的语文化资产的一部分。

《吁天录》出版后,在读者中引起了广泛而热烈的反响,从当时的报章杂志刊登的读者来函及诗文可见。灵石在《觉民》第八期发表的"读《黑奴吁天录》"(1904),可谓当时最具代表性的读者反应:"且泣且译,且译且泣,盖非仅悲黑人之苦况,实悲我四百兆黄人将为黑人续耳。"灵石还大声疾呼,希望家家户户都来读这部小说:"我欲黄人家家置一《吁天录》,我愿读《吁天录》者,人人发儿女之悲啼,洒英雄之热泪。我愿书场、茶肆演小说以谋生者……以唤醒我国民。"(薛绥之、张俊才,2009: 114)鲁迅先生当时在日本求学,于1904年才读到《黑奴吁天录》。他在给朋友的信中叹息道:"漫思故国,来日方长,载悲黑奴前车如是,弥益感喟。"(同上,22)灵石的"热泪"和鲁迅的"感喟"说明,民族主义必然会牵及民族感情,"民族主义有其心理和感情的基础"(耿云志,2006: 7),林纾的《吁天录》正好为晚清读者的这种社会心理和情感诉求做了代言。

《吁天录》于1901年初版,再推出两个铅印版本,一个木刻版本后,"1904年推出了第二个木刻印刷版,在当时出版业,实属少见"(阿英,2009: 189)。在接下来的几年内,成为最畅销的作品之一。《吁天录》不仅受到读者欢迎,还被选列入教育读本。商务印书馆于1905年编写的教育读本系列,《吁天录》白话翻译版本《黑奴传》名列其中,并被列入学部采择宣讲所应用书目(1907)。白话译本中,哲而治被当作"豪杰""良民"模范,汤姆的安分守己受到批评。留日学生于1906年成立了名为"春柳社"的话剧团体,翌年改编并上演《黑奴》。话剧的主人公也是黑奴乔治,他被改写为一位机械能手,坚决与命运斗争。不仅如此,汤姆大伯也和乔治会合,积极掌握自己的命运,话剧演出轰动一时。同年,上海"春日社剧团"也将其搬上了舞台,1907年从而成了现代话剧的开端。

需要说明的是,如果简单地将《吁天录》看作时代话语传播和宣传的工具,也是一种过于简化的处理。让灵石"热泪"、让鲁迅"感喟"的,除了家国情怀之外及时代话语场的影响之外,无疑还倚赖于作品的感染力量。虽然林纾在序、跋、例言中反复强调自己的翻译主旨是"为黄种一号",但是《吁天录》文本在叙述视角上基本保持了一贯的第三人称客观视角,基本保留了原作的人物、情节、结构和情感,加上林纾兼具史传和诗骚的笔风,《吁天录》比起晚清的许多宣教小说,有着更强大的感人力量。如夏晓虹(2000: 243)就认为:"就译者与读者的观感而言,仍是将《黑奴吁天录》本身作为同情黑人的作品接受的。"更多研究者则引用林纾本人的说法,将之归为政治小说。其实,这两种说法并没有矛盾冲突,也许将两种看法结合起来,才能更加客观地把握译作的价值。相比于报章,小说以其鲜明的人物形象,以"情"感人及更强的公众娱乐性,在传播和形成话语中起到的作用可能更大。梁启超、严复们正是看到了这一点,提出以翻译小说新民的主张。

五、结语

将斯托夫人原作和林纾的译本置于其各自的生产语境中,一个是19世纪中叶的美国社会,一个是20世纪初的晚清社会,一个"原作者斯托—宗教和种族话语—美国19世纪读者"的叙述模式被转化为"译者林纾—国族话语—晚清读者"的模式,这个转换过程中必然有破裂、不合逻辑的推论甚至暴力改写之处,但显然这些不足并没有影响《吁天录》的阅读和接受。翻译学的文化研究学派认为,原作和译作在不同的社会和历史语境中,往往产生不同的文化和政治影响。《吁天录》这个译介案例充分证明翻译作为话语的力量以及译本脱离原作后,在目的语文化资本市场生发出强大作用和影响。

一百年过去了,在今天重新审视《吁天录》文本的生产和传播不无意义。一方面,从译本的种种改写及其在读者群中产生的广泛影响,我们深感藏于《黑奴吁天录》文本之中、充溢于字里行间中的,是晚清19—20世纪之交以林纾为代表的知识分子和普通大众对民族现实危机怀有的焦虑和急切感;面对列强对中国不断施加的军事、政治、经济和种族压迫,《吁天录》在更新人们对世界体系的认识、振作民气、传播爱国思想等方面发挥了重要的正面意义。另一方面,我们也看到由挫折感和急切感主导的集体心理意识推动着某种想象性的逻辑,作用于共同体身份话语的建构和传播。以《吁天录》为代表的一大批译作和创作,共同营造了一种译者和作者"且涕且述"、读者"且泣且读"的场面,正是这种集体心理的集中表现。民族主义必然会牵及民族感情,但如果过多地将民族主义归结于感情,或停留在感情的层面上,必定会阻碍民族国家的健康发展和真正发展强大。在当前社会历史语境中,重新审视《黑奴吁天录》这一晚清国族话语的典型文本对于今天的国族主义话题也有一定的溯源和借鉴意义。

参考文献

[1] Farrell, Molly. "Dying Instruction: Puritan Pedagogy in *Uncle Tom's Cabin*." *American Literature*, 2(2010): 243-269.

[2] Karl, Rebecca E. *Staging the World: Chinese Nationalism at the Turn of the Twentieth Century*. Durham: Duke University Press, 2002.

[3] Stowe, Harriet Beecher. *Uncle Tom's Cabin*. New York: Bantam Books Inc., 1981.

[4] Warhol, Robyn R. "Toward a Theory of the Engaging Narrator: Earnest Interventions in Gaskell, Stowe, and Eliot." *Modern Language Association*, 5(1986): 811-818.

[5] 阿英.《晚清小说史》.南京:江苏文艺出版社,2009.

[6] 程巍.《汤姆叔叔的小屋》与南北方问题.《外国文学》,2004(1):72—84.

[7] 耿云志.中国近代思想史上的民族主义.《史学月刊》,2006(6):3—7.

[8] 黄继忠译.《汤姆大伯的小屋》.[美]斯托夫人著.上海:上海译文出版社,1982.

[9] 金莉.新世纪美国《汤姆叔叔的小屋》研究综述.《外国文学》,2015(2):29—38.

[10] 旷新年.民族国家想象与中国现代文学.《文学评论》,2003(1):34—42.

[11] 李今.战争、革命、人之观念的交织与流变——《汉译文学序跋集(1894—1949)》序论.《中国现代文学研究丛刊》,2017(12):1—31.

[12] 李泽厚.《中国近代思想史论》.合肥:安徽文艺出版社,1994.

[13] 林纾,魏易译.《黑奴吁天录》.[美]斯土活著.北京:商务印书馆,1981.

[14] 王尔敏.清季学会与近代民族主义的形成.《中国近代思想史论》.北京:社会科学文献出版社,2003.177—197.

[15] 王卫平.林纾早期翻译活动(1898—1912)与晚清国族话语.《复旦外国语言文学论丛》,2016(1):103—107.

[16] 夏晓虹.斯托夫人与批茶女士.《翻译与创作:中国近代翻译小说论》.王宏志编.北京:北京大学出版社,2000.234—246.

[17] 薛绥之,张俊才.《林纾研究资料》.北京:知识产权出版社,2009.

[18] 杨联芬."启蒙""革命"与民族主义.《山东社会科学》,2009(6):11—15.

汉英词典新词新义翻译探析
——一项基于5本词典的实证研究①

杜开怀
（厦门大学）

摘　要：双语词典涉及翻译的部分主要是义项和例证。学界对双语词典普通条目的翻译研究较多，而对新词新义翻译的关注则比较欠缺。新词新义条目的翻译对提高双语词典的查得率和适用性至关重要，是双语词典发挥翻译功能的主要载体之一。内向型汉英词典属于编码词典，其主要功能之一在于满足用户从事汉英翻译活动时的参考需求。本文考察5本主流内向型汉英词典新词新义的翻译处理，发现样本条目在义项翻译方面存在着对应词数量不足及翻译不当等问题。作者认为，内向型汉英词典新词新义的翻译应该更多地借助语料库资源，遵循系统译义的思维，力求提升义项翻译的完整性和周延性。

Abstract: Translating in bilingual dictionaries is mainly fulfilled in the rendering of entry heads and illustrative examples. So far, the translation of common entries has been well-explored. Comparatively, the treatment of neologisms has received short shrift from the lexicographic community. Still, the appropriate translating of booming neologisms is of great theoretical and practical importance for the currency aspiration and the pro-translating feature of bilingual dictionaries. L_1–L_2 Chinese-English dictionaries are encoding-oriented and intended mainly for facilitating translation from Chinese to English. With an empirical sampling from five leading Chinese-English dictionaries, this contribution elicits the inventory of tactics and strategies engaged in the rendering enterprise of neologisms in these lexicographic works. Also, it is found that one of the lingering problems turns out the problematic equivalenting of entry heads. Based on the follow-up analysis of the identified inadequacies, the present author suggests that a corpus-inspired and systematic approach would be desirable for the translation treatment of lexicographic neologisms, hopefully to shed some light on the improvement of L_1–L_2 Chinese-English lexicography.

关键词：双语词典；新词新义；翻译；内向型汉英词典；实证研究

Key Words: bilingual dictionaries; lexicographic neologisms; translating; L_1–L_2 Chinese-English lexicography; empirical study

一、引言

鲁迅尝言，翻译是“字典不离手，冷汗不离身”。这其中或有夸张、戏谑的成分，但也道出了双语词典与翻译的密切关系：一方面，双语词典的主要宗旨和功能之一就是指导、辅助翻译；另一方面，双语词典的微观结构，乃至插页及附录等部分外部材料都是以语际翻译的对照共现形式出现的（因此也有人称之为翻译词典）。除了外部材料，双语词典的翻译主要包括义项和例证两个部分。迄今为止，尽管学界对这两个方面的研究日渐系统深入（见：章宜华，2003；魏向清，2005；吴建平，2005；胡开宝，2005；陈伟，2006；万江波，2006；高永伟，2012；丁骏，2013

① 本文系福建省社科规划基金重点项目“内向型汉英词典的编纂特征研究”（项目编号：FJ2015A029）的阶段性成果，也得到了中央高校基本科研业务费专项资金资助项目“汉英词典研究”（项目编号：20720151109）的资助，特此致谢。

等），但专门针对双语词典新词新义翻译的研究仍然比较缺乏，尤其是内向型汉外词典新词新义的翻译研究更不多见。新词新义是翻译工作者应对语言新陈代谢过程中不可回避的。双语词典作为翻译常用工具，其新词新义的翻译质量关系到词典的时效性和实用性，对满足翻译用户的参考需求具有举足轻重的作用。

近年来，中国的语言生活发生了很大的变化，而随着中外经济、文化力量的消长及中国经济、文化"走出去"战略的逐步实施，汉外翻译的工作量日渐增加，对内向型汉外词典的需求也越发迫切。作为最主要的国际通用语，英语是汉外翻译的主要目的语言。内向型汉英词典（以下简称汉英词典）是内向型汉外词典的主体成员和典型代表，汉英词典的研究成果不仅有助于提升自身的编纂质量，对于其他语对的汉外词典也颇有启示价值和借鉴意义。本文拟通过考察5本主流汉英词典给新词新义提供的译义①，管窥现有汉英词典在新词新义翻译方面存在的问题，并初步探寻改进翻译处理质量的对策。

二、双语词典翻译：本质与类型

根据有无语境，吴建平对双语词典的翻译进行了归纳、分类：一类是"无语境对译"，即条首②的译义，其本质是一种"语言翻译"；另一类是"有（限，笔者加）语境翻译"，即例证的翻译，其本质是"言语翻译"（吴建平，2005：28—30）。对此，魏向清也持类似的观点（魏向清，2005：243）。笔者认为，双语词典的翻译可以看作是一种超出上下文的"**泛语境**"翻译，各种语境参数相对较为宽泛。

双语词典译义的基本途径是提供语际对应词，而根据形式和功能不同，对应词一般可分为两大类：一种是用户翻译时可以直接插入译文，称为翻译对应词（translational equivalent）或可插入对应词（insertible equivalent）；另一种是通过比较详尽的词语进行解释、描写，称为解释性对应词（explanatory equivalent）或描写性对应词（descriptive equivalent）。

通常，任何两种语言的词汇系统乃至概念系统之间完全或一一对应的情况不多，尤其是在像汉英这种差异很大的语对之间更少，多数是"一对多""多对一"或不对应的情况。在双语词典译义处理的过程中，如果是"一对多"和"多对一"的对应，条首和翻译对应词是语际上下义的关系。如果出现不对应，语际之间存在词汇和概念空缺，则只能采取解释性对应词进行语际译义。不过，不管是翻译对应词还是解释性对应词，简单地提供对应词往往不足以完整译义，编者常常会添加括注、标签、译例及说明等译义延伸或辅助手段，以求达到等值忠实的目标。

三、汉英词典新词新义的翻译

近年出版或修订的汉英词典都较为注重新词新义的收录和翻译，这已经成了汉英词典编纂的主要特色之一（参见 Du，2012：292—296）。这些不同品牌的汉英词典在翻译新词新义方面有何不同？其实用价值如何？存在着哪些缺陷和不足？对翻译用户有何影响？本文拟通过对几个抽样条目的研究回答对这些问题做一初步的探讨。

1. 样本词典条目的选取

本研究对比了5本主流汉英词典在10个新词新义样本条目中的译义，以此管窥这些汉英词典新词新义翻译在质和量方面的差异和不足。具体而言，考察的目标主要包括译义所提供的对应词类型、数量和准确度，包括标签等译义辅助手段的准确性和合理性。需要说明的是，在双语词典翻译中，译义和译例③尽管形式、功能有别，但都发挥着不可替代的作用。不过，鉴于考察的5本词典在配例方面严重不均，难以开展充分有效的对比论述，只得暂告阙如。

通常，新词语和新词义合称新词新义（neologism），鉴于本文的考察目标，笔者尝试把面向汉英词典的新词新义定义为：**汉语日常交际中大众传媒多次使用过的、规范性的现代汉语普通语文词典尚未或新近收录的词语和（或）义项**。这个定义考虑了新词新义的使用频率、通用程度，界定可行性及语料可信度等因素。本文研究条目的抽样将参照这几个维度进行。

从权威性和时效性出发，综合考虑品牌影响、编纂力量、出版时间及市场份额等可比性因素，我们选取了《新世纪汉英大词典》（第二版）（2016，以下简称《新世纪》）、《牛津·外研社英汉汉英词典（汉英部

① 相对于单语词典"语内解释义项（释义）"的做法，双语词典一般采取的是提供目的语对应词进行"语际翻译义项（译义）"的方法。

② 多数词典学文献受英文术语 headword 的影响，称词典微观结构中音标或拼音前的部分为"词目（词）""词头"或"首词"，但在词典的具体文本中有时该部分不是"词"（而是其他单位如短语或词缀），且汉语中对词的定义也尚存争议，故本文采用陈国华等（2013）"条首（entry-head）"的说法。

③ 双语词典提供的例证都配有翻译，为简洁起见，本文称之为"译例"。

分）》（2010，以下简称《牛津·外研社》）、《汉英词典（第三版）》（2010，以下简称《汉英》）、《汉英大词典（第三版）》（2010，以下简称《汉英大》）和《新时代汉英大词典（第二版）》（2013，以下简称《新时代》）等5部汉英词典。根据前述对汉英词典新词新义的工作定义和这5本词典的出版时间，我们以《现代汉语词典》（第五、六版，2005/2012）为"新旧"词语/义项的参照节点，随机抽取了10个具有较高通用性的条目，其中5个是新词、5个是新义。5个新词分别是"群租""三陪""封口费""假唱"及"裸婚"，5个新义分别是"宅（男）""同志""特区""补丁"和"买（埋）单"。

2. 条目译义

我们把5本词典对样本条目的译义情况集中到了以下表格，然后对表格信息做一些初步的分析解读，以期为回答前面所提出的问题奠定基础。

表1　10个新词新义样本条目在5本词典中的译义情况

条目＼词典	《新世纪》	《牛津·外研社》	《汉英》	《汉英大》	《新时代》
群租	〈动〉group rent	动 house-share in illegal numbers	未收	（群租客）tenant group	未收
三陪	escort services	动 provide intimate escort services	名 ❶ three escort services (referring to young women accompanying men in drinking, singing, and dancing, etc., in a bar or nightclub) ❷ (～女) young women providing escort services	girls who provide illegal sexual services; prostitute	动 (of some young women in places of entertainment) to provide (often sexual) services by accompanying clients to drink, sing and dance; provide intimate escort services
封口费	〈名〉hush money; shut-up fee	名 hush money	以译例形式收录 hush money	未收	未收
假唱	〈动〉(of a singer) lip-sync (a prerecorded song); do lip-sync song	动 lip-sync	动 lip-synch; fake singing; pretend to be singing	lip-synch	动 to lip-synch (a prerecorded song); lip-sing
裸婚	〈名〉naked wedding [a marriage without a house, a car, a diamond ring, or a fancy wedding]	未收	未收	未收	动〈口〉to get married as if naked, i.e. without buying one's house, car, etc.
宅（男）	〈名〉homebody; indoorsman	名 otaku [refers to a man]	未收	otaku	名〈口〉(Japanese) otaku; a stay-at-home (young man); a homebody; an indoorsman
同志	〈俗称〉gay	名〈口〉homosexual	名〈俗〉gay	未提供新义译义	名〈方〉comrade (a form of address among homosexuals, originating in Hong Kong and Taiwan)
特区	未提供新义译义	未提供新义译义	未提供新义译义	未提供新义译义	未提供新义译义
补丁	〈计算机〉patch	未提供新义译义	名【计】patch	patch	名 a patch/remedy for a defective software; a software update/fix
买（埋）单	〈动〉〈方〉foot/pay/settle the bill	未提供新义译义	动〈转〉cover the loss; pay other's debt	未收	动〈方〉to pay (for a meal, etc); foot the bill

表1考察了5本词典给这10个新词新义提供的译义。从表格中的信息可以看出：1）不管是新词还是新义都存在着不同程度的译义缺失问题。比如，在10个条目里只有两个（"三陪"和"假唱"）在考察的5本词典中都提供译义。另外，5本词典都没有提供"特区"条新义的翻译（表示例外、特权等，如"腐败特区""权力特区"），"宅男"在英文中有比较多的对应词，但在所考察的词典中最多的也只提供4个；2）除了有无及数量，译义差异还体现在对应词的形式、括注、标签、编排、词类标注及用法说明等辅助手段；3）部分译义等值程度很低，甚至误译。

3. 条目译义分析

释义是单语词典的灵魂，而译义则集中体现了双语词典的本质特征、主要宗旨及核心功能。正如兹古斯塔（L. Zgusta）所指出的，双语词典的目的通常在于帮助用户将一种语言翻译成另外一种语言（Zgusta，1971）。双语词典的翻译是以条首为基础和核心的，所以双语词典的翻译功能首先是由译义来体现和发挥的。词典使用实证研究的结果同样表明，译义是双语词典用户查询活动中关注度最高的信息类型（陈玉珍，2012）。在对应词的选择方面，从编纂宗旨看，汉英词典应该尽可能优先地提供翻译对应词，以便凸显指导翻译的功能设计。

通过梳理上述5本词典对10个样本条目的翻译处理，我们发现，在新词新义译义方面，现行主流内向型汉英词典成绩不小，问题也不少。有些词典对于新词新义的出现和沉淀较为敏感，及时在词典中收录处理，但也有一些词典由于收录和义项划分缺漏，影响了译义的查得率，译义完整性和立目周延性还有待加强。各本词典"以翻译对应词为主、解释性对应词为辅"的做法符合汉英词典指导、辅助翻译的主要宗旨和功能定位。解释性对应词主要见于一些文化局限条目的译义，如"三陪"等。

部分词典和条目在译义方面存在如下主要问题：1）提供的对应词不够准确。例如，《新世纪》给"群租"条提供的对应词是 group rent，但汉语语境中的"群租"指的是"改变房屋格局和结构甚至分割房间以便租给更多的人、通常是非法的"，而 group rent 更像是"（团体）合租"，所以"群租"和 group rent 更像是翻译中的"假朋友"。《汉英大》的 tenant group 也失之模糊，因为 tenant group 更多地是指"（合法的）租客团体"。《汉英大》给"三陪"条提供一个对应词 prostitute 更是连起码的概念义都不对应。不过，值得称道的是，在"同志"条《新时代》比较大胆地采用了 comrade 的译法，并且提供了完整、简洁的括注，可供用户需要译注时灵活采用，对用户翻译其他类似的新词新义也颇有启发意义。2）对应词数量不足，用户选择余地较少。在具体的翻译活动中，因为上下文等因素，译员往往需要参考词典以寻求同一个源语词语的不同译语说法。考察的几部词典在这方面仍然有不少提升的空间，比如，对于"宅（男）"，《汉英大》和《牛津·外研社》都只提供一个对应词，《新时代》提供了4个对应词，但仍遗漏了 *hikikomori*，（male/man）stay-in，（male/man）shut-in，（male/man）indoorsy，home-stay guy，（male/man）homester 和 home bird 等（部分）对应词。3）括注、标签及用法说明设置缺位或不够完整、准确。如前所述，括注、标签及用法说明等属于译义的辅助手段，对系统、准确地译义至关重要。虽然新词新义的出现时间不长，但其文体、语域等色彩是比较明确且基本稳定的，译员用户参考时不能忽视这些因素，所以如果词典处理不善可能会误导用户，造成翻译问题。例如，《新世纪》《牛津·外研社》《汉英》和《新时代》给"同志"条设置的标签（〈俗称〉〈口〉〈俗〉及〈方〉等）都值得商榷。4）对应词超过一个的义项编排顺序理据不明，提示缺位，影响用户把握对应词的属性（比如词频及文体等），最终可能影响翻译质量。在所选的样本条目中，"宅男"的可选对应词数量比较多，但提供对应词比较多的《新时代》在顺序编排方面也没有给用户提供选择指导或暗示。

4. 启示与对策

解决当前汉英词典新词新义翻译的各种不足可以从学理和技术两个层面入手。在学理方面，需要在清晰界定编纂宗旨的基础上全面审视汉英词典译义的本质和功能。作为"语言翻译"的条首和对应词要能够体现两个对应语言符号背后语言系统的对应。汉英词典的功能设计是既定的，主要是为了帮助解决用户的翻译问题，因而提供对应词时应该综合考虑译义的准确性和交际性。准确性意味着译义时新词新义的对应词应该尽可能在概念义、附加义、文化义、结构义及语用义等方面实现意义的全面、系统对译（参见吴建平，2005）。交际性则要求新词新义的译义不仅要优先提供翻译对应词，而且要充分考虑对应词的经济性、透明度及搭配等组合特征。另外，尽管从具体的设计特征来看，本文考察的这5本汉英词典不属于严格意义上的"学习型"词典，但汉英翻译本身就具有一定的"学习性"，所以在新词新义翻译处理方面如果能适度做一点"学习型"优化会有助于翻译功能的发挥。

在技术层面，必须尽量摆脱传统以编者语感为基础的内省方法,更多地借助现代各种详尽、可靠的语料库。总体而言,语料库可以从以下3个方面提升汉英词典新词新义的翻译质量和功能：1）通过汉语动态流通语料库完善新词新义的收录、义项辨析及划分,为译义提供可靠前提；2）借助英汉汉英平行语料库中的索引行信息和词语素描等功能寻找更为准确、完整的译义,特别是对有多个义项对应词的条目(如"宅男"条的多个对应词)应该设置括注、标签或用法说明等译义辅助手段,同时完善对应词的搭配及语义韵等信息,以便辅助用户的产出需求；3）根据译语语料库提供的词频信息安排同一义项中并列对应词的编排顺序,并在前页材料等地方做好说明。当然,通向这些路径的前提是英汉汉英双语语料库在建设规模和语料标注等方面的不断完善。

四、结语

双语词典的译义以"语言翻译"的形式帮助、指导用户的翻译任务,这种翻译形式之于双语词典既是手段也是目的。译义是双语词典整体翻译工作的核心和基础,对增强汉英词典的翻译功能至关重要。近年来,层出不穷的汉语新词新义对译员和汉英词典的编纂者提出了不少挑战。本文考察了5本主流汉英词典中10个样本新词新义的译义处理,试图为今后的编纂或修订工作提供一定的参考依据,并初步提出一些改进思路,建议学理和技术双管齐下,增强译义的准确性和交际性,通过增强"学习性"优化能产性,最终提升汉英词典的翻译功能。值得注意的是,除了相对静态的译义,还应研究如何改善具有一定动态性的译例处理,才能全面提高汉英词典新词新义的翻译质量。

参考文献

[1] 丁骏.英汉词典中的对应词之理论考察.《复旦外国语言文学论丛》,2013(1)：53—58.

[2] 杜开怀.《汉英大词典》(第三版)的框架结构.《复旦外国语言文学论丛》,2012(1)：81—86.

[3] 高永伟.《词海茫茫——英语新词和词典之研究》.上海：复旦大学出版社,2012.

[4] 胡开宝.双语共现与双语词典翻译的特殊性.《解放军外国语学院学报》,2005(3)：77—81.

[5] 胡文飞.常态与拓展：汉英学习词典多维表征模式的构建.《外国语》,2013(2)：50—57.

[6] 惠宇,杜瑞清.《新世纪汉英大词典(第二版)》.北京：外语教学与研究出版社,2016.

[7] 李德俊.《语料库词典学——理论与方法探索》.南京：译林出版社,2015.

[8] 李明一,周红红.《双语词典编纂(第二版)》.上海：上海外语教育出版社,2010.

[9] 万江波.《双语词典的翻译研究》.上海：复旦大学出版社,2006.

[10] 魏向清.《双语词典译义研究》.上海：上海译文出版社,2005.

[11] 吴光华.《汉英大词典(第三版)》.上海：上海译文出版社,2010.

[12] 吴景荣,程镇球.《新时代汉英大词典(第二版)》.北京：商务印书馆,2013.

[13] 吴建平.《辞书学与双语词典学探索》.北京：中国文史出版社,2005.

[14] 姚小平.《汉英词典(第三版)》.北京：外语教学与研究出版社,2010.

[15] 于海江,Kleeman J.《牛津·外研社英汉汉英词典》.北京：外语教学与研究出版社,2010.

[16] 章宜华.篇章翻译与词典翻译.《双语词典研究》.曾东京主编.上海：上海外语教育出版社,2002.285-297.

[17] 章宜华,雍和明.《当代词典学》.北京：商务印书馆,2007.

[18] Du, K. Review of *Oxford FLTRP English-Chinese Chinese-English Dictionary*. *Australian Journal of Linguistics*, 1(2012)：292-296.

[19] Duval, A. "Equivalence in Bilingual Dictionaries." Ed. Fontenelle, T. *Practical Lexicography: A Reader*. Oxford：OUP. 2008. 273-282.

[20] Li, M. Bilingual Dictionaries：Definitions or Translation Equivalents? *Journal of Translation Studies*, 9 (2004)：51-62.

[21] Zgusta, L. *Manual of Lexicography*. The Hague：Mouton. 1971.

[22] 陈国华.《新时代英汉学习词典的研编》.北京：商务印书馆,2013.

[23] 陈伟.《学理反思与策略重构——英汉词典中例证翻译的目的性研究》.上海：上海译文出版社,2006.

[24] 陈玉珍.《词典使用与英语词汇学习：中国英语专业学生使用双解词典之实证研究》.厦门：厦门大学出版社,2012.

[25] 中国社会科学院语言研究生词典编辑室.《现代汉语词典(第五版/第六版)》.北京：商务印书馆,2005/2012.

追寻翻译的多重“声音”和行动者网络
——以贾平凹小说《高兴》的英译为例①

卢　静
(上海财经大学)

摘　要：当代译学认为，各种错综复杂、此起彼伏的“声音”存在于译本和翻译过程中。依据翻译“声音”和行动者网络的整合理论框架，本文重点考察了典型翻译事件《高兴》的英译过程，从分析译本“声音”和语境“声音”到考察译作生产的行动者网络，试图揭示文学文本翻译生产过程中的“叙事性”。本文提出，翻译“声音”研究可以为译本和译者的社会化研究提供更为建构性的理论框架。

Abstract: As is held by contemporary translation studies, a multiplicity of different voices can be traced both in translated versions as well as the translation process. Adopting an integrated theoretical framework of translation voices and actor-network, this paper probes into the typical translation process of *Happy Dreams* by analyzing the voices in both the translated version and its context and examining its actor-network, which serves to shed light on the "narrativity" of literary translation production. Furthermore, it is pointed out that translation voices may offer a more constructive approach to the sociological studies of translations and translators.

关键词：翻译“声音”；行动者网络；翻译社会学

Key Words: translation voices; actor-network; translation sociology

一、引言

翻译文本和过程中充满错综复杂、此起彼伏的“声音”。“声音”研究的理论渊源可追溯至巴赫金(1981)的“复调”理论和热奈特(1997)的翻译副文本研究。据前者，作为最终产品的翻译文本中不仅有原文叙述者和不同人物的声音，还留下了翻译过程中包括译者、编辑、审校人和出版商等多个行为人的声音；后者强调了翻译语境研究的重要性，研究对象可以包括译评类学术文章、译本前言、脚注、译者与翻译活动相关的通信往来、译者博客博文等。近年来，以 Alvastad 为核心的北欧研究团队②倡导翻译“声音”研究，旨在“考察翻译语境和分析翻译文本获取译者和其他行为人表达其个体或群体翻译观和翻译态度的独特方式”(2017: 5)。该理论试图打破传统翻译研究中文本与语境、内部与外部研究的区分和二元对立，融合并拓展了译者风格理论、副文本研究和读者接受理论。

在当代中国文学海外传播中，英美国家民间译者群体的主动译入已成为一股不容小觑的力量(王祥兵，2015)，而针对该译者群的翻译过程、译介特点和译文接受等重要方面开展的研究仍然寥寥。在此背景下，本文主要根据 Alvastad 等学者(2017)提出的翻译“声音”理论，选择 2017 年由英国译者韩斌(Nicky Harman)成功译介到英美的贾平凹长篇小说《高兴》作为案例探讨对象，重点分析《高兴》英译的多重文本“声音”和多元语境“声音”，并追溯翻译过程中多个行动者的合作与“合力”。本文认为，作为典型翻译事件，《高兴》英译过程集中反映了现当代

① 本文为教育部人文社会科学基金项目“汉语小说英译母语—非母语译者词汇使用对比研究”(17YJC740094)和上海财经大学基本科研项目(2017110117)的研究成果。

② 团队以挪威奥斯陆大学学者 Alvastad 为核心，主要研究项目为“Voices of Translation: Rewriting Literary Texts in Scandinavian Contexts”。

中国文学英译场域内的民间译者群体的译介特点,即网络互动和合作共享。

二、从“声音”到行动者网络——社会学视角

当前,翻译社会学主要结合以下3种研究视角:布迪厄的场域理论、卢曼的社会系统理论和拉图尔的行动者网络理论(Actor-network Theory,以下简称ANT)。国内外学者对布迪厄场域理论的介绍和案例研究成果丰富,而对卢曼和拉图尔的社会学理论关注不多。场域理论侧重对惯习、场域和资本3要素竞争关系的分析。布迪厄认为,社会空间结构可分为哲学、政治、科学、文学场域等,处于不同场域的行为者如作者、译者、编辑、出版商和评论人等依靠其掌握的不同形式的资本构成一个竞争不断的“权力场域”(Bourdieu,1993: 37—40)。不同于场域理论,拉图尔的ANT的关键点在于对“行动者”的“网络”关系的界定,打破了行为者间预设的社会不平等关系而更加强调他们的合作关系,有效补充了布迪厄场域理论的不足(Chesterman,2006: 19)。翻译行为从来不是在真空中产生的单纯语言转换活动。作为一项社会活动,翻译行为者包含了以译者为中心的多种行为人,其社会轨迹(social trajectory)都会对译者的翻译选材、过程、出版和翻译策略施加不同程度的影响。

拉图尔(2005: 71)同时强调,ANT所指的“行动者”既包括人类行动者(human actor),也包括观念、技术、生物等非人类行动者(non-human actor),只有考察两者的互动才能更好地理解社会。本文认为,拉图尔的行动者网络对深入研究现当代中国文学外译的翻译场域的形成和处于该翻译场域中的各种力量互动有重大启发。行动者概念由人类行动者扩大至非人类行动者,能够更好地适应并包容现当代中国文学海外译介中发挥重大作用的期刊、出版社和博客网站等组织机构,而“网络”概念不仅强调翻译行为人之间的联络纽带,也强调翻译行为人和各类与翻译实践相关的社会组织机构的互动关系,因此在社会网络中研究各类翻译行动者的互动和由此引发的“合力”无疑具有崭新的意义。

本研究理论框架拟整合“声音”理论和行动者网络理论,其理论依据主要有以下两点:首先,翻译社会学研究的3大领域包含翻译产品社会化、译者社会化和翻译过程社会化(Chesterman,2006: 12)。翻译“声音”理论有助于扩展基于文本的译者风格研究和基于语境的副文本研究,从而更强调研究对象的社会化维度,同时涵盖翻译社会学研究的前两大领域;ANT则提供了分析翻译过程社会化的有力工具,在译本和语境“声音”研究的基础上介入该理论可以使研究者关注翻译生产过程中各类行动者在不同层面、以不同形式展开的互动和影响(Buzelin,2005; Bogic,2010;Kung,2017)。其次,两者的整合模式在研究侧重点和方法上可以互相补充:“声音”理论的不足之处是对各翻译行为人之间的关联和纽带缺乏整体性思维,而行动者网络的社会学途径因主要着眼翻译现象的宏观分析而容易忽略传统的文本研究,需要找到“适度的文本回归”方法(武光军,2008;周俐,2013),从而将翻译的微观研究问题置于网络和系统的宏观背景下进行综合考察。

三、《高兴》英译中的多重“声音”

本案例首先通过分析《高兴》英译的文本和语境“声音”,揭示典型“声音”及其翻译行为人的翻译态度和价值取向,以凸显译本的社会化属性。

1.《高兴》英译的文本“声音”

《高兴》讲述了从偏僻农村来到繁华大都市西安的拾荒者刘高兴的故事。小说具有典型的“贾平凹味道”,作家的商洛方言混合了小说中各色底层人物的个性语言,总体语言风格“时而体现地域特征,时而表现人物性格,时而产生诙谐效果,表现方式多样化,具有独特的审美意蕴”(谭湘衡,2017: 139)。小说人物的个性化语言、作者使用的方言土语以及贾氏乡土文学所构建的独特文化空间无疑形成了原文中多种典型“声音”。那么,译者是如何通过翻译策略传达这些“声音”的?在其传达过程中有没有形成规律性行为而呈现一定的译者风格?为此,本研究自建《高兴》汉英对照平行语料库,在句对齐的基础上抽样选取典型方言译例①并分析其主要使用的翻译策略。结果显示,直译、意译、借用、文化过滤和删译等5种翻译策略②(图1)是传达原文典型“声音”的主要模式,也是灵活而多样译者风格在翻译策略层面的主要体现。如例1和例2,“嘴吊起来”这一典型方言表达在原文中多次出现,译者分别使用了借

① 抽样选取英译每章中的6个典型译例,全文9章共选取54个例子。

② 对翻译策略的界定方法不一,本文主要采取了Chesterman(1997: 97—112)关于翻译策略的区分,并依据译例中主要呈现的翻译策略进行了归类。

用移入语熟语“shut my trap”和根据语义情景合理归化的翻译策略，在传达了人物典型“声音”的同时也在文本层面留下了译者独特的指纹。

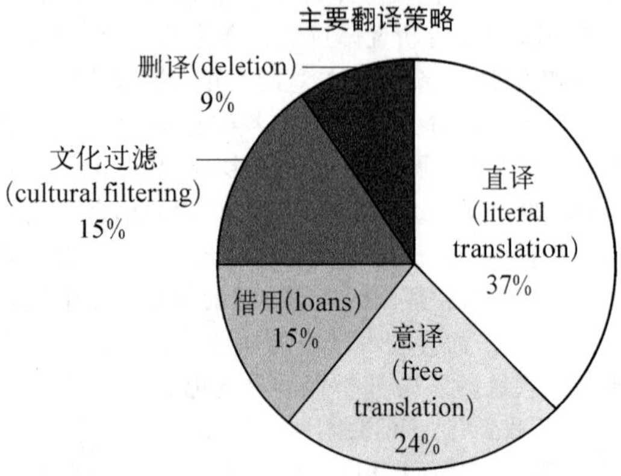

图 1　基于样本的译本翻译策略分布图

［例 1］

原文：五富说：好啦好啦，我去，哪怕明日嘴吊起来哩，今日我得喝酒！

（第 232 页，下划线为本文作者所加，以下同）

韩译：After all, tomorrow **my trap might be sewn shut**!

（第 311 页，加粗标记为本文作者所加，以下同）

［例 2］

原文：韩大宝又对一个秃子说：给你那儿再安排一个怎么样?

秃子就赶紧说：这不敢，这不敢，再来人我嘴就吊起来了。（第 184 页）

韩译：Then Gem Han said to a bald man, “I'll fix it for someone else to share your patch, hmm?”

“If anyone else comes, **I'll starve**!”（第 394 页）

翻译过程中的另一大问题是如何处理皮姆所说的“文化冲击”（culture-bump）。韩斌多次在博文中反思道，如果译文有过多的阻抗式翻译，普通读者阅读翻译的过程必然会异常“颠簸”，影响整体阅读体验。译者的这种翻译态度和观点也在译文策略中得以显示：例 3 和例 4 分别涉及中文文学典故“孟姜女哭长城”和“窦娥冤”，译者在例 3 中采取直译策略而在例 4 中主要使用了文化过滤策略，删译了原文“窦娥冤”的典故。表面上，译者策略看似前后不一而缺乏连贯性，但在深层次上却体现了译者的大局翻译观（global translation strategy），即依据语境和人物关系决定翻译传达给读者的文化细节，保证译文读者获得更好的阅读效果和流畅的阅读体验。翻译即妥协，译者必须具体根据翻译目的和读者群体决定妥协的内容、程度和方法，这种决策过程同时也是译者个性化“声音”的表达，即依据译文读者的接受和理解程度而灵活选择翻译策略。

［例 3］

原文：我说：是孔孟的孟？她说：孟姜女哭长城的孟。（第 150 页）

韩译：“The same Meng as in Mencius's name?” “Yes. And **it's the same Meng as Lady Meng Jiang who cried the Great Wall down.**” She obviously liked **the grieving widow** better.（第 211 页）

［例 4］

原文：杏胡说：我只说我是苏三的苦，没想还有个窦娥的冤！（第 261 页）

韩译：“I thought **I had a hard life**,” Almond said. “**Imagine there being another tragic beauty**!”（第 348 页）

另一值得关注的文本“声音”来自英译《高兴》的编辑。在整理和归纳上述 50 余处译例的基础上，笔者就其中 5 个明显的删译策略邮件联系了译者。经译者确认，英译本中的大多数删译并非译者策略而主要经过编辑的删改处理。对西方编辑来说，他们承担的角色不仅是“语言文字的加工者，也是市场的策划者和把关人，市场需求是编辑考虑的主要因素”（周领顺、周怡珂，2018：111），编辑常常会删改对译文叙事结构造成拖沓或者对译文读者产生过度陌生感的原文表达。

综上，不仅是原文作者和小说人物的语言风格会对《高兴》英译的叙事风格产生直接影响，包括译者在内的多个译作生产过程行为人也会在译本层面留下或隐或显的不同“声音”：译者使用的多样化翻译策略造就了译文中的另一种“声音”，而译作生产流程的另一端也往往会有编辑和出版商的介入，他们出于读者和市场需求的考虑而进行的编辑修改也会使译文形成带有多种“和声”的复杂体。

2.《高兴》英译生产的语境“声音”

《高兴》的语境声音主要有两大关注对象：一是影响译本生产和决定译本基本格调的主要行为人及其“合声”，即翻译过程行为人；二是 Alvastad 等强调的翻译接受行为人，主要包括专业读者和普通读者，强调读者群作为直接或间接影响翻译过程的行动者对译本生产施加的影响（Alvastad et al.，2017）。译作生产过程中，译者、编辑和作者三方通过顺畅沟通、积极对话，共同营造了译作语境的“合声”，同时也显示了译作生产的社会化属性；译作流通和接受过程中，海外普通读者的大量评价和踊跃“发声”也成为影响海外民间译者群体翻译实践的另一股力量。

大多数西方译者在翻译过程中会主动实施自我审查（self-censorship），部分“充当编辑的角色，将译者的主体性和编辑的主体性融合在一起”（周领顺、周怡珂，2018：113）。韩斌曾反思①，《高兴》翻译过程中的棘手问题之一是代入以主要人物刘高兴为代表的城市底层拾荒者的角色以及在译入语中恰如其分地表述文中大量的人物内心独白和对话。在翻译小说人物语言时，译者不免会受到自身阶层和职业所偏好的语言习惯影响。另一重困难则来自译作出版商所代表的目标语读者群体。《高兴》的出版商是总部在美国的亚马逊跨文化出版事业部（Amazon Crossing）。韩斌坦言，英国译者身份使她对美式英语特别是美式俚语和俗语缺乏语言敏感度，如何让刘高兴听起来不像带有典型英国“格拉斯哥腔的环卫工”成为困扰译者的难题之一。幸运的是，出版商亚马逊的编辑是一位地道的美式英语使用者，在编辑过程中帮助译者修改并替换上了很多典型的美式表达。例如，原文中的一处对话中有“快快活活每人多赚了五百元钱”，译者最初使用了“chuffed”这一英式口语词汇来传达“快快活活”，经编辑修改，译者接受了美式英语俗语表达“pleased as punch”。在翻译过程中，来自出版商和编辑的介入和修改往往会受到译者或接受或抵制的不同反应，显示了不同翻译行为人间的力量权衡和斗争，而译者和编辑间的合作是《高兴》英译过程中的主旋律。

同时，翻译过程中译者与作者间的对话也是不容小觑的语境“声音”。《高兴》原文中涉及地缘和阶层文化的陌生化表达众多，对英美本土译者带来的理解困难不言而喻。韩斌曾多次通过电邮的方式向作者贾平凹了解关于“土灶”一词的正确理解，贾平凹最后通过手绘草图的方式帮助她形象理解了这一词汇的确切含义，避免了类似很多陌生文化词汇的误读和误译。1991年后，贾平凹小说英译曾一度停滞。葛浩文曾抱怨，他因向作者请教方言问题而被质疑能力，这种沟通不畅与贾平凹小说在新世纪译介一度中断不无关系。与此形成鲜明对比的是，继《高兴》后，韩斌第二部英译的贾平凹小说《极花》已于2019年正式出版，第三部贾氏长篇小说英译的计划也已成型。在微观层面，作者“声音”的适时传达能帮助海外译者正确理解源语语言和文化中的难题并“合力”形成译本“声音”；而在宏观层面，作者“声音”也能助力当代中国文学的海外传播，“中国作家应该树立开阔的国际合作眼光，充分信任海外从事中译英工作的汉学家和翻译家，与他们积极合作”（吴赟，2013：77）。

海外普通读者的译本接受也是另一值得关注的语境声音。Alvstad等学者强调（2017），翻译行为人的涵盖范围应从参与翻译过程的行为者扩大至翻译接受的行为者，也即读者。专业读者如翻译评论人发表在重要媒体上的评论文章会直接影响翻译接受或影响译介策略，普通读者发表的翻译评论博文或网站评论也是一类新型翻译副文本，对研究翻译的语境“声音”也具备一定的价值。据Goodreads网站统计②，共991名海外读者参与了英译评分，其中79%的读者给予了积极和正面的评价，其中提到了对译作呈现的鲜活当地语言的欣赏，认为译作反映了中国当代文化并激发了阅读更多中国当代文学的兴趣等（图2）。对比葛浩文英译的贾平凹小说《浮躁》，尽管葛氏的英译出版比《高兴》早了20多年，在Goodreads上参与译作评论的读者数却寥寥，仅34人，其中发布文字评论的也只有7人（图3）。当然，简单化比较两部风格迥异且读者定位不同的译作在Goodreads上的评价数据并不能用来说明译介效果，但是英译《高兴》的参评人数和评价内容提供了丰富的语境“声音”研究素材，同时也能直接作为一种有力的“声音”影响海外民间译者群体的翻译实践。

四、《高兴》翻译生产的行动者网络考察

对《高兴》英译过程的分析将借助“细宏观分析法”（meso-macro analysis）（Buzelin，2013：190），即利用搜集到的文献材料，包括作者和译者自述、访谈、纸托邦（Paper Republic）网站及其他博客网站的评论和媒体报道以及出版商的运作等，分析其中主要人类行动者和非人类行动者如何通过合作“共谋”来进行译作生产，从而构建以译者为中心的行动者社会网络，合力完成《高兴》在英美的翻译生产和传播。

纸托邦是目前规模最大的海外民间译者网络群，依托此平台，译者可以推介感兴趣的中国当代作品或作者，也可以讨论翻译问题和分享出版经验。该平台最初由热衷中国文化的海外普通译者于2007

① 总结来自译者韩斌自述、访谈、纸托邦网站及其他博客网站评论和媒体报道。
② 数据统计时间截至2018年8月。

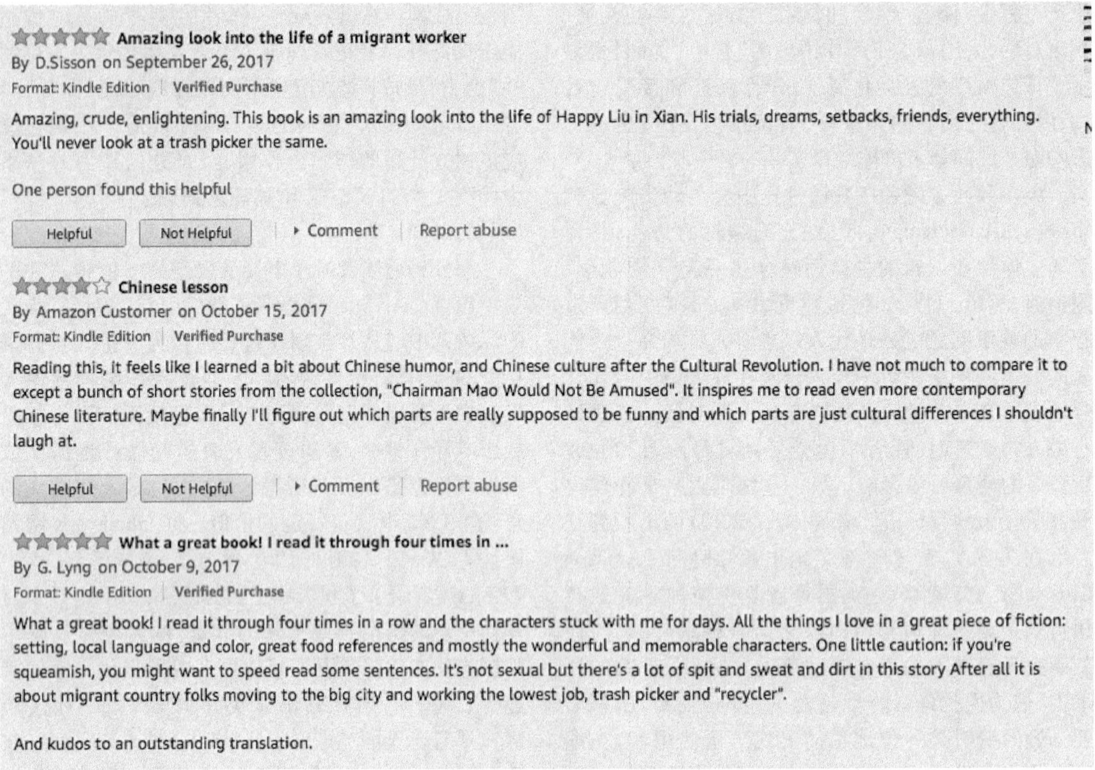
★★★★★ Amazing look into the life of a migrant worker
By D.Sisson on September 26, 2017
Format: Kindle Edition | Verified Purchase
Amazing, crude, enlightening. This book is an amazing look into the life of Happy Liu in Xian. His trials, dreams, setbacks, friends, everything. You'll never look at a trash picker the same.

One person found this helpful

Helpful | Not Helpful | ▸ Comment | Report abuse

★★★★☆ Chinese lesson
By Amazon Customer on October 15, 2017
Format: Kindle Edition | Verified Purchase
Reading this, it feels like I learned a bit about Chinese humor, and Chinese culture after the Cultural Revolution. I have not much to compare it to except a bunch of short stories from the collection, "Chairman Mao Would Not Be Amused". It inspires me to read even more contemporary Chinese literature. Maybe finally I'll figure out which parts are really supposed to be funny and which parts are just cultural differences I shouldn't laugh at.

Helpful | Not Helpful | ▸ Comment | Report abuse

★★★★★ What a great book! I read it through four times in ...
By G. Lyng on October 9, 2017
Format: Kindle Edition | Verified Purchase
What a great book! I read it through four times in a row and the characters stuck with me for days. All the things I love in a great piece of fiction: setting, local language and color, great food references and mostly the wonderful and memorable characters. One little caution: if you're squeamish, you might want to speed read some sentences. It's not sexual but there's a lot of spit and sweat and dirt in this story After all it is about migrant country folks moving to the big city and working the lowest job, trash picker and "recycler".

And kudos to an outstanding translation.

图 2　部分《高兴》译论

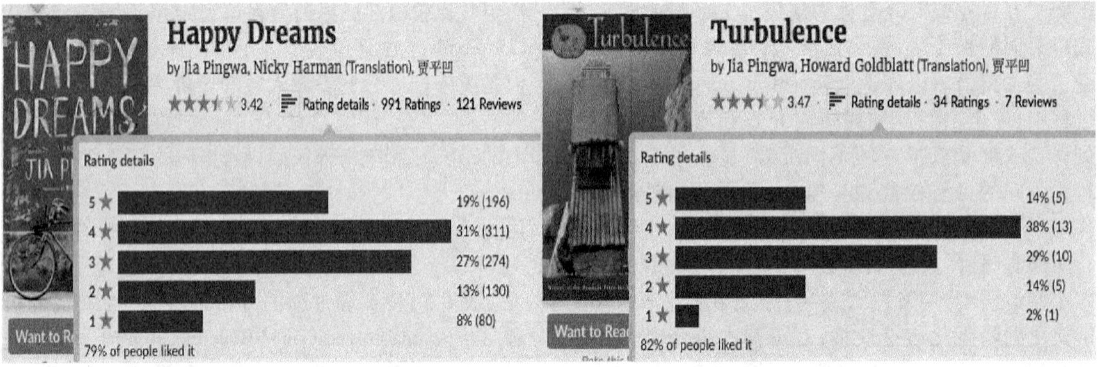

图 3　《高兴》和《浮躁》的综合评价与评论热度比较

年创立，经过几年的发展，已成为译者、出版商和读者间的桥梁。2015 年到 2016 年间，纸托邦通过短读计划（Read Paper Republic）向西方普通读者推介中国当代作家的 52 篇作品，不仅提供普通读者和大学院校师生免费下载和阅读的渠道，也向西方出版商和编辑展示中国当代作家多元的写作风格。同时，作为当代中国文学外译网络的重要节点，浏览者可通过链接访问其他重要的译介和传播机构，如与《人民文学》杂志社合办的在线杂志 *Pathlight*、亚洲书评（Asian Books Review）和中外对话（China Dialogue）等重要的文化传播门户网站。

作为纸托邦最早的发起人之一，译者韩斌以此平台形成的海外译者联盟为基础，近年来积极推动其与英国国内的各大文学机构——如笔会组织（English Pen）、世界文学中心（Free Word Centre）和利兹大学当代华语研究中心“书写中国”项目（Writing Chinese Project）——合作，并不定期举办线下新书发布和阅读活动、组织翻译竞赛和新生代译者的培育活动，在推介中国当代文学过程中扮演了重要人类行动者的角色。

以英译《高兴》为例，译者韩斌为主的人类行动者和纸托邦为重要节点的非人类行动者间的互动合作在译作生产中发挥了重要作用。2007 年也即《高兴》出版的第二年，韩斌在个人兴趣的驱动下开始翻译小说，此时恰逢网站创立初期，韩斌同时也承担了大量推广和策划工作。当代海外民间译者往往身兼数职，扮演了包括翻译、代理、译作推广等多重角色，一方面大大拓宽了译者的传统定义，另一方面，在本案例中，以纸托邦为核心的社会化翻译网络也促成了《高兴》的顺利生产、出版和传播。2008 年，韩斌将《高兴》的部分翻译成功推荐给英国《卫报》（*The Guardian*）的读书专栏，这部中国当代原创作品首次在大众媒体登出并引介至英国普通读者群。2016 年，亚马逊跨文化出版事业部（Amazon Crossing）与译研网（CCTSS）签署战略合作协议并联合启动“CCTSS-亚马逊”中国当代文学精品翻译合作项目。在遴选海外出版书目过程中，编辑通过纸托邦网站介绍和《卫报》的《高兴》英译节选找到译者韩斌，并最终顺利促成 2017 年英译的出版发行。在《高兴》英译生产过程中，译者韩斌为主的人类行动者和纸托邦、《卫报》等重要的传播媒介为核心的非人类行动者的积极互动终成硕果。可见，“只有当译者、文学经纪人、出版社等文学场域的各个参与者有效协作，充分发挥在各自环节的作用，才能保证译作走入西方读者的文学视野”（吴赟，2016：119）。

五、从案例出发，构建社会学视角下的翻译“声音”研究

秋列涅夫（2014）指出，翻译社会学研究过程必须使用恰当的方法，选取具有代表性的个人，才能具备可信度。韩斌是近年来非常活跃的民间译者的典型代表，除传统文本翻译外，译者承担了多重任务，包括原作推介、作者联系、出版商联系、译作推广等；译者韩斌还致力于民间译者群的进一步发展，她担任导师参加了多期新译者培育项目，培养了大批民间译者，其中包括英译《射雕英雄传》的郝玉青（Anna Holmwood）。翻译的社会实践属性决定了翻译过程和翻译产品的社会性，依托 Paper Republic 译者社群网络，译者韩斌积极构建了以各类行动者互动为特点的翻译场域，成为当代中国文学主动译入的一支生力军。除英国译者韩斌外，一大批聚集在 Paper Republic 平台上的民间译者都是社会化翻译研究的理想对象，如致力于当代中国科幻作品译介的美籍华裔译者刘宇昆（Ken Liu）、热衷中国儿童文学作品英译的英国译者汪海岚（Helen Wang）等。在当代消费文化和互联网环境下，合作型海外译介新模式更好地发挥了普通译者群体在传达中国当代故事和声音中的积极作用，由海外译者主动译介的文学作品也因作品本身的叙事结构和审美视角更趋近海外读者的口味而更易为普通读者所接受。

切斯特曼（2007）强调翻译的社会学研究途径应重视一些“纽带性理念”（bridge concepts），也即将文本、认知与文化等视角联系起来，实现不同学科知识的“融合”（consilience）。翻译的“声音”研究细化了翻译内部研究与外部研究可以重点关注的研究对象，为译本和译者的社会化研究提供了可行的理论框架，也提供了一种“纽带性”的综合研究模式，具有文化、伦理和审美的重要意义：第一，翻译的文本和语境分析密不可分，对翻译社会化过程研究的重视不等于可以轻视甚至脱离翻译文本研究，文本作为语境的产物，研究其中的“声音”对回溯和理解翻译过程不无裨益；第二，翻译文学在主流英美国家的译入语文化中往往还处于边缘地位，译者和其他行动者往往受翻译规约“translation pact”（Alvstad，2017）的影响而在翻译过程中努力保持隐身状态，使译作看似更像原作，但这一规约也很可能引发译者的伦理困境，即一旦译作出现违背原作和原作者的处理，译者自然难逃责难，受到来自读者和评论者的诟病，而“声音”理论强化了“多重翻译行为人”（multiple translatorship）概念（Jansen & Wegener，2013：2—3），有助于改变围绕译作和译者形成的许多偏见；第三，“声音”理论将读者接受纳入语境“声音”，从审美角度看，无论是作为专业读者的译评家、汉学家和高等院校汉语专业学生，还是英美国家的普通读者，他们对译作的积极反馈和评价都有利于构建中国当代文学海外译介的活跃社会场域，形成译者—读者间积极“对话”，帮助以译者为中心的翻译行动者寻求更合理的译介策略来讲好中国故事，从而更有效扩大中国故事的受众面。

参考文献

[1] Alvstad, C. et al. *Textual and Contextual Voices of Translation*. Amsterdam and Philadelphia: John Benjamins, 2017.

[2] Bakhtin, M. M. *The Dialogic Imagination: Four Essays*. Trans. Emerson, C. & M. Holquist. Austin and London: University of Texas Press, 1981.

[3] Bogic, A. “Uncovering the Hidden Actors with the Help of Latour: The ‘Making’ of the Second Sex”. *MonTI*, 2(2010): 173-192.

[4] Bourdieu, P. *The Field of Cultural Production: Essays on Art and Literature*. Cambridge: Polity Press, 1993.

[5] Buzelin, H. "Unexpected Allies: How Latour's Network Theory Could Complement Bourdieusian Analyses in Translation Studies." *The Translator*, 2(2005): 193-218.

[6] Buzelin, H. "Sociology and Translation Studies." *The Routledge Handbook of Translation Studies*. Eds. Millán, C. & F. Bartrina. London and New York: Routledge, 2013. 186-200.

[7] Chesterman, A. "Questions in the Sociology of Translation." *Translation Studies at the Interface of Disciplines*. Eds. Duarte, J. F., A. A. Rosa & T. Seruya. Amsterdam/Philadelphia: John Benjamins Publishing Company, 2006. 9-27.

[8] Chesterman, A. "Bridge Concepts in Translation Sociology." *Constructing a Sociology of Translation*. Eds. Wolf, M. & A. Fukari. Amsterdam/ Philadelphia: John Benjamins Publishing Company, 2007. 171-183.

[9] Genette, G. *Paratexts: Thresholds of Interpretation*. Trans. Lewin J. E.London: Cambridge University Press, 1997.

[10] Jansen, H. & A. Wegener. "Multiple Translatorship." *Authorial and Editorial Voices in Translation*, Vol. 1. Eds. Jansen, H. & A. Wegener. Montreal: Editions quebecoises de l'oeuvre, 2013.1-39.

[11] Jia, Pingwa. *Happy Dreams*. Trans. Harman, N. Seattle: Amazon Crossing, 2017.

[12] Kung, Szu-Wen. "A Sociological Turn to Research of Chinese Translation Practice." *The Routledge Handbook of Chinese Translation*. Eds. Shei C. & Zhao-Ming Gao. Abingdon: Routledge, 2017. 189-204.

[13] Latour, B. *Reassembling the Social: An Introduction to Actor-Network Theory*. Oxford: Oxford University Press, 2005.

[14] Tyulenev, S. *Translation and Society: An Introduction*. London and New York: Routledge, 2014.

[15] 贾平凹.《高兴》.北京：作家出版社,2007.

[16] 谭湘衡.贾平凹小说的语言风格探析.《小说评论》,2017(2)：137—140.

[17] 王祥兵.海外民间翻译力量与中国当代文学的国际传播——以民间网络翻译组织 Paper Republic 为例.《中国翻译》,2015(5)：46—52.

[18] 武光军.翻译社会学研究的现状与问题.《外国语》,2008(1)：75—82.

[19] 吴赟.《浮躁》英译之后的沉寂——贾平凹小说在英语世界的译介研究.《小说评论》,2013(3)：72—78.

[20] 吴赟.译出之路与文本魅力——解读《解密》的英语传播.《小说评论》,2016(6)：114—120.

[21] 周俐.文本的适度回归：翻译社会学研究的微观发展.《外国语文》,2013(2)：147—150.

[22] 周领顺,周怡珂.西方编辑之于译作形成的影响性——美国翻译家葛浩文西方编辑观述评.《外语学刊》,2018(1)：110—115.

文学“他国化”翻译策略的运用
——以晚清域外小说标题翻译为例①

李　震
（安徽师范大学文学院）

摘　要：基于比较文学变异学研究中的文学“他国化”视角，重点探讨晚清域外小说标题翻译的“他国化”具体表征——似曾相识的小说标题、时代特色的小说“标签”、别具一格的章节标题，分析小说标题翻译的变异现象，并探究其背后的深层次文化根源。“以夏化夷”族际伦理是一条始终贯穿着晚清士人对待和处理域外文化的主线，影响、控制甚至决定了他们的翻译行为和策略。这一探讨也有助于我们正确认识当下中国文学、文化典籍“走出去”的困境。

Abstract: From the perspective of domestic appropriation in variation of Comparative Literature, a case study of translating novels' titles in the late-Qing Dynasty is thus thoroughly done. The familiarly traditional novels' titles, the "labels" with the characteristics of the era added before titles, and the unique chapters' titles are presented to readers by the method of domestic appropriation. By analyzing the variation in translating novels' titles, we can capture the translation behaviors of scholars in the late-Qing Dynasty and the translation thoughts in them. Inter-ethics of "turning Yi into Xia" is a line that runs through the scholars' treatment of foreign culture in the late-Qing Dynasty, influencing, controlling, and even deciding their translation behaviors. By this, we can also understand how to treat the dilemma in introducing Chinese literature and classics to the world.

关键词：“他国化”；标题；“以夏化夷”；晚清

Key Words: "domestic appropriation"; titles; "turning Yi into Xia"; the late Qing Dynasty

鸦片战争的炮声彻底打开了清政府闭关锁国的大门，西方“夷人”和“夷技”潮水般涌进华夏大地。然而，晚清士人却并未像后期新文化运动志士们那样被全盘“西化”，相反，西学反而被“中国化”。“豪杰译”“误译、删节、改译、增添”随处可见，“西学”本来面貌不见踪影（郭延礼，26）。本文从域外小说标题翻译入手，考察晚清译者如何处理和对待域外小说。相较于整个小说本文，标题实属一个小小“切片”，但通过这一显微镜式的观察，也能对晚清士人的翻译行为及其文化“背景”作一捕获。

一、文学“他国化”

文学“他国化”是比较文学变异学研究的重要方法之一，指“一国文学在流传到他国，由于文化观念、历史传统、民族心理等异质性因素，在通过译介、过滤、接受和阐发之后，发生了深层次的变异，及传播国文学本身的文化规则和文学话语根本上被接受国所同化，从而成为他国文化和文学的一部分”（曹顺庆，30）。它包含两重含义，一是译者翻译过程中第一次“他国化”，是立足于接受国的文学传统和文化规则来对原作进行的本土化改造；二是译本被广大他国读者阅读接受中的深度“他国化”。

译者，作为域外文学的第一接收者，“必然根据自身文化背景和时代精神的要求，对外来因素进行重新改造与重新解读和利用，一切外来文化都是被本土文化过滤后而发挥作用的”（乐黛云，96）。接受国的文化规则规定着该国文化意义的生成方式、思

① 本文为安徽省高校人文社科研究重点项目“中国近代翻译文学文本形态生成与嬗变研究”（SK2019AO266）的阶段性成果。

维特性与审美旨趣,原作只有在接受国的文化规则基础上被他国化才能真正被接受国所"化"。(曹顺庆,153—154)因此,文学翻译,由于语言的不同和文化的差异,在传播和接受中发生变异如影相随。与此同时,翻译使得原作有了更广泛的接受者,而且与他们"进行一个崭新的文学交流"(埃斯卡皮,137),延长了原作的生命长度,拓宽了原作的生命厚度,也使得文学翻译这一跨语言、跨文化的传播行为变得十分复杂,尤其艰难。索雷尔(Charles Sorel)认为,"使原著再现于各个时代,按照各个时代流行的风尚改造原著,这是译者的特权"(谭载喜,113)。换言之,原著跨越空间的限制,"行旅"到他国,必然在他国译者的特权操纵下,进行迎合流行风尚的改造,导致"他国化"。译者必须在翻译时考虑"他国化"中的一国文学流变,再生成符合接受国诗学规范和文化特质的文本,只有这样才能被他国广大读者所接受和欢迎,进而融入他国的主流文学体系之中,故译者不得不"一名之立,旬月踌躇"。

翻译有时比创作还难,"好的翻译等于创作,甚至还可能超过创作"(郭沫若,22);域外文学被译入之后,和他国创作文学融为一体,成为他国文学的一部分。对此,中外学者感受颇似,翻译就是"在译入语文化中被称作或者被认为是用译入语写成的任何话语,无论其理由如何"(Toury,20)。文学翻译传播的是文学作品这一特殊对象,"是一部在异族环境中,在完全不同的文化背景下形成的文学作品"(谢天振,9)。晚清,由于域外文学的涌入,多数译者不仅从事翻译工作,自己也往往撰著作品,有别于当代译者和作家清晰的职业分工。一时间翻译文学和创作文学混为一体,不少以著作自称,其实却是译作;一些是自著小说,却伪托以翻译之名。刊载于《小说林》(1907)第三期的《三勇士》,署"天笑著",但从文内的"译者按"可知其为翻译小说。著名儿童文学作品《馨儿就学记》,实乃译自意大利的 *Cuore*,但无论是《教育杂志》(1909—1910)的连载,还是商务印书馆出版的单行本(1910),均只署"天笑生著",亦无"译"字。此外,批评者也将翻译文学和创作文学一道加以评论;译笔和文笔经常换着用,没有明显的区别。"译评中也很少提到原作,没有系统的原作和译作之间的对比评论"(胡翠娥,206)。原作的真正面貌如何,评论者并不关心,译者文笔是否"雅驯""昌达""冗复"才是评论的主要对象。勒菲弗尔(André Lefevere)指出,"如果我们承认翻译和批评都是为了让某部作品适合另外一些读者,或者对读者将某部作品按照翻译和批评的诗学具体化产生影响,那么翻译和批评之间的差别就微乎其微了"(Bassnett,147)。由此可见,中外学者对翻译和批评的共性均有相同的认识,实际上也就是在文学批评中将翻译文学与本国文学等同考察了。晚清域外文学的深度"他国化",可见一斑。

二、域外小说标题"他国化"的具体表征

域外小说漂洋过海来到华夏大地,它所面临的接受者是陌生的。因此,在异质文化的碰撞中,译者为了让其适应中国的水土,运用"他国化"翻译策略便成为首选。在小说标题翻译中,具体表征为:似曾相识的小说标题、时代特色的小说"标签"、别具一格的章节标题。

1. 似曾相识的小说标题

译者在翻译中加了原标题没有却能表现小说文体特征的民族"姓氏"——"传""记""谈""史""案"等。这种"姓氏"通常放在高度概括的内容之后,标题最终以"内容+姓"的形式呈现。

加了"传"姓。原小说标题往往以主要人物命名,但却被晚清译者加上了"传",如 *Joan Haste*, *Le Tour de La France Par Deux Enfants* 分别被翻译为《迦茵小传》和《爱国二童子传》。更有译者用"本纪"来标示,将 *History of Napoleon Buonaparte* 翻译为《拿破仑本纪》,显然脱胎于《项羽本纪》。"拿破仑传有图数帙……吾想其图如此,其文字必英隽魁杰,当不后于司迁之纪项羽"(陈平原,26)。类似"传"姓翻译小说多达 46 篇,这与中国的传记传统息息相关。从司马迁《史记》为春秋、战国重要人物立书传说开始,一直到明清通俗小说中的《水浒传》《莺莺传》等可以寻找"传"姓传统。

加了"记"姓。泰西小说标题可能是凝练、浓缩的一个主要故事,但却被译者翻译时加了一个"记",如 *Robinson Crusoe's Travel* 被翻译为《绝岛漂流记》,日本小说《肉弹》被翻译为《旅顺实战记》,*Le Tour du Monde en Quatre-vingts Jours* 翻译为《八十日环游记》。类似的翻译小说标题还有《巴黎繁华记》《海底旅行记》等 98 种,数量之大缘于民族传统的影响,从魏晋时期《观世音应验记》到明清《西游记》《石头记》都有"记"的形式表征。

加了"案"姓。这类姓氏翻译小说数量最为庞大,共有 128 种,归因于风靡晚清的侦探小说。诞生于西方的侦探小说需要依赖破案人的"科学精神及实证主义等侦探方法和手段"(姜维枫,20),往往以设谜—破谜—揭谜为主要线索来构建故事情节,而晚清中国显然是没有科学实证,没有悬念设置的技

巧,有的只是侠义公案小说中的主观臆断和平铺直叙。但是,晚清译者还是自觉地将中国传统侠义公案小说中的“案”姓加在了西方侦探小说之后,如《福尔摩斯侦探案》(*The Best of Sherlock Holmes*)、《英包探堪盗密约案》(*The Naval Treaty*)等。

加了“史”“谈”“录”“语”等姓。中国传统小说中也有以“史”“佚史”等命名的小说,如《儒林外史》《元明佚史》《浓情秘史》等。译者也借用该姓氏来重新命名他族小说,如《俄国情史》(*Капитанская Дочка*)、《滑稽外史》(*Nicholas Nickleby*)、《法宫秘史》(*Le Vicomte de Bragelonné*)等“史”姓小说8种。其他姓氏的翻译小说还有《块肉余生述》(*David Copperfield*)、《黑奴吁天录》(*Uncle Tom's Cabin*)、《巴黎茶花女遗事》(*La Dame aux Camelias*)等52种。

除却加了民族“姓氏”之外,也借用中国传统小说标题或者化用一些典故,以便让读者有似曾相识之感。欧文(Washington Irving)的 *The Sketch Book of Geoffrey Crayon, Gent* 被翻译为《拊掌录》,书名直接取自元代元怀的同名作品。*David Copperfield* 被翻译为《块肉余生述》。“块肉”指代南宋末代皇帝赵昺,被林纾用来代指小说中的遗腹子 Copperfield。《新红楼》让人联想到《红楼梦》,《蛮荒志异》让人联想到《聊斋志异》,等等。斯威夫特(Jonathan Swift)的 *Gulliver's Travels* 被林纾翻译为《海外轩渠录》,在宋代吕居仁所著小说《轩渠录》前加了“海外”二字,限定了故事发生地,类似标识小说有60余种。

也有一些翻译小说标题来自古文,如《鬼枢鬼藏录》取材于元稹碑文《南阳郡王碑》中的一句“遂贯穿于神枢鬼藏之间”。译者或“追求典雅,另立新名”“以五字丽语标题”(施蛰存,20)来重新书写西方小说。“五字丽语”实为“四字丽语”,因为在四字之后往往会有一个前文论及的中国姓氏“传”“记”等。饱读儒家经典的晚清士人,能够充分利用文言单字的灵活性,对字词进行穿插组合,进行“拼字”,如“‘玉香者’,常用字也,‘娇怨’二字亦然,一拼为‘玉娇香怨’则异矣”(林纾,215)。这样即可化熟为生,以便更好地感受新鲜庄雅的语言美。以“四字丽语”书写的标题有《波痕荑因》《橡湖仙影》《玉海留痕》等。加了民族“姓氏”的“五字丽语”标题有《恨绮愁罗记》《红礁画桨记》《凄风苦雨录》等。

译者这种“他国化”译法,确有“点铁成金”之效,将平淡无奇的人名、地名式标题包装之后,更容易使读者一看就抓住书中的内容,也更易吸人眼球,达到了良好的传播、广告效果。同时,这种“似曾相识”的小说标题也可以拉近域外小说与读者的距离,让人倍感熟悉和亲切。但是,如此另起炉灶、重新命名和再阐释,多少让人雾里看花,难以看到本源。

2. 时代特色的小说“标签”

晚清翻译小说标题前面往往还有一个“标签”式的伴随文本,以传统双排小字的形式跟随标题一道呈现在读者面前,指导读者阅读和理解。这个“标签”最初贴在《清议报》第一册(1898)刊载的翻译小说《佳人奇遇》上,标“政治小说”。从此之后,无论是翻译的泰西小说,还是自著的小说,都被贴上了这个时代“标签”。这个独具姿态的“标签”不仅在原语小说中没有,在新文化运动之后也迅速销声匿迹,可谓空前绝后。

晚清译者为了区分域外小说和自著小说,在翻译小说标题前贴上有关“翻译”字眼的“标签”,如“新译小说”《海天奇遇》(1907)、《阿里巴巴盗遇记》(1910)等,“重译外国小说”《昕夕闲谈》(1904)。也有在标题前贴上域外字眼的“标签”,如“美国侦探小说”《银行之贼》(1905)、“欧美短篇小说”《愚国志》(1909)、“美国短篇小说”《学怕》(1910),等等。据统计,共有44种翻译小说被贴上翻译类“标签”。面临内忧外患、深陷民族灭亡危机的晚清士大夫,在洋务运动、戊戌变法相继失败后,不得不“礼失求诸野”,深信西方的制度、科学才能救亡图存,所以在翻译的小说标题前有意地贴上翻译小说类标签,以和本土小说划清界限,以示畛域分明,也利于扩大翻译小说的销路。

虽然原语小说的标题往往只是几个词的组合,甚至只是一个人名或地名,但它是小说全部内容的提炼和浓缩,通常具有广阔的外延。小说标题与新闻报道等其他作品的标题大不相同,因为后者往往是纪实性的,是主要内容的高度概括和总结,应该尽可能触及核心旨义,避免让人产生误读与误解;而前者往往是多意的、象征性的,留有大量的空白,给读者足够的想象和思考空间。对于晚清译者而言,留给他们的想象和思考便是民族视角的观察和表达,甚至将外国的诗歌、散文翻译成小说,以便与“小说界革命”的舆论形成互动,如《吟边燕语》(1904)本是兰姆兄妹(Charles Lamb, Mary Lamb)根据莎士比亚戏剧改编的故事集,却被林纾、魏易贴上了“神怪小说”的标签;《荒唐言》(1908)本是英国作家史宾瑟(Edmond Spencer)的长诗《仙后》,“有马克尔赫斯的散文演述本,林纾根据散文演述本译出”,编入商务印书馆的“说部丛书”(施蛰存,24)。另外,同一篇小说标题,也可以被贴上不同的标签,这既有译者本人理解的因素,也可能是出版者(赞助人)的商业操纵,如《海底旅行》在《新小说》第一期(1902)刊载时贴“科学小说”标签,但同年新小说社出版的单行本却标“泰西最新科学小说”,突出泰西和最新;1906 年 5 月 8 日《新闻报》刊载一则《环游地球旅行记》广告,在标题前面贴上多达 9 种不同的标签:游记、冒险、政治、侦探、科学、新奇、地理、言情、社会小说。毋庸置疑,这是出版者吸引读者的一种噱头,但反映出小说标签在晚清的流行程度。

受广大读者影响,报刊或者单行本小说出版被贴上的“标签”是域外小说深度“他国化”的体现,反映了晚清士人对于异族小说的理解和阐释。虽然“标签”不尽相同也不尽准确,但却推动了域外小说在中国的接受与流播,潜移默化地推动了中国小说观念的转变,改写了中国文学的演进历程。

3. 别具一格的章节标题

运用“他国化”策略,小说章节标题亦被翻译得匠心别具。首先,对章节回目的重新划分。法国小仲马《巴黎茶花女》,在林纾游走边际的古文笔下,27 章章节标题完全被删,以达到古文一气呵成的境界,迎合士大夫崇尚古文、追求“雅洁”文学的审美需求。《绣像小说》从第一期(1903)开始连载的《梦游二十一世纪》译自荷兰 *ANNO DOMINI 2071*,全书 30 章标题,如“Aleutic Time?”“Distribution-of-Warm-Air Society”悉数不见踪影。雨果《悲惨世界》(*Les Misérables*)共有 5 部 48 卷 376 章,被苏曼殊和陈独秀翻译成《悲惨世界》时只剩下章回,没有部、卷。当然也有译者根据自己理解重新添加篇章,如《块肉余生述》原文只有 64 章,不分篇,译者却将其分前后两篇,前篇 26 章,后篇 38 章,每篇都 20 余万言。

其次,将原小说中的标题内容删去,只保留章节划分形式。林纾翻译哈葛德《三千年艳尸记》(*She*)只有第一章到第二十八章这样划分,将“I MY VISITOR”“II THE YEARS ROLL BY”等 28 个章节标题内容省去,变成“第一章”“第二章”。无独有偶,《爱国二童子传》的 127 章标题内容亦被删去,“I. Le départ d'André et de Julien”“II. Le souper chez Étienne le sabotier. L'hospitalité”被化为“第一章”“第二章”。

再次,重新书写原小说的章节标题,以适应中国传统章回小说七言、八言为主的“双目”形式。原小说可能只有章节划分,没有实质内容,如 *Uncle Tom's Cabin* 只有 Chapter 1, Chapter 2 等作为标题,但是译者却在《黑奴传》中根据自己理解加上“诉苦况偷闲话别 思自由画策逃生”等内容丰富的标题。也有原文虽有章节标题(含内容),但是译者却自拟题目,将原文每一章标题都翻译成对称的双目,如陈寿彭、薛绍徽合译之《八十日环游记》,第三十五章标题“Dans lequel Passepartout ne se fait pas répéter deux fois l'ordre que son maître lui a donné”被翻译成“福格票忽增时价 维新会共待贵人”。《新小说》(1902)刊载的《海底旅行》将“Un écueil fuyant”一章标题翻译为“怪妖肆虐苦行舟,勇士披奇泛沧海”。当然,这样的回目有的是符合传统“对称”观念的,如上文提到的小说“双目”,也有部分译者只是为了响应章回小说“双目”的内在规定性,追求标题形式上的整饬有序,不太注意本回目正文叙事中的多重性。例如,《伶隐记》第三回标题是“有客济川朱辉玉映 彼姝去国李代桃僵”,正文内容有亡命少妇冒充他人的讲述和男主人公诸多遭际两部分内容,但回目标题却只提到了前者,只字未提后者,游离于传统小说章回标题对称的两件事规范之外,徒有虚表而已。

正如《新民丛报》(1903)第二十五期刊载的一则广告所云,“本局读其书(笔者注:《极乐世界》)而爱之,以原书诡名小说而体例有出入,乃以章回体译之,并改定今名”。西方的小说名是“诡名”,假名也,不足为信,必须改之,“他国化”为章回标题。

三、域外小说标题“他国化”之分析及当代启示

从事任何科学研究,如果只停留在表象,而忽略“背景”研究,将是十分遗憾的一件事。“背景”是“作为一切知识与思想的依据,实际上也控制着人们对一切的判断与解释,赋予知识与思想的合理性”(葛兆光,33)。在对晚清士人翻译西方文学作品标题中的行为展开分析、探寻翻译策略背后的依据的过程中,华夏民族如何处理与对待域外文学与文化这个“背景”就显得尤为重要。还以背景、还以公道,才能较为准确地把握晚清士人的翻译思想,对中国传统翻译现象给予更加客观公正的评价。

纵观中国思想史发展历程,中华民族很早就确立了“夏夷观”,用以区分“华夏”和“夷狄”。根据费孝通判断,西周时期,中国已经形成“同一个民族共同体的雏形,并且以‘夏’为族称”(2003: 216),居于中心的“夏”将东南西北四方民族分成“夷蛮戎狄”。梁启超曾对强势的“夏”文化与“夷蛮戎狄”文化交往中的主导地位有过论述:“我国古代与异族之接触虽多,其文化皆出我下,凡交际皆以我族语言文字为主。”(王克非,13)这种很早就形成的唯我独尊的心态使华夏民族陶醉在自身优越的文明之中,“一直认为没有向夷狄学习的必要”(王大智,64)。当然,随着历史的不断发展和变化,“夏夷观”在不同时代的

表现方式和内容也不尽相同，但均以维护华夏文化的主导和主体地位为宗旨。

近代洋务派领袖人物曾国藩、张之洞等人认识到西方自然科学的重要性，主张译介泰西声光电化等“器”类书籍，而我们引以为傲的文学和制度等“体”类书籍根本不需要西方书籍的扩容。诚如王韬所言，“英国以天文、地理……重学（力学）为实学，弗尚诗赋词章”（1986：122—123）。王韬在英国呆了两三年，不可能不了解莎士比亚、拜伦、狄更斯等作家，但因内心深处中华民族的优越感，即便到了 20 世纪初域外书籍纷至沓来时，仍然秉持“唯我华夏独尊”观念，认为“吾祖国之政治法律，虽多不如人，至于文学与理想，吾雅不欲以彼族加吾华胄也”（陈平原，72）。

晚清，中华民族不断遭遇西方铁骑的蹂躏，国运危殆。深受中华传统儒家思想熏陶的晚清士人心中潜在的“夏夷观”被激活，表现为“以夏化夷”的族际伦理成为一条始终贯穿晚清士人对待和处理域外小说、他族文化的主线，影响、控制甚至决定着他们的翻译行为。严复用古文来翻译西方论著，将原作本身的文风笔调抛弃，用“汉以前字法句法”来实践对“雅”的追求，以便获得“多读中国古书之人”这个读者群体的支持，进而缩小旧学和新学的差距。林纾用“桐城古文翻译小说 160 余种”（阿英，249），认为“哈氏（哈葛德，Henry Haggard）文章，亦恒有伏线处，用法颇同于《史记》”（陈平原，64），自觉地用中国古文评点之法来观察他族小说笔法。中国儒家特别强调子女对长者的“孝顺”与“服从”。《诗经 · 大雅》中“有孝有德，以行以翼”，《论语 · 学而》中“孝弟也者，其为仁之本与”，都充分展示了我国的“礼”“孝”观念，而这种观念在西方小说中是绝无仅有的。《英孝子火山报仇录》原名 *Montezuma's Daughter*，直译为《蒙特祖马的女儿》，至少从原文标题中看不出小说与“孝”有何联系。观其内容，小说主要讲述了主人公如何在旅途中与谋杀犯缠斗、逃过船难以及和西班牙宗教法庭纠缠在一起，实为一部冒险小说。《美洲童子万里寻亲记》译自美国作家阿丁（William L. Alden）的小说《吉米布朗游欧记》（*Jimmy Brown Trying to Find Europe*），讲述了小男孩 Jimmy 去欧洲寻找父母途中的经历和遭遇，没有“孝”的主题，译者却在标题中刻意加上“寻亲”二字，借以阐发孝道与父子人伦。类似的标题翻译还有《孝女耐儿传》（*The Old Curiosity Shop*）、《双孝子喋血酬恩记》（*The Martyred Fool*）等。虽然晚清士人分属保守派、维新派、革命派等不同派别，但“唯我华夏独尊”传统观念深深扎根于他们内心深处，不可能像“五四”新文化人那样“打倒孔家店”、将传统“抬进博物馆”。

科举制度虽在 1905 年寿终正寝，但晚清的译者和读者，却均出于旧学界，读着传统的儒家经典长大，所以“姓氏”就这样巧妙地嫁接到域外小说标题中，悄然地与本民族小说融为一体，以便迎合读者的阅读趣味。至于《髯刺客传》的得名，译者自己坦言：“此书殆为拿破仑之外传，其以髯刺客名篇，盖恐质言拿破仑遗事，无以厌观者之目，标目髯客，则微觉刺眼。”可见，译者对自己的标题命名亦是沾沾自喜，“不能不自承狡桧也。一笑”（同上，329）。当然有一点值得注意，明清时期，小说是难登大雅之堂、不被文人士大夫看重的，所以书名中的“传”“记”“史”等姓氏是用来区分末流的小说和高雅的诗文的。“小说界革命”以降，小说地位空前提升，被视为“文学之最上乘”。“新小说”——尤其是翻译小说——的标题中被加上姓氏却是为了提升小说自身的知名度，发挥新民救国的作用，开始享受着与诗文平起平坐的待遇。从末流到上乘，姓氏在翻译小说标题中的作用悄然变化了。

正是这种域外文学的“他国化”促使了西学逐渐被中国人熟知和接受（郑振铎，17）。真正优秀的译作往往具备一种力量，可以使原本默默无闻的原作名声远扬。翻译不再是原作的附庸，而是甚至颠倒了原作和译作的关系；翻译让原作的生命“更鲜活”且“超越了作者”（Gentzler，163）。广受欢迎的哈葛德诸多作品，在英国不过是二三流作品，在披上晚清特色的标题“糖衣”后，风靡近代中国。

在习近平总书记提倡“四个自信”的新时代，“文化自信”被置于史无前例的高度，我国文学和文化典籍开始被大量外译。它们得以“走出国门”“走向世界”，甚至搭上了“一带一路”的便车，出现了多语种版本。但是，颇令人失望的是很多译本却在国外遭受“冷遇”，要么销售不畅，要么中国形象和文化被过度地“扭曲”和“歪解”，尤其是那些直译本（尚亚宁，174）。怎样才能使得中国文学、中国文化真正“走出去”？翻译其实是有意识的选择，译者通常会“提升一些独特的本国价值，而贬低另一些价值，确立为一些本国利益服务的外国文本”（Venuti，13）。因此，我们不妨多从中华民族传统的翻译实践和研究中寻找、爬梳和勾稽相关材料，这或许会启发当下翻译实践。作为译入语民族一分子，晚清士人在翻译他族书籍时必然会带上本民族、本国的思想痕迹。“失去民族特色就等于失去译者的个性。难道可以设想译者的个性能没有译者的民族特点吗？译者是本族人民的儿子，他正是为了本族人民才从事翻译文”（加切齐拉泽，68）。在某种程度上，当今西方各国的读者大致相当于晚清的中国读者,接触的中国文学、中国文化是崭新的、陌生的。晚清译者翻译域外文学的“他国化”策略,不失是一种选择。“他国化”的文学标题翻译策略,在推进中国文学和文化典籍“走出去”的战略中亦应当被我国译者所掌握并恰如其分地运用。

参考文献

[1] Bassnett, S. *Comparative Literature: A Critical Introduction*. Oxford: Blackwell Publisher, 1993.

[2] Gentzler, E. *Contemporary Translation Theories* (2nd edition). Shanghai: Shanghai Foreign Language Education Press, 2004.

[3] Toury, G. “A Rationale for Descriptive Translation Studies.” *The Manipulation of Literature: Studies in Literary Translation*. Ed. T. Hermans. London: Croom Helm, 1985: 16-41.

[4] Venuti, L. “Translation and the Formation of Cultural Identites.” *Cultural Functions of Translation*. Eds. C. Schaffner and H. Kelly-Holme. Clevedon and Philadelphia: Multilingual Matters, Ltd., 1995: 9-25.

[5] 阿英.《晚清小说史》.南京:江苏凤凰文艺出版社,2017.

[6] 埃斯卡皮.《文学社会学》.王雪华、于沛译.合肥:安徽文艺出版社,1987.

[7] 曹顺庆,罗富明.变异学视野下比较文学的反思与拓展.《中外文化与文论》,2011(1):20—31.

[8] 陈平原,夏晓虹.《二十世纪中国小说理论资料(1897—1916)》.北京:北京大学出版社,1989.

[9] 费孝通.《中华民族多元一体格局》(修订本).北京:中央民族大学出版社,2003.

[10] 葛兆光.《中国思想史》(导论卷).上海:复旦大学出版社,2017.

[11] 郭建中.《当代美国翻译理论》.武汉:湖北教育出版社,2000.

[12] 郭沫若.论文学翻译工作.《翻译研究论文集(1949—1983)》.《翻译通讯》编辑部编.北京:外语教学与研究出版社,1984.21—24.

[13] 郭延礼.《中国近代翻译文学概论》(修订版).武汉:湖北教育出版社,2005.

[14] 胡翠娥.《文学翻译与文化参与——晚清小说翻译的文化研究》.上海:上海外语教育出版社,2007.

[15] 加切奇拉泽.《文艺翻译语与文学交流》.蔡毅、虞杰编译.北京:中国对外翻译出版公司,1987.

[16] 姜维枫.《近现代侦探小说家程小青研究》.北京:中国社会科学出版社,2007.

[17] 林纾.《春觉斋论画(外一种)》.杭州:浙江人民美术出版社,2018.

[18] 尚亚宁,王方伟.我国政府支持文学“走出去”的困境与对策.《兰州学刊》,2015(6):172—175.

[19] 施蛰存.《中国近代文学大系·翻译文学集一》(导言).上海:上海书店,1990.

[20] 谭载喜.《西方翻译简史》.北京:商务印书馆,1991.

[21] 王大智.《翻译与翻译伦理》.北京:北京大学出版社,2012.

[22] 王克非.《翻译文化史论》.上海:上海外语教育出版社,1997.

[23] 王韬.《漫游随录》.长沙:岳麓出版社,1986.

[24] 谢天振.《超越文本 超越翻译》.上海:复旦大学出版社,2014.

[25] 乐黛云.《比较文学原理新编》.北京:北京大学出版社,1998.

[26] 郑振铎.林琴南先生.《林纾的翻译》.钱钟书等著.北京:商务印书馆,1981.1—17.

图书在版编目(CIP)数据

复旦外国语言文学论丛. 2019 秋季号/复旦大学外文学院主编. —上海：复旦大学出版社，2020.4
ISBN 978-7-309-14946-3

Ⅰ.①复… Ⅱ.①复… Ⅲ.①语言学-国外-文集 ②外国文学-文学研究-文集 Ⅳ.①H0-53 ②I106-53

中国版本图书馆 CIP 数据核字(2020)第 042965 号

复旦外国语言文学论丛. 2019 秋季号
复旦大学外文学院　主编
责任编辑/郑梅侠

复旦大学出版社有限公司出版发行
上海市国权路 579 号　邮编：200433
网址：fupnet@fudanpress.com　http://www.fudanpress.com
门市零售：86-21-65642857　团体订购：86-21-65118853
外埠邮购：86-21-65109143
江苏凤凰数码印务有限公司

开本 787×1092　1/16　印张 10.25　字数 331 千
2020 年 4 月第 1 版第 1 次印刷

ISBN 978-7-309-14946-3/H · 2982
定价：55.00 元